Ken Mierke

Lauftraining für Triathleten und Marathonläufer

Ken Mierke

LAUF-TRAINING FÜR TRIATHLETEN

und Marathonläufer

Aus dem Amerikanischen von Ariane Katibei
und Nicole Luzar

Sportwelt Verlag

Erschienen unter dem Titel „The Triathlete's Guide to Run Training"
VeloPress®, 1830 North 55th Street, Boulder, Colorado 80301-2700 USA

Gesamtbearbeitung und Druck: Druckerei Joh. Walch, Augsburg
Übersetzung: Ariane Katibei, Passau und Nicole Luzar, Betzenstein
Lektorat: Brigitte Caspary, Egloffstein
Covergestaltung: Oliver Linke, Augsburg
Coverfoto: Digitaltriathlon.com

1. Auflage 2007

Am Wasserstein 3
D-91282 Betzenstein
mail@sportwelt-verlag.de
www.sportwelt-verlag.de

Bestellungen bitte an:
Herold Auslieferung & Service GmbH
Raiffeisenallee 10
D-82041 Oberhaching
Tel.: 0049-(0)89-613871-16
Fax: 0049-(0)89-613871-55 16
herold@herold-va.de
Lieferung innerhalb Deutschlands portofrei.

ISBN 978-3-9811428-2-2

INHALT

Vorwort 7
Einleitung 9

Teil 1: Lauftechnik 21
Kapitel 1: Laufökonomie verbessern 23
Kapitel 2: Effizientes Laufen am Berg 73

Teil 2: Training 85
Kapitel 3: Die Planung einer Saison 87
Kapitel 4: Die Wahl der richtigen Trainingsintensität. 107
Kapitel 5: Maßgeschneiderte Trainingspläne 137
Kapitel 6: Koppeltraining 155

Teil 3: Weitere Aspekte der Vorbereitung 163
Kapitel 7: Optimales Wettkampfgewicht erreichen 165
Kapitel 8: Rad fahren für einen schnellen Lauf 207
Kapitel 9: Wettkampfspezifische Fragestellungen 219
Kapitel 10: Mentale Fertigkeiten schärfen 233
Kapitel 11: Krafttraining 249
Kapitel 12: Und am siebten Tage ruhte er 259
Kapitel 13: Verletzungsprävention in der wettkampffreien Zeit 273
Kapitel 14: Spezielle Formen der Wettkampfvorbereitung 279
Kapitel 15: Die Kunst des Taperings 289
Kapitel 16: Laufen am Wettkampftag. 299

Nachwort 305
Anhang A: Trainingseinheiten für Läufer 309
Anhang B: Beispiele für das Koppeltraining 321
Anhang C: Beispiele für die Trainingsplanung. 325
Anhang D: Glykämischer Index ausgewählter Lebensmittel 335
Anhang E: Ernährung am Wettkampftag 339

Glossar 344
Über den Autor 350
Danksagung. 352
Literaturverzeichnis 354
Index. 358

VORWORT

Laufen ist eine der ursprünglichsten Bewegungsformen auf unserem Planeten, sogar dann, wenn es, wie in einem Triathlon, mit Schwimmen und Radfahren kombiniert wird. An diesem Sport können nahezu alle Menschen, ungeachtet ihres Alters, Freude haben. Wir können laufen, weil es uns entspannt und Stress abbaut, oder auch, um an Wettkämpfen teilzunehmen – beispielsweise Extremsituationen austesten oder herausfordernde Distanzen bewältigen. Doch egal, wie weit oder schnell wir laufen, unser eigentlicher Beweggrund ist stets derselbe: Tief in unserem Inneren lieben wir das Laufen und schätzen, was es für Körper und Seele tun kann.

Doch bei falscher Ausführung kann dieses wunderbare Ventil für angestaute Energien zu einem schnellen und schockierenden Ende führen: Die Zahl der Läufer, die sich beim Laufen verletzen, ist viel zu hoch.

Ich bin Chiropraktikerin, ausgebildet für die Behandlung und Prävention von Sportverletzungen, und bin wohl genauso laufbegeistert wie Sie. Besonders gerne nehme ich an XTERRA-Triathlons teil. Vor vier Jahren jedoch übertrieb ich das Training und lief mir Knie und Füße ‚in Grund und Boden'. Schließlich lernte ich Ken Mierke von Fitness Concepts kennen, und nach neun Monaten, in denen ich unter seiner geduldigen Betreuung das schonende und zugleich effiziente Laufen richtig gelernt hatte, lief ich schneller und länger als ich je für möglich gehalten hätte – und blieb dabei *verletzungsfrei!* Ich erfüllte mir einen lebenslangen Traum, nämlich mich für den Boston Marathon zu qualifizieren, und stürzte mich anschließend in das Abenteuer Triathlon. In meinem zweiten Jahr als Triathletin hatte ich bereits das Glück, bei den XTERRA-Weltmeisterschaften in der Altersklasse 30 bis 34 der Damen den dritten Platz zu belegen.

So einfach das Laufen auf den ersten Blick scheint, so habe ich doch festgestellt, wie schwierig es ist, sein Potenzial voll zu entfalten, vor allem, wenn man weit und schnell laufen will – und vorher bereits geschwommen und Rad gefahren ist. Das Laufen an sich mag einfach und ursprünglich sein; doch die menschliche Physiologie ist ziemlich kompliziert. Manche Techniken sind effizienter als andere, bestimmte Trainingsmethoden eignen sich für die einen Athleten besser, für die anderen weniger, und unsere Zielsetzungen unterscheiden sich je nach Zeitpunkt innerhalb der Saison.

Da ich mich auch beruflich mit der Vorbeugung von Verletzungen beschäftige, war ich natürlich sehr an den Lauftechniken und Trainingsprinzipien interessiert, die in diesem Buch vorgestellt werden. Es soll Ihnen die Techniken vermitteln, die nicht nur Ihre Leistung, sondern auch Ihren Spaß und die Begeisterung am Laufen (noch weiter) steigern. Dabei zeigt es Ihnen, wie Sie diesen Sport effektiv mit Ihren beruflichen und privaten Verpflichtungen sowie weiteren Freizeitaktivitäten kombinieren können.

Als Ken Mierke mit seinen Studien über Lauftechniken begann und daraufhin ‚Evolution Running' entwickelte – ein Konzept, das anders war als sämtliche Theorien, die ich bis dahin zum Thema Lauftechnik gehört hatte –, war ich zunächst ziemlich skeptisch. Doch ich hatte größtes Vertrauen in Ken. Seine Erläuterungen waren plausibel und nachvollziehbar. Also probierte ich seine Tipps aus. Und tatsächlich: Seit ich diese Techniken bei meinem Training für internationale Amateurwettkämpfe anwende, war eine schwere Gift-Efeu-Allergie die schlimmste ‚Verletzung', die ich mir beim Laufen zugezogen habe.

Ken Mierkes *Lauftraining für Triathleten und Marathonläufer* enthält alle Informationen, die jeder Triathlet, Duathlet oder Ausdauerläufer benötigt, um mit Rücksicht auf die eigene Gesundheit den richtigen Weg einzuschlagen und diesen effizient zu verfolgen. Mit diesem Buch können Sie lernen, schneller und weiter zu laufen, als Sie je für möglich gehalten hätten. Als Sportphysiologe und dank seiner langjährigen Erfahrungen in der Betreuung von Triathleten (sowie einer ganzen Reihe von Sportlern aus anderen Disziplinen) verfügt Ken über ein fundiertes Fachwissen zum richtigen Lauftraining. Und er weiß, wie es sich mit dem zeitintensiven und körperlich anspruchsvollen Rad- und Schwimmsport effektiv kombinieren lässt.

Für ein unbeschwertes und uneingeschränktes Laufen!

DR. KATHY COUTINHO
CHIROPRAKTIKERIN UND AKTIVE TRIATHLETIN

EINLEITUNG

Dieses Buch wurde für ambitionierte Sportler geschrieben, die das Beste aus sich und ihren sportlichen Aktivitäten herausholen möchten. Mit ‚ambitioniert' meine ich weder spitzenmäßige, noch schnelle, oder auch nur erfahrene Athleten, sondern einfach solche, die bereit sind, Opfer zu erbringen, um in ihrer Lieblingssportart besser zu werden, und die lernen möchten, wie man das richtig macht.

Als ein nicht besonders talentierter Athlet (ich leide an Muskeldystrophie), habe ich immer versucht, meinen Kopf einzusetzen, um mir auf Nebenwegen kleine Vorteile im Sport zu verschaffen. Im Football lernte ich, flach zu spielen und meinen Schwung zu maximieren. Beim Tennis lernte ich, während des Aufwärmens zu beobachten, wie der Gegner den Schläger hielt, so dass ich später wusste, mit welchen Schlagarten ich es ihm schwer machen konnte. Ich lernte auch, meine Bälle in einem Winkel zu schlagen, der mir möglichst viel Lauferei ersparte. Viele talentierte Ausdauersportler übersehen zahllose Kleinigkeiten, die ihnen geringfügige, aber entscheidende Vorteile bringen könnten.

In meiner Anfangszeit als Trainer arbeitete ich mit einem Radrennfahrer namens Skip Foley. Er war unglaublich stark. Dieser Mann schaffte im Einzelzeitfahren mehr als 45 Stundenkilometer und fuhr fast jedem in der Umgebung davon. Als er einmal bei mir einen VO_2max-Test machte, fiel mir auf, dass er den Lenker seines Fahrrads beidseitig auf etwa zehn Zentimeter gekürzt und mit den Lenkerendstücken eines Mountainbikes ergänzt hatte. Der Lenker war gerade breit genug für einen guten Start beim Zeitfahren, aber für nichts anderes zu gebrauchen. Foley war bis zum Äußersten gegangen; er hatte nichts unversucht gelassen, um sein Rad aerodynamischer zu machen. Weil ich vor diesem Athleten nach wie vor mächtigen Respekt hatte, machte ich zaghaft eine humorvolle Bemerkung darüber. Da sah er mir fest in die Augen und sagte: „Kenny, ich bin nicht stark genug, um irgendetwas zu verschenken." Mich beeindruckte, dass dieser Radfahrer, der in der Lage war, eine weit höhere Wattleistung durchzuhalten als jeder andere Amateur (und die meisten Profis) im Land, den kleinsten Einzelheiten so viel Beachtung schenkte. Diese Zielsetzung hat mein Coaching-Konzept bis heute geprägt. Wenn es irgendetwas gäbe, wodurch Sie eine Minute schneller würden, dann würden Sie das tun, und genauso würde es Ihre Konkurrenz machen. Ich dagegen werde Ihnen zehn Dinge zeigen, durch die Sie jeweils sechs Sekunden schneller werden.

Im Laufe der Jahre habe ich Hunderte Sportler aller Niveaus betreut – vom Anfänger bis zum Profi. Dabei war ich immer der Meinung, dass ich dafür verantwortlich sei, die kleinen Dinge im Auge zu behalten, damit die Sportler sich auf die großen Sachen konzentrieren konnten, nämlich Training und Wettkämpfe. Jeder Einzelne von ihnen hat mich etwas anderes gelehrt.

Das Trainingssystem in diesem Buch basiert auf wissenschaftlichen Laboruntersuchungen und wurde durch praktische Erfahrungen auf der Tartanbahn, der Straße und im Gelände bestätigt. Ohne Zweifel gibt es mehr als einen richtigen Weg, um etwas zu erreichen – aber es gibt zweifellos auch falsche Wege. Zahlreiche Trainingsmethoden, die die meisten Athleten verfolgen, sind ineffizient. Wissenschaftliche Erkenntnisse in individuelle Trainingspläne umzusetzen, ist in der Tat eine Kunst – schließlich betreuen wir Menschen und keine sterilen biologischen Systeme – doch funktionieren Trainingsprogramme, die auf tragfähigen wissenschaftlichen Prinzipien aufbauen, besser als solche, die auf purer Gewohnheit oder Intuition beruhen.

Einige Athleten sind der Meinung, dass ein methodisches, wissenschaftlich fundiertes Trainingssystem ihnen den Spaß am Sport nähme. Meiner Erfahrung nach ist genau das Gegenteil der Fall. Ich freue mich, wenn ich mich verbessere und Herausforderungen bewältige und kann dasselbe von jedem Sportler und jeder Sportlerin sagen, die ich betreut habe. Es macht Spaß, Wettkämpfe zu gewinnen – sogar dann, wenn man gegen sich selbst antritt. Die Freude am Schwimmen, Radfahren und Laufen steht und fällt nicht mit der Spontanität. Eine effiziente Technik entwickeln, effektives Training planen, sich, falls nötig, schonen und alles geben, wenn es darauf ankommt – das sind keine Maßnahmen, die einem die Lust am Sport verderben. Oder macht Ihnen der Triathlon etwa so viel Spaß, weil Sie damit Ihre Zeit und Kraft verschwenden können?

Jede E-Mail, die ich den von mir betreuten Sportlern schreibe, schließe ich mit den Worten: „Mit den besten Wünschen für ein ziel- und zweckorientiertes Training, Ken“ Und das ist es auch, was ich in diesem Buch vorschlagen möchte: Jedes Training sollte einen bestimmten Zweck verfolgen und eine bestimmte Zielsetzung haben, die vor dem Beginn des Trainings feststeht.

Das Buch *Lauftraining für Triathleten und Marathonläufer* besteht aus vier Abschnitten. Im ersten Teil über Lauftechnik geht es um ein Thema, das jahrelang von Läufern vernachlässigt wurde. Bitte lesen Sie diesen Abschnitt, und setzen Sie die Anweisungen um. Das Erlernen effektiver Lauftechniken wird Sie viel weiter bringen als hartes Training. Teil zwei behandelt das Lauftraining selbst und gibt Hilfestellungen, um effiziente Trainingspläne zu entwickeln, die Sie leistungsfähiger machen. In Teil drei wird eine Reihe weniger augenfälliger Faktoren vorgestellt, wonach Sie besser trainieren und sich gründlicher auf Wettkämpfe vorbereiten können. Und der vierte Teil schließlich geht auf den Wettkampf selbst ein und gibt Tipps, wie Sie von dem, was Sie mit an den Start bringen, optimal profitieren können. Obwohl sich dieses Buch an Sportler wendet, die sich selbst coachen möchten, empfehle ich dennoch, zur ergänzenden Beratung eine professionelle Trainingsbetreuung in Anspruch zu nehmen. Das Training für eine Mehrkampfsportart ist vielschichtiger als man denkt, und ein ausgebildeter Trainer mit Berufserfahrung verbringt den ganzen Tag damit, die effektivsten Trainingsmethoden zu finden. Selbst die ehrgeizigsten Sportler wissen nicht annähernd so viel wie ein guter Trainer, der sich viele Stunden täglich mit Laktatproben, Artikeln über Ernährungsforschung oder Windkanaltests beschäftigt. Darüber hinaus werden sogar die sachkundigsten Athleten ihr eigenes Training nicht objektiv beurteilen können. Deshalb sagen auch manche Trainingsbetreuer, ‚sich selbst coachen' sei ein Widerspruch in sich.

Ich hoffe, die Informationen in diesem Buch werden Ihnen helfen, in Ihrem nächsten wichtigen Wettkampf etwas schneller zu laufen. Aber noch mehr hoffe ich, dass Sie nach der Lektüre den wunderbaren Triathlon- (oder Duathlon-)Sport noch etwas mehr genießen werden. Viel Spaß beim intelligenten und zielorientierten Training!

KEN MIERKE
FAIRFAX, VIRGINIA

Einführung

Das Laufen ist häufig der schwierigste und entscheidendste Abschnitt in einem Triathlonwettkampf. Triathleten verbrauchen beim Laufen beträchtlich mehr Energie pro Minute als auf dem Rad oder im Wasser. Beim Laufen wird mehr Muskelmasse benötigt, und es ist die einzige Triathlondisziplin, bei der die Sportler ihr eigenes Körpergewicht tragen müssen. Nicht nur die Ermüdung durch diesen hohen Energieverbrauch, auch die hohe Stoßbelastung beim Laufen erschöpft die Athleten mehr, als dies beim Schwimmen oder Radfahren der Fall ist.

Eine weitere Herausforderung ist, dass der Lauf das letzte Drittel des Wettkampfs ausmacht. Wenn Triathleten zum Lauf starten, machen sich bereits die ersten Ermüdungserscheinungen bemerkbar. Schließlich haben sie schon zwischen einer und neun Stunden im Wasser und auf dem Rad verbracht. Wenn man zu rennen beginnt, können die Muskeln bereits wegen Übersäuerung (durch zu viel Laktat und H^+-Ionen im Blut) brennen, oder die Energiereserven zur Neige gehen und die Dehydrierung bereits eingesetzt haben.

Da der Wettkampf mit dem Laufen endet, fällt auf diesem Abschnitt die Entscheidung über die Platzierung. Sogar für starke Schwimmer oder Radfahrer, die mit einem großen Vorsprung auf die Laufstrecke gehen, entscheidet letztlich ihre Laufleistung über Sieg oder Niederlage.

Zu den Herausforderungen auf der Triathlon-Laufstrecke gehört, dass man nach einer relativ langen Zeit, in der man angestrengt Rad gefahren ist, kräfteschonend weiterlaufen muss. Das ist sowohl physiologisch als auch psychisch anspruchsvoll und erfordert eine besondere Vorbereitung. Die schnellsten Wettkämpfer in reinen Laufwettkämpfen oder Volksläufen sind nicht immer die schnellsten Läufer bei einem Triathlon, wenn sie vorher geschwommen und Rad gefahren sind.

Dem Sportler stellen sich unter anderem zwei physiologische Aufgaben: 1.) Er muss Techniken einsetzen, die einen effektiven Lauf mit vom Radfahren ermüdeter Muskulatur ermöglichen, und 2.) die entsprechenden Muskeln trainieren, damit der Übergang vom angestrengten Radfahren zum angestrengten Laufen gelingt. Insbesondere der Quadrizeps ist nach 40 bis 180 Kilometern intensiven Radfahrens extrem beansprucht. Effiziente Triathlonläufer minimieren deshalb beim Laufen die Belastung ihrer vorderen Oberschenkelmuskeln durch optimale Fußaufsatztechniken. Koppeltraining, wie in Kapitel 6 beschrieben, bereitet die Muskeln darauf vor, den Übergang vom Radfahren zum Laufen schneller und effektiver zu bewerkstelligen.

Eine bessere Laufleistung im Triathlon gelingt durch zwei Zielsetzungen: Der Körper wird einerseits auf eine schnellere Laufzeit über die angestrebte Wettkampfdistanz getrimmt und zugleich darauf, nach einer hohen Schwimm- und Radfahrleistung dem persönlichen Leistungspotenzial näher zu kommen. Wer an einem Kurzdistanz-Triathlon teilnimmt, muss also einerseits seine reine 10-Kilometer-Zeit verbessern und andererseits versuchen, die Kluft zwischen seinem Lauftempo im Triathlon und seiner reinen 10-Kilometer-Zeit zu verringern. Langstreckentriathleten müssen schnellere Marathonläufer werden und ihre Marathons im Triathlonwettkampf mit annähernd derselben Geschwindigkeit wie bei einem reinen Marathon laufen.

Die psychische Herausforderung ist hier, über einen längeren Zeitraum hinweg eine hohe Intensität durchzuhalten, obwohl man bereits vom Schwimmen und Radfahren ermüdet ist. Dazu kommt noch, dass Triathleten in einem Triathlon nie auch nur annähernd so schnell laufen wie in einem Laufwettkampf, obwohl die subjektiv empfundene Belastung höher ist. Vor allem für ehemalige Wettkampfläufer kann es frustrierend sein, beim Triathlon um einen Kilometerschnitt von 5:30 Minuten zu kämpfen und dabei wirklich zu leiden, während sie die zehn Kilometer normalerweise im Fünf-Minuten-Tempo bewältigen.

In diesem Buch finden Sie Hinweise zur Lauftechnik, zur Trainingsgestaltung sowie dazu, wie Sie Ihr Lauftraining bestmöglich in einen Triathlon-Trainingsplan integrieren. Außerdem erhalten Sie zahlreiche Anregungen für ein effizienteres Training.

KLEINE UNTERSCHIEDE MIT GROSSER WIRKUNG

Manchmal, wenn ich mir ansehe, welch ungeheure Konsequenzen die kleinen Dinge haben ... bin ich versucht zu denken, dass es keine kleinen Dinge gibt.
– Bruce Barton

Wer neu mit einer Sportart beginnt, verbessert sich rasch. Jedes Training ist schneller und einfacher als das vorherige. Je länger man allerdings trainiert, desto kleiner werden die Fortschritte. Selbst wenn sich die eigene Leistung nachhaltig verbessert, lassen sich schnellere Zeiten nur noch mühsam erreichen, und wer auch nur ein paar Sekunden schneller laufen möchte – was früher jede Woche gelang – muss sich jetzt auf ein monatelanges hartes Training einstellen. Nach mehreren Jahren relativ konsequenten und harten Trainings befinden sich die meisten Athleten ziemlich hoch auf der Kurve ihrer persönlichen Leistungsfähigkeit. Stärker und schneller zu werden, braucht jetzt immer mehr Zeit. Das Prinzip der abnehmenden Steigerungsfähigkeit in Bezug auf sportliche Leistungen wird in Abbildung 0.1 veranschaulicht.

Je erfahrener ein Athlet ist, desto länger und konsequenter hat er bereits trainiert. Den Umfang oder die Intensität des Trainings weiter zu erhöhen, kann allenfalls noch geringe Steigerungen bewirken. Viel wirksamer ist es dagegen, die Effektivität der Trainingsplanung zu verbessern. Dies ist der richtige Zeitpunkt, um sich auf die kleinen Dinge zu konzentrieren, die als Gesamtheit am Wettkampftag den großen Unterschied machen werden.

Ein Prozent einer Stunde sind 36 Sekunden. Für hart trainierende Triathleten wären 36 Sekunden pro Stunde eine enorme Verbesserung. Über die Platzierung in Wettkämpfen entscheiden aber normalerweise deutlich knappere Zeitunterschiede. Ein Prozent ist also sehr viel. Ich sage meinen Sportlern oft: „Wenn wir etwas finden könnten, das dich fünf Prozent schneller macht, würden wir das zweifellos einsetzen, aber diese Dinge fallen deinem Gegner auch ein. Jeder zieht einen Neoprenanzug an, wenn es erlaubt ist, und jeder fährt mit Rennslicks und einem Aerolenker. Was wir jedoch tun können, ist, zehn kleine Dinge zu finden, die der Konkurrenz nicht auffallen und die, für sich genommen, dich ein halbes Prozent schneller machen werden.“ Für ernsthafte und hart trainierende Triathleten gibt es keine kleinen Dinge!

Jeder Triathlet bringt, aufgrund seiner bisherigen sportlichen Erfahrungen, bestimmte Stärken, Schwächen und Veranlagungen mit. Beziehen Sie diese Neigungen unbedingt in Ihre Trainingsplanung mit ein – und nutzen Sie sie!

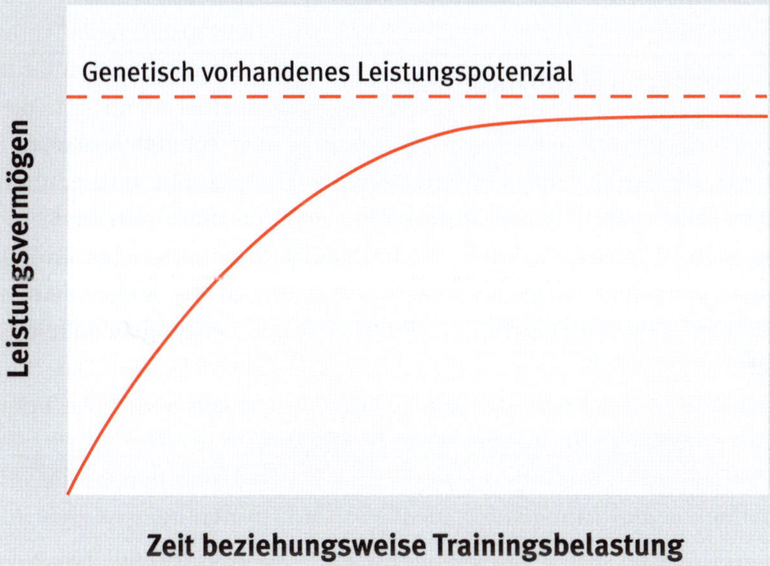

Abbildung 0.1: *Prinzip der abnehmenden Leistungssteigerungen*

Vom Schwimmen zum Triathlon

Obwohl das Schwimmen den kürzesten Abschnitt eines Triathlons bildet und in vielerlei Hinsicht physisch am einfachsten zu bewältigen ist, stellt es Triathleten technisch vor die größten Herausforderungen. Triathloneinsteiger ohne Erfahrung im Radfahren oder Laufen scheinen die Technik dieser Disziplinen relativ einfach zu erlernen. Auf der anderen Seite tun sich Radfahrer und Läufer häufig schwer damit, effiziente Schwimmtechniken zu entwickeln. Wer bereits vor Jahren einen effizienten Armzug oder Beinschlag entwickelt hat, ist hier klar im Vorteil.

Den größten Vorteil – oder Nachteil –, den beginnende Triathleten mit einem sportlichen Hintergrund im Leistungsschwimmen mitbringen, ist, dass Schwimmer große Trainingsumfänge und -intensitäten gewöhnt sind und viel geringere Regenerationsphasen zwischen anstrengenden Trainingseinheiten benötigen als Radfahrer oder Läufer. Schwimmer können unproblematisch in jedem Training an ihre Grenzen gehen und müssen deshalb häufig erst lernen, welche Bedeutung lockeres Grundlagenausdauertraining und Ruhetage haben. Gerade in der Laufdisziplin kann man unter Triathleten, die früher Leistungsschwimmer waren, tendenziell viele Verletzungen und Symptome von Übertraining beobachten.

Vom Radfahren zum Triathlon

Triathleten, die aus dem Radsport kommen, sind für die Ausdauer und Effizienz, die auf der längsten Triathlonstrecke gefordert wird, gut gerüstet. Die meiste Zeit (und Energie) kann auf dem Rad gewonnen beziehungsweise verloren werden. Nicht zuletzt sind erfahrene Radfahrer weniger erschöpft, wenn sie diesen Abschnitt hinter sich haben, und können auf der Laufstrecke eher ihr maximales Leistungsvermögen umsetzen.

Der größte ‚Nachteil', den ehemalige Radrennfahrer im Triathlon haben, ist folgender: Sie haben durch ihr stundenlanges hartes Radtraining eine so gute Kraft und Kondition entwickelt, dass sie schon bald zu einer schnellen, langen Laufleistung imstande sind. Laufen belastet den Bewegungsapparat jedoch stärker als Radfahren. Ähnlich wie ehemalige Leistungsschwimmer sind Triathleten mit Raderfahrung daher für Verletzungen und Übertraining anfällig, wenn sie nicht lernen, viel lockerer zu laufen, als sie Rad gefahren sind.

Vom Laufen zum Triathlon

Da dem Laufen als dritter Triathlondisziplin so viel Bedeutung zukommt, nehmen viele an, dass erfahrene Läufer schnell gute Gesamtleistungen zeigen. Doch das ist nicht unbedingt der Fall. Läufer müssen lernen, sich in allen drei Disziplinen auf die Technik zu konzentrieren und geduldig sein, bis sich diese Fertigkeiten herausbilden. Die Kondition, die durch jahrelanges Laufen entwickelt wurde, ist sicherlich von Vorteil. Dagegen können Jahre vergehen, bis sie die Kraft zu einer effektiven, mit dem Laufniveau vergleichbaren Schwimm- und Radfahrleistung erworben haben.

Triathleten, die aus dem Laufsport kommen, sollten entsprechende Prioritäten im Training setzen und Techniken erlernen, damit sie auch nach einem ermüdenden Radabschnitt effektiv weiterlaufen können.

Triathleten ohne sportlichen Hintergrund

Eine ganze Reihe von Triathloneinsteigern hat keine leistungssportliche Erfahrung in den Triathlondisziplinen. Der Schwimmabschnitt bereitet diesem Sportlerkreis generell die meisten technischen Probleme, und der Lauf ist für sie körperlich am anstrengendsten. Diese Sportler müssen hart an sich arbeiten, um effiziente Techniken in allen drei Disziplinen zu entwickeln. Der Umfang des Radtrainings sollte dabei höher liegen als beim Schwimm- oder Lauftraining.

HINWEISE ZUR NUTZUNG DIESES BUCHES

Ein Buch zu lesen und zu verstehen, ist nicht mit der Herausforderung vergleichbar, die darin enthaltenen Informationen in ein effektives Trainingsprogramm umzusetzen, das auf die jeweiligen Lebensumstände zugeschnitten ist. Nachstehend ein paar Vorschläge, wie Sie dieses Buch optimal für sich nutzen können.

Als Erstes möchte ich Sie dazu ermutigen, alles dafür zu tun, um die eigene Lauftechnik zu verbessern. Ein Laufseminar mit einem ausgebildeten Trainer ist eine enorme Hilfe. Am besten üben Sie jedes Mal, wenn Sie laufen gehen, ein paar Minuten lang die Techniken aus Teil 1 und benutzen ein Metronom, um Ihre Schrittfrequenz zu überprüfen. Läufer jeglicher Leistungsniveaus (besonders aber Triathlonläufer) können mehr erreichen, wenn sie effizienter laufen, als wenn sie dafür trainieren, stärker zu werden. Nehmen Sie diesen Teil der Wettkampfvorbereitung also ernst.

Eine Lauftechnik zu ändern, ist extrem schwierig. Durch unzählige Schrittzyklen, die mit falschen Bewegungsmustern ausgeführt wurden, haben sich bei den meisten Läufern falsche Techniken verfestigt. Das Team von Fitness Concepts hat mit Tausenden Läufern gearbeitet, alle Fehler durchlaufen – die vermutlich auch Sie machen würden, wenn Sie nicht unsere Ratschläge befolgten – und aus ihnen gelernt. Ich weiß: Ehrgeizige Athleten neigen zur Ungeduld. Sie möchten blitzschnell Ergebnisse sehen und sind zur Erreichung ihrer Ziele zu fast allem bereit. Aber es lohnt sich, auf diese Ergebnisse zu warten und dafür Geduld aufzubringen. Schließlich wird hier die Technik entwickelt, von der Sie für den Rest Ihrer Läuferkarriere profitieren werden. Langfristig wird sich Ihre Laufleistung enorm verbessern. *Es richtig zu machen, lohnt sich also!*

Nehmen Sie sich Zeit, um einen Aspekt der Lauftechnik nach dem anderen zu erlernen. Sie sollten nicht voreilig zum nächsten Trainingsaspekt übergehen, in der Meinung, an der letzten Technik auch später noch feilen zu können; so wird es nur länger dauern, bis Sie alles vollständig beherrschen.

Zweitens: Nehmen Sie sich Zeit für Ihre Saisonplanung. Eine grobe zeitliche Festlegung der wichtigsten Wettkämpfe, der Trainingsschwerpunkte und wichtigsten Trainingseinheiten bildet die Grundlage der Vorbereitungen. Selbst erfahrene Athleten oder professionelle Trainingsbetreuer kommen um diesen Schritt in der Trainingsplanung nicht herum. Kein Athlet oder Trainer besitzt so viel Erfahrung, um zielsicher ‚aus der Hüfte schießen' zu können. Wer planlos trainiert, verliert wertvolle Zeit und übersieht möglicherweise ein paar wichtige Schritte. Wir neigen alle dazu, im Training besonders auf die Kraftentwicklung zu achten, weil diese Art des Trainings auf der Beliebtheitsskala der Athleten immer ganz oben steht. Wer das Training zu Beginn eines Jahres organisiert, kann Monat für Monat einen Trainingsbaustein auf den anderen setzen und sich auf die Tage mit den bedeutendsten Wettkämpfen zielgerichtet vorbereiten.

Drittens: Nehmen Sie die kleinen Dinge ernst. Dieses Buch ist randvoll mit Tipps, die Ihnen helfen sollen, ein bisschen effizienter zu trainieren. Wissenschaftliche Erkenntnisse und Erfahrungswerte haben bewiesen, dass diese Tipps Wirkung zeigen. Jedes Detail für sich ist klein, in ihrer Gesamtheit jedoch machen sie einen Riesenunterschied bei der Wettkampfvorbereitung aus. Jeder ehrgeizige Triathlet investiert eine ganze Menge in seinen Sport, er scheut keine Kosten, übersieht aber oft die kleinen Dinge: für den richtigen Energienachschub zu sorgen, genug zu schlafen, die Muskulatur zu schonen und, wenn es sein muss, auch mal ‚einen Gang herunterzuschalten' – so wird jedes wichtige Training maximal genutzt.

Wer sich in die Obhut eines qualifizierten Trainingsbetreuers begibt, hat sein Geld auch gut investiert. Dieser Coach kümmert sich um die Trainingsplanung, so dass Ihre Energie ohne Umwege ins Training und in die Wettkämpfe fließen kann. Achten Sie aber darauf, dass Ihr Trainingsbetreuer eine entsprechende Ausbildung besitzt, und nicht nur talentiert ist: Kareem Abdul-Jabbar kann Ihnen schließlich nicht beibringen, wie man 2,18 Meter groß wird.

Bei der Planung Ihrer Saison ist jeder Monat, jede Woche und jedes Training entscheidend für Ihre Bestleistung. Trotzdem sollten Sie Ihre

Pläne immer mit Bleistift aufschreiben. Die Planung ist wichtig und erhöht die Qualität des Trainings, aber ebenso wichtig ist es, flexibel zu bleiben. Wir entwickeln, ausgehend von den umfassendsten Daten, die uns zum jeweiligen Zeitpunkt zur Verfügung stehen, langfristige Pläne. Doch im Laufe der Saison kommen immer wieder neue Erfahrungswerte hinzu. Achten Sie auf Veränderungen, und revidieren Sie gegebenenfalls einzelne Punkte in Ihrer langfristigen Planung. Vergessen Sie nie: Der Trainingsplan soll Ihnen dienen, und nicht umgekehrt.

Teil 1

Lauftechnik

Kapitel 1

Laufökonomie verbessern

FÜR EINEN SPARSAMEREN ‚SPRITVERBRAUCH‘

Die meisten Laufsportler denken, dass sie ihre Wettkampfleistung verbessern, je länger und angestrengter sie trainieren. Sie glauben, dass schnellere Läufer talentierter sind, mehr Trainingskilometer hinter sich haben und/oder diese Kilometer mit größerem Krafteinsatz bewältigen als sie selbst. Nur wenige achten dabei auf die Lauftechnik oder Bewegungsökonomie ihrer Konkurrenten. Die Untersuchungen von Fitness Concepts auf diesem Gebiet haben gezeigt, dass es jedoch die Technik ist, die den größten Einfluss auf das Leistungsverhalten hat. Den Faktor, der am ehesten zu einer Leistungssteigerung beiträgt, haben die meisten Läufer also bishcr übersehen.

LAUFÖKONOMIE

Unter Laufökonomie versteht man den Energieaufwand eines Läufers für ein bestimmtes Tempo. Die meisten Triathleten wären vermutlich erstaunt, wenn sie wüssten, welch enorme Unterschiede in der Laufökonomie verschiedener Athleten bestehen! Schneller zu sein gilt als eine Frage der Körperkraft. Effizienz zählt eher zu den unwichtigeren Faktoren. Dagegen ist es in den meisten Fällen so, dass der Gewinner eines Rennens weniger Kraft verbraucht hat als der Drittplatzierte. Sieger laufen schneller, weil sie energiesparender laufen. Sie erreichen mit einem niedrigeren ‚Spritverbrauch' eine höhere Geschwindigkeit.

Eine schöne Seite der modernen Technik ist die Unvoreingenommenheit von Maschinen: Sie können nicht lügen und scheuen sich nicht, mit traditionellen Meinungen zu brechen. Ich habe inzwischen über 6000 VO_2max-Tests durchgeführt, die auf objektive Weise sowohl die Fitness als auch die Effizienz von Athleten messen. Dabei war ich selbst überrascht, wie oft die Leistungsunterschiede zwischen Athleten auf deren Laufökonomie, und weniger auf ihre Fitness zurückzuführen waren.

Ein Spitzenläufer kann beispielsweise acht Prozent schneller laufen als ein fortgeschrittener Läufer, und dabei nur drei Prozent mehr Sauerstoff verbrauchen. Der Spitzenläufer hat also drei Prozent mehr Kraft, läuft aber acht Prozent schneller. Die fünf Prozent Differenz resultieren aus seiner Laufökonomie. Unter den Läufern, die ich getestet habe, spielte in 84 Prozent aller Fälle für Laufgeschwindigkeiten im Laktatschwellenbereich die Effizienz eine wichtigere Rolle als der Krafteinsatz.

Ein ökonomischer Läufer erreicht ein bestimmtes Lauftempo mit geringerem Energieaufwand, weil er eine bessere Technik hat sowie stärkere Muskeln und ein elastischeres Bindegewebe besitzt. Laufökonomie ist nicht, wie etwa eine gute Grundlagenausdauer, eine Frage der genetischen Voraussetzungen oder des Talents, und kann deshalb erheblich verbessert werden. Wer schneller laufen möchte, sollte also lernen, die korrekten biomechanischen Abläufe in seinen Laufstil zu integrieren.

In jeder Sportart, außer im Laufsport, beschäftigen sich Athleten aufmerksam mit den im Wettkampf entscheidenden Bewegungsabläufen und perfektionieren diese, bis alles bis ins kleinste Detail sitzt. Die meisten Lauftrainer halten ihre Schützlinge jedoch nur dazu an, länger und kraftvoller zu laufen. Für sie sind höhere Kilometerzahlen und Intensitäten die Lösung. Jahrelang wurde die Lauftechnik so gut wie ignoriert, weil Trainer der Meinung waren, der ‚natürliche Laufstil' eines Läufers würde ihn effizient machen und Verletzungen vorbeugen. Doch das ist schlichtweg nicht der Fall.

Als Triathleten sind wir in dieselbe Falle getappt. Wie viele Ihrer Trainingspartner haben an ihrer Schwimmtechnik gearbeitet? Wahrscheinlich hat jeder einzelne von ihnen zumindest darüber nachgedacht, wie man sich im Wasser fortbewegt. Und wer hat sich nicht um eine richtige Sitzhaltung auf dem Rad oder um ökonomische Tritttechniken bemüht? Nahezu alle Triathleten, die sich ernsthaft auf Wettkämpfe vorbereiten, haben bis zu einem gewissen Grad dafür trainiert, dass ihr Tritt möglichst

‚rund' und effizient und ihre Sitzhaltung aerodynamisch werden. Sogar denjenigen, die nicht so hartnäckig an ihren Schwimm- und Radfahrfertigkeiten gefeilt haben, ist zumindest ganz vage bewusst, dass dies wichtig wäre. Und wie viele Triathleten haben je über Lauftechniken nachgedacht?

Die großen afrikanischen Laufmeister

Viele Jahrzehnte lang haben Läufer aus Afrika in Langstreckenläufen auf dem höchsten Niveau die Ranglisten angeführt. Als man nachforschte, was diesen Läufern zu ihrer beständig schnelleren Leistung verhalf, fand man heraus, dass ihre VO_2max- und Laktatschwellenwerte für Spitzenläufer ganz normal waren. Körpergröße und -gewicht, das Längenverhältnis der Gliedmaßen, der Aufbau ihrer Muskelfasern und jede messbare physiologische Variable liegt bei diesen Läufern in einem für Profisportler normalen Bereich. Keine Frage, diese Athleten sind außerordentlich talentiert und fit, aber das trifft auch auf die anderen Berufssportler zu, die sie in Laufwettkämpfen mühelos schlagen. Was die starken afrikanischen Läufer hervorhebt – das ist eindeutig und immer wieder zu beobachten – ist ihre höhere Effizienz im Vergleich zu ihren Mitstreitern. Sie laufen schneller, ohne mehr Energie aufzuwenden.

Viele Experten auf dem Gebiet der Laufökonomie sind sich darüber einig, dass Barfußlaufen in der Kindheit bedeutend zum außergewöhnlichen Erfolg dieser Athleten beiträgt. Wenn sie dann Schuhe anziehen, laufen sie weiterhin so, wie sie es gewohnt sind. Ich schlage Ihnen jetzt nicht vor, barfuß zu laufen; aber ich möchte Ihnen doch dazu raten, sich die Zeit zu nehmen und die Techniken zu erwerben, die diese Läufer so erstaunlich effizient macht, und diese Techniken dann in Ihren Laufschuhen umzusetzen. Bei Evolution Running haben wir die Erfahrung gemacht, dass eine effiziente Technik *erlernbar* ist. Und dank dieses Laufstils verbesserte sich bei nahezu allen Läufern das Leistungsverhalten und minimierte sich das Verletzungsrisiko.

WETTKAMPFLEISTUNGEN VERBESSERN

Für das Leistungsverhalten im Triathlon spielen die genetischen Anlagen eine wichtige Rolle. Wer einen Triathlonwettkampf gewinnen möchte, sollte sich als allererstes seine Eltern gut aussuchen! Wenn wir unsere körperliche Leistungsfähigkeit verbessern, klettern wir alle auf der eingangs erwähnten Kurve der persönlichen Leistungsfähigkeit nach oben. Doch für manche von uns liegt der persönliche Leistungszenit von vornherein höher.

Wenn wir mit dem Triathlontraining beginnen, werden wir von Woche zu Woche stärker und schneller. In einem Trainingslauf gewinnen wir immer wieder einige Minuten, ohne uns mehr anzustrengen. Im zweiten Trainingsjahr stellen sich Leistungsverbesserungen zwar langsamer, aber noch zuverlässig ein. Wer mehrere Wochen lang hart und beständig trainiert hat, wird dieselbe Trainingsstrecke immer wieder ein paar Sekunden schneller schaffen können. Wer bereits einige Trainingsjahre hinter sich hat, muss sich für Fortschritte schon richtig anstrengen. Um nur wenige Sekunden schneller zu werden, ist monatelanges hartes Training nötig. Wenn wir uns den Grenzen unserer genetisch vorgegebenen Leistungsfähigkeit nähern, wird es extrem schwierig, die eigene Kondition weiter zu steigern – und dieses Phänomen ist nicht nur unter Spitzensportlern zu beobachten. Ein Zeitgewinn von gerade mal ein paar Sekunden ist nicht nur für Profis schwer; auch ein ambitionierter Breitensportler, der einige Jahre Triathlontraining hinter sich hat, wird mit denselben Einschränkungen konfrontiert, wenn er sich verbessern will.

In diesem Trainingsstadium lassen sich nur dank einer höheren Effizienz Schranken durchbrechen, die zuvor unüberwindbar schienen. Wie würde es Ihnen gefallen, wenn Sie in einem einstündigen Rennen 36 Sekunden schneller wären als sonst? Das wäre doch ein ungeheurer Fortschritt, oder etwa nicht? 36 Sekunden sind eine ganze Menge – und doch nur ein Prozent einer Stunde. Viele Athleten erreichen irgendwann ein Stadium, in dem eine einprozentige Steigerung der körperlichen Leistungsfähigkeit nur mit umfangreicher Trainingsarbeit erzielt werden kann und manchmal sogar genetisch unmöglich wird. Wer zu den Ersten gehört, die über die Ziellinie laufen, hat möglicherweise das letzte Prozent seines Leistungspotenzials bereits ausgereizt und wird seine *Fitness* wohl nie mehr um weitere 36 Sekunden pro Stunde steigern können. Fast alle Athleten wären nichtsdestotrotz in der Lage, ihre *Ökonomie* um 36 Sekunden pro Stunde zu verbessern und schneller zu laufen, ohne ihr Trainingspensum zu erhöhen!

Joe Friel, ein hervorragender Triathloncoach und Autor, erzählt häufig die Geschichte des großen US-amerikanischen Läufers Steve Scott. Die körperliche Leistungsfähigkeit von Scott wurde in unterschiedlichen Phasen seiner Sportlerkarriere untersucht. Zwischen den Zeiten, in denen er fit und zu einer guten Wettkampfleistung bereit war und Zeiten, in denen er (für seine Verhältnisse) ‚nicht in Form' war, konnte er einen siebenprozentigen Unterschied in seiner Laufökonomie feststellen. Für einen Athleten seines Formats sind sieben Prozent ungeheuer viel. Ein Unterschied von sieben Prozent entspricht einem Kilometerschnitt von 2:30 Minuten gegenüber 2:19 Minuten. Wenn die Laufökonomie einem Profi wie Steve Scott zu einem so großen Leistungssprung verholfen hat, welche Verbesserung können Sie dann wohl erzielen?

Evolution Running

Den Triathleten Alan betreute ich, um seinen Laufstil ökonomischer zu gestalten. Alans Stoffwechselwerte lagen mir bereits vor, so dass ich ihn bei unserem ersten Treffen auf der Laufbahn 400 Meter ‚bis zur Schmerzgrenze' laufen ließ, also so schnell, wie er diese Strecke bewältigen konnte. Wir trafen uns fünf Monate lang einmal wöchentlich für eine Stunde auf der Laufbahn, und ich schrieb ihm Technikübungen und Trainingseinheiten auf, die er im Laufe der Woche ausführen sollte. Dazu ließ ich ihn mit einem Schrittfrequenzmesser trainieren.

Alan war nicht gerade der ideale Kandidat für schnelle Verbesserungen. Er war ein Hochleistungssportler und rangierte unter den besten zehn in seiner Altersklasse. Er hatte mehr als 40 Jahre Erfahrung mit Laufwettkämpfen und bereits 17 Marathons sowie zwei Ironman® Hawaii-Wettkämpfe absolviert. Außerdem hatte er schon jahrelang mit einem anderen professionellen Trainer gearbeitet. Nach all dem harten Training über einen so langen Zeitraum konnte Alan seine körperliche Konstitution nicht mehr entscheidend verbessern, egal, wie hart er trainierte. Noch wahrscheinlicher war sogar, dass sich seine Grundlagenausdauer aus Altersgründen verschlechterte – er war 62. Nach vielen Jahren umfangreichen Lauftrainings hatte er neuromuskuläre Mechanismen ausgebildet, die schwer umzustellen waren. Das machte ihn zu einem perfekten ‚Versuchskaninchen'. Verbesserungen in Alans Laufleistung wären fast hundertprozentig auf eine Änderung seiner Lauftechnik zurückzuführen und nicht auf eine gesteigerte Fitness. Glücklicherweise standen mir die technischen Mittel zur Verfügung, um seine Laufeffizienz direkt und objektiv überprüfen zu können.

In jenen 22 Wochen begann jedes Treffen mit Techniktraining und einer kurzen Wiederholung dessen, woran wir in der vorangegangenen Woche gearbeitet hatten. Anschließend nahmen wir einen neuen Technikaspekt hinzu. Alan war ein perfekter Schüler und stellte häufig Fragen, damit er besser begreifen konnte, was wir erreichen wollten und warum. Er setzte jede Anweisung um, so gut er konnte. Er war unglaublich geduldig und zeigte eine erhebliche Frustrationstoleranz beim Abgewöhnen alter motorischer Gewohnheiten, die sich nach vielen tausend Laufstunden eingeschliffen hatten. Jedes Training begann mit einem Satz von Technikübungen, und in den 22 Sitzungen trug Alan bei jedem Lauf einen Schrittfrequenzmesser bei sich.

In der 23. Woche fanden die Abschlusstests statt: einer auf der Laufbahn und einer im Sportlabor. Alan lief vier Mal 1600 Meter (mit 800 Meter Traben dazwischen) im selben Tempo, wie er 22 Wochen zuvor 400 Meter ‚bis zur Schmerzgrenze' gelaufen war. Ein VO_2max-Test, den er noch in derselben Woche machte, ließ eine erstaunliche Zunahme seiner Laufökonomie erkennen. Alan lief ein Tempo von fünf Minuten pro Kilometer mit derselben Sauerstoffmenge, die er fünf Monate zuvor für einen Schnitt von 5:24 Minuten verbraucht hatte. Das ist eine 8,4-prozentige Verbesserung seiner Laufökonomie, was für einen fortgeschrittenen Athleten eine erstaunliche Steigerung ist. Wie, denken Sie, würde Ihre Wettkampfleistung aussehen, wenn Sie bei gleichem Energieaufwand 8,4 Prozent schneller laufen könnten?

Nach Alans Erfolgsgeschichte begann ein anderer Triathlet, dessen Training ich betreute, diese Techniken umzusetzen. Dieser hatte fast zwanzig Jahre lang Laufen als Hochleistungssport betrieben, hatte in der Altersklasse 30-34 zu den drei besten Breitensportlern in den Vereinigten Staaten gehört, und Laufen war seine starke Disziplin. Nachdem er sich effizientere Lauftechniken angeeignet hatte, verbesserte dieser Athlet in den nationalen Triathlon-Wettkämpfen seine frühere Laufzeit über zehn Kilometer um 1:48 Minuten. Anschließende Belastungstests ließen erkennen, dass er seine Laufökonomie im Wettkampftempo um 4,2 Prozent gesteigert hatte, was seine Verbesserung fast vollständig erklärte. Ein Athlet dieses Niveaus könnte normalerweise seine Fitness nicht mehr so weit erhöhen, um 1:48 Minuten schneller zu laufen, egal, wie hart und umfangreich er dafür trainierte.

Fortlaufende Untersuchungen und die Erfahrung, die ich mit Hunderten Läufern gesammelt habe, die bei mir einen schnelleren und verletzungsfreieren Laufstil erlernt hatten, bildeten die Grundlage für mein

Unterrichtssystem mit dem Namen Evolution Running, das diese ökonomischen Lauftechniken vermitteln soll. Mein Team und ich haben mit zahlreichen Athleten gearbeitet und erlebt, dass sie, ob Anfänger oder Spitzensportler, ausnahmslos von der Entwicklung effizienter Techniken profitiert haben. Nehmen Sie die Lauftechnik nicht auf die leichte Schulter. Dies ist ein Bereich, in dem Sie Ihre Wettkampfleistung beträchtlich verbessern werden.

ENERGIEBILANZ DES LAUFENS

Eine Diskussion über effiziente Bewegungsabläufe im Sport sollte mit der Fragestellung beginnen, welche Bewegungselemente Energie benötigen. Mit anderen Worten: Welche Phasen einer Laufbewegung kosten wie viel Kraft?

Vortrieb

Ein effizienter Läufer sollte die meiste Kraft dafür aufwenden, um sich vorwärts zu bewegen. Je mehr Energie für den Vortrieb zur Verfügung steht, desto schneller läuft man. Deshalb zielen effiziente Lauftechniken darauf ab, den Vortrieb zu maximieren und gleichzeitig alle anderen Formen des Energieverbrauchs zu minimieren. Wir werden für unsere Zwecke den Vortrieb als die Energie definieren, die benötigt wird, um ein konstantes Lauftempo aufrechtzuerhalten. Wichtig zu wissen: Beim Lauf auf ebenem Untergrund wirken die Vortriebskräfte rein horizontal.

Vertikale Bewegung

Vertikale Laufbewegungen sind die größte Quelle für vergeudete Energie. Den Körper entgegen der Schwerkraft zu bewegen, kostet eine Menge Energie. Wer lernt, den Körperschwerpunkt nur minimal aufwärts zu bewegen, verringert den Energieaufwand für vertikale Bewegungen.

Stützung

Auch wenn keine vertikale Bewegung stattfindet, wirkt die Schwerkraft konstant auf den Läufer ein und muss von diesem mit Gegenkraft überwunden werden. Die benötigte Stützenergie wird entscheidend von den vertikalen Bewegungen eines Läufers beeinflusst. Was nach oben geht, muss auch wieder herunterkommen. Je höher sich der Körper eines Läufers bei jedem Laufschritt nach oben bewegt, desto länger dauert es, bis diese Masse vor dem nächsten Fußaufsatz von der Schwerkraft wieder nach unten gezogen wird. Läufer mit größeren vertikalen Bewegungen landen härter, was dazu führt, dass sie mit kräftigeren Muskelkontraktionen ihr Körpergewicht auffangen und mehr Energie in der Stützphase aufwenden müssen.

Beschleunigung

Um effizient zu laufen, ist es wichtig, sein Tempo von einem Schrittzyklus zum nächsten nahezu konstant zu halten, doch bei den meisten Läufern variiert dieses Tempo recht stark. Sie ‚bremsen' sich bei jedem Fußaufsatz ab und verlangsamen sich dadurch beträchtlich. Nach diesem Bremsimpuls müssen sie sehr viel Energie für den Vortrieb aufwenden, um ihr Körpergewicht wieder auf Laufgeschwindigkeit zu beschleunigen. Für unsere Zwecke unterscheiden wir zwischen dem Energieaufwand für den Vortrieb zur Beschleunigung des Körpers und dem für den Vortrieb zum Halten eines konstanten Lauftempos.

Gleichgewicht

Ein Teil der körperlichen Energie wird dazu benötigt, um einfach nur aufrecht zu bleiben. Auch die ökonomischsten Läufer verändern ihre Körperhaltung immer wieder etwas, um ihr Gleichgewicht zu sichern. Durch effiziente Lauftechniken kann die hierfür benötigte Energie auf das Minimum gesenkt werden.

Armschwung und Beinarbeit

Das Bewegen der Arme und Beine im Raum benötigt Kraft. Durch Lauftechniken, die den Energieaufwand minimieren, steht dem Körper mehr Energie für den Vortrieb zur Verfügung, und die Muskeln, die den Vortrieb ausführen, ermüden nicht so rasch.

ÖKONOMISCHE LAUFTECHNIKEN

Bei unserer Suche nach Methoden für eine verbesserte Lauftechnik bedienten wir uns einer Reihe unterschiedlicher Laufmodelle, um zu verdeutlichen, wie die Laufökonomie verbessert werden kann.

Das Rad-Modell

Das Rad ist ein ungeheuer effizientes Fortbewegungsmittel. Die Energie, die für das Vorwärtsrollen auf Rädern benötigt wird, liegt weit unter dem Energieaufwand zum Laufen. Für einen effizienteren Laufstil kann man sich also die kinematischen Prinzipien des Rads zueigen machen.

Bei allem, was sich auf Rädern fortbewegt, wird jeder unnötige Energieverbrauch in Form von vertikalen Bewegungen, Stützung, Beschleunigung und Halten des Gleichgewichts auf ein Mindestmaß reduziert, damit mehr Energie für den Vortrieb zur Verfügung steht.

Auf einer ebenen Straße sorgt das Rad für eine perfekt horizontale Bewegung, wobei keinerlei Energie mit vertikalen Bewegungen verschwendet wird und die Stoßbelastung gleich Null ist. Wie gelingt diese rein horizontale Bewegung? Der Schwerpunkt der Radmasse liegt immer direkt über dessen Auflagermitte, also der Fläche, die gerade Bodenkontakt hat. Damit wird nicht nur die Energie für vertikale Bewegungen auf Null gesetzt, auch zur Stützung und Sicherung des Gleichgewichts und für die Beschleunigung ist der Energieaufwand verschwindend gering. Natürlich wird es Läufern nie gelingen, sich rein auf einer horizontalen Ebene zu bewegen beziehungsweise die Stoßbelastung zu eliminieren; doch wer Techniken übernimmt, die sich diesem am Beispiel des Rads veranschaulichten Ideal nähern, wird seine Laufbewegungen effektiver gestalten können.

Das Modell der afrikanischen Läufer

Wie bereits erwähnt, haben afrikanische Läufer, vor allem Kenianer, lange Zeit den Langstreckenlauf dominiert, obwohl Labortests immer wieder gezeigt haben, dass sich die Fitness dieser hervorragenden Athleten nicht wesentlich von der anderer Spitzenläufer unterscheidet. Was die Leistung der afrikanischen Läufer hervorhebt, ist ihre erstaunliche Laufökonomie. Viele Techniken, die wir bei Evolution Running vermitteln, stammen direkt aus der Analyse der Lauftechniken afrikanischer Langstreckenläufer.

GRUNDLAGEN FÜR ÖKONOMISCHES LAUFEN

Rückstoßelastizität

Was passiert, wenn man ein Gummiband dehnt und dann loslässt? Es schnellt mit voller Kraft zurück. Was passiert, wenn menschliches Gewebe gedehnt und anschließend entspannt wird? Dasselbe: Es schnellt mit voller Kraft zurück. Dieser Vorgang ist eine sehr wichtige Kraftquelle, die einem effizienten Läufer Vortrieb gibt. Ein großer Teil unseres Gewebes ist elastisch und besitzt die Fähigkeit, bei der Landung des Fußes Kraft zu speichern und diese beim Abdruck wieder freizugeben. Mit der richtigen Technik kann man diese Schnelligkeitsressource für sich nutzen.

Wenn man ein Gummiband dehnt und dann loslässt, schnellt es mit voller Kraft zurück. Aber was passiert, wenn man ein Gummiband dehnt, gedehnt hält, und es dann loslässt? Es schnellt mit derselben Kraft zurück. Leider funktioniert das menschliche Gewebe diesmal nicht so. Wenn man es dehnt und gedehnt hält, wird es länger. Die Energie, die vor dem Dehnen bestand und gespeichert wurde, geht verloren.

Effiziente Läufer halten daher die Kontaktzeit zwischen ihren Füßen und dem Untergrund so kurz wie möglich, um aus der Rückstoßelastizität die meiste Energie zu gewinnen. Wenn ihre Füße zu lange auf dem Boden bleiben, verliert diese Schnelligkeitsressource ihre Wirkung.

Aufsetzposition der meisten Läufer

Den schlimmsten Fehler, den die meisten Läufer machen, ist, den Fuß vorzustrecken, bevor sie ihn aufsetzen (siehe Abbildung 1.1). Die meisten Läufer schwingen ihren Unterschenkel nach vorne, um damit ihre Schrittlänge zu verlängern. Diese Bewegung vergeudet jedoch ungeheuer viel Energie und erhöht auch noch in vielerlei Hinsicht das Verletzungsrisiko.

Wenn der Fuß vor dem Körper den Boden berührt, ist das Läuferbein nicht in der Lage, sofort Kraft für den Vortrieb zu entwickeln, und der Läufer muss warten, bis sich sein Körper über dem Fuß stabilisiert hat. Erst wenn der Körper sich direkt über dem Fuß befindet, ist ein Abdruck möglich.

In Abbildung 1.1 sieht man, wie sich der Körperschwerpunkt des Läufers bei der Vorwärtsbewegung hebt. Die Körpermasse des Läufers bewegt sich nicht auf einer rein horizontalen Ebene, sondern muss an der

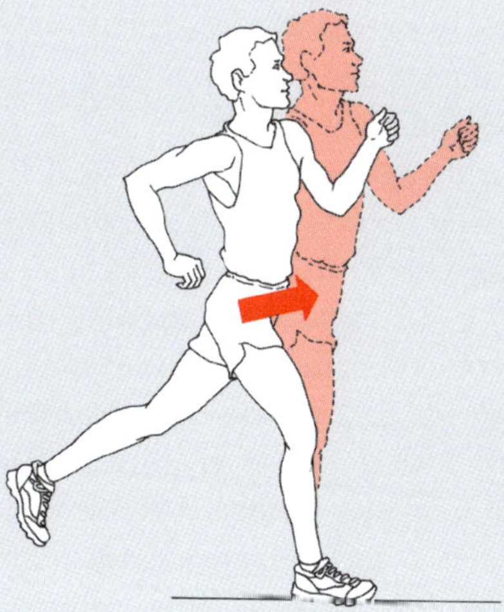

Abbildung 1.1:
Falsche Aufsetzposition

Stelle des Fußaufsatzes einen Bogen nach oben machen. Diese Aufwärtsbewegung des Körperschwerpunkts verursacht zahlreiche Probleme: Zunächst einmal verbraucht das Heben von Masse Energie. Da diese Energie nicht zum Vortrieb beiträgt, ist sie verschwendete Energie.

Eine solche Aufsetzposition trägt außerdem zum Bremseffekt bei, also der Verlangsamung des Lauftempos im Augenblick der Landung. Von dem Zeitpunkt an, an dem der Fuß den Boden berührt, bis zum Moment des Abdrucks hebt sich der Körperschwerpunkt des Läufers ohne nennenswerte Muskelkraft. Die Energie erhält der Läufer aus dem Schwung. Leider muss die Schwungkraft wieder auf irgendeine Weise ‚zurückbezahlt' werden. Mit der Schwungkraft, die die Körpermasse hebt, verringert sich die Geschwindigkeit der Vorwärtsbewegung. Es ist zusätzliche Energie nötig, um das ursprüngliche Lauftempo wieder zu erlangen. Somit verliert der Körper unnötig Energie für die Beschleunigung, anstatt diese Energie für den Vortrieb zu nutzen, um schnell und in einem konstanten Tempo laufen zu können.

Die Zeit bis zur Stabilisierung des Körpers (das heißt, bis sich der Körperschwerpunkt direkt über dem Fuß befindet) erhöht den Energieaufwand in der Stützphase. Was nach oben geht, muss auch wieder herunterkommen: Je weiter weg der Körperschwerpunkt von der Erde ist, umso länger braucht die Schwerkraft, um diesen vor dem nächsten Fußaufsatz wieder nach unten zu ziehen, und desto härter landet der Fuß auch auf dem Untergrund. Die Muskelgruppe, die das Gewicht des Läufers bei jedem Schritt stützt, nämlich der Quadrizeps, muss viel stärker kontrahiert werden, um das Körpergewicht ‚aufzufangen'. Diese Muskelarbeit erhöht unnötig den Energieaufwand in der Stützphase. Eine Ermüdung des Quadrizeps, besonders nach langen Läufen im lockeren Tempo, ist ein deutliches Zeichen dafür, dass der Fuß vor dem Körper aufgesetzt wird.

Das Vorstrecken des Unterschenkels erhöht außerdem den Energieaufwand für das Halten des Gleichgewichts. Das Gleichgewicht ist dann optimal, wenn sich der Auftrittspunkt (analog zur Auflagermitte des Rades) direkt unter dem Körperschwerpunkt befindet. Wer beim Laufen seinen Fuß nach vorne streckt, muss für diese Stabilisierung mehr Muskelkraft aufwenden. Die hierzu nötige Energie sollte er aber besser zur Erhöhung des Vortriebs nutzen, um schneller laufen zu können. Läufer, die ihren Fuß weit vor dem Körper aufsetzen, erhöhen außerdem ihr Verletzungsrisiko erheblich. Je höher die vertikale Bewegung, desto stärker ist logischerweise die Wucht, mit der das Körpergewicht des Läufers beim nächsten Fußaufsatz aufkommt, und umso höher ist die Stoßbelastung.

Außerdem trifft das Bein dabei praktisch entgegen der Bewegungsrichtung des Körpers auf, was die Stoßwirkung ebenfalls erhöht. Wenn der Fuß den Boden berührt, bewegt sich der Körper eines Läufers nach vorne und nach unten. Wie in Abbildung 1.2 dargestellt, reduziert ein

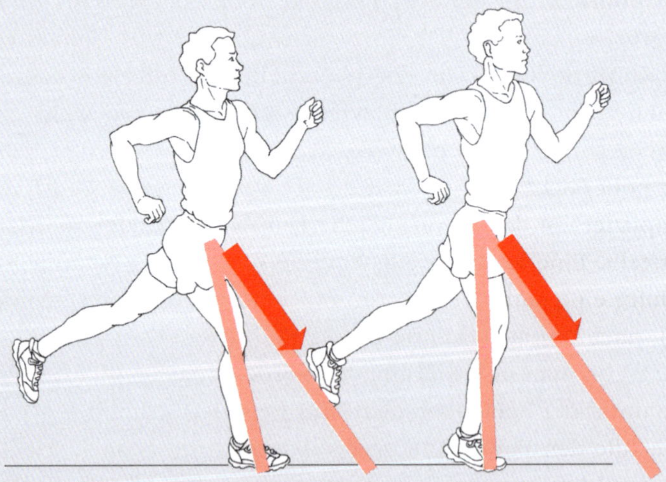

Abbildung 1.2: *Ausschlagswinkel bei einer Aufsetzposition weit vor dem Körper (li.) und bei einer richtigen Aufsetzposition (re.)*

Fußaufsatz weit vor dem Körper den Ausschlagswinkel (Beispiel links) der Beine. Mit diesem kleinen Fortbewegungswinkel sorgt die nächste Fußlandung für einen fast geradlinigen Stoß auf Füße und Beine. Wird der Fuß hingegen weiter hinten, unterhalb der Hüfte aufgesetzt, erweitert sich der Ausschlagswinkel deutlich (rechtes Beispiel). Somit ist der Stoß beim Aufsetzen nur vorübergehend, die Stoßbelastungen fallen geringer aus, und es wird mehr Energie nach vorne gelenkt, um die Schwungkraft und demzufolge das Lauftempo aufrechtzuerhalten.

Ein Fußaufsatz weit vor dem Körperschwerpunkt verlangsamt nicht zuletzt die Schrittfrequenz und erhöht die Kontaktzeit zwischen Fuß und Untergrund. Die Zeit bis zur Stabilisierung des Körpergewichts über dem Fuß, um sich abdrücken zu können, ist verschwendete Zeit. Effiziente Läufer haben eine hohe Schrittfrequenz und minimieren die Bodenkontaktzeit ihrer Füße, um die Rückstoßelastizität maximal zu nutzen.

Richtige Aufsetzposition

Der Fußaufsatz ist das A und O der Lauftechnik. Wenn der Fuß an der richtigen Stelle relativ zum Körper aufgesetzt wird, minimiert sich die vertikale Bewegung, die Rückstoßelastizität kann effektiv genutzt und dem Bremsimpuls beim Aufsetzen vorgebeugt werden. Das körperliche Gleichgewicht wird optimiert, die Schrittfrequenz erhöht und die Kraft für den Abdruck, um schnell laufen zu können, reduziert (siehe Abbildung 1.3).

Das Konzept von Evolution Running baut größtenteils auf dieser wesentlichen Technik auf. Die richtige Aufsetzposition muss in Fleisch und Blut übergegangen sein, bevor andere Aspekte einer vorteilhaften Lauftechnik beherrscht werden können. Obwohl diese Technik alles andere als kompliziert ist, könnte sie schwerer zu korrigieren sein, als man sich das vorstellt. Eine korrekte Aufsetzposition ist für sehr wenige erwachsene Läufer eine natürliche Sache. Fast jeder Läufer streckt den Fuß automatisch nach vorne, weil er künstlich seinen Laufschritt verlängern möchte. Wenn man in Schuhen mit einer 2 bis 3 Zentimeter dicken Gummisohle unter der Ferse zu laufen beginnt und um sich herum nur Läufer sieht, die alle den Fuß weit vorne aufsetzen, dann erscheint diese falsche Technik natürlich, automatisch und entspannend.

Wenn Sie Ihre Aufsetzposition korrigieren, werden sich Ihre Körperhaltung, die Sicherung des Gleichgewichts und der Grundrhythmus Ihres Laufs verändern. Diese Veränderungen sind Verbesserungen, mit denen

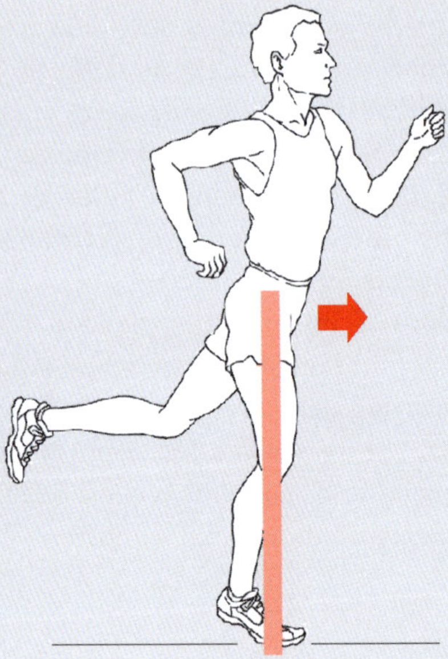

Abbildung 1.3:
Richtige Aufsetzposition

Sie letztlich weiter, schneller und verletzungsfreier als je zuvor laufen werden, aber sie werden sich anfangs nicht natürlich anfühlen. Erwarten Sie nicht, dass Sie nach der Änderung Ihrer Lauftechnik gleich schnell und effektiv laufen können. Sie haben wahrscheinlich Millionen Laufschritte unrichtig ausgeführt, deshalb braucht Ihr Körper Zeit, um sich an die korrekte Technik anzupassen.

Effiziente Läufer verlängern ihren Laufschritt, indem sie die Schnellkraft des Abdrucks erhöhen, nicht indem sie ihren Bewegungsspielraum erweitern. Sehen Sie sich einen Profiläufer an: Auch bei einem Marathontempo von 2:30 Stunden werden Sie bemerken, wie engwinklig sich die Beine zueinander bewegen. Auch bei sehr hohen Geschwindigkeiten wird der Fuß niemals nach vorne gestreckt, und die Beine öffnen sich nicht allzu weit.

Eine Aufsetzposition direkt unterhalb der Hüfte bringt das Bein in eine Lage, aus der es ohne Verzögerung Vortrieb entwickeln kann. Und das ist der wesentlichste Vorteil dieser Technik. Wie bereits erläutert, führt die Wartezeit, bis sich der Körper über dem Fuß stabilisiert hat, zu einer Reihe von Problemen, die mit dieser richtigen Lauftechnik verhindert werden.

Wenn Laufbein und Fuß direkt unter der Hüfte bleiben, wird eine praktisch horizontale Laufbewegung möglich, wie man bei der rechten

Abbildung 1.4: *Horizontale Laufbewegung*

Figur in Abbildung 1.4 sehen kann. Die Person auf der linken Seite hat den Fuß zu weit vorgestreckt, was eine Aufwärtsbewegung beim Abdruck verstärkt. Mit der richtigen Technik werden der Energieaufwand für den Abdruck, die Stoßwirkung beim Aufsetzen des anderen Fußes sowie der Energieaufwand zur Kontrolle des Fußaufsatzes (für die Stützung des Körpers und zum Halten des Gleichgewichts) gesenkt.

Bei einer Aufsetzposition direkt unterhalb der Hüfte bleibt die Schwungkraft erhalten, weil jeder Bremseffekt beim Aufsetzen minimiert wird. In Abbildung 1.5 zeigt der rote Pfeil, in welche Richtung die Bodenreaktionskräfte wirken, die beim Aufsetzen vom Untergrund weitergeleitet werden. Während die Aufsetzposition unter der Hüfte dafür sorgt, dass die Schwungkraft ungehindert zum nächsten Laufschritt übertragen werden kann, wirken durch den Fußaufsatz weit vor dem Körper in Vorwärtsrichtung unverkennbar bremsende Kräfte auf den Läufer ein. Für die Aufnahme der ursprünglichen Laufgeschwindigkeit nach dem Abbremsen muss nicht nur mehr Energie aufgewendet werden, um gleichmäßig schnell weiterlaufen zu können, auch die lokale Ermüdung der Quadrizeps- und hinteren Oberschenkelmuskulatur tritt schneller ein.

Nochmals zur Erinnerung: Ein vorrangiges Ziel für effizientes Laufen ist, die Kontaktzeit zwischen den Füßen und dem Untergrund minimal zu halten, weil die Rückstoßelastizität ein so entscheidender Faktor ist. Eine minimale Bodenkontaktzeit der Füße optimiert die Rückstoßelastizität. Ein Aufsetzen direkt unter der Hüfte ermöglicht diese kurze Kontaktzeit mit dem Boden. Bei einem Fußaufsatz weit vor dem Körper muss der Läufer warten, bis sich sein Oberkörper über der Hüfte stabilisiert hat; dadurch verzögert sich der Moment des Abdrucks, und der Bodenkontakt dauert unnötig lange. Ein großer Teil der Energie, die beim Fußaufsatz gespeichert wird, geht während dieses Sekundenbruchteils im Stillstand verloren, anstatt als Rückstoßelastizität für den Vortrieb genutzt zu werden.

Die Beherrschung der richtigen Aufsetzposition ist deshalb der erste Schritt, um den Laufstil zu verbessern. Weitere Techniken, die die Laufeffizienz erhöhen und die Verletzungsgefahr senken, können nur dann erworben werden, wenn diese entscheidende Umstellung erfolgreich umgesetzt worden ist.

Richtige Aufsetztechnik

Für einen korrekten Fußaufsatz ist es entscheidend, den Fuß früher wieder auf den Boden aufzusetzen. Beim Vorziehen des hinteren Schwungbeins wird das Knie nach vorne gebracht, und der Unterschenkel schwingt in dieser Richtung nach. Die meisten Läufer treten dadurch mit dem Fuß vor dem Knie auf. Richtig dagegen ist, kurz bevor der Fuß das Knie eingeholt hat, das ganze Bein wieder zurückzuziehen und mit dem

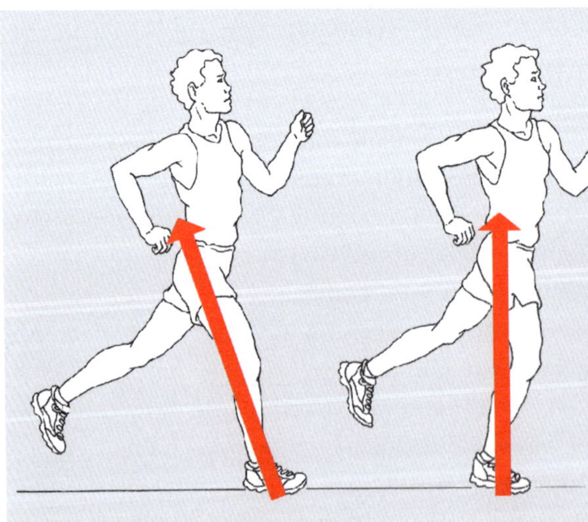

Abbildung 1.5: *Bodenreaktionskraft bei falscher (li.) und richtiger (re.) Aufsetzposition*

Fuß viel früher aufzukommen, als man es für nötig hält. Ich habe Tausende Läufer gesehen, die ihren Fuß zu weit nach vorne geschwungen haben, bevor sie ihn aufsetzten; aber ich habe keinen einzigen Läufer gesehen, der seinen Fuß zu früh aufgesetzt hätte.

KÖRPERHALTUNG UND GLEICHGEWICHT

Zwischen der Haltung, dem Körpergleichgewicht und dem Fußaufsatz besteht ein wesentlicher Zusammenhang. Die natürliche Abwinkelung des Körpers ist ein Maßstab für die korrekte Aufsetzposition. Wenn der Fuß direkt unter der Hüfte landet, wie es sein sollte, neigt sich der Körper als natürliche Reaktion etwas nach vorne.

Ein Großteil der Läufer bleibt hingegen beim Laufen vollkommen aufrecht, oder läuft sogar in leicht zurückgelehnter Haltung. Dies ist der sicherste Hinweis für ein Aufsetzen weit vor dem Körper. Einfache physikalische Gesetze sind hier am Werk: Wenn sich der Fuß beim Aufsetzen vor dem Körperschwerpunkt befindet, muss sich zur Haltung des Gleichgewichts ein Körperteil nach hinten bewegen; und diese Rolle übernimmt normalerweise der Rumpf.

Bei einem optimalen Fußaufsatz befinden sich die Schultern des Läufers *ganz leicht* vor den Hüften, und die Hüfte ist *ganz leicht* vor der im Mittel angenommenen Beinposition. Die Vorwärtsneigung sollte nicht übertrieben werden und der Körper in einer geraden Linie bleiben. Ein weit verbreiteter Fehler ist, sich von der Körpermitte ab nach vorne zu beugen. Eine solche Haltung hat eine schlechte Effizienz, Muskelermüdung und möglicherweise auch Rückenbeschwerden zur Folge.

Mit einer leichten Neigung nach vorne lässt sich das Gleichgewicht bei minimaler Kraftanstrengung halten. Von dieser Körperhaltung aus wirkt die Schwerkraft, die den Rumpf des Läufers nach unten zieht, den Drehkräften, die beim Abdruck wirksam sind, entgegen. Wenn der Fuß während des Bodenkontakts zurückgezogen wird (was für den horizontalen Vortrieb nötig ist), entstehen ebenfalls Drehkräfte, die den Oberkörper des Läufers bei jedem Schritt leicht nach hinten ziehen. Wer nun mit kerzengeradem Oberkörper läuft, muss beträchtliche Energie aufwenden, um diesen Kräften etwas entgegen zu setzen. Wenn man Energie aufwenden muss, um den Rumpf aus einer aufrechten Lage heraus nach vorne zu drücken, ist das etwa so, als liefe man bei Gegenwind. Dabei handelt es sich bei dieser Kraft, die aus dieser ungleichgewichtigen Körperhaltung heraus den Rumpf fühlbar nach hinten drückt, um dieselbe Kraft, die der Läufer für den Abdruck vom Boden entwickelt hat.

Abbildung 1.6 veranschaulicht, wie die Schwerkraft den Oberkörper eines nach vorne geneigten Läufers nach unten zieht, um die Drehkräfte, die beim Abdruck entstehen, aufzuheben und das körperliche Gleichgewicht zu sichern.

Stellen Sie sich jemanden vor, der auf einem Einrad fährt. Wenn er zu schnell oder kräftig in die Pedale tritt, entsteht eine Drehkraft, die das Rad vor dem Körper heraus und den Oberkörper des Radfahrers nach hinten zieht. Der Radfahrer kann die Rumpfmuskeln kontrahieren, um dieser Kraft entgegenzuwirken; er kann sich aber auch leicht nach vorne neigen, seine Rumpfmuskeln entspannen und das Halten seiner Balance der Schwerkraft überlassen. Genau so wie der Einradfahrer bewegen sich Läufer effizienter, wenn sie dieselbe leicht vorwärts gebeugte Körperhaltung einnehmen.

Läufer, die die Techniken von Evolution Running gerade erst erlernen, haben oft das Gefühl, als würden sie bei jedem Schritt nach vorne fallen. Unsere Trainer erklären ihnen dann, dass sie beim ‚Fall nach vorne' die

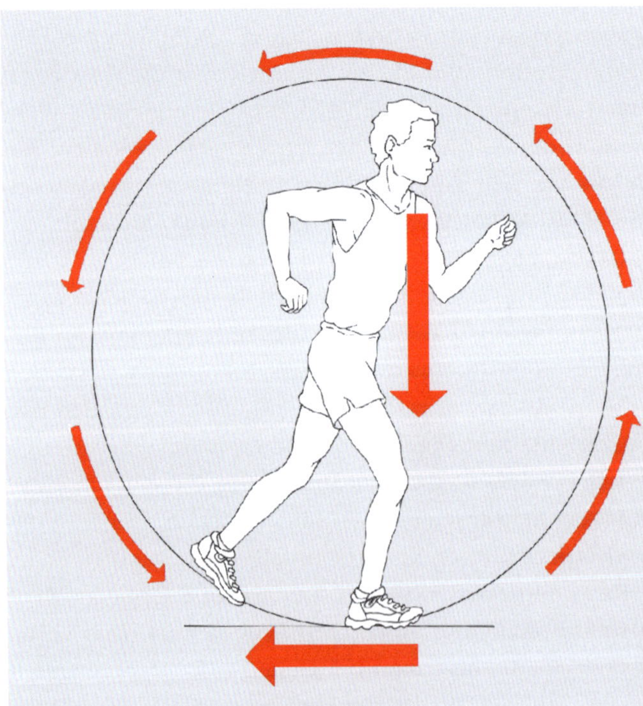

Abbildung 1.6:
Drehkräfte

Schwerkraft nutzen. Ein Physiklehrer wird allerdings bestätigen können, dass das eigentlich nicht stimmt. Der Körperschwerpunkt eines Läufers liegt zu Beginn des Laufs in einer bestimmten Höhe über dem Untergrund und hat eine bestimmte potenzielle Energie. Am Ende des Laufs ist der Körperschwerpunkt genauso weit vom Boden entfernt und hat dieselbe potenzielle Energie. Die Annahme, dass man für den Vortrieb ‚die Schwerkraft nutzt', beschreibt jedoch sehr gut das Gefühl, das Athleten bekommen, wenn sie zum ersten Mal laufen lernen, ohne sich abzubremsen. Die Verzögerung, die mit einem Fußaufsatz weit vor dem Körper einhergeht, lässt Läufer nämlich denken, sie hätten mehr Kontrolle und Gleichgewicht. Doch dieses Gefühl der Kontrolle kostet unnötig Kraft und kann zu Verletzungen führen.

Eine Hilfestellung für viele Läufer, die ihren idealen Gleichgewichtspunkt noch finden müssen, ist, das Gefühl zu erzeugen, als würden sie ihr Gewicht gegen ihren Brustkorb drücken. Wir sagen dann, dass sie sich auf ihren Bauchnabel stützen sollen. Wer den Fußaufsatz unter dem Körperschwerpunkt einmal beherrscht, nimmt diese Körperhaltung ganz automatisch ein.

Kopfhaltung

Die Haltung des Kopfs kann die Körperhaltung entscheidend beeinflussen. Wenn der Kopf nach vorne gebeugt ist, muss der Oberkörper zum Gewichtsausgleich gewissermaßen nach hinten ausweichen. Deshalb muss der Kopf sehr gerade gehalten werden, damit sich der Körper vorneigen kann. Wenn Sie diese effizientere Körperhaltung erlernen, hilft es anfangs, den Blick auf einen Gegenstand etwas oberhalb der Augenhöhe zu richten. Um auf den Boden zu sehen, senken Sie möglichst nur die Augen, nicht aber den Kopf.

Armhaltung

Ein weiterer Faktor, der zu einer übertrieben aufrechten Haltung des Oberkörpers führt, sind Armbewegungen vor den Schultern. Der Armschwung der meisten Läufer erfolgt viel weiter vor dem Körper als hinter ihm, die Grundhaltung der Arme ist demnach eher vor dem Körper. Um das Gewicht der Arme auszugleichen, muss sich der Läufer etwas nach hinten lehnen. Dies führt direkt zum Beinschwung, bei dem der Fuß weit vor dem Körper aufgesetzt wird, und dies widerspricht einer effizienten Lauftechnik.

Die korrekte Armhaltung sieht so aus: Stellen Sie sich aufrecht hin, die Arme hängen entspannt seitlich herunter. Jetzt den Ellenbogen um 90 Grad anwinkeln, wobei wichtig ist, dass Sie Ihren Ellenbogen genau so weit nach hinten bewegen, wie sich Ihre Hand nach vorne bewegt. Dies ist die richtige Grundhaltung der Arme beim Laufen. Ihre Arme sollten sich von dieser Position aus genau so weit nach hinten wie nach vorne bewegen. Mit der richtigen Armhaltung direkt am Körper gleichen die Arme die Bewegungsdynamik des Körpers bei jedem Schritt aus und erlösen den Rumpf von der überflüssigen Aufgabe, das Gewicht der Arme auszugleichen.

In einem Großteil der Literatur über Lauftechniken wird die kerzengerade Körperhaltung als ideal für effizientes Laufen beschrieben. Ein hervorragendes Buch über das Training von Langstreckenläufern beschreibt diese Idealhaltung und illustriert dies anhand von Fotos dreier Langstreckenläufer, die zu den größten in der Sportgeschichte zählen. Als ich jedoch auf den Bildern mit dem Lineal einen senkrechten Strich zeichnete, der durch die Hüftgelenke dieser Läufer ging, waren ihre Schultern alle etwas vor dieser Linie, was auf eine leicht vorgeneigte Körperhaltung weist. Sehen Sie sich Fotos von Profiläufern an, die von der Seite aufgenommen wurden, und überprüfen Sie mit einem Lineal deren Körperhaltung; Sie werden feststellen, dass effiziente Läufer leicht vorwärts geneigt laufen.

Der einzigartige Laufstil des Kurzstreckenläufers Michael Johnson fand während der Olympischen Spiele 2000 viel Beachtung. Berichterstatter im Fernsehen diskutierten über seinen ‚rückwärts gelehnten' Laufstil. Ich nahm seinen Wettkampf auf Video auf, hielt das Videoband an und legte auf dem Bildschirm ein Lineal zwischen seinen Hüft- und Schultergelenken an. Tatsächlich stellte sich heraus, dass Johnsons Schultern, im Verhältnis zu der gedachten Linie, deutlich *vor* der Hüfte lagen! Er hält allerdings seinen Kopf beim Laufen übertrieben aufrecht, womöglich sogar etwas nach hinten gebeugt, um bei einer vorgeneigten Rumpfhaltung das Gleichgewicht effizienter zu halten. Der erste Eindruck kann also täuschen; achten Sie besonders auf die Stellung der Schultern im Verhältnis zu den Hüften.

Wenn Sie feststellen, dass Sie entweder sehr aufrecht oder etwas nach hinten geneigt laufen, setzen Sie Ihren Fuß beim Nachziehen des hinteren Schwungbeins früher auf. Lassen Sie den Fuß nie so weit wie das Knie kommen. Vergewissern Sie sich, dass sich Ihre Arme seitlich von und nicht vor Ihrem Körper befinden; heben Sie das Kinn, und richten

Sie Ihren Blick auf einen Punkt am Horizont. Versuchen Sie, Ihr Gewicht gegen Ihren Brustkorb zu lehnen, so dass Sie das Gefühl haben, nach vorne zu fallen. Wenn es Ihnen nicht gelingt, diese Körperhaltung zu erzeugen, strecken Sie Ihren Fuß mit ziemlicher Sicherheit zu weit vor.

VOR-, MITTEL- ODER RÜCKFUSSLAUF?

Der Augenblick des Fußaufsatzes, wenn der Fuß also den Untergrund berührt, ist ein entscheidender Zeitpunkt im Schrittzyklus eines Läufers. In diesem Moment wird die Kraft zur Beschleunigung entwickelt – und es treten fast alle Laufverletzungen auf. So gut wie alle Ziele, die wir mit einer Änderung der Lauftechnik verfolgen, beziehen sich unmittelbar auf den Moment des Fußaufsatzes. Jeder lauftechnische Aspekt in einem effizienten Schrittzyklus bereitet mehr oder weniger auf diesen Moment vor.

Die Art und Weise, wie der Fuß eines Läufers auf dem Boden aufkommt, spielt eine äußerst wichtige Rolle für einen effizienten und verletzungsfreien Lauf. Davon ausgehend können wir zwischen drei Laufstilen unterscheiden: Der erste und am häufigsten zu beobachtende ist der Fersenlauf, auch Rückfußlauf genannt. Bei dieser Laufmethode kommt die Ferse als Erstes auf dem Untergrund auf, der Fuß klappt nach vorne, und das Körpergewicht des Läufers verlagert sich schließlich vor zum Ballen, von wo der Abdruck erfolgt.

Manche Läufer beschreiben diese Gewichtsverlagerung als ‚Abrollen'; doch damit ein Objekt auf einem anderen rollen kann, muss es rund sein. Ich verstehe nicht, wie es zwischen zwei quasi flachen Objekten zu einer Rollbewegung kommen soll. Die Sohle eines Laufschuhs ist ziemlich flach. Zugegeben, die Erde ist rund, aber auf die Länge eines Laufschuhs bezogen nimmt sich der Untergrund eher eben aus. Sehen Sie sich eine Zeitlupenaufnahme eines Rückfußläufer an, der behauptet, ‚abzurollen': Sie werden sehen, dass keine Abrollbewegung stattfindet, sondern eine Ferse auf den Boden prallt.

Für den zweiten Laufstil, den Mittelfußlauf, ist ein flacher Fußaufsatz charakteristisch. Beim Mittelfußlauf kommen Ferse und Ballen gleichzeitig auf dem Untergrund auf. Diese Methode unterscheidet sich zwar vom Rückfußlauf, aber für unsere Zwecke in diesem Buch werde ich jeden Laufstil, bei dem die Ferse belastet wird, verallgemeinernd als Rückfußlauf bezeichnen.

Beim dritten Laufstil landet man mit dem Gewicht auf dem Ballen beziehungsweise auf dem Vorfuß. Diese Methode bietet, wie wir sehen werden, die beste Grundlage für einen effizienten und verletzungsfreien Lauf.

Jedes Mal, wenn der Rückfuß unter der Last des Körpergewichts auf den Boden trifft, werden die Möglichkeiten des Bewegungssystems zur Stoßdämpfung und Energierückgewinnung verschwendet. Effiziente Läufer setzen mit dem Vorfuß auf und belasten ihre Fersen nie mit ihrem vollen Körpergewicht.

Das Landen auf dem Vorfuß schöpft die natürlichen Systeme des Körpers zur Stoßdämpfung voll aus. Das elastische Bindegewebe in den Füßen und Waden, das für den Vortrieb sorgt, kann auch Stöße abfedern. Bei einem Fußaufsatz mit der Ferse mit anschließender Gewichtsverlagerung wird diese Funktion der Füße und Waden kaum genutzt.

Die Ferse besteht hauptsächlich aus Knochen und dient zur Stützung, nicht zur Abfederung des Körpers. Unsere Fersen sind fürs Gehen gemacht, und nicht zum Laufen. Schnelligkeit und Verletzungsresistenz spielen beim Gehen keine große Rolle. Wenn Menschen schnell sein möchten, gehen sie nicht, sie laufen oder rennen. Die Nutzung der Rückstoßelastizität hat für das Gehen keine Bedeutung. Die Stoßbelastung beim Gehen ist minimal, deshalb ist eine Stoßdämpfung nicht nötig. Das Vorstrecken des Fußes und der Fußaufsatz mit der Ferse sind sehr effiziente Techniken zum Gehen oder Wandern, zum schnellen Laufen jedoch nicht geeignet.

Wenn ein Läufer bei jedem Schritt die Ferse mit seinem Gewicht belastet, geht die Stoßkraft von der Ferse direkt durch das Fußgelenk und weiter hinauf bis zum Schienbein, was häufig zu einem Schienbeinkantensyndrom oder einem Belastungsbruch führt. Das Schienbein lenkt die Stoßbelastung zum Knie weiter, das ebenfalls nur geringe stoßdämpfende Eigenschaften hat; eine Reihe anderer Verletzungen können die Folge sein. Vom Kniegelenk aus wirken die Stoßkräfte weiter über den Oberschenkelknochen bis zur Hüfte und dann weiter bis zum Lendenwirbelbereich, wo sie unterschiedliche Beschwerden auslösen können. Von dem Gewebe, das beim Rückfußlauf belastet wird, verfügt keines über adäquate Mechanismen, um die Stoßbelastung eines Laufschritts aufzufangen.

RICHTIGER FUSSAUFSATZ

Die effizientesten Läufer vermeiden, wo es nur geht, dass ihre Fersen den Boden berühren – bis zu dem Moment, in dem sie zur Preisverleihung aufs Podest steigen. Der Vorfußlauf ist die einzige Laufmethode, die das elastische Bindegewebe an Füßen und Waden optimal dehnt sowie dessen stoßdämpfende und energiespeichernde Wirkung nutzt, die anschließend als ‚aufwandfreie Beschleunigungsenergie' aus der Rückstoßelastizität für den Vortrieb sorgt.

Viele Läufer, die gerade im Begriff sind, die Techniken von Evolution Running zu erwerben, machen den Fehler, die Ferse zu stark vom Boden abzuheben und regelrecht auf den Zehen zu laufen. Diese Fehlhaltung ist ineffizient, weil es die Funktionen des elastischen Bindegewebes an den Füßen und Waden unterbindet. Das zu starke Hochstrecken des Fußes führt außerdem zu Verhärtungen der Wadenmuskeln und zur Überreizung der Achillessehne. Es ist nicht nötig, auf den Zehen zu laufen; das Gewicht muss lediglich auf dem Vorfuß bleiben und von der Ferse weggenommen werden.

Viele Läufer zweifeln an der Effektivität des Vorfußlaufs, bis sie es versucht haben. Mithilfe der Technikübungen, die im nächsten Abschnitt vorgestellt werden, lernen Sie, wie Sie das elastische Bindegewebe Ihres Körpers effektiv für sich nutzen können. Sobald Sie versuchen, dieselben Technikübungen beim Rückfußlauf zu machen, werden Sie sofort die höhere Belastung spüren, die Sie früher ermüden lässt, sowie den Aufprall bemerken, der zu Verletzungen führt.

Technikübungen für Fußaufsatz und Rückstoßelastizität

Für eine verbesserte Laufleistung ist das Techniktraining unabdingbar. Bei Technikübungen lassen wir das Kräftespiel beim Vortrieb und zum Halten des Gleichgewichts vorerst außer Acht, um uns stärker auf jeweils einen Aspekt der Lauftechnik zu konzentrieren. Mit systematischen Technikübungen können Läufer einen Aspekt ihrer Lauftechnik nach dem anderen korrigieren, so lange, bis der gesamte Bewegungsablauf berichtigt worden ist.

SCHRITTFREQUENZ

Schritthäufigkeit versus Schrittlänge

Die meisten Läufer glauben fälschlicherweise, dass sie nur durch längere Schritte schneller werden und machen gerade mal 140 bis 150 Laufschritte pro Minute. Effiziente Läufer hingegen machen – bei jeder Laufgeschwindigkeit – kürzere Laufschritte bei einer deutlich erhöhten Schrittfrequenz.

Die Schrittfrequenz von Spitzenläufern liegt, ungeachtet ihrer Körpergröße oder Beinlänge, meist bei 180 bis 182 Schritten pro Minute. Beobachten Sie mal bei nächster Gelegenheit das in Führung liegende Teilnehmerfeld in einem Straßenmarathon. Sie werden erstaunt sein, wie unglaublich synchron deren Laufschritte sind. Effiziente Läufer mit den unterschiedlichsten Körpergrößen und Beinlängen bevorzugen immer wieder fast dieselben Schrittfrequenzen. Warum sollte aber ein Laufprofi von 1,90 Meter dieselbe Schrittfrequenz – und somit eine bedeutend kürzere Schrittlänge (im Verhältnis zur Körpergröße) – wählen wie ein 1,60 Meter großer Läufer?

Was die Schrittfrequenz betrifft, liegt die Ursache im Dehnungsreflex des menschlichen Gewebes. In einem bestimmten Tempo führen längere Laufschritte zu einer längeren Kontaktzeit mit dem Untergrund. Die positiven Wirkungen der Rückstoßelastizität werden abgeschwächt, und die Beinmuskulatur muss sich demzufolge kräftiger anspannen. Auch wenn die Beine eines größeren Läufers länger sind, die Reaktionen des elastischen Bindegewebes sind dieselben wie bei einem kleineren Läufer. Wie bereits erläutert, geht gespeicherte Energie verloren, wenn menschliches Gewebe gedehnt und gedehnt gehalten wird. Die Rückstoßelastizität fällt deshalb entsprechend geringer aus. Der größere Läufer muss also im Verhältnis zu seiner Beinlänge kürzere Schritte machen, um die Kontaktzeit zwischen den Füßen und dem Untergrund gering zu halten sowie die Energie aus der Rückstoßelastizität für den Vortrieb nutzen zu können.

Wenn ich einen Tennisball sieben Meter weit werfen will, könnte ich ihn im Grunde genommen pfeilgerade wegschießen, ohne dass der Ball einen Bogen macht. Wollte ich den Ball aber 45 Meter weit werfen, müsste ich ihn leicht nach oben werfen, so dass er in einem Bogen durch die Luft fliegt. So erreiche ich, dass die Schwerkraft länger braucht, bis sie den Ball nach unten gezogen hat. Genauso verhält es sich mit Läufern, die lange Laufschritte machen, denn mit längeren Laufschritten sind auch größere vertikale Bewegungen verbunden.

GRUNDHALTUNG BEIM LAUF

Stehen Sie so, dass Füße, Kopf und Rumpf eine gerade Linie bilden. Die Füße stehen ganz nahe beieinander, und die Kopfhaltung ist gerade.
Beugen Sie die Ellenbogen zu einem rechten Winkel; achten Sie darauf, dass Sie den Ellenbogen im Idealfall genau so weit zurück ziehen, wie Ihre Hände sich nach vorne bewegen. Dies sollte die Grundhaltung der Arme beim Lauf sein, von der aus die Arme gleich weit vor- und zurückbewegt werden.
Gehen Sie jetzt ganz leicht in die Knie, und verlagern Sie das Körpergewicht auf den Vorfuß. Heben Sie die Fersen etwa einen halben Zentimeter vom Boden ab. Entspannen Sie sich in dieser Position, vor allem Ihren Quadrizeps (die größten vorderen Oberschenkelmuskeln).
Üben Sie in dieser Position ohne großen Energieaufwand das Gleichgewicht zu halten.
Denken Sie beim Laufen immer an diesen einfachen, aber entscheidenden Aspekt: Energie zu sparen!

BEIDBEINIGES HÜPFEN

Stellen Sie sich in der Laufgrundhaltung hin, und halten Sie die Arme seitlich am Körper angewinkelt.
Beginnen Sie jetzt, ganz leicht auf beiden Füßen zu ‚hopsen'. Hüpfen Sie nur ein paar Zentimeter hoch.
Achten Sie darauf, dass der Beugungswinkel der Knie sich nicht verändert und dass jede vertikale Bewegung aufgrund der Rückstoßelastizität in den Füßen und Waden erfolgt.
Wichtig ist, diese Bewegungen immer schnell und leicht auszuführen und insbesondere den Quadrizeps zu entlasten.

Zweck dieser Übung:

- Die Herausbildung der Fähigkeit, aus der Rückstoßelastizität der Füße und Waden die nötige Schnellkraft zu entwickeln, statt aus den Kontraktionen der Oberschenkelmuskeln.
- Die Entwicklung der Fertigkeit, den Quadrizeps zum Zeitpunkt des Fußaufsatzes blitzschnell zu kontrahieren; dadurch wird eine über-

mäßige Beugung der Knie vermieden und die Oberschenkelmuskulatur entspannt, wenn keine Kontraktionen nötig sind.
- Die Erhöhung der Kraft, Ausdauer und Elastizität der Muskeln und des Bindegewebes an Füßen und Waden.

Wenn Sie ein Gefühl für diese Übung bekommen haben, versuchen Sie, sie auszuführen, während Ihr Körpergewicht auf den Fersen lastet. Der Beanspruchungsgrad steigt erheblich, und die starke Stoßkraft, die von jedem Aufprall ausgeht, ist deutlich zu spüren. Also: Wie möchten Sie laufen?

Längere Laufschritte zwingen die Muskulatur also zu kräftigeren Kontraktionen. Um 20 Prozent schneller zu werden, benötigt man selbst im Idealfall 20 Prozent mehr Kraft zum Abdruck. Der Kraftaufwand für vertikale Bewegungen, die schwindende Beschleunigungsenergie aus der Rückstoßelastizität und der erhöhte Kraftaufwand für den Abdruck sind Parameter, die sich beträchtlich verändern können.

Eine stärkere Muskelkontraktion führt viel eher zur Ermüdung als häufigere, aber schwächere Kontraktionen. Jeder einzelne Muskel unseres Körpers besteht aus mehreren tausend Muskelfasern. Diese Muskelfasern werden grundsätzlich in zwei Kategorien eingeteilt (tatsächlich gibt es noch zahlreiche Unterkategorien): die schnell zuckenden und die langsam zuckenden Muskelfasern. Die schnell zuckenden Muskelfasern sind ungeheuer kraftvoll, aber sie ermüden sehr schnell. Die langsam zuckenden Muskelfasern besitzen eine ungeheure Ausdauer, aber sie können bei einem plötzlichen Krafteinsatz nicht allzu viel Energie bereitstellen. Zum Laufen mit längeren Schritten und geringerer Schrittfrequenz wird beim Abdruck viel mehr Schnellkraft benötigt als langsam zuckende Muskelfasern hierfür an Energie bereitstellen können. Deshalb müssen die schnell zuckenden ‚Sprint'-Muskelfasern einspringen, und wenn diese häufig kontrahiert werden, sind Übersäuerung und frühzeitige Ermüdung der Muskulatur die Folge.

Durch eine langsamere Schrittfrequenz werden die vertikalen Bewegungen und die Bodenkontaktzeit länger, und beim Abdruck sind kräftigere Kontraktionen der Beinmuskeln nötig. All diese Faktoren sind nicht nur unökonomisch, sondern belasten auch die Laufmuskulatur unnötig – und machen sie anfälliger für Verletzungen. Die Verbesserung dieses lauftechnischen Aspekts zahlt sich also doppelt und dreifach aus!

Nach unseren Untersuchungen liegt die optimale Schrittfrequenz für die Dauer von Triathlonwettkämpfen um die 180 bis 182 Laufschritten pro Minute, und das ungeachtet der Laufgeschwindigkeit. Diese Schrittfrequenz ist erheblich höher als die der meisten Läufer, besonders in langen und langsamen Läufen.

Zu einem effizienten Training gehört unbedingt, dass man sich bei lockeren Läufen eine höhere Schrittfrequenz angewöhnt. Gute Radfahrer beispielsweise halten ihre Trittfrequenz relativ hoch, auch wenn sie eine leichte Fahrt machen (Herzfrequenzbereich 1 oder 2, siehe S. 132-133). Eine hohe Schrittfrequenz in lockeren Trainingsläufen hat eine weitere, noch wichtigere Funktion, nämlich das Training der Dehnungsreflexe, die man am Wettkampftag für eine Bestleistung benötigt.

Arme und Laufrhythmus

Die Arme spielen beim Laufen eine wichtige Rolle: Sie setzen den Takt für den Laufrhythmus. Zu einem Großteil diktieren die Arme also die Schritt*frequenz* und die Beine die Schritt*länge* eines Läufers. Die Armbewegungen sollten deshalb kurz und schnell sein. Armbewegungen, welche die Rumpfdrehung verstärken, sollten dagegen vermieden werden. Eine geringe Drehung des Oberkörpers ist wichtig, aber viele Läufer schwingen ihre Arme quer vor den Oberkörper, was zu einer unnötigen Drehbewegung führt, und eine erhebliche Energieverschwendung ist. Die Ober- und Unterarme stehen möglichst in einem rechten Winkel zueinander und werden kraftvoll in gerader Linie an den Schultern vorbei nach vorne geführt und relativ wenig zur Seite.

Wie bereits erläutert, spielt die Position der Arme auch eine wichtige Rolle für die Körperhaltung. Die Grundhaltung der Arme ist seitlich vom Körper, deshalb muss ein Läufer darauf achten, dass die Arme genauso weit nach hinten wie nach vorne schwingen. Die meisten Läufer machen ihre Armschwünge jedoch eher mit hängenden Unterarmen deutlich vor dem Oberkörper und brechen den Armschwung bereits ab, sobald die Oberarme sich neben dem Oberkörper befinden. Die Grundhaltung der Arme ist also vor dem Körper, und der Läufer muss sich leicht mit dem Oberkörper nach hinten lehnen, um das Gewicht der Arme auszubalancieren. Das wiederum reduziert die Effizienz des Laufstils.

Schrittfrequenzkontrolle

Das Erlernen einer effizienten Schrittfrequenz, die man später beibehält, ist für die Verbesserung der Laufleistung von Triathleten relevanter als alle anderen Maßnahmen zusammen. Ich rate jedem, sich einen Schrittfrequenzmesser zuzulegen, ein kleines elektronisches Gerät, das man so einstellen kann, dass es pro Minute eine bestimmte Anzahl von Tonsignalen von sich gibt. Moderne Taktmesser haben die Größe einer Kreditkarte, sind nur geringfügig dicker und kosten um die 30 Euro. Dieses Gerät wird – bei konsequentem Gebrauch – Ihre Triathlonzeiten eher verbessern als ein Paar Wettkampfräder für 1.200 Euro.

Am besten gehen Sie mit dem Schrittfrequenzmesser laufen und stellen ihn zunächst auf den Rhythmus Ihrer Laufschritte ein, bis die Tonsignale mit Ihrer üblichen Frequenz übereinstimmen. Erhöhen Sie dann nach und nach die Taktgeschwindigkeit des Schrittfrequenzmessers (wöchentlich etwa um zwei bis vier Tonsignale pro Minute), und passen Sie Ihre Frequenz dem erhöhten Rhythmus an, bis Sie 180 Einzelschritte pro Minute durchhalten können. Denken Sie daran, dass die Schrittlänge sich verkürzen muss, wenn die Schrittfrequenz erhöht werden soll!

Effiziente Läufer kontrahieren ihre Beinmuskeln nicht mit voller Kraft, sondern nur kurz und leicht. Anfangs wird es vielleicht nötig sein, sich mit geringerer Schnellkraft abzustoßen, damit die Schrittfrequenz ohne Zunahme der Intensität hoch bleibt. Wenn Sie die Schrittfrequenz um 25 Prozent erhöhen und die Schrittlänge um 20 Prozent verkürzen, wird Ihr Lauf dennoch schneller, und der Abstoß wird sich sehr leicht, fast wie eine passive Reflexbewegung, anfühlen.

Techniktraining zur Erhöhung der Schrittfrequenz

Mit den nachfolgenden Übungen integrieren Sie weitere Techniken in Ihren Laufstil. Achten Sie auch hier darauf, dass Sie jeden Aspekt geduldig einüben, bis Sie ihn beherrschen, und erst dann die nächste Übung in Angriff nehmen.

LAUFEN AUF DER STELLE

Beginnen Sie mit der richtigen Laufgrundhaltung (siehe Kasten Seite 47). Heben Sie abwechselnd jeweils ein Bein hoch, indem Sie das Körpergewicht auf das andere Bein verlagern.
Heben Sie einen Fuß hoch (zunächst nur wenige Zentimeter), während Sie auf den anderen Fuß wechseln.
Entwickeln Sie einen schnellen Rhythmus (180 Fußwechsel pro Minute sind optimal).
Achten Sie darauf, dass Sie Ihren Körper nicht aus den Knien mithilfe der Oberschenkelmuskeln aufrichten. Der Kniebeugewinkel des Stützbeins (das heißt des Beins, das am Boden ist) sollte gleich bleiben und der Quadrizeps immer entspannt sein. Alle Kraft für diese Bewegung sollte aus den Füßen und Waden stammen.
Führen Sie die Beinbewegung weiter, und heben Sie das nichtbelastete Bein, bis der Unterschenkel horizontal ist.

Zweck der Übung:

- Erweiterung der Ziele der vorhergehenden Technikübung (siehe Technikübungen für Fußaufsatz und Rückstoßelastizität, Seite 45);
- Erhöhung der Intensität, weil jeweils ein Bein mit dem ganzen Körpergewicht belastet wird;
- Der Fußaufsatz direkt unter dem Körperschwerpunkt wird erzwungen, die Landung auf dem Vorfuß und die Nutzung der Rückstoßelastizität gefördert.

HOPSERLAUF AUF DER STELLE

Beginnen Sie, auf der Stelle zu laufen.
Nach jedem Schritt schieben Sie einen einbeinigen Hopser ein.
Wechseln Sie vom Rechts-links-rechts-links-Rhythmus zum Rechts-rechts-links-links-Rhythmus.
Diese Technikübung verstärkt die Intensität der Rückstoßelastizität sowie die Kontraktionen der Wadenmuskulatur.

LAUFEN AUF DER STELLE MIT ANFERSEN

Fangen Sie mit der Übung ‚Laufen auf der Stelle' an, und heben Sie dann die Fersen bei jedem Schritt hoch, so, als würden Sie sich ins Gesäß treten.
Diese Technikübung hat dieselbe Funktion wie die vorherige, der Schwerpunkt liegt hier auf schnellem und entspanntem Anfersen sowie auf der Entwicklung von Kraft und Ausdauer der hinteren Oberschenkelmuskeln.

DIE INTEGRATION EINZELNER TECHNIKEN IN DEN LAUF

Effiziente Laufschritte machen

Jetzt, da Sie ein Gefühl für die Nutzung der Rückstoßelastizität entwickelt haben, auf den Rückfußlauf verzichten können und in der Übung ‚Laufen auf der Stelle' gelernt haben, wie man den Fuß direkt unterhalb des Körperschwerpunkts aufsetzt, müssen Sie diese Fertigkeiten für einen effizienten Lauf nutzen.

Beginnen Sie mit der Übung ‚Laufen auf der Stelle mit Anfersen', und drücken Sie dabei Ihren Brustkorb *leicht* nach vorne. Anstatt sich von der Taille aus vorzubeugen oder einen runden Rücken zu machen, schieben Sie Hüfte und Brust etwas vorwärts, so dass Ihr *gesamter Körper* etwa ein bis zwei Grad nach vorne geneigt ist, also insgesamt in einer geraden Linie bleibt. Diese Haltung sollte eine sehr langsame Vorwärtsbewegung, etwa im Schritttempo, erzeugen. Fangen Sie nicht an zu laufen, sondern versuchen Sie, ein Gefühl zu entwickeln, als würden Sie durch Ihren vorgeneigten Körper nach vorne fallen.

Achten Sie darauf, nicht mit dem Fuß nach vorne zu gehen. Üben Sie das ‚Laufen auf der Stelle', bis Sie es unangestrengt mit hoher Schrittfrequenz, leicht nach vorn geneigtem Körper und minimalem Vortrieb laufen können. Jeder Schritt nach vorne sollte dabei nicht länger als zehn Zentimeter sein. Versuchen Sie noch nicht, schnell zu laufen. Der nächste Abschnitt behandelt den Vortrieb, aber die genannten Elemente sollten beherrscht werden, bevor neue Technikaspekte hinzukommen.

Vortrieb erzeugen

Beim Laufsport geht es im Grunde darum, Vortrieb zu erzeugen. Bis jetzt haben wir uns damit beschäftigt, wie man unnötige Energie beim Laufen reduziert beziehungsweise wofür man *keine* Energie aufwenden sollte. Jetzt werden wir uns darauf konzentrieren, für welche Elemente des Laufs sehr wohl Energie aufgewendet werden sollte und wie man bei diesem Energieaufwand das größte Lauftempo erzielen kann. Um über einen längeren Zeitraum schnell laufen zu können, muss die horizontale Vortriebskraft effizient entwickelt werden.

Die meisten Läufer haben die Grundprinzipien zur Erzeugung von Vortrieb nur mangelhaft entwickelt. Ihre Lauftechniken sind nicht nur schwierig in der Ausführung, sondern obendrein noch ineffizient. Fast jeder Läufer bedient sich einer der zwei nachfolgenden inkorrekten Methoden, um vermeintlich beim Laufen Vortrieb zu entwickeln.

Falsche Vortriebstechniken

Die am weitesten verbreitete Methode, mit der Läufer Vortriebskraft entwickeln, nenne ich ‚Sich hochdrücken'. Nachdem sich der Körper (aufgrund einer Aufsetzposition weit vor dem Körperschwerpunkt) über dem Fuß stabilisiert hat, wird das Knie kräftig gestreckt, um den Körper hoch- und vorwärts zu drücken.

Bei dieser Technik geht eine Unmenge an Energie verloren. Sie führt zur lokalen Muskelermüdung im Quadrizeps und setzt die Schrittfrequenz merklich herab. Die Stoßbelastung steigt steil an und damit die Verletzungsgefahr.

Wie der rote Pfeil in Abbildung 1.7. andeutet, wirkt die durch die Kniestreckung entstehende Kraft zwar schräg nach vorne, aber überwiegend nach oben. Eine eventuelle Zunahme der Schrittlänge wird durch die geringere Schrittfrequenz mehr als zunichte gemacht, weil die Flugphase eines jeden Laufschritts weit ist. Die Folgen sind ein langsameres Lauftempo und ein erhöhter Energieaufwand. Diese von den meisten Läufern in unterschiedlichem Maße angewandte Laufmethode, bei der sich die Körpermasse auf und ab bewegt, ist äußerst ineffizient. Wenn Sie an sich feststellen, dass der Quadrizeps bei langen Läufen in leichtem bis mäßigem Tempo ermüdet, dann versuchen Sie möglicherweise, Vortrieb zu entwickeln, indem Sie sich ‚hochdrücken'.

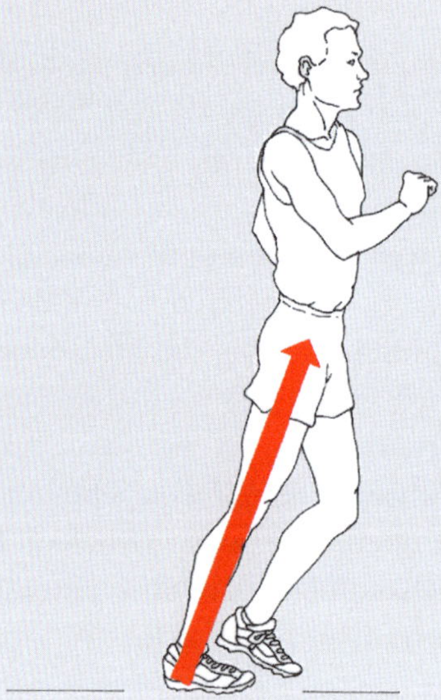

Abbildung 1.7:
Die Kniestreckung erzeugt wenig Vortrieb.

Ein etwas seltenerer Fehler ist das ‚Vorziehen'. In diesem Fall drückt sich der Läufer zwar nicht so stark hoch, erzeugt seinen Vortrieb aber lediglich über eine Zugbewegung, indem er das Knie beugt und seinen Körper mithilfe der hinteren Oberschenkelmuskeln nach vorne zieht. Dieser Laufstil ist bis zu einem gewissen Grad effizient: Er minimiert immerhin vertikale Bewegungen und die Belastung durch die Fußlandung. Problematisch ist nur, dass die hinteren Oberschenkelmuskeln stark beansprucht werden (siehe Abbildung 1.8).

Die rückwärtigen Oberschenkelmuskeln sind relativ klein und schwach. Wenn sie den Vortrieb fast allein leisten müssen, ermüden sie rasch. Hier gilt es, die größere Gesäßmuskulatur zusammen mit den hinteren Oberschenkelmuskeln einzusetzen, um einerseits von diesem ökonomischen Laufstil zu profitieren und andererseits lokalen Ermüdungen der rückwärtigen Oberschenkelmuskulatur vorzubeugen, weil die Belastung über eine größere Muskelmasse verteilt wird.

Läufer, die sich ‚vorziehen', haben bereits einen Schritt in die richtige Richtung getan: Diese Athleten werden möglicherweise schneller die Lauftechniken von Evolution Running begreifen und übernehmen können als Läufer, die sich ‚hochdrücken'. Ermüden oder verkrampfen auch Ihre hinteren Oberschenkelmuskeln, wenn Sie lange oder anstrengend laufen, während sich der restliche Körper ganz gut anfühlt? Dann

Abbildung 1.8:
Die Zugbewegung

entwickeln Sie möglicherweise Vortrieb durch die Zugbewegung, bei der das Bein zu lange auf dem Boden verbleibt.

Vortrieb richtig erzeugen

Wir haben die zwei verbreitetsten Methoden vorgestellt, um Vortriebskraft zu entwickeln – die jedoch ineffizient sind. Beim ‚Sich-Hochdrücken' wird das Knie gestreckt, bei der Zugbewegung wird das Knie gebeugt. Wenn also sowohl das Strecken als auch das Beugen der Knie falsch ist, dann muss der Kniewinkel folglich ... gleich bleiben. Dies ist der wichtigste Aspekt für einen effizienten Vortrieb!

Die empfohlene Vortriebstechnik ist eine Art Pendelbewegung des Beins (siehe Abbildung 1.9). Hierbei wird das ganze Bein vom Hüftgelenk aus nach hinten ‚geschwungen'. Die Knie sind dabei leicht gebeugt. Doch dieser Winkel sollte sich von kurz vor dem Aufsetzen des Fußes über die Kontaktzeit mit dem Boden bis zum Ende der Pendelbewegung nicht verändern. *Während der gesamten Vortriebsphase bleiben die Knie konstant leicht gebeugt.* Diese Technik erfüllt eine ganze Reihe von Funktionen für effizientes und schnelles Laufen über lange Strecken.

So erzeugt die Pendelbewegung einen fast rein horizontalen Vortrieb. Vertikale Bewegungen, und die zahlreichen Probleme, die damit verbunden sind, können dadurch möglichst gering gehalten werden. Nach dem Gesetz von Newton hat jede Aktion (oder Kraft) immer eine gleich starke Gegenreaktion zur Folge (‚Actio = Reactio'). Das bedeutet, dass zur Erzeugung eines horizontalen Vortriebs der Fuß möglichst flach und gerade über den Boden zurückgezogen, und nicht in den Boden hineingedrückt werden muss. Die Pendelbewegung erfüllt genau diese Funktion.

Die Pendelbewegung nutzt die Art und Weise, wie die Beinmuskulatur an der Rückseite der Hüften und Oberschenkel befestigt ist zu ihrem Vorteil und verteilt die Muskelarbeit für den Vortrieb über eine viel größere Muskelmasse als dies bei anderen Vortriebsmethoden möglich ist. Wenn eine größere Muskelmasse an einer bestimmten Muskelarbeit beteiligt ist, fällt die Intensität für jeden einzelnen Muskel entsprechend geringer aus. Die Muskeln teilen sich sozusagen die Arbeit auf.

Ungewöhnlich an der hinteren Oberschenkelmuskulatur ist, dass sie sich über zwei größere Gelenke erstreckt: Sie setzt am oberen Rand des Hüftknochens an, zieht über Hüft- und Kniegelenke und endet unterhalb des Knies. Der besondere Verlauf dieser Muskelstränge erklärt, warum sie zwei Hauptfunktionen erfüllen: Sie strecken das Hüftgelenk und beugen das Kniegelenk. Die großen Gesäßmuskeln erstrecken sich hingegen nur über das Hüftgelenk. Ihre einzige Aufgabe ist die Hüftstreckung.

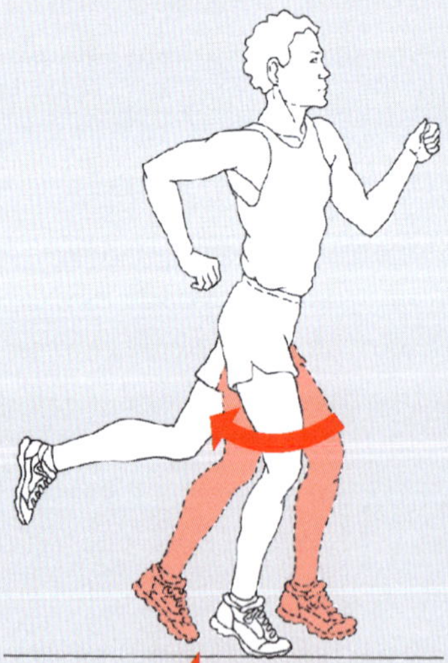

Abbildung 1.9: *Pendelbewegung des Beins*

Die Methode des ‚Sich-nach-vorne-Ziehens' erzeugt zwar einen fast horizontalen Vortrieb, zieht jedoch für diese Arbeit den längsten und größten Muskel des Körpers nicht heran, nämlich den Gesäßmuskel. Wie, denken Sie, könnten Sie stärker sein: mit den hinteren Oberschenkelmuskeln allein oder mit den hinteren Oberschenkelmuskeln *und* den Gesäßmuskeln? Die Antwort darauf ist klar. Wenn die Vortriebskraft vorrangig aus der Beugung der Knie entwickelt wird, müssen die rückwärtigen Oberschenkelmuskeln diese Kraft allein aufbringen. Wenn der Vortrieb jedoch nicht durch das Beugen der Knie, sondern durch das Strecken der Hüfte erzeugt wird, arbeiten die Muskeln an der Oberschenkelrückseite im Verband mit den Gesäßmuskeln. Infolgedessen muss jeder Muskel weniger Kraft aufbringen und ermüdet nicht so schnell.

Wer nach der Methode des ‚Sich-Vorziehens' läuft, hat häufig extrem angespannte oder gar verkürzte Hüftbeuger, was die Hüftstreckung erschwert; dabei ist gerade diese Hüftstreckung sehr wichtig, um einen großen horizontalen Vortrieb zu erzeugen, ohne dass es zu einer lokalen Muskelermüdung kommt. Falls Ihre Muskeln an der Rückseite der Oberschenkel häufig vom Laufen ermüden, ist es hilfreich, die Hüftbeugemuskulatur zu dehnen, damit Sie die effiziente Methode der Pendelbewegung in Ihren Laufstil einbauen können.

Technikübung für den Vortrieb

Mit den ‚Beinschwüngen' auf Seite 58 lernen Sie, wie man effizient Vortriebskraft entwickelt.

Fußbewegung beim Aufsetzen

Die Füße der meisten Läufer sind, im Verhältnis zu ihren Körpern, bewegungslos, wenn sie auf dem Untergrund landen. Der Durchschnittsläufer hält den Fuß während der Flugphase vor dem Körper und wartet darauf, bis die Schwerkraft das Bein zu Boden zieht. Nur sehr wenige Läufer denken über diesen Aspekt der Lauftechnik nach. Dabei verhindert dieser Fehler ein effizientes und verletzungsfreies Laufen.

Wenn der Fuß bis zur Landung relativ bewegungslos gehalten wird, dann bewegt er sich mit einer Geschwindigkeit über dem Boden, die der Laufgeschwindigkeit gleich kommt. Um vom Boden weg Vortrieb zu erzeugen, bewegen die Läufer dann den Fuß nach hinten. Läufer, die diese Technik einsetzen und mit einem Tempo von beispielsweise 13 Kilome-

BEINSCHWÜNGE

Stehen Sie in der Laufgrundhaltung, und halten Sie sich an einer Stange oder am Trainingspartner fest, um das Gleichgewicht nicht zu verlieren.
Schwingen Sie Ihr Bein mit leicht gebeugten Knien vor und zurück.
Kurze Pause, und wiederholen.
Die Beugung des Knies muss während des Beinschwungs immer gleich bleiben.
Das Bein schwingt ungefähr um 45 Grad nach vorne beziehungsweise nach hinten.
Die Körperhaltung ist stabil und gerade; beugen Sie den Oberkörper nicht nach vorne. Halten Sie die Bewegung entspannt, und machen Sie sich die leichten Kontraktionen der Gesäßmuskeln und Hüftbeuger bewusst.
Wenn Sie ein Gefühl dafür entwickelt haben, wie entspannt diese Technikübung gemacht werden muss, führen Sie die Beinschwünge allmählich schneller aus und behalten die Entspannung bei. Der Beinschwung sollte bewusst, aber nicht zu sehr gesteuert werden.
Diese Übung entwickelt das Gespür dafür, wie man den Oberschenkel aus der Hüfte heraus bewegt, anstatt die Bewegungen rund um das Kniegelenk in den Vordergrund zu stellen.

FUSSLANDUNG MAXIMAL NUTZEN

Wenn der Fuß eines effizienten Läufers auf dem Untergrund aufkommt, bewegt er sich bereits relativ zum Körper des Athleten nach hinten. Effiziente Läufer bringen ihr hinteres Schwungbein bis leicht vor die Hüfte vor und ziehen es dann kraftvoll zurück auf den Boden. Dies beugt dem Bremseffekt vor, der Schwung bleibt erhalten, und der Läufer braucht sich nicht bei jedem Laufschritt aufs Neue zu beschleunigen. Außerdem wird die Kontaktzeit zwischen Fuß und Untergrund minimiert, womit die Rückstoßelastizität maximal genutzt wird.

tern pro Stunde laufen, verlangen also, dass ihre Füße, die sich relativ zum Untergrund mit 13 Stundenkilometern vorwärtsbewegen, einen blitzschnellen Richtungswechsel von 26 Stundenkilometern vollziehen, weil sie sich einmal auf 13 Stundenkilometer in die eine Richtung, und dann wieder auf dasselbe Tempo in die entgegengesetzte Richtung beschleunigen müssen. Das ist natürlich unmöglich. Dieser Laufstil führt zu einem starken Bremseffekt, da die Beinmuskeln kontrahieren, um die Richtung der Kraft, die der Fuß auf den Untergrund ausübt, umzukehren. Der Läufer verliert an Schwung und muss mit jedem Laufschritt aufs Neue beschleunigen.

Laufschritt und Vortrieb kombinieren

Wenn Sie diese einzelnen Techniken für effizientes Laufen und Vortrieberzeugung beherrschen, können Sie mit der Umstellung Ihres Laufstils beginnen, indem Sie alle Aspekte zusammenfügen. Machen Sie die Übung ‚Laufen auf der Stelle' (Seite 51), neigen Sie dann Ihr Gewicht leicht nach vorne, und beginnen Sie, die Laufbewegungen im Schritttempo zu machen. Versuchen Sie jetzt, die Pendelbewegung in Ihren Laufschritt zu integrieren, und ziehen Sie das Stützbein von der Hüfte – und nicht vom Knie aus – nach hinten. Fühlen Sie die Streckung, die entsteht, wenn Sie das Bein von der Hüfte aus mithilfe der Gesäßmuskeln zurückziehen – und nicht vom Knie aus unter Zuhilfenahme der hinteren Oberschenkelmuskeln. Strecken Sie das Bein hinter dem Körper gut aus, aber drücken Sie nicht etwa das Knie durch, sondern halten Sie es leicht gebeugt. Achten Sie darauf, bereits vor der Fußlandung mit der Pendelbewegung zu beginnen.

Wenn der Fuß schon vor der Landung etwas nach hinten gezogen wird, dürfte beim eigentlichen Fußaufsatz kein ‚Bremseffekt' bemerkbar sein. Es müsste sich anfühlen, als ob der Abdruck unwillkürlich und automatisch erfolgt ist, weil der Körper eine Neigung nach vorne aufweist und der Fuß zurück auf den Boden gezogen wird. Wenn Ihnen dieser Laufstil vertrauter ist, werden Sie spüren können, dass die Gesäßmuskeln genau so hart arbeiten wie die Oberschenkelmuskulatur. Eine leichte Schmerzhaftigkeit der Gesäßmuskeln weist darauf, dass sie mehr gebraucht werden. Diese Schmerzen vergehen bald, wenn Sie weitertrainieren. Ihr Lauftempo wird zunehmen und Ihr Laufschritt effizienter werden.

Wie viele Marathonläufer kennen Sie, die einen Wettkampf abgebrochen haben, weil sie Krämpfe in den hinteren Oberschenkelmuskeln hatten? Und wie viele Langdistanztriathleten mussten schon zur Ziellinie kriechen, weil ihr Quadrizeps ‚dichtgemacht' hatte? Aber haben Sie etwa schon einmal einen Athleten gesehen, der sich entkräftet hochziehen musste, weil seine Gesäßmuskeln erschöpft waren? Bestimmt nicht. Die Oberschenkelmuskulatur gibt immer zuerst auf. Je mehr Sie also die Gesäßmuskeln benutzen, desto besser!

Vorziehen des Schwungbeins

Bis jetzt wird sich Ihre Laufökonomie wohl schon beträchtlich verbessert haben; doch es gibt noch ein paar weitere lauftechnische Elemente, die es zu berücksichtigen gilt. Ein korrektes Vorziehen des Schwungbeins ist wichtig, um eine hohe Schrittfrequenz halten und maximale Effizienz entwickeln zu können. Das so genannte Anfersen in die Laufbewegung zu integrieren, ermöglicht ein schnelleres Vorziehen des hinteren Schwungbeins und somit einen geringeren Energieaufwand.

Mal angenommen, Sie schwenken einen Stab von etwa drei Metern Länge mit einer gewissen Kraft hin und her. Jetzt stellen Sie sich vor, der Stab wäre in der Mitte geteilt, Sie halten die zwei Stabhälften von nunmehr anderthalb Metern Länge zusammen und schwenken sie mit der gleichen Kraft hin und her. Was wird passieren? Der Schwung wird eindeutig schneller sein. Das Gewicht des Stabs bleibt gleich, aber sein Masseschwerpunkt ist näher an Ihre Hände gerückt.

Anfersen

Das Anfersen dient dazu, den Masseschwerpunkt des Beins näher an die Hüfte zu bringen. Damit kann das Schwungbein schneller und mit geringerem Energieaufwand vorgezogen werden. Viele Läufer kontrahieren beim Anfersen die hinteren Oberschenkelmuskeln, um ihre Fersen zum Gesäß zu heben. Diese Methode erhöht zwar die Schnelligkeit und Effizienz beim Vorziehen des Schwungbeins, aber die hinteren Oberschenkelmuskeln, die für den Vortrieb sorgen, werden dabei unnötig belastet. Weil unser vorrangiges Ziel ein maximaler Vortrieb ist, sollten die für den Vortrieb zuständigen Muskeln auch nur zu diesem Zweck eingesetzt werden. Wenn Sie lernen, beim Anfersen nicht die hinteren Oberschenkelmuskeln zu beanspruchen, werden Sie weiter und schneller laufen können.

In Abbildung 1.10 ist die Figur ganz links gerade dabei, die Pendelbewegung des Beins abzuschließen. Die schwarzen Pfeile zeigen den nach hinten und oben gerichteten Schwung von Fuß und Bein an. Im Anschluss an die Pendelbewegung (siehe zweite Figur von links), wird das Knie sofort vorgeschoben, die Oberschenkelmuskulatur bleibt entspannt. Dank der Schwungkraft kommt der Unterschenkel in eine nahezu horizontale Position, so dass die hinteren Oberschenkelmuskeln auch dafür nicht kontrahiert werden. Das bringt den Läufer in die Haltung wie die Figur ganz rechts: eine ideale Ausgangsposition für ein schnelles und effizientes Vorziehen des hinteren Schwungbeins.

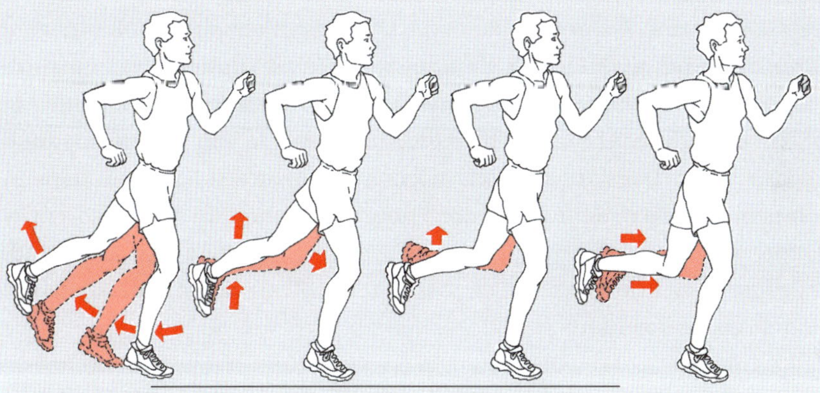

Abbildung 1.10: *Korrektes Anfersen*

Effiziente Läufer nutzen also die Energie aus dem Rückwärtsschwung der Beine und Füße, um die Ferse in Richtung Gesäß zu heben beziehungsweise den Unterschenkel in eine waagerechte Position zu bringen. Bei den meisten Läufern ist am Ende der Pendelbewegung jedoch ein Zögern zu beobachten. Dadurch geht die Energie aus dem Rückwärts- und Aufwärtsschwung verloren, und die hinteren Oberschenkelmuskeln müssen kontrahiert werden, um den Unterschenkel in die horizontale Position zu bringen. Richtig ausgeführt, ist das Anfersen eine schnelle, flüssige, leichte und entspannte Bewegung. Beachten Sie dazu die folgenden Punkte:

- Direkt im Anschluss an die Pendelbewegung wird das Knie kräftig nach vorne geschoben.

- Wenn das hintere Schwungbein vorgezogen wird, bleibt der Fuß stets hinter dem Knie zurück und wird nicht ‚vorgeschleudert'.
- Die Oberschenkelmuskeln bleiben beim Vorziehen des hinteren Schwungbeins völlig entspannt. Nur die Hüftbeugemuskeln an der Vorderseite der Hüfte und oberhalb der Oberschenkel arbeiten.
- Mit dem Abheben des Fußes vom Boden ist die Vortriebsphase abgeschlossen. Schließen Sie die Pendelbewegung frühzeitig ab, und bringen Sie den Fuß mit Hilfe der Schwungkraft in die Horizontale.

LAUFTECHNIK UND LAUFVERLETZUNGEN

Viele Läufer und Trainer glauben, dass Verletzungen zum Laufen dazu gehören. Sie sind der Meinung, dass umfangreiches Laufen mit der erforderlichen Intensität, um Kraft und Ausdauer zu verbessern, früher oder später zu akuten Verletzungen führen muss. Ich bin ein leidenschaftlicher Gegner dieser Denkart! Fast alle wichtigen Ausdauersportarten haben einen gemeinsamen Nenner, nämlich lange Einheiten, in denen so gut wie ununterbrochen trainiert wird. Sogar kleinere Verletzungen können den Trainingsfortschritt empfindlich stören und sollten deshalb nie als normal hingenommen werden!

Ich bin fest davon überzeugt, dass eine Umstellung der Lauftechnik die Häufigkeit und Schwere von Sportverletzungen merklich reduzieren kann. Durch das Minimieren vertikaler Bewegungen und durch eine korrekte Fußstellung beim Landen direkt unter dem Körperschwerpunkt, kann die Stoßbelastung stark reduziert werden. Mit der richtigen Lauftechnik, die sowohl Stoßbelastungen minimiert beziehungsweise die Stoßdämpfung maximiert als auch die restliche Belastung optimal auf den Körper verteilt, werden Laufverletzungen seltener.

Wie an anderer Stelle erklärt, verschwenden Athleten, deren Körperschwerpunkt sich beim Laufen auf und ab bewegt, nicht nur Energie, sie setzen sich auch einem erhöhten Verletzungsrisiko aus. Je höher der Körperschwerpunkt während der ‚Flugphase' steigt, desto größer werden die vertikale Aufprallgeschwindigkeit und die Stoßbelastung.

Der menschliche Körper ist mit natürlichen ‚Stoßdämpfern' ausgestattet. Die Muskeln und das Bindegewebe an den Füßen und Waden besitzen eine ungeheure Elastizität. Die meisten Läufer belasten jedoch ihre Fersen mit ihrem Gewicht und lassen die Möglichkeiten zur Stoßabsorption ungenutzt: Die Ferse bietet nämlich fast keine Stoßdämpfung, weil sie aus Knochen besteht, die nun einmal nicht elastisch sind. Vielmehr können Knochen Stöße sehr gut weiterleiten, so dass die Belastung an Fußgelenk, Schienbein, Knie, Hüften und schließlich an den unteren Rücken übertragen wird. Dieser Teil des Bewegungsapparats ist zur Stoßabsorption ebenfalls nicht geeignet; es kommt zu Mikroverletzungen, die im Endeffekt zu größeren Laufverletzungen führen.

Viele Läufer verlassen sich fast ausschließlich auf die stoßdämpfenden Eigenschaften ihrer Laufschuhe, anstatt die körpereigenen Stoßabsorptionskräfte zu nutzen. Dabei bietet die Natur mehr Perfektion als die Hersteller von Turnschuhen. Glücklicherweise machen die Lauftechniken zur Verletzungsprävention uns auch schneller und effizienter. Wenn das Gewicht nicht mehr auf die Knochen, sondern auf das elastische Bindegewebe verlagert wird, beschleunigt sich der Körper ohne Energieaufwand aufgrund der Rückstoßelastizität, und die ‚Stoßdämpfer' unseres Körpers werden effektiv genutzt.

Wie man das Verletzungsrisiko minimiert

Stoßbelastungen minimieren

Die meisten Laufverletzungen entstehen durch die beim Fußaufsatz wirkenden Kräfte. Je härter der Fuß aufkommt, desto größer ist die Verletzungsgefahr. Lauftechniken, die die Stoßbelastung minimieren, minimieren also das Verletzungsrisiko.

Stoßdämpfung maximieren

Im menschlichen Körper dienen bestimmte Gewebefasern speziell der Absorption von Stoßbelastungen. Die Muskeln und das Bindegewebe an Füßen und Waden sind extrem elastisch und können Stoßkräfte besonders gut auffangen. Sie adäquat zu nutzen, ist der Schlüssel zur Minimierung von Verletzungen. Verletzungsfrei zu sein, bedeutet, keine Ausfallzeiten zu haben, in denen die Fitness schnell nachlassen kann. Durch Lauftechniken, die den Bewegungsapparat eines Läufers schonen, ist ein umfangreicheres und/oder intensiveres Training möglich, was wiederum zu einer größeren Leistungsfähigkeit führen kann.

Fußaufsatz umstellen

Der wichtigste Schritt zur Verringerung von Laufverletzungen ist zu lernen, beim Laufen nicht das Körpergewicht auf die Fersen zu verlagern. Die Änderung des Fußaufsatzes mindert die Stoßbelastung enorm und leitet alle anderen Kräfte, die auf den Körper einwirken, an das elastische Bindegewebe weiter, das eine solche Belastung tolerieren und nutzen kann.

Allerdings gilt es vorab zu bedenken, dass jede Umstellung der Lauftechnik Zeit benötigt, damit sich das Bindegewebe an die neuen Belastungen anpassen kann. Die wenigsten Läufer nutzen beispielsweise das volle Potenzial ihrer Waden. Da durch die Umstellung des Laufstils die Wadenmuskeln stärker beansprucht werden, sollten Sie Ihren Trainingsumfang und die Intensität zunächst stark reduzieren und erst allmählich wieder ausbauen.

Laufen mit Gewichten

Richtig angewendet, verringert eine Gewichtsweste die Verletzungsgefahr, erhöht die Laufökonomie und steigert die Fitness. Das Laufen mit Zusatzgewicht sorgt für eine gezielte und laufspezifische Überlastung des Bindegewebes.

Jede Art von Krafttraining macht das Bindewebe stärker, dicker und elastischer – allerdings nur das spezifische Bindegewebe, das bei den Bewegungen belastet wird. Das Training mit Gewichten im Kraftraum hat sicherlich seine Berechtigung, aber es stimuliert oft nicht das Gewebe, das beim Laufen belastet wird. Mit einer Gewichtsweste wird das Bindegewebe an Füßen, Waden und Unterschenkeln gezielter trainiert als im Kraftraum. Dabei empfiehlt es sich, das Laufen mit der Gewichtsweste schon in der Vorbereitungsperiode und im Rahmen des Grundlagentrainings zu üben, wenn die Umfänge und Intensitäten am geringsten sind. Das beugt späteren Verletzungen vor, wenn Trainingsumfang und -intensität zunehmen. Bei langen oder tempobetonten Trainingseinheiten ist das Laufen mit Gewichten nicht geeignet.

Das Laufen mit Gewichten ist eine hervorragende Methode, um die Laufeffizienz zu steigern. Genauso wie Schwimmer mit Flossen trainieren, um den Gegendruck des Wassers zu erhöhen, damit hydrodynamische Fehler spürbar werden, so deckt das Laufen mit Gewichten lauftechnische Fehler eher auf. Wenn Sie sich mit ein paar Pfund Zusatzgewicht zu stark abdrücken oder auf den Fersen landen, machen sich der zusätzliche Kraftaufwand und die vergeudete Energie sofort bemerkbar. Technikfehler werden so ganz automatisch korrigiert. Vielleicht werden Sie bemerken, dass Sie ohne willentliche Anstrengung Ihre Laufschritte verkürzen, weniger vertikale Bewegungen machen und die Schrittfrequenz erhöhen. Eine Gewichtsweste zwingt uns nämlich fast zu einem korrekten Laufstil, und später – wenn wir wieder ohne sie laufen – behalten wir im Idealfall die effizientere Lauftechnik bei.

Beim Laufen werden zwei Muskelarten aktiviert: solche, die eine horizontale Wirkung haben, also für die Vorwärtsbewegung sorgen, und solche, die eine vertikale Funktion haben und uns beispielsweise aufrecht halten. Ein schnelleres Lauftempo erhöht lediglich die Belastung der horizontal wirkenden Muskeln (wie Gesäß- und hintere Oberschenkelmuskeln), nicht aber die der vertikal wirkenden Muskeln (wie Quadrizeps und Wadenmuskeln). Das Laufen mit Gewichten dagegen erhöht die Intensität für die vertikal wirkenden Muskeln. Diese Tatsache ist für alle Laufsportler wichtig und nützlich, vor allem aber für Triathleten und Duathleten, die mit ermüdetem Quadrizeps nach angestrengtem Radfahren noch schnell laufen wollen.

Bei korrekter Lauftechnik kontrahiert sich der Quadrizeps im Moment des Fußaufsatzes, um ein weiteres Beugen der Knie zu verhindern: Das Körpergewicht wird auf diese Weise abgefangen. Der Quadrizeps sollte *nicht* kontrahieren, um beim Abdruck für Vortrieb zu sorgen, weil die von ihm erzeugte Vortriebskraft größtenteils nach oben und nicht nach vorne gerichtet ist. Das Laufen mit Gewichten bringt den Quadrizeps dazu, sich beim Aufsetzen des Fußes sehr schnell und kräftig zusammenzuziehen und sich daraufhin zu entspannen, so dass das Knie beim Abdruck nicht gestreckt wird. Indem das Laufen mit Gewichten vertikale Bewegungen ‚bestraft' und exzessive Auf- und Abbewegungen so deutlich spürbar macht, verhilft es uns letztlich zu einem schnellen Lauftempo mit geringerem Energieaufwand.

Viele Athleten befürchten, sich durch das Tragen der Gewichtsweste eine Verletzung zuzuziehen. Wer sich aber durch ein kurzes, lockeres Lauftraining mit zwei bis drei Pfund Zusatzgewicht verletzt, sollte meiner Meinung nach seine Lauftechnik in Augenschein nehmen, anstatt die knapp zwei Prozent, die seinem Körpergewicht hinzugefügt wurden, dafür verantwortlich zu machen! Ohne Zweifel werden Rückfußläufer, die mit den Fersen vor dem Körperschwerpunkt landen, alles vermeiden müssen, was die Belastung auf das Bindegewebe erhöht. Wer aber während des Fußaufsatzes die Ferse nicht belastet und mit dem Fuß an der richtigen Stelle landet, hat reichlich Stoßdämpfung, um ein paar zusätzliche Pfunde tolerieren zu können.

Fangen Sie mit Gewichten an, die etwa ein bis zwei Prozent Ihres Körpergewichts entsprechen, und erhöhen Sie die Gewichtslast sehr langsam auf fünf bis acht Prozent. Eine weitere Erhöhung der Widerstandskraft bringt keine zusätzlichen Vorteile mehr, sondern erhöht lediglich die Belastung.

Das Laufen mit Gewichten eignet sich nicht für jeden Athleten in jeder Phase des Trainings, aber es ist ein nützliches Hilfsmittel in der wettkampffreien Zeit, um Verletzungen vorzubeugen, die Kondition zu steigern und die Effizienz beim Laufen zu optimieren. Das Laufen mit der Gewichtsweste sollte nicht übertrieben und mit angemessenen Erholungsphasen zwischen den Läufen durchgeführt werden – damit Sie in den Genuss der Vorteile kommen und keine Risiken eingehen.

HÄUFIG GESTELLTE FRAGEN

Wenn ich mehr Schritte pro Minute mache, fühlen sich mein Fußaufsatz leicht und meine Beine gut an, aber ich atme viel schneller. Das ist doch nicht effizienter?

Zunächst einmal laufen Sie vermutlich zu schnell, wenn Sie Ihre Schrittfrequenz erhöhen. Außerdem wenden die meisten Läufer zu viel Kraft auf, um sich abzudrücken. Wenn sie dazu noch die Schrittfrequenz um 20 Prozent erhöhen, dann wird die Belastung natürlich zu hoch, und die Atmung gerät außer Kontrolle. Wer seine Schrittfrequenz um 20 Prozent erhöht, läuft sogar mit einer um 15 Prozent kürzeren Schrittlänge immer noch um 4,3 Prozent schneller als sonst!

Versuchen Sie, beim Abdruck weniger Kraft auszuüben. Wenn Sie die Pendelbewegung vor dem Fußaufsatz korrekt ausführen, werden Sie sich ganz automatisch – wie bei einer Reflexbewegung – abdrücken. Am besten achten Sie bewusst darauf, sich gar nicht abzudrücken. Effiziente Laufbewegungen sind immer leicht und schnell, und nicht kraftvoll. Versuchen Sie, das gleiche Gefühl zu entwickeln wie beim Radfahren in einem äußerst lockeren Tempo, wenn Sie in einem superleichten Gang mit hoher Trittfrequenz kurbeln.

Zweitens kann es sein, dass dieser Laufstil für Sie *momentan* nicht effizienter ist. Der Laufstil von Evolution Running beruht auf schnellen Bewegungen, die höhere Anforderungen an das neuromuskuläre Zusammenspiel stellen. Bei effizienten Läufern erfolgt ein ständiger Wechsel zwischen höchster Muskelaktivität und fast vollständiger Entspannung. Bis man in der Lage ist, die Muskeln gezielt zu deaktivieren (also zu entspannen), dauert es eine Weile. Bis die Bewegungsabläufe wirklich sitzen, vergehen Monate. Haben Sie also Geduld, und trainieren Sie weiter!

Drittens lässt in Wettkämpfen von relativ langer Dauer – wozu auch der kürzeste Triathlon gehört – die Leistungsfähigkeit jedes Athleten nach, und zwar die ‚Peripherie' eher als das ‚Zentrum'. Die Beine sind es, und nicht das Herz oder die Lungen, die aufgeben. Während eines Wettkampfs atmen Sie schnell und haben vielleicht Schmerzen in der Brust, aber die Muskeln der Atemwegsorgane werden trotz Erschöpfung weiter arbeiten. Die Ermüdung der Beinmuskulatur wird Sie letztlich dazu zwingen, Ihr Tempo zu drosseln.

Ich laufe seit etwa fünf Wochen nach der Methode von Evolution Running und mir gefällt der Laufstil, aber die Muskeln an der Rückseite meiner Oberschenkel brennen wie verrückt, wenn ich laufe – und das sogar im lockeren Tempo. Was kann ich tun?

Für dieses Brennen in den hinteren Oberschenkelmuskeln gibt es normalerweise eine von zwei Fehlerquellen. Erste Möglichkeit: Sie machen keine Pendelbewegung und strecken die Hüfte nicht, sondern winkeln die Knie an. Beim Fußaufsatz endet daher die Bewegung des Oberschenkels, wenn das Knie unterhalb der Hüfte ist. Ab diesem Punkt ziehen Sie lediglich den Unterschenkel nach hinten, statt die Schwungkraft des ganzen Beins zu nutzen. Bei der Pendelbewegung wird hingegen das Bein von der Hüfte – und nicht vom Knie aus – gestreckt, ohne dass sich der Kniewinkel dabei ändert. Erst ganz am Ende der Pendelbewegung wird der Kniewinkel kleiner. Vorher aber sollte der Oberschenkel deutlich hinter die Hüfte ‚geschwungen' werden. Damit werden auch die Gesäßmuskeln kräftig kontrahiert, was die hinteren Oberschenkelmuskeln entlastet.

Zweite mögliche Fehlerquelle: Bevor Sie das Schwungbein vorziehen, heben Sie die Ferse mithilfe der hinteren Oberschenkelmuskulatur an. Die Kontraktion von Muskeln für Bewegungen, die auch ohne Energieaufwand mithilfe der Schwungkraft ausgeführt werden können, ist reine Verschwendung. Sehen Sie sich am besten die Hinweise und Technikübungen zum Anfersen an (siehe Seite 52 und 60-61), um zu erfahren, wie Sie unmittelbar nach dem Abdruck Ihre hinteren Oberschenkelmuskeln entspannen können.

Wenn ich auf den Ballen laufe, tun meine Waden höllisch weh. Was muss ich anders machen?

Eine gewisse Beanspruchung der Wadenmuskulatur ist normal, wenn Sie beim Laufen erstmalig Muskeln aktivieren, die bislang wenig genutzt wurden. Aber viele Sportler übertreiben es damit, indem sie zu hoch auf den Ballen stehen. Beim Laufstil von Evolution Running geht es darum, mit dem Körpergewicht auf den Ballen zu bleiben und nicht auf der Ferse. Fortgeschrittene Läufer heben ihre Fersen nur *wenige Millimeter* vom Boden ab. Konzentrieren Sie sich darauf, wo Ihr Gewicht aufkommt, und versuchen Sie nicht, die Fersen hoch zu halten.

Denken Sie bitte auch daran, dass Sie den Umfang und die Intensität Ihres Trainings zunächst stark reduzieren müssen, bis Sie diese Lauftechnik beherrschen! Erst später bauen Sie Ihr Laufpensum dann allmählich wieder aus.

Ich versuche, meine Schrittfrequenz auf 180 pro Minute zu erhöhen, so wie Sie das empfehlen, aber dann bleibt mir nicht mehr genug Zeit, um mich abzudrücken. Wie bekomme ich dieselbe Schnellkraft?

Die Bezeichnung ‚Abdruck' ist eigentlich irreführend. Effiziente Läufer entwickeln ungeheure Schnellkraft aus ihren Waden, zeigen aber beim Abdruck eine nur geringe Streckung des Fußgelenks. Sie erzeugen also große Schnellkraft ohne weiträumige Bewegungen. Jeder Versuch, irgendwann im Laufzyklus mit dem kräftigen Druck eines Muskels an Schnellkraft zu gewinnen, wird diese Schnellkraft nur begrenzen, weil sich die Bewegung dadurch verlangsamt. Die Gleichung zur Berechnung der Schnellkraft lautet:

SCHNELLKRAFT = KRAFT x SCHNELLIGKEIT

Effiziente Läufer entwickeln Schnellkraft, indem sie die Schnelligkeitskomponente erhöhen. Sie müssen deshalb nur minimal Kraft ausüben. Kraft und Schnelligkeit verhalten sich gegenläufig, das heißt, starke Kontraktionen sind definitionsgemäß langsamer. In der Zeit, die zur Krafterzeugung benötigt wird, verliert die Rückstoßelastizität an Wirkung, was wiederum dazu führt, dass die Muskeln stärker kontrahiert werden müssen, usw.

Es ist zwecklos, die Muskeln stark zu kontrahieren. Führen Sie vor dem Fußaufsatz die Pendelbewegung korrekt aus, entspannen Sie die Muskeln anschließend, und überlassen Sie ihnen die weitere Arbeit. Die Füße können selbst einen effektiveren Abdruck erzielen, als Sie es mit aller (Willens-)Kraft könnten. Der kräftige Abdruck sollte sich fast wie eine passive Reaktion auf Ihren restlichen Laufschritt anfühlen. Diese Reaktion wird schnell genug sein, um die Rückstoßelastizität einzubinden, so dass kräftige Kontraktionen kaum noch nötig sind.

Noch etwas: Schnellkraft hat nicht unbedingt etwas mit dem Bewegungsradius zu tun. Auch bei nur geringer Streckung des Fußgelenks können die Wadenmuskeln eine ungeheure Schnellkraft beim Abdruck erzeugen, und zwar sowohl durch Kontraktion als auch mithilfe der Rückstoßelastizität. Die Annahme, dass durch eine stärkere Fußgelenkstreckung eine größere Schnellkraft entwickelt werden kann, ist falsch.

Ich kann verstehen, warum eine hohe Schrittfrequenz wichtig ist; aber Studien zufolge machen Spitzenläufer doch eher lange Laufschritte. Wie passt das zusammen?

Erstens, Spitzenläufer machen lange Schritte, indem sie ihre Beinmuskeln beim Fußaufsatz extrem anspannen sowie die vom letzten Laufschritt gespeicherte Energie als Rückstoßelastizität wieder freigeben – und nicht, indem sie ihre Beinbewegungen ausweiten. Wenn Sie das nächste Mal Profiläufer in einem Wettkampf sehen, nehmen Sie sie auf Video auf, und halten Sie das Videoband an, wenn Sie eine gute Seitenansicht von den Läufern haben. Sie werden feststellen, dass ihre Oberschenkel nie weiter als etwa 100 Grad auseinanderliegen. Sie werden auch sehen können, dass diese Läufer den Fuß nur leicht vor den Körper bringen, ihn dann aber vor der Landung bis in Falllinie der Hüfte zurückziehen. Und durch ihre enorme Schnellkraft legen sie mit jedem Laufschritt eine größere Strecke zurück. Aber dies gelingt ihnen nur mit einem kräftigen Abdruck, bei dem die Rückstoßelastizität optimal genutzt wird.

Zweitens, Schrittlängen sind immer relativ. Ein Profiläufer, der einen Marathon in weniger als drei Stunden läuft, macht nicht nur lange, sondern auch schnelle Laufschritte. Sie werden niemals einen Laufprofi finden, der auf Kosten der Schrittfrequenz seine Laufschritte verlängert.

Wie soll ich beim Laufen atmen?

Effiziente Läufer stimmen ihren Atemrhythmus auf ihren Laufrhythmus ab. Bei leichtem Tempo machen sie je vier Schritte beim Einatmen und vier beim Ausatmen. Bei mäßig schnellem Tempo atmen sie alle drei Schritte ein beziehungsweise aus, und bei schnellem und gleichmäßigem Tempo wird daraus ein Zweierrhythmus. Langsames, tiefes Atmen verbraucht weniger Energie als schnelles und flaches Atmen. Lernen Sie zu atmen, indem Sie das Zwerchfell senken und gleichzeitig die Brust heben. Diese Atmung ist effizienter.

Ich bin dabei, mir den Laufstil von Evolution Running anzueignen. Mir gefällt die sanfte Fußlandung, und ich scheine auch schneller zu werden, aber meine Herzfrequenz liegt jetzt höher als gewöhnlich. Was bedeutet das?

Wenn mehr und größere Muskeln in den Lauf miteinbezogen werden, arbeitet zwar jeder Muskel weniger, aber der gesamte Energieverbrauch kann zunächst in der Lernphase höher liegen. Ihre Herzfrequenz kann also bei einem bestimmten Tempo höher liegen als sonst, weil die Bewegungen noch nicht automatisch ablaufen. Um bei einem Triathlon gut zu laufen, ist vor allem wichtig, dass die Muskeln nicht ermüden. Und genau dazu dienen die Lauftechniken von Evolution Running, auch wenn Ihr Puls höher liegt als gewöhnlich.

Ich habe im letzten Monat einen Kurs bei Ihnen besucht, und seither haben sich meine schnellen Läufe enorm verbessert. An Wettkämpfen habe ich noch nicht teilgenommen, aber ich bin bei denselben Trainingsläufen um einige Minuten schneller als früher. Ich tue mich allerdings schwer mit lockereren Läufen. Diese Lauftechnik fühlt sich bei schnellen Läufen viel natürlicher an. Ist das ein Problem?

Es ist auf jeden Fall natürlicher, diese Lauftechniken im schnellen Lauf einzusetzen. Aber selbst wenn es schwieriger ist, ist es sehr wichtig, sie auch bei lockeren, leichten Läufen anzuwenden. Viele gute Läufer erhöhen ihre Schrittfrequenz ganz automatisch, wenn sie schnell laufen, aber bei lockeren Läufen senken sie ihre Schrittfrequenz – und somit auch die Effektivität. Herausragende Athleten behalten dagegen in fast jedem Tempo eine gewisse Schrittfrequenz bei und verkürzen bei lockeren Läufen lediglich die Schrittlänge. Die Nutzung der elastischen Reaktionskräfte unseres Körpers ist für eine gute Wettkampfleistung derart wichtig, dass sie im Mittelpunkt unseres *gesamten* Lauftrainings stehen sollte. Wer mit einer niedrigen Schrittfrequenz langsam läuft, arbeitet nicht an seiner Laufökonomie.

Achten Sie darauf, sich mit weniger Kraft abzudrücken, und ziehen Sie dann das Bein schnell vor. Der Abstoß sollte sich ganz passiv anfühlen, so als ob Sie das belastete Bein einfach nur zur Stützung des Schwungbeins nutzten. Nehmen Sie einen Schrittfrequenzmesser mit, und steigern Sie allmählich die Frequenz, bis Sie 180 Schritte pro Minute schaffen – auch bei lockeren Läufen!

Ich habe im letzten Jahr gelernt nach der Methode von Evolution Running zu laufen und mich seither stark verbessert. Im Kurs haben Sie gesagt, dass man mit dieser Technik eventuell keine orthopädischen Schuheinlagen mehr bräuchte. Ich verwende keine Schuheinlagen, aber mein Trainingspartner sagt, dass ich jetzt andere Schuhe nötig hätte. Ist er nur verärgert, weil ich ihn ständig abhänge, oder hat er recht, und ich muss wirklich meine Laufschuhe wechseln?

Die meisten Probleme mit Fußfehlstellungen beruhen auf einer Asymmetrie im Fersenbein. Diese Schwierigkeiten werden irrelevant, wenn der Läufer beim Lauf seine Ferse nicht mehr belastet. Die meisten Läufer, die vom Rückfußlauf zum Laufstil von Evolution Running wechseln, stellen fest, dass sie keine Schuheinlagen oder Laufschuhe mit starker Fußführung mehr benötigen. Lassen Sie sich von einem Facharzt, Orthopädieschuhtechniker oder vom Fachpersonal eines Sportgeschäfts beraten; eine individuelle Laufanalyse wird klären können, was für Ihre Füße am besten ist.

Kapitel 2

Effizientes Laufen am Berg

Stellen Sie sich vor, Sie rennen Seite an Seite mit einem anderen Läufer, der nur ein wenig stärker ist als Sie, einen langen Hügel hoch. Ihre Herzfrequenz ist im roten Bereich, Ihre Atmung gerät zunehmend außer Kontrolle, Ihre Beine brennen und sind bleischwer. Sie wissen, auf dieser Stufe werden Sie nicht lange durchhalten können. Wenn Sie über dem Berg sind und der Weg sich wieder talwärts neigt, schießen Sie, wie von einer Rakete angetrieben, nach vorne und holen den Vorsprung Ihres Gegners zu dessen Verblüffung wieder ein. Am Ende des Laufs ins Tal liegen Sie 20 Meter in Führung, Ihre Herzfrequenz und Atmung haben ein erträgliches Niveau erreicht, und Ihre Beine haben wieder Schwung.

Das braucht kein Wunschtraum zu sein. Wenn Sie die Technik für einen idealen Bergablauf gründlich verstehen, sich konsequent auf Ihre Lauftechnik konzentrieren und hart arbeiten sowie den Mut aufbringen, die Grenzen Ihres Lauftempos zu erforschen, dann laufen Sie Hügel schneller herunter denn je und wenden dabei weniger Energie auf.

So wichtig eine effiziente Lauftechnik für flache Strecken ist, umso wichtiger ist sie im profilierten Gelände. Die meisten Läufer haben eine schlechte Lauftechnik auf ebenen Strecken und eine noch schlechtere am Berg. Das Erlernen effizienter Techniken für Berg- und Talläufe und die Vorbereitung des Körpers auf die besonderen Anforderungen hügeliger Laufstrecken versetzt uns jedoch in die Lage, uns auf jeder Anhöhe einen Vorsprung vor gleich starken Konkurrenten zu sichern.

NUTZEN SIE DIE SCHWERKRAFT, STATT SIE ZU BEKÄMPFEN

Wenn es einen Bereich gibt, in dem sich ein Verständnis von Wettkampfstrategie, Physiologie, physikalischen Gesetzmäßigkeiten und Lauftechnik am meisten auszahlt, dann ist das beim Bergablauf. Die Zielsetzungen von Evolution Running – vertikale Bewegungen minimieren, Rückstoßelastizität nutzen, das Anfersen umsetzen, kurze und schnelle Schritte machen und Bremseffekte vermeiden – sind bergab sogar noch nutzbringender als auf flachen Strecken oder bergauf. Außerdem besteht hier ein enormer Nachholbedarf, denn die Lauftechnik der meisten Läufer lässt beim Bergablaufen noch mehr zu wünschen übrig als in flachem Gelände. Doch gerade bergab zahlt sich eine gute und effiziente Lauftechnik aus!

Die schlechte Nachricht ist, dass schnelles Bergablaufen einem ganz schön Angst machen kann. Bergab eine effiziente Schritttechnik zu entwickeln, kostet also nicht nur Zeit und Mühe, sondern erfordert auch einen gewissen Mut. Diese Lauftechniken sollten zuerst in geringem bis mittlerem Gefälle beherrscht und ganz allmählich auf steileren Strecken eingesetzt werden.

Die gute Nachricht ist allerdings, dass man mit einer guten Technik und der richtigen Einstellung beim Bergablaufen erheblich viel Zeit *und* Energie sparen kann. Einen Berg langsam hinab zu laufen erfordert mehr Energie, als ihn schnell hinab zu laufen, vorausgesetzt, man hat gelernt, die Schwerkraft nicht zu bekämpfen, sondern sie sanft zu nutzen. Die zwei folgenden Kerngedanken sollen verdeutlichen, worauf es beim effizienten Bergablauf ankommt:

Schwerkraft beschleunigt: Die Schwerkraft liefert größtenteils oder gänzlich den Vortrieb, der zum schnellen Bergablaufen nötig ist. Effiziente Läufer setzen bergab ihre Energie für den Armschwung, die Beinarbeit sowie für die Stützung des Körpers und den Erhalt des Gleichgewichts ein, vermeiden es jedoch, zu viel Energie für bremsende oder beschleunigende Bewegungen aufzuwenden. Die Schwerkraft sorgt für reichlich Schnellkraft, wenn man darauf verzichtet, gegen sie anzukämpfen um sie unter Kontrolle zu halten.

Angst bremst: Auch bei sehr schnellem Tempo ist es möglich, kontrolliert zu laufen. Außerdem ist es äußerst unwahrscheinlich, dass ein Läufer, der zu schnell wird, einen Hügel kopfüber hinunterstürzt. Zwar hegen auch effiziente Läufer jedes Mal diese Befürchtung, wenn sie ein starkes

Gefälle hinabrennen, aber sie haben ihren Körper dahingehend trainiert, dass er die Bewegungen unter Kontrolle hält, und sie haben ihren Geist so weit gebracht, diese Angst zu verdrängen. Jeder Läufer hat für das Lauftempo bergab einen individuellen Schwellenwert, bis zu dem er seinen Laufrhythmus kontrollieren kann, und einen anderen Schwellenwert, bis zu dem ein komfortables und entspanntes Laufen möglich ist. Das ‚komfortable' Laufen ist daher generell viel langsamer als das ‚kontrollierte' Laufen. Wenn Sie Körper und Geist trainieren, beide Schwellenwerte anzuheben, wird sich das am Wettkampftag vielfach bezahlt machen.

LERNEN SIE, WIE MAN EINEN BERG ‚HINABROLLT'

Langsames Bergablaufen verbraucht viel mehr Energie als schnelles Bergablaufen. Das Radmodell gewährt hier den besten Einblick in biomechanische Strukturen, die bergab für eine optimale Fortbewegung sorgen. Auf einer flachen Straße befindet sich die Auflagermitte des Rads direkt unter dessen Masseschwerpunkt, was eine horizontale Bewegung genau parallel zur Straße ermöglicht (siehe Abb. 2.1).

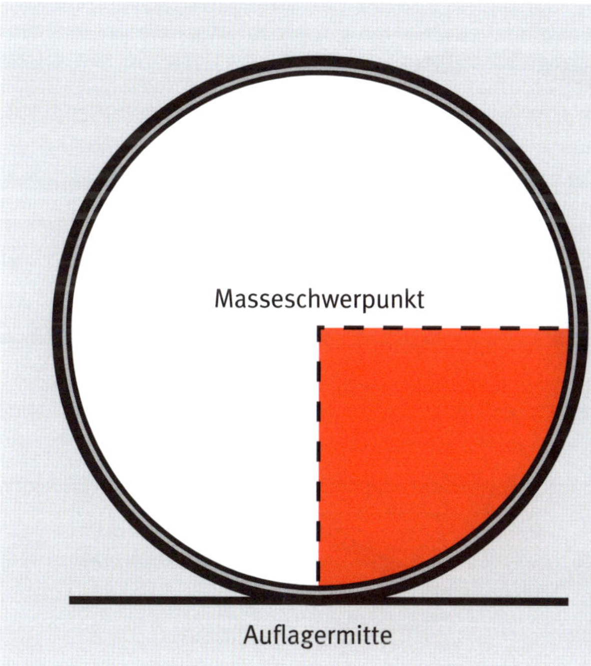

Abbildung 2.1: *Das Rad-Modell auf einer ebenen Fläche*

Wenn ein Rad jedoch einen Berg hinabrollt, verschiebt sich die Ausrichtung seiner Auflagermitte und seines Masseschwerpunkts. Die Auflagermitte des Rads fällt, in einem zum Gefälle proportionalen Winkel, hinter dessen Masseschwerpunkt zurück. Und das Rad bewegt sich nicht mehr horizontal, sondern parallel zum Abhang schräg nach unten (siehe Abbildung 2.2).

Zum Vergleich: Radfahrer treten normalerweise weniger kräftig in die Pedale, wenn sie leichte Gefällstrecken hinabfahren, und hören ganz auf zu treten, wenn es steil abwärts geht. Je stärker ihm die Schwerkraft hilft, desto weniger Vortrieb muss der Athlet selbst erzeugen.

Für die optimale Bergab-Lauftechnik, drehen wir einfach in Gedanken die Abbildung 1.4, welche die optimale Laufbewegung in flachem Gelände zeigt, entsprechend dem Hangneigungswinkel. Wichtig ist, dass beim Bergablauf der Fuß hinter der Hüfte aufgesetzt wird; der Körper neigt sich in seiner gesamten Länge gerade nach vorne, von den Zehen bis zum Kopf. Diese Bewegung ist sehr schwierig zu beherrschen, weil man dabei das Gefühl hat, nach vorne umzufallen. Effiziente Läufer stürzen tatsächlich den Berg hinunter, aber auf kontrollierte Weise mit minimalen Bremseffekten. Sich mit Hüfte und Schultern nach vorne zu neigen

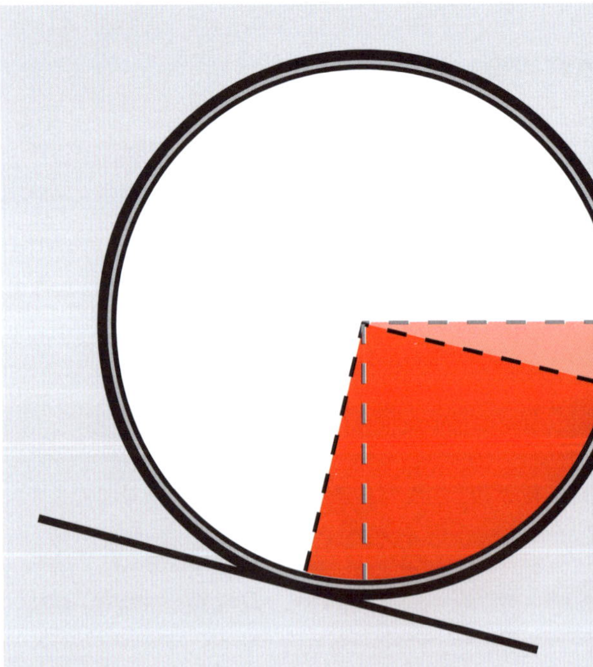

Abbildung 2.2: *Das Rad-Modell auf einer geneigten Fläche*

sowie der Schnelligkeit der eigenen Beine und dem Gleichgewichtsgefühl zu vertrauen, ist ein langsamer Lernprozess, führt aber zu erstaunlichen Ergebnissen.

Effiziente Bergab-Läufer neigen ihren Körper fast parallel zur Hangneigung vor. Auf diese Weise bleibt ihre Körperposition annähernd dieselbe wie beim Lauf auf einer flachen Strecke. Die Vortriebskraft, die sie entwickeln, wirkt nahezu parallel zum Boden.

Vermeiden Sie das ‚Treppab-Laufen'

Die Lauftechnik der meisten Läufer gleicht einem ‚Treppab-Laufen', wobei sie einen horizontalen Vortrieb entwickeln und sich von der Schwerkraft auf den Boden ziehen lassen. Dadurch muss die Muskulatur den Vortrieb leisten, anstatt der Schwerkraft diese Arbeit zu überlassen. Eine körperliche Erholung während des Bergablaufs wird so verhindert (siehe Abbildung 2.3).

Durch das Treppab-Laufen nimmt die Stoßbelastung beim Fußaufsatz stark zu. Um das Körpergewicht bei der Landung ‚abzufangen', muss sich die Muskulatur kräftig kontrahieren, was wiederum das Verletzungsrisiko erhöht.

Dieses Treppab-Laufen, bei dem ständig abwechselnd beschleunigt und wieder abgebremst wird, verlangsamt das Lauftempo und kostet viel

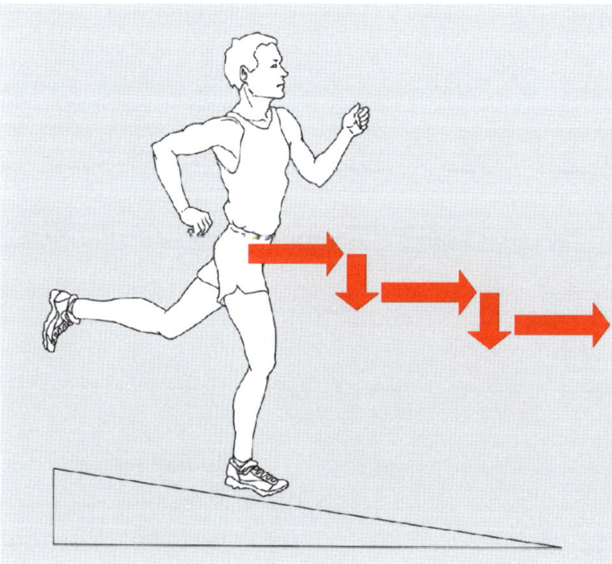

Abbildung 2.3: *Treppab-Laufen*

mehr Energie als die Lauftechnik nach Evolution Running. Wenn Sie das Gefühl haben, dass Sie bergab zwar schneller laufen, aber mit dem Fuß auch härter landen, sind Sie zweifellos ein Treppab-Läufer. Beschränken Sie diese Technik auf echtes Treppenlaufen. Lernen Sie lieber, wie man Hügel ‚hinabrollt', und Sie werden viel schneller, energiesparender und verletzungsfreier laufen.

Die richtige Technik für Bergabläufe

Mit der optimalen Lauftechnik bewegt sich der Körperschwerpunkt eines Läufers immer auf einer Linie, die fast parallel zur Neigung des Bodens ist (siehe Abbildung 2.4). Die neben der Schwerkraft wirkende Hangabtriebskraft wird für den Vortrieb genutzt, anstatt eine härtere Fußlandung zu verursachen. Sie erinnern sich: Gegen die Schwerkraft anzukämpfen, indem man ständig abbremst, kostet mehr Energie als mit der Schwerkraft mitzugehen und so den Berg schnell und geschmeidig ‚hinabzurollen'.

Das Allerwichtigste bei dieser Technik ist, dass Sie Ihren Fuß *hinter* der Hüfte aufsetzen müssen. Das klingt einfach, es dauert aber eine Weile, bis man die richtige Aufsetzposition beherrscht, und es braucht noch länger, bis es sich natürlich anfühlt und automatisch abläuft. Versuchen Sie, den Fuß beim Vorziehen des hinteren Schwungbeins viel früher

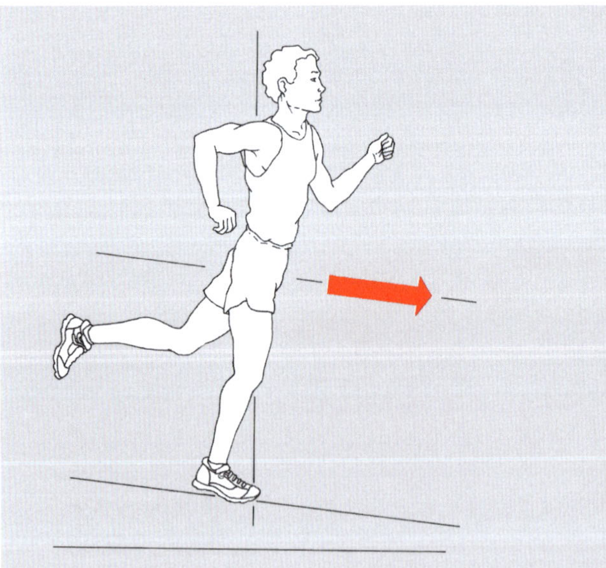

Abbildung 2.4: *Richtiges Bergablaufen*

aufzusetzen, als Sie es gewöhnt sind. Wenn Ihnen das gelingt, werden Sie merken, wie Sie mit jedem Schritt nach vorne spurten, ohne für Vortrieb sorgen zu müssen. Die natürliche Reaktion des Körpers darauf ist, den anderen Fuß zu weit vorne aufzusetzen, um das Gleichgewicht zu halten. Geben Sie diesem Impuls nicht nach! Das Gleichgewicht lässt sich auch in hohem Tempo halten. Setzen Sie den anderen Fuß ebenfalls hinter der Hüfte auf, und spurten Sie weiter nach vorne. Gewöhnen Sie sich an, die Füße immer nur leicht zu belasten, laufen Sie eine sehr hohe Schrittfrequenz, und vermeiden Sie jegliches Abbremsen.

LERNEN SIE, WIE MAN EINEN BERG ‚HINAUFHÜPFT'

Auch der hartnäckigste Rückfußläufer landet einmal auf seinen Ballen und entlastet seine Fersen, und zwar wenn er bergauf läuft. Schon bei leichten Steigungen können wir nicht mehr auf den Fersen landen, selbst wenn wir das wollten. Die Neigung des Hügels verhindert es einfach.

Hier lohnt es sich besonders, nach der Methode von Evolution Running zu laufen, denn beim Bergauflauf werden dieselben Muskeln beansprucht wie im gesamten Lauftraining. Rückfußläufer trainieren ihre Wadenmuskeln dagegen nur, wenn sie bergauf laufen. Stellen Sie sich vor, ein Athlet, der 65 Kilometer pro Woche läuft, will in einem Wettkampf einen Berg hinauf rennen, hat aber die dazu nötigen Muskeln nur etwa zwei Kilometer wöchentlich trainiert.

Viele Elemente der Lauftechnik von Evolution Running, die wir in Kapitel 1 vorgestellt haben, gelten auch für das Bergauflaufen. Dabei sollte sich die Kraftentwicklung kaum vom Laufen in der Ebene unterscheiden. Der Unterschied sollte vielmehr in der Richtung und nicht in der Größe der Kraftentwicklung bestehen.

Die meisten Läufer machen an dieser Stelle einen Riesenfehler. Sie wollen den Berg mit Kraft hochlaufen. Wegen der Steigung reduzieren sie ihre Schrittfrequenz und kontrahieren dafür ihre Beinmuskeln umso stärker.

Die meisten Triathleten wissen, wie wichtig es ist, beim Radfahren am Berg eine hohe Trittfrequenz zu halten. Sie schmunzeln gern, wenn Radsport-Anfänger sich mit 60 Umdrehungen pro Minute bergauf quälen und können nicht verstehen, warum diese nicht in einen kleineren Gang schalten. Dann laufen sie selbst bergauf und machen genau den gleichen Fehler.

Für effizientes Bergauflaufen ist eine gleichbleibend hohe Schrittfrequenz aus denselben Gründen wichtig wie die konstante Trittfrequenz beim Radfahren. Doch es gibt noch einen weiteren wichtigen Grund: Wie in Kapitel 1 erläutert, führt eine geringere Schrittfrequenz (und die damit verbundene längere Bodenkontaktzeit) dazu, dass die in den Muskeln gespeicherte Energie ‚verpufft' und keine optimale Energierückgewinnung über die Rückstoßelastizität stattfindet. Man muss also viel mehr Vortriebskraft aus den Muskeln erzeugen, um bergauf zu laufen. Wenn dann auch noch die Rückstoßelastizität entfällt, die den Vortrieb erleichtern könnte, wird Bergauflaufen extrem anstrengend. Auch wenn das Lauftempo zunächst optimal bleibt, wird der Stoffwechsel stark belastet, was sich später im Wettkampf häufig rächt.

Effiziente Läufer verkürzen an Steigungen zwar ihre Schrittlänge, aber ihre Schrittfrequenz verändert sich nicht. Sie halten dieselben 180 bis 182 Schritte pro Minute wie auf flachen Strecken und nutzen weiterhin den Vortrieb, der aus der Rückstoßelastizität resultiert. Diese Lauftechnik sorgt für ein optimales Tempo und minimiert Muskelermüdungen.

Der Unterschied zwischen effizientem Laufen in der Ebene beziehungsweise am Berg besteht darin, dass die Minimierung vertikaler Bewegungen beim Bergauflauf unerwünscht ist. Im Gegenteil: Die Steigung erfordert sogar vertikale Bewegungen. Eine optimale vertikale Bewegung beim Bergauflaufen sorgt dafür, dass sich der Körperschwerpunkt des Läufers immer beinahe parallel zum Gefälle vorwärts bewegt. Für ein effizientes Laufen am Berg müssen wir die Methode von Evolution Running also anpassen, was auf den folgenden Seiten vorgestellt wird.

Während wir auf flachem Untergrund Vortrieb erzeugen, indem wir die Hüfte strecken, und nicht das Kniegelenk, strecken effiziente Bergläufer sowohl die Hüfte, um für einen horizontalen Vortrieb zu sorgen, als auch die Knie für den nötigen vertikalen Vortrieb.

Die Pendelbewegung des Beins ist für das Bergauflaufen genau so wichtig und erfüllt dieselben Funktionen wie beim Laufen in flachem Gelände: Das Zurückziehen und frühe Aufsetzen des Fußes beugt dem Bremseffekt vor und speichert Energie für die Rückstoßelastizität. Was die Pendelbewegung am Berg jedoch unterscheidet, ist ihre Bewegungsrichtung: In flachem Gelände wird der Fuß fast geradlinig zurück zum Boden gezogen. Bergauf werden die Füße dagegen schräg nach unten zurückgezogen und die Hüft- mit der Kniestreckung kombiniert. Wenn der Fuß aufgesetzt wird, ist das Knie noch leicht gebeugt, aber bereits dabei, sich zu strecken. Durch die Kniestreckung und den Einsatz des Quadrizeps wird die aufwärts gerichtete Kraft erzeugt, die nötig ist, um sowohl bergauf als auch vorwärts zu laufen. In flachem Gelände verschwendet dieser Laufstil Energie und verlangsamt die Schrittfrequenz, aber bergauf ist er notwendig und effizient.

Beim Bergauflaufen ist die vertikale Bewegung nach unten vor dem Fußaufsatz gering, das heißt das Bindegewebe kann nur wenig Rückstoßelastizität entfalten. Konzentrieren Sie sich deshalb darauf, den Fuß kräftig auf den Boden hinab zu ziehen, so, als wollten Sie den Boden treten. Bei richtiger Ausführung werden Sie genauso zurückfedernd laufen wie im flachen Gelände.

Damit die Pendelbewegung des Beins ungehindert stattfinden kann, muss das Kniegelenk des Schwungbeins viel höher vorgebracht und engwinkliger gebeugt bleiben. Wenn das Knie kräftig hochgeschoben wird, kann das Bein stärker auf den Boden gezogen und die Muskeln gespannt werden, was die Rückstoßelastizität erhöht und für Vortrieb nach oben und nach vorne sorgt (siehe Abbildung 2.5). Dabei müssen die Gesäßmuskeln, die hintere Oberschenkelmuskulatur und der Quadrizeps unbedingt zusammenarbeiten.

Beim Bergauflaufen sollte die Körperhaltung relativ zur Schwerkraft (nicht zur Straßenneigung) die gleiche sein wie auf flachen Strecken.

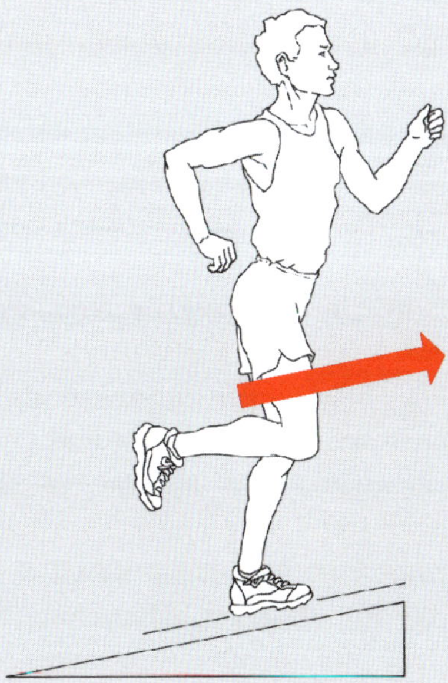

Abbildung 2.5: *Vorschieben der Knie beim Bergauflaufen*

Dazu müssen wir uns etwas nach vorne neigen. Im Vergleich zum flachen Gelände wird sich das Gefühl, nach vorne (den Berg hinauf) zu fallen, noch verstärken, weil der Winkel zwischen Körper und Untergrund kleiner ist.

Genau wie beim Laufen auf flachen Strecken sollte der Fuß des Schwungbeins nicht vor das Knie kommen. Zwar wird das Knie weiter nach oben und nach vorne geschoben als in flachem Gelände und der Fuß setzt ein kleines Stück vor der Hüfte auf, aber nicht vor dem Kniegelenk.

Effizientes Bergauflaufen braucht viel Übung. Achten Sie dabei vor allem auf die folgenden Punkte:

- Halten Sie dieselbe Schrittfrequenz wie in der Ebene.
- Machen Sie kurze, schnelle und kräftige Armschwünge.
- Schieben Sie die Knie kraftvoll nach vorne-oben.
- Ziehen Sie den Fuß mit einer kräftigen Bewegung zurück auf den Untergrund.
- Lassen Sie sich nicht von der Schwerkraft herabziehen, sondern versuchen Sie, den Boden zu ‚treten'.
- Während Sie den einen Fuß aufsetzen, schieben Sie das Knie des anderen Beins nach vorne-oben.
- Halten Sie die Kontaktzeit zwischen Fuß und Untergrund möglichst kurz, und fühlen Sie das ‚Zurückfedern' durch die Rückstoßelastizität.
- Die Körperhaltung relativ zur Schwerkraft bleibt dieselbe wie in flachem Gelände.

TRAINING FÜR BERGLÄUFE

Neben der veränderten Lauftechnik wird ein spezielles ‚Bergtraining' die Wettkampfleistung deutlich verbessern. In profiliertem Gelände sind die Muskeln und das Bindegewebe anderen Belastungen ausgesetzt als beim Laufen in der Ebene und müssen entsprechend trainiert werden.

Krafttraining ist für Bergläufe noch wichtiger als in flachem Gelände. Dort nutzen effiziente Läufer den Quadrizeps sehr wenig, aber bergauf wird diese Muskelgruppe intensiv eingesetzt. Außerdem nimmt der Bewegungsradius der Hüftbeuger zu, die für diese Zusatzbelastung ebenfalls trainiert werden müssen. Auf ein umfassendes Krafttrainingsprogramm in der wettkampffreien Zeit folgt idealerweise das Laufen mit

Gewichten sowie gezielte Trainingseinheiten am Berg, um die genannten Muskeln am besten zu stärken und vorzubereiten.

Beim Bergablauf würde ein Läufer mit einer perfekten Lauftechnik zwar nicht härter auf dem Boden aufkommen als auf einem flachen Untergrund – aber kein Mensch läuft gänzlich perfekt. Unsere Hüften bewegen sich also nicht *vollkommen* parallel zum Untergrund, und die Belastung bei der Fußlandung ist normalerweise erhöht. Wenn ein Wettkampf im profilierten Gelände ansteht, bereiten intelligente Läufer sich entsprechend auf diese Anforderungen vor.

Wie in Kapitel 1 erwähnt, wird beim Lauftraining mit Gewichten die Belastung für die vertikal arbeitenden Muskelgruppen gezielt erhöht. Das Tragen einer Gewichtsweste während eines leichten und etwa einstündigen Laufs trainiert die langsam zuckenden Fasern in diesen Muskeln. Im Allgemeinen werden die Muskeln, die bei Bergläufen stärker aktiviert werden, in flachem Gelände nie über einen längeren Zeitraum beansprucht. Und auch in profiliertem Gelände werden die Muskeln nicht kontinuierlich gefordert: Sie arbeiten hart, wenn es bergauf geht, und erholen sich danach, arbeiten an der nächsten Steigung wieder hart und erholen sich; deshalb ist jedes Training am Berg ein Intervalltraining für diese Muskeln. Das Laufen mit Gewichten in flachem Gelände hingegen belastet diese Muskeln kontinuierlich und mit geringer Intensität. Achten Sie darauf, dass Sie den Großteil Ihres wettkampfspezifischen Tempotrainings in einem Gelände absolvieren, das dem Streckenprofil Ihrer wichtigsten Wettkämpfe möglichst gleicht. Sind die Strecken in Ihren wichtigsten Wettkämpfen profiliert, dann sollten Sie Ihre Kraftausdauer nicht nur auf der Laufbahn, sondern auch in Form von Intervallen am Berg trainieren. Laktatschwellentraining am Berg ist eine hervorragende Wettkampfvorbereitung und eignet sich sehr gut zum Üben der Lauftechnik, vor allem, wenn man bergab die Herzfrequenz hoch halten möchte.

Wir alle neigen dazu, uns im Training auf das Bergauflaufen zu konzentrieren. Aber genauso wichtig ist es, an einer effektiven Bergab-Lauftechnik zu arbeiten. Vor vielen Jahren nahm Louise, eine von mir betreute Athletin, am Columbia Triathlon teil. Die Wettkampfstrecke ist extrem hügelig, und manche Athleten nennen sie auch ‚Das Monster des Ostens'. Als sie vom Rad stieg, lag Louise in Führung, doch auf den ersten Kilometern einer Steigung wurde sie von einer Frau in ihrer Altersklasse überholt, die viel schneller rannte als sie. Als es wieder bergab ging, konnte Louise die Konkurrentin einholen und wieder in Führung gehen. Über sieben Kilometer lang lag an fast jeder Steigung beziehungsweise jedem Gefälle mal die eine, mal die andere Athletin vorne, bis es Louise schließlich gelang, sich während eines längeren Gefälles abzusetzen und diesen Vorsprung bis ins Ziel zu halten. Dass sie bei jeder Steigung überholt wurde, verrät, wer von den beiden eine bessere Gesamtkondition hatte. Doch in diesem Wettkampf ging der Pokal an die effizienteste und nicht an die stärkste Triathletin.

Achten Sie bei jedem Training oder Wettkampf am Berg auf Ihre Lauftechnik, und arbeiten Sie an ihr, bis sie Ihnen in Fleisch und Blut übergeht: das Knie bergauf schieben, sich vorneigen, den Fuß kräftig auf den Boden ziehen und die Schrittfrequenz hoch halten, wenn der Weg den Berg hinauf führt; den Brustkorb nach vorne lehnen, den Fuß hinter der Hüfte aufsetzen und sich von der Schwerkraft herunterziehen lassen, wenn der Weg ins Tal führt. Wer gezielt an seiner Berglauftechnik arbeitet, wird am Wettkampftag reichlich davon profitieren, sobald es in hügeliges Gelände geht.

Teil 2

Training

Kapitel 3

Die Planung einer Saison

In diesem Kapitel sehen wir uns an, wie ein effektiver Trainingsplan entwickelt wird. Bei der jährlichen Planung geht es im Kern darum, Schwerpunkte zu setzen und die eigenen Ressourcen einzuteilen. In verschiedenen Zeitabschnitten werden unterschiedliche Trainingsakzente gesetzt. Der Jahresplan enthält keine Einzelheiten zum Training, gewährt jedoch einen chronologischen Überblick über die vorgesehenen Trainingsschwerpunkte und dient zur Orientierung und Kontrolle, ob das Training auch zielgerichtet bleibt und jeden Monat auf dem Training des Vormonats aufbaut. Abhängig davon, wann die wichtigsten Wettkämpfe stattfinden, wird zu verschiedenen Zeiten innerhalb einer Saison schwerpunktmäßig anders trainiert.

Wenn ich von Hamburg nach München fahren wollte, würde ich mich nie nur mit einer Straßenkarte von Hamburg ins Auto setzen, auf der Autobahn Richtung Süden fahren und sehen, wo ich lande. Ich würde zwar sehr wohl eine Stadtkarte von Hamburg mitnehmen, aber daneben auch einen Autobahnatlas, der die Hauptrouten durch Deutschland zeigt, sowie eine Stadtkarte von München. Die meisten Triathleten stürzen sich in eine neue Saison, ohne die Route ihrer Reise zu planen. Monat für Monat werden die Umfänge gesteigert, ohne zu wissen, wohin all die Trainingskilometer führen sollen. Ohne eine strukturierte Planung sind die Chancen gering, dass jede Trainingseinheit optimal auf der vorherigen aufbaut. Sogar erfahrenen Triathleten kann es passieren, dass sie einen wichtigen Schritt auslassen, wenn sie bei der Trainingsplanung ‚aus der Hüfte schießen'.

ZIELE SETZEN

Man trifft immer das, worauf man zielt. Wenn das Nichts ist, wird das Ergebnis ebenfalls Nichts sein.
– Zig Ziglar

Sich Trainingsziele zu setzen, ist der erste Schritt bei der Planung einer Saison. Diese Ziele müssen möglichst konkret und objektiv formuliert sowie messbar sein. Mit den Worten von Joe Friel ausgedrückt: „Mit klar definierten Zielen verbessert sich die Fähigkeit, diese zu erreichen." Machen Sie nicht den Fehler, sich Ziele auszusuchen, von denen Sie nach einem wichtigen Wettkampf gar nicht wissen, ob sie nun erreicht wurden oder nicht.

Man betrachte die Schildkröte. Sie macht nur Fortschritte, wenn sie ihren Hals herausstreckt.
– James Byrant Conant

Wichtig ist, dass wir unsere Ziele geschickt wählen. Suchen Sie also Ziele aus, für die Sie sich anstrengen müssen, an denen Sie wachsen und die Sie motivieren, aber die dennoch realistisch erreichbar sind. Keine Frage: Ein Sieg beim Ironman® Hawaii in der ersten Saison ist unerreichbar, aber herausfordernde Ziele können Triathleten häufig zu Leistungen anspornen, die ihre eigenen Erwartungen übertreffen.

Nicht zu gewinnen, ist das Gegenteil von Mittelmäßigkeit. Eine Herausforderung zu erkennen, sich ihr zu stellen und keinen einfacheren, weniger befriedigenden Weg in Betracht zu ziehen – das bedeutet für mich, der Mittelmäßigkeit zu entkommen.
– Ashley Powell

Zielsetzungen müssen sich auf Dinge beziehen, die wir selbst beeinflussen können. Wer sich entschließt, einen bestimmten Wettkampf in seiner Altersgruppe zu gewinnen, wird vielleicht außerordentlich gut und voller Motivation, Engagement und Disziplin trainieren sowie eine fantastische Wettkampfleistung zeigen – sein Ziel aber womöglich doch nicht erreichen, weil am Wettkampftag ein wirklich schneller Triathlet auftaucht, den er noch nie zuvor gesehen hatte.

Zur Planung des Trainings gehören sowohl lang- als auch kurzfristige Ziele. Langfristige Ziele werden in einigen Jahren erreicht, während kurzfristige Ziele durchaus in der jeweiligen Saison realisiert werden können. Die kurzfristigen Ziele sollten auf den Zielsetzungen der vorherigen Saison aufbauen und zugleich die langfristigen Ziele ansteuern. Ein Triathlet kann sich beispielsweise im zweiten Trainingsjahr das kurzfristige Ziel setzen, einen olympischen Triathlon vier Minuten schneller als im letzten Jahr zu schaffen und eine Mitteldistanz in starker Verfassung zu absolvieren, während sein langfristiges Ziel sein könnte, eine Langdistanz zu finishen.

Nur wer riskiert, zu weit zu gehen, kann wissen,
wie weit er gehen kann.
– T. S. Eliot

Achten Sie darauf, Ihre Ziele als positive Aussagen zu formulieren. Ein gutes Ziel für einen Triathleten, der zum ersten Mal an einer Langdistanz teilnimmt, könnte sein: „Ein gutes Tempo halten und vernünftig essen und trinken, damit ich den ganzen Marathon durchlaufen kann.“ Dieses Ziel klingt viel zuversichtlicher als „... zu verhindern, dass ich auf der Marathonstrecke gehen muss.“

Ehrgeizige Triathleten sollten ihre Zielsetzungen für jede Saison verinnerlichen und sich selbst immer wieder daran erinnern, dass sie sich für dieses Training entschieden haben und sich an ihren Plan halten werden. Ich kenne einige Triathleten, die sich für den Ironman® Hawaii qualifizieren wollten und ein Bild des Wettkampfs an den Badezimmerspiegel hängten, um jeden Morgen und Abend an ihr Ziel und ihr Versprechen erinnert zu werden. Dies ist eine sehr effektive Art, um das Unterbewusstsein anzuregen und von dem eingeschlagenen Weg nicht mehr abzurücken. Weitere Einzelheiten zu dieser Technik sind im Abschnitt „Durch effektive Selbstgespräche die Wettkampfleistungen verbessern“ in Kapitel 10 zu finden.

WETTKÄMPFE NACH PRIORITÄT ORDNEN

Triathleten nehmen ziemlich häufig an Wettkämpfen teil, und das aus mehreren Gründen: Wettkämpfe machen Spaß. Sie gehören zu den besten Trainingseinheiten, die man sich wünschen kann. Sie sind außerdem die einzige Möglichkeit, um Wettkampferfahrung zu sammeln. Und schließlich ist die psychische und physiologische Dynamik in einem Wettkampf anders als im Training.

Wer großartige Wettkampferlebnisse haben möchte, muss diese zunächst einmal nach ihrer Wichtigkeit ordnen. Wenn alles gleich wichtig ist, ist nichts wirklich wichtig. Viele Athleten trainieren das ganze Jahr über hart und bestreiten eine Reihe ziemlich guter Wettkämpfe, aber sie haben keinen einzigen Tag erlebt, an dem ihr Körper das geben konnte, wozu er fähig gewesen wäre. Die Lösung ist, bei den Wettkämpfen deutliche Schwerpunkte zu setzen.

Dazu bietet es sich an, die Wettkämpfe anhand eines dreistufigen Systems nach ihrer Priorität zu ordnen. ‚A'-Priorität haben solche Wettkämpfe, in denen man wirklich gut abschneiden möchte. Auf diese Wettkämpfe bereitet man sich äußerst gezielt vor, indem man die Strecken- und zu erwartenden Witterungsbedingungen berücksichtigt. In den Wochen und Monaten vor diesem Wettkampf konzentriert sich das Training ausschließlich darauf, an diesem Tag eine erstklassige Leistung zu erbringen. Ein längeres Tapering (eine Erholungspause, die dazu dient, Kräfte für ein optimales Leistungsverhalten am Wettkampftag zu sammeln) bereitet den Körper gezielt auf eine starke Leistung vor.

In Wettkämpfen mit Priorität ‚B' möchte man zwar ebenfalls eine gute Leistung erzielen, aber nicht zulasten des Trainingsfortschritts für einen Wettkampf mit A-Priorität. Das Tapering vor diesen weniger wichtigen Veranstaltungen ist allgemein verkürzt, weil es sich nicht lohnt, für einen B-Wettkampf mehrere Tage lang auf das Training zu verzichten. Das Training für Wettkämpfe mit B-Priorität bereitet nicht speziell auf die Strecken- oder Witterungsbedingungen vor. Zu den größten Wettkämpfen im Osten der Vereinigten Staaten zählen der bereits erwähnte Columbia Triathlon sowie der Blackwater Eagleman Triathlon, die beide im Bundesstaat Maryland stattfinden. Die Wettkampfstrecke des Columbia Triathlons ist extrem hügelig und anspruchsvoll. Die Strecken des Blackwater Eagleman Triathlons dagegen sind bretteben. Da die beiden Triathlons nur wenige Wochen nacheinander stattfinden, kann nur einer davon A-Priorität besitzen. Viele Athleten, für die Blackwater ein Wettkampf der Kategorie A ist, nehmen auch am Columbia Triathlon teil. Sie haben selbstverständlich hart trainiert – nur nicht für das bergige Gelände. Auch wenn diese Triathleten in ihrem B-Wettkampf eine gute und solide Leistungen erbringen, werden sie nicht hundertprozentig auf der Höhe ihres Könnens sein.

Trainingswettkämpfe schließlich haben die Priorität ‚C'. Wer intelligent trainiert, den kümmert es nicht, wie er in Triathlons der C-Kategorie abschneidet: Er nimmt lediglich die Gelegenheit wahr, um Wettkampferfahrung zu sammeln, nutzt das Wettkampfambiente für ein richtig gutes Training und stellt die Qualität seiner Vorbereitungen für wichtigere Wettkämpfe auf die Probe. Das ‚Tapering' für C-Wettkämpfe beschränkt sich meist darauf, während der letzten vier oder fünf Tage vor dem Wettkampf die Trainingsintensität zu reduzieren.

LEISTUNGSBEGRENZENDE FAKTOREN

Leistungsbegrenzende Faktoren sind spezifische körperliche oder mentale Eigenschaften, die wir verbessern müssen, um unsere Zielsetzungen in den wichtigsten Wettkämpfen der Saison zu erreichen. Sie werden anhand der Streckenanforderungen in den wichtigsten Wettkämpfen ermittelt – wozu etwa das Gelände und die Distanz zählen – und den persönlichen Stärken und Schwächen des Athleten gegenübergestellt. Meist sind die leistungsbegrenzenden Faktoren persönliche Schwächen eines Athleten, doch können auch Bereiche, in denen ein Athlet vergleichsweise stark ist, so wichtig sein, dass er sie weiter verstärken muss. Lance Armstrongs leistungsbegrenzende Faktoren bei der Tour de France waren beispielsweise langes Bergfahren und Einzelzeitfahren. Diese Fähigkeiten sind bei der Tour de France derart entscheidend, dass er sie schwerpunktmäßig trainieren musste, um seine Ziele zu erreichen, egal, wie gut er bereits darin war.

Angenommen, Bergfahren wäre eindeutig Ihre schwache Disziplin. Wenn aber die Radstrecken in all Ihren wichtigen Wettkämpfen topfeben sind, dann wäre das Bergfahren für Sie nunmal kein leistungsbegrenzender Faktor.

Jeder Läufer besitzt andere Qualitäten und deshalb auch andere leistungsbegrenzende Faktoren, an denen er verstärkt arbeiten muss. Der folgende Kasten listet einige dieser Faktoren auf, die unter Ausdauerläufern weit verbreitet sind. Bewerten Sie Ihre persönlichen Stärken und Schwächen auf einer Skala von 1 bis 10. Schätzen Sie anschließend ein, wie wichtig jede dieser Eigenschaften für die spezifischen Bedingungen Ihrer wichtigsten Wettkämpfe ist. Wählen Sie auch hier einen Wert zwischen 1 und 10. Ihre vorrangigsten leistungsbegrenzenden Faktoren sind die Eigenschaften, die auf beiden Skalen einen Wert von 7 oder mehr erzielen.

Die Bestimmung dieser Faktoren ist so wichtig, um ein maßgeschneidertes Trainingsprogramm zu entwickeln. Zwei gleich starke Sportler, die sich auf denselben Wettkampf vorbereiten, können sich sehr unterschiedliche Trainingsschwerpunkte setzen. Darum sollten Sie Ihre ganz persönlichen leistungsbegrenzenden Faktoren zu Beginn jeder Saison gründlich analysieren und das Ergebnis dieser Analyse regelmäßig überprüfen und gegebenenfalls revidieren. Da sich diese Faktoren innerhalb einer Saison ändern können, ist es ratsam, von Zeit zu Zeit den aktuellen Status neu zu prüfen.

Jeder Triathlet sollte das ökonomische Laufen, Schwimmen und Radfahren als leistungsbegrenzenden Faktor ansehen. Was andere dieser Faktoren betrifft, gibt es einen Punkt, an dem weitere Steigerungen zu keinen besseren Ergebnissen mehr führen. Wer 160 Kilometer weit laufen

LEISTUNGSBEGRENZENDE FAKTOREN BEIM LAUFEN

Grundfertigkeiten

- Laufökonomie (Technik und Elastizität des Bindegewebes)
- Ausdauer
- Kraft

Spezifische Fertigkeiten

- Kraftausdauer (Quadrizeps, hintere Oberschenkelmuskulatur und/oder Waden)
- Schnellkraft (Nettogeschwindigkeit)
- Schnelligkeitsausdauer (aerobe Kapazität und/oder Laktattoleranz)

Weitere wichtige Faktoren

- Mentale/psychische Stärke
- Verletzungsresistenz
- Körperliche Verfassung
- Verfügbare Zeit zum Trainieren
- Allgemeiner Gesundheitszustand
- Energienachschub (feste/flüssige Nahrung)
- Wärmeregulierung des Körpers

kann, wird in einem Triathlon nicht besser abschneiden als jemand, der 80 Kilometer weit laufen kann. Doch wann hat man ein Niveau erreicht, von dem an eine noch größere Effizienz nicht mehr erstrebenswert wäre?

DAS TRAINING DER GRUNDFERTIGKEITEN

Anhand des ‚Dreiecks der Grundfertigkeiten' (siehe Abbildung 3.1) von Joe Friel lässt sich auf einfache aber effektive Weise die Periodisierung des Trainings darstellen. An den Ecken des Dreiecks stehen Ausdauer, Kraft und Schnelligkeit. Diese fundamentalen Faktoren sollten zu Beginn eines jeden Jahres den Schwerpunkt im Grundlagentraining bilden.

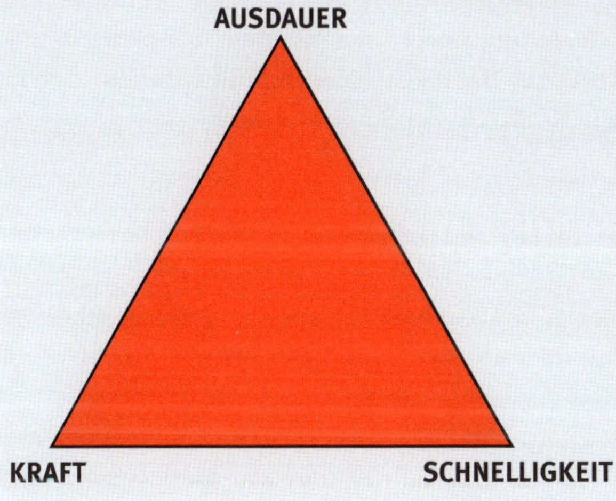

Abbildung 3.1: *Dreieck der Grundfertigkeiten nach Joe Friel*

Ausdauer: Ein Triathlet, der sich auf einen Wettkampf vorbereitet, muss als erstes die Voraussetzungen schaffen, um die anvisierte Distanz überhaupt durchzuhalten. Das Ausdauertraining stärkt dabei die langsam zuckenden Muskelfasern, die einen Athleten schneller machen – und zwar unabhängig von der Intensitätsstufe. Der Körper reagiert auf dieses Training außerdem mit zahlreichen Veränderungen: Das Bindegewebe wird allgemein gestärkt, die Größe und Zahl der Blutgefäße in den Muskeln steigen, und die Anzahl der Lungenbläschen sowie die Größe des Herzmuskels nehmen zu.

Kraft: Schnelles Laufen heißt, mit jedem Schritt dem Untergrund eine deutliche Kraft entgegenzusetzen. Kraft spielt also eine wichtige Rolle für schnelle Wettkämpfe. Stärkere – sprich: kräftigere – Athleten laufen schneller und effizienter als körperlich schwächere Athleten. Kraft wird am besten sehr früh in der Trainingssaison aufgebaut, denn der Körper reagiert darauf mit relativ stabilen Adaptationen, die auch nach Beendigung des Krafttrainings erhalten bleiben. Kraft entwickelt man am besten durch Gewichtstraining im Kraftraum, gefolgt von sportartspezifischem Krafttraining in den drei Triathlondisziplinen, um den Kraftzuwachs auch in stärkere Wettkampfzeiten umzusetzen.

Schnelligkeit: Schnelligkeit bezieht sich in unserem Fall auf ökonomische bzw. effiziente Bewegungsabläufe in den jeweiligen Disziplinen. Wie in Kapitel 1 geschildert, ist es für ausdauerndes und schnelles Laufen wichtiger, die Effizienz zu verbessern, als schlicht mehr und härter zu trainieren. Der beste Zeitraum, um sich auf die Schnelligkeit zu konzentrieren, ist in der Anfangsphase des Grundlagentrainings. Drei wesentliche Elemente zur Effizienzsteigerung sind einige Minuten Techniktraining vor jedem Lauf, Konzentration auf die eigene Lauftechnik während des Trainings und die sorgfältige Kontrolle der Schrittfrequenz.

DAS TRAINING SPEZIFISCHER FERTIGKEITEN

An jeder Seite des Dreiecks in Abbildung 3.2 steht eine spezifischere Fertigkeit, die nach der Optimierung der Grundfertigkeiten trainiert werden muss.

Kraftausdauer: Diese Kombination aus Kraft und Ausdauer ist für Duathleten und Triathleten aller Leistungsstufen der häufigste leistungsbegrenzende Faktor. Deshalb sollte die Kraftausdauer eine wesentliche Komponente des Trainings sein. Ziel dabei ist, die Laktatschwelle anzuheben sowie die Laktattoleranz und die Glykogenspeicherung im Körper zu verbessern.

Das Kraftausdauertraining beginnt während der Grundlagenperiode mit kurzen Intervallen im Herzfrequenzbereich 3 und wird allmählich auf Belastungen im HF-Bereich 4 gesteigert. In der Aufbau- und Vorwettkampfperiode werden die Intervalle länger, und die Belastung steigt bis in die HF-Bereiche 4 und 5a. Die Kraftausdauer bleibt während der folgenden Wettkampfperiode erhalten.

Schnelligkeitsausdauer (anaerobe Ausdauer bzw. aerobe Kapazität): Hierbei handelt es sich um eine Kombination aus Schnelligkeit und Ausdauer, also die Fähigkeit, immer wieder für kurze Zeit ein hohes Lauftempo zu erreichen, ohne zu ermüden. Diese Fähigkeit ist für Kurzdistanz-Wettkämpfe äußerst wichtig, sie spielt beim Training für mittellange und lange Strecken jedoch eine geringere Rolle.

In diese Kategorie fällt das Training zur Steigerung der aeroben Kapazität. Hohe und anhaltende Belastungen von bis zu sechs Minuten im Wechsel mit Erholungsphasen sind die vorrangigen Trainingsreize, um die Schnelligkeitsausdauer und die maximale Sauerstoffaufnahmefähigkeit zu verbessern. Diese Trainingsform sollte – wenn sie für die Wettkampfdistanz erforderlich ist – in der Aufbau- und Vorwettkampfperiode im Vordergrund stehen.

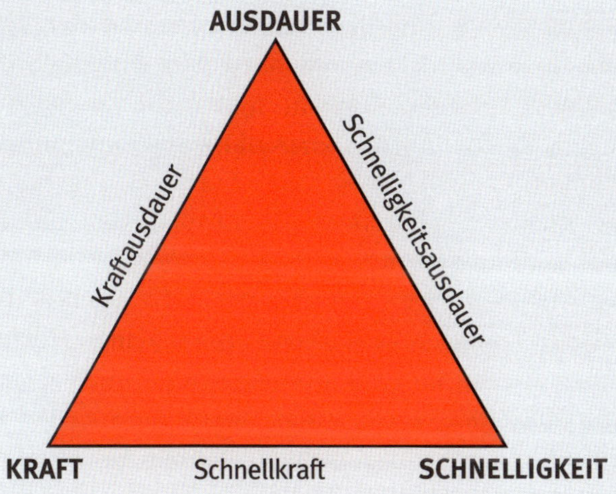

Abbildung 3.2: *Dreieck der spezifischen Fertigkeiten*

Schnellkraft: Dies ist eine Kombination aus Kraft und Schnelligkeit. Athleten mit einer hohen Schnellkraft sind in der Lage, viele Muskelfasern während einer Kontraktion (Rekrutierung) gut koordiniert (Frequenzierung) zu aktivieren. Schnellkrafttraining besteht aus kurzen, hoch intensiven Belastungen, gefolgt von langen Regenerationsphasen. Sprintfertigkeiten sind für Triathlonläufer eigentlich nicht relevant, aber diese Trainingsform eignet sich dazu, das Timing der Muskelarbeit zu optimieren, das heißt, die Muskeln nach Bedarf explosionsartig zusammenzuziehen und wieder zu entspannen, was für eine verbesserte Laufökonomie wichtig ist. Dieses Training erhöht zudem die Elastizität der Muskeln und des Bindegewebes.

Überlegen Sie, wie gut jede dieser sechs Fertigkeiten in den drei Triathlondisziplinen bei Ihnen entwickelt ist und welche für Ihre wichtigsten Wettkämpfe besonders relevant sind. Die Fertigkeiten, die für Ihre wichtigsten Wettkämpfe erforderlich sind und in denen Sie sich selbst als relativ schwach einschätzen, sind Ihre leistungsbegrenzenden Faktoren. Setzen Sie im Training den Schwerpunkt auf die Verbesserung dieser Faktoren; das ist das A und O einer effektiven Wettkampfvorbereitung. Für längere Wettkampfdistanzen liegt der Trainingsschwerpunkt vorwiegend auf der Entwicklung der Grundfertigkeiten Kraft, Ausdauer und Schnelligkeit, während für kürzere Wettkämpfe die Ausbildung der spezifischeren Fertigkeiten wichtiger ist.

PERIODISIERUNG

Wer seine leistungsbegrenzenden Faktoren kennt, kann mit der Trainingsplanung beginnen, die jeweils einen anderen Faktor innerhalb der Saison berücksichtigt. Dabei wird das Training systematisch aufgebaut: Jeden Monat wird ein anderer Trainingsschwerpunkt gesetzt und auf der Basis des Vormonatstrainings erstellt. Nur so werden optimale Ergebnisse erzielt. ‚Periodisierung' bedeutet, physiologische Adaptationen an das Training zu bestimmten Zeitpunkten gezielt zu maximieren, damit sich die jeweiligen Trainingseffekte am Wettkampftag optimal einstellen und überlagern. Je besser dieses Timing gelingt, desto erstaunlichere Höchstleistungen kann ein Athlet am Tag seines wichtigsten Wettkampfs zeigen. Nur selten ist es reines Glück oder purer Zufall, wenn ein Sportler am Wettkampftag zum Höhenflug ansetzt und nicht zu stoppen ist.

Manche körperlichen Anpassungsprozesse dauern länger als andere. Glücklicherweise halten diese Adaptationen, die man sich nur in einem langen Prozess aneignet, auch länger an. So können wir uns zu Beginn des Jahres auf bestimmte Trainingsformen konzentrieren und diese später im Jahr reduzieren – die Leistungsverbesserung, die zuvor erzielt wurde, bleibt dennoch bis zum Wettkampftag erhalten. Abbildung 3.3 verdeutlicht, wie man kurz- und langfristige Adaptationen aufeinander abstimmt.

Wenn Athleten ihre Grundfertigkeiten ausreichend entwickelt haben, können sie das Training, das diese langfristigeren Anpassungen stimuliert, zurückfahren und andere Schwerpunkte setzen. Je näher ein wichtiger Wettkampf bevorsteht, desto wichtiger werden Trainingsreize, die zu einer schnelleren Anpassung führen (und auch schnell wieder vergehen). Am Wettkampftag profitiert man im Idealfall von vielen unterschiedlichen Trainingseffekten gleichzeitig.

Die meisten Athleten, die eine Saison zum ersten Mal gut geplant hatten, schwärmen davon, wie ‚in letzter Minute alles zusammenpasste'. Das liegt daran, dass sie zuerst an der Ausbildung von Fertigkeiten gearbeitet hatten, deren Effekte sich einige Wochen später einstellten, dann zur richtigen Zeit zum Training von mittelfristig erzielbaren Fertigkeiten übergingen und sich in den letzten Wochen vor dem ‚großen Tag' auf die Entwicklung der schnell trainierbaren Eigenschaften konzentrierten. Am Tag des wichtigsten Wettkampfs eine Bestleistung zu erbringen, ist also keine Glückssache.

Für viele Athleten bedeutet Periodisierung nichts weiter, als mit einem Training mit geringer Intensität zu beginnen und die Trainingsintensität stetig zu steigern. Dieses Muster ist in der Tat häufig im Training für kurze Wettkämpfe anzutreffen, bei denen es auf Schnelligkeit ankommt. Bei der Periodisierung geht es hingegen darum, in den ersten Monaten der Saison die allgemeinen körperlichen Voraussetzungen zu entwickeln und sich dann immer weitere wettkampfspezifische Fertigkeiten anzueignen, je näher der Wettkampftermin rückt.

Abbildung 3.3: *Wirkungsweise des Grundlagen-, Aufbau- und Wettkampftrainings*

ÜBERGANGSPERIODE

Am Ende einer langen und extrem anstrengenden Saison brauchen Körper und Geist eine Ruhepause. Doch nur wenigen Triathleten ist dies auch bewusst; sie nehmen sich keine angemessene Auszeit. Das geschieht aus unterschiedlichen Gründen: Die ausklingende Saison war ein persönliches Rekordjahr, und man möchte nicht, dass die Aufregung, die Herausforderungen und der Spaß enden. Oder die Saison ist grauenhaft gelaufen, und man will unbedingt in ein paar zusätzlichen Trainingswochen das Versäumte nachholen oder sich zumindest so früh wie möglich auf die nächste Saison vorbereiten. Doch egal, wie sich ein Athlet am Ende einer Saison fühlt – die Übergangsperiode ist ein wesentlicher Bestandteil des Trainings und hat die folgenden Zielsetzungen (siehe nachstehender Kasten).

Es ist absolut wichtig, sich komplett vom regelmäßigen und strukturierten Schwimm-, Rad- und Lauftraining zurückzuziehen. In der Übergangsperiode sollten Sie sich bewusst andere Aktivitäten suchen, die den mentalen Stress abbauen und den Körper vollkommen regenerieren lassen, was während der Saison nie möglich gewesen ist. Gönnen Sie sich zwei bis sechs Wochen, in denen Sie komplett auf jede Art ernsthaften Trainings verzichten. Sie werden sehen, im nächsten Jahr trainieren Sie umso besser!

Nur wenige ambitionierte Triathleten können während der Übergangsperiode wirklich abschalten und sich vom Training fernhalten, wie es ratsam wäre. Wer seine aktuelle Form verliert, braucht sich dennoch nicht vor Einbußen im nächsten Jahr fürchten. Im Gegenteil: Um unsere mentalen und körperlichen Akkus 100 Prozent aufzuladen, müssen wir sogar im Vergleich zum Wettkampftag gehörig an Fitness verlieren. Ein allgemeines Fitnesstraining kann und sollte zwar auch weiterhin betrieben werden, aber die Umfänge und Intensitäten müssen *weit* geringer sein als während der Saison. Als Alternativtraining bieten sich beispielsweise Skilanglauf, Nordic Walking, Inline-Skating oder Tennis gut an sowie zahlreiche andere Ausdauersportarten.

Nach der Hälfte der Übergangsperiode sollten Sie es schon nicht mehr erwarten können, bis das harte Training wieder beginnt und regelrecht ‚mit den Hufen scharren‘. Jetzt noch etwas Geduld zu haben, zahlt sich aus! Halten Sie sich an den Saisonplan. Sie sind dabei, physische und mentale Kräfte zu sammeln, die Sie später im harten Training brauchen.

ZIELSETZUNGEN IN DER ÜBERGANGSPERIODE

- Sich entspannen und eine Auszeit vom Sport nehmen.
- Körper und Geist hundertprozentig regenerieren und erfrischen.
- Wieder voll Tatendrang ‚mit den Hufen scharren'.

VORBEREITUNGSPERIODE

Die Vorbereitungsperiode bereitet den Körper mit relativ leichtem Training auf die größeren Belastungen in der Grundlagenperiode vor. Während dieser Zeit soll der Körper fit für längere Einheiten und *nicht* etwa schneller werden.

Der Schwerpunkt liegt vielmehr auf kontinuierlichem Training über mäßig lange Strecken bei Intensitäten im Ausdauerbereich. Die Vorbereitungsperiode ist eine hervorragende Zeit für ein umfangreiches Alternativtraining, denn hier geht es darum, die allgemeine Ausdauerfähigkeit von Muskeln, Herz und Lunge zu entwickeln. Das Training muss also nicht auf die Wettkampfdisziplinen beschränkt sein.

Während der Vorbereitungsperiode empfiehlt sich auch ein leichtes Krafttraining, aber weniger mit dem Ziel richtiggehend Kraft aufzubauen, als vielmehr die Muskeln und das Bindegewebe auf das schwere Training in den nachfolgenden Perioden vorzubereiten.

Die Zielsetzungen für diese Trainingsperiode sind im nachstehenden Kasten zusammengefasst.

ZIELSETZUNGEN IN DER VORBEREITUNGSPERIODE

- Den Körper wieder an das Training heranführen.
- Eine allgemeine Fitness aufbauen, die noch nicht wettkampfspezifisch ist.
- Körper und Geist auf spätere Trainingsanforderungen vorbereiten.

GRUNDLAGENPERIODE

Das Grundlagentraining ist die wohl wichtigste Trainingsperiode für jeden Athleten. So lange die Wettkämpfe noch in weiter Ferne sind, ist die ideale Zeit, um sich auf Adaptationen zu konzentrieren, die sich nur langsam einstellen, dafür aber lange anhalten. Die Veränderungen, die wir in dieser Phase anregen, bleiben auch später erhalten, wenn das Grundlagentraining nicht mehr im Vordergrund steht. Der Trainingsschwerpunkt in dieser Periode liegt auf den Grundfertigkeiten Ausdauer, Kraft und Schnelligkeit (siehe auch die weiteren Zielsetzungen im Kasten weiter unten).

Ich sage meinen Athleten oft: „Was ihr im Januar macht, um im Mai und Juni möglichst schnell zu sein, sieht ganz anders aus als das, was ihr im Januar macht, um im Februar möglichst schnell zu sein." Damit stoße ich oft auf taube Ohren, vor allem bei den Athleten, die ‚genau wissen, was gut für sie ist'. Diese Sportler haben allerdings nur gelernt, was sie für einen schnellen Erfolg machen müssen. Dabei denken sie meist kurzfristig und erkennen nicht, dass die Planung von langfristigen Ergebnissen ganz anders auszusehen hat.

In dieser frühen Phase der Saison wird vor allem an der Technik gearbeitet. Außerdem stehen Grundlagen- und Krafttraining im Vordergrund. Der Umfang des Trainings kann recht hoch sein und im Laufe dieser Periode sogar weiter steigen, weil die Intensität recht gering ist.

ZIELSETZUNGEN IN DER GRUNDLAGENPERIODE

- Steigerung der Ausdauerfähigkeit über lange Strecken im lockeren Tempo.
- Kraftzuwachs durch Krafttraining.
- Muskeln, Knochen und Bindegewebe optimal kräftigen.
- Lauf-, Schwimm-, oder Radfahrtechnik optimieren.
- Steigerung der Grundschnelligkeit durch verbesserte Technik und erhöhte Laufökonomie.
- Optimales Wettkampfgewicht erreichen.
- Den Körper auf das spätere, hochintensive Training vorbereiten.
- Die Glykogenspeicherung in den Muskeln maximieren.

Das Grundlagentraining erstreckt sich in der Regel über zwölf Wochen und ist somit die längste aller Trainingsperioden. Viele Triathleten begehen den Fehler, zu früh im Jahr schon intensiv zu trainieren. Dabei lässt sich mit einer guten Grundlagenausdauer erstaunlich schnell das Tempo verbessern. Üben Sie sich also in Geduld!

Wir unterteilen die Grundlagenperiode in drei vierwöchige Abschnitte, in denen Umfang und Intensität jeweils drei Wochen lang gesteigert und in der vierten Woche wieder deutlich reduziert werden.

Grundlagenperiode 1: In den ersten vier Wochen liegt der Schwerpunkt auf Ausdauer, Kraft und Schnelligkeit. Krafttraining, langes und lockeres Laufen, Schwimmen oder Radfahren sowie Technikübungen sind die Hauptbestandteile des Trainings. Die Umfänge sind moderat.

Grundlagenperiode 2: In den nächsten vier Wochen wird weiter an den Schwerpunkten gearbeitet, die in der Grundlagenperiode 1 gesetzt wurden; gleichzeitig werden sowohl die Intensität des Krafttrainings als auch der Umfang des Ausdauertrainings erhöht. Außerdem wird das Programm um eine leichte Kraftausdauereinheit pro Woche ergänzt. Diese Einheit ist meist ein Tempotraining im Herzfrequenzbereich 3 und soll den Körper auf das härtere Training im nächsten Abschnitt vorbereiten. Es dient *nicht* dazu, den Athleten schneller zu machen.

Grundlagenperiode 3: In den letzten vier Wochen wird der Umfang des Trainings stetig bis zur höchsten Stufe erhöht. Die Ausdauereinheiten fallen in dieser Phase ziemlich lang aus, und die Intensität des Krafttrainings steigt weiter an. Das Kraftausdauertraining steigert sich zu einem Intervalltraining aus vier- bis sechsminütigen Belastungen im Herzfrequenzbereich 4 gefolgt von ein- bis zweiminütigen Regenerationsphasen.

AUFBAUPERIODE

In der Aufbauperiode wird das Training wettkampforientierter, sowohl in Bezug auf die spezifischen Anforderungen der wichtigen Wettkämpfe, als auch hinsichtlich der spezifischen Stärken und Schwächen des Athleten. In dieser Zeit zahlt sich ein diszipliniertes Grundlagentraining allmählich aus. In der Aufbauperiode steigt die Intensität bei anhaltend hohen Trainingsumfängen. Für Triathleten, die sich auf die Sprint- oder olympische Distanz vorbereiten, wird sich der Trainingsumfang im Vergleich zur Grundlagenperiode zwar leicht reduzieren, aber immer noch relativ hoch bleiben. Für Langstrecken-Triathleten erreicht er indes in der Aufbauperiode seinen Höhepunkt.

ZIELSETZUNGEN IN DER AUFBAUPERIODE

- Trotz gleichbleibend hoher Umfänge die Intensität erhöhen.
- Kraftausdauer, Schnelligkeitsausdauer und Schnellkraft verbessern.
- Wettkampfspezifische leistungsbegrenzende Faktoren im Training stärker betonen.
- Mentale Fertigkeiten ausbauen und Ernährungsplan für den Wettkampf präzisieren.

Die Aufbauperiode ist der geeignete Zeitraum, um uns besonders ernsthaft und detailliert mit unseren größten leistungsbegrenzenden Faktoren zu beschäftigen, also den Eigenschaften, die uns am wahrscheinlichsten davon abhalten, unsere Zielsetzungen für die wichtigsten Wettkämpfe zu erreichen. An diesen Faktoren gilt es jetzt mit aller Härte zu arbeiten.

In der Aufbauperiode sind sowohl die Trainingsumfänge als auch die Intensitäten sehr hoch. Das Risiko für Übertraining oder Verletzungen ist deshalb größer als zu jeder anderen Zeit des Jahres. Um ernsteren Blessuren vorzubeugen, müssen Sie Ihren Körper genau beobachten und allzu anstrengendes Training reduzieren. Oder legen Sie, falls nötig, zusätzliche Erholungstage ein. Schließlich ist es die Qualität einzelner ‚Schlüsseltrainingseinheiten', die uns schneller macht, und nicht die Aneinanderreihung von Belastungen. Sorgen Sie jetzt gut für Ihren Körper. Achten Sie auf Schlaf, Ernährung und Dehnung. Weiterführende Informationen dazu finden sich in den Kapiteln 7, 12 und 13 dieses Buches.

Die Integration von Wettkämpfen mit geringer Priorität

In der Aufbauperiode sollte eine Reihe von Wettkämpfen mit geringerer ‚C'-Priorität eingeplant und von vornherein in den Trainingsplan aufgenommen werden. C-Wettkämpfe liefern oft wertvolle Wettkampferfahrungen. Sie sind zudem ein ausgezeichnetes Training und ein guter Gradmesser für die Effektivität des bisherigen Trainingsprogramms. Üblicherweise werden in dieser Periode keine Bestleistungen erzielt, weil man noch nicht vollkommen fit ist und allenfalls verkürzt getapert hat.

Diese Wettkämpfe sind aber entscheidende Trainingsbausteine. Sorgen Sie im Vorfeld für ausreichend Erholung, um anschließend wieder effektiv trainieren und regenerieren zu können. Reduzieren Sie das Training aber nicht so stark, wie es beim richtigen Tapering der Fall wäre, da dies Ihre Vorbereitungen auf Wettkämpfe mit höherer Priorität beeinträchtigen würde.

Bestimmen Sie den Umfang und die Intensität des Wettkampfs, und betrachten Sie diesen als Trainingszeit. Häufig deckt ein einziger Wettkampf – besonders, was das Kraftausdauertraining betrifft – die gesamte intensive Trainingsarbeit für zwei Wochen ab. In der Woche vor dem Wettkampf sollten genug tempobetonte Trainingseinheiten stattfinden, um die Belastung hoch zu halten. In der Woche danach ist indes eine vollständige Regeneration unbedingt notwendig.

Für eine bessere Planung wird die Aufbauperiode in zwei Abschnitte unterteilt:

Aufbauperiode 1: In der ersten Aufbauphase bleibt der Umfang des Trainings auf einem verhältnismäßig hohen Niveau, ist jedoch im Vergleich zur Grundlagenperiode leicht reduziert. Dabei nimmt das Kraftausdauertraining in diesem Trainingsabschnitt zu, besonders in Form von langen und gleichmäßigen Trainingsblöcken im Laktatschwellenbereich. Athleten, die an Wettkämpfen über die Sprint-, olympische oder Mitteldistanz teilnehmen, können mit dem Training der Schnelligkeitsausdauer (also der aeroben Kapazität) bereits in dieser Periode beginnen. Das können hochintensive Laufeinheiten auf der Bahn sein, spezifische Tempoarbeit am Berg oder Intervalltraining auf der Straße oder im Gelände. Mit diesen Trainingseinheiten sollte man es nicht übertreiben, um das Risiko für Verletzungen und Übertraining gering zu halten. Langdistanztriathleten steigern weiter den Umfang ihres Trainings, wobei Grundlagenausdauer und Kraftausdauer nach wie vor im Vordergrund stehen.

Aufbauperiode 2: In der zweiten Aufbauphase geht der Trainingsumfang leicht zurück, und die Intensität nimmt weiter zu. Krafttraining sollte in diesem Abschnitt nur noch niveauerhaltend betrieben werden, so dass die verfügbare Zeit und Energie gezielt für die Arbeit an den leistungsbegrenzenden Faktoren eingesetzt werden können.

VORWETTKAMPFPERIODE

In der Vorwettkampfperiode geben Athleten ihrer Wettkampfvorbereitung den letzten Schliff. Die besonders kurzlebigen physiologischen Adaptationen werden zu diesem Zeitpunkt des Trainings in den Vordergrund gestellt. Generell sollte die Qualität mehr betont werden als die Quantität. Der nachfolgende Kasten fasst die Zielsetzungen in der Vorwettkampfperiode zusammen.

Der Umfang des Trainings nimmt in dieser Periode merklich ab, und die Intensität ist moderat bis niedrig. Ziel ist es, die Effizienz und Ausdauer im Wettkampftempo zu erhöhen; deshalb gehören wöchentlich ein bis zwei Trainingseinheiten im Wettkampftempo zu den wichtigsten Elementen. Dazwischen sollten 48 bis 72 Stunden Regenerationszeit liegen.

Ein moderates Kraftausdauertraining im Schwimmen sowie in der persönlich schwächsten Disziplin (Rad oder Lauf) sowie ein Koppeltraining im Wettkampftempo gehören ebenfalls wöchentlich auf den Plan. Ansonsten ist in dieser Trainingsperiode reichlich Erholung angesagt. In der Vorwettkampfperiode sollten Sie sich auf eine oder zwei Trainingseinheiten pro Woche konzentrieren und diese unbedingt gut ausgeruht angehen. Nutzen Sie jede Gelegenheit dazu, konzentriert und effizient zu trainieren: Zusätzliche Ruhetage und sehr lockere Trainingseinheiten sind unverzichtbar. Jedem so genannten Schlüsseltraining folgt eine Art Mini-Tapering. Vermeiden Sie jegliches Übertraining!

ZIELSETZUNGEN FÜR DIE VORWETTKAMPFPERIODE

- Ökonomie steigern und Muskeln locker halten.
- Den Schwerpunkt auf kurze Trainingseinheiten im Wettkampftempo legen.
- Die Planung der Ernährung, Tempostrategie sowie aller logistischen Einzelheiten abrunden.
- Feinabstimmung der mentalen Fertigkeiten.

WETTKAMPFPERIODE

Die Zeit, auf die Sie sehnsüchtig gewartet haben, rückt immer näher. All die mit Fleiß getroffenen Vorbereitungen werden sich bald auszahlen. In jeder Woche vor dem Wettkampf sollten jetzt in einer Trainingseinheit Wettkampfsituationen simuliert werden, zum Beispiel schnelle Wechsel zwischen den einzelnen Disziplinen sowie Belastungen im Wettkampftempo – aber keinesfalls die Dauer eines Wettkampfs!

Jeder Triathlet sollte in dieser Periode auch einige Trainingseinheiten zur Verbesserung der Bewegungsökonomie absolvieren, um möglichst ökonomisch – also energiesparend – hohe Geschwindigkeiten halten zu können. Zwar bleiben Trainingsumfang und -intensität generell auf niedrigem Niveau, aber ein paar kurze, intensive Trainingseinheiten gehören dazu, um die Bewegungsabläufe schnell und effizient zu halten. Mehr zum Thema Tapering finden Sie in Kapitel 15.

Wenn sich bei einer klugen Saisonplanung am Tag des wichtigsten Wettkampfs tatsächlich all die verschiedenen Trainingseffekte einstellen, dann können Sie zeigen, was in Ihnen steckt. Weitere Details zum Thema Periodisierung liefert das Buch von Joe Friel, *Die Trainingsbibel für Triathleten*, Covadonga Verlag, 2007.

Kapitel 4

Die Wahl der richtigen Trainingsintensität

Der bestimmende Faktor beim Ausdauertraining ist die Intensität. In einem strukturierten Trainingsprogramm sollte jede Trainingseinheit daher einem bestimmten Zweck dienen. Damit der Körper auf ideale Weise reagiert, muss der Trainingsreiz auf die gewünschte Anpassung abgestimmt sein und eine schnelle Erholung für die nächste wichtige Trainingseinheit ermöglichen. Die Intensität bestimmt dabei mehr als jede andere Variable die körperlichen Anpassungsprozesse.

Doch das bedeutet *auf gar keinen Fall,* dass ein härteres Training unbedingt besser ist. Ein optimaler Trainingsplan für Athleten auf jeder Leistungsstufe sieht vielmehr vor, dass mit dem geringsten Trainingsumfang und niedrigster Intensität die gewünschte Adaptation erreicht wird, und nicht durch die höchstmögliche Trainingsbelastung! Das ist ein ganz wesentlicher Paradigmenwechsel für viele Ausdauersportler, die immer gehört haben: „Ohne Fleiß kein Preis." Wenn Intervallläufe in einem Tempo von 3:12 Minuten pro Kilometer die Grundlagenausdauer besonders effektiv erhöhen, dann sollten sie auch in genau diesem Tempo gelaufen werden, selbst wenn der Athlet sie in 3:04 Minuten schaffen kann. ‚Tough' zu sein und immer härter zu trainieren, ist kontraproduktiv. Es scheint, als würden die ‚harten Typen' nie schneller, sondern einfach nur härter – während die schnellen Typen immer die Rennen gewinnen.

Wer effizient trainiert, versucht in jeder Trainingseinheit eine ausgeglichene ‚Kosten-Nutzen'-Bilanz zu erzielen. Jedes Training ‚kostet' den Körper etwas, nämlich eine gewisse Regenerationszeit. Auf der anderen Seite macht jedes Training den Körper fitter für den Wettkampf. Effiziente Trainingseinheiten bieten Vorteile, die den Regenerationsbedarf wert sind, mit dem sie ‚finanziert' werden. Jeder Athlet verfügt zu jeder Zeit über bestimmte Energiereserven. Wer intelligent trainiert, entwickelt zwar Gewohnheiten zur Maximierung dieser Reserven, aber dennoch sind diese Ressourcen begrenzt, und man muss mit ihnen haushalten.

Wer in jeder Trainingseinheit innerhalb des optimalen Intensitätsbereichs bleibt, geht mit den körpereigenen Energiereserven und Regenerationsquellen (wie den im nachstehenden Kasten aufgeführten) richtig um und minimiert das Risiko von Übertraining oder einer Verletzung. Diese begrenzten Reserven werden am besten genutzt, wenn in jeder Trainingseinheit die richtige Intensität gewählt wird. So profitiert man nicht nur optimal von jeder einzelnen Trainingseinheit, sondern ist auch schneller bereit für das nächste wichtige Training.

Nochmals zur Erinnerung: Die Qualität jeder einzelnen Trainingseinheit, und nicht nur die Summe der Trainingsbelastungen, machen uns stär-

DIE WICHTIGSTEN ENERGIE- UND REGENERATIONSQUELLEN

Glykogenvorräte: Kohlenhydrate werden in Form von Glykogen in unseren Muskeln und in der Leber gespeichert. Glykogen dient als Hauptenergiequelle für Ausdauerleistungen. Hartes oder sehr ausdauerndes Training verbraucht riesige Mengen an Glykogen und erfordert volle ‚Tanks', bevor es wieder losgeht. Wer in jeder Einheit mit der dafür optimalen Intensität trainiert, nutzt diese begrenzten Reserven am besten.

Muskeln: Jedes Lauftraining führt zu einer gewissen Schädigung der Muskeln. Die Anhäufung von Milchsäure zerstört außerdem deren chemische Zusammensetzung, und jede Ausdauerbelastung führt zu winzigen Rissen in den Muskelfasern, so genannten Mikroverletzungen.

Bindegewebe: Jedes Training, aber vor allem ein Lauftraining, belastet und schädigt das Bindegewebe. Dieses Bindegewebe muss nach jeder Trainingseinheit hinreichend heilen und sich wieder aufbauen. Verletzungen sind ein ständiges Risiko in jedem Training, wobei die Verletzungsanfälligkeit mit zunehmendem Trainingsumfang und höherer Intensität steigt.

ker und schneller. Viele Triathleten trainieren jedoch ständig im mittelharten Bereich. An schweren, anspruchsvollen Trainingstagen erreichen sie, selbst wenn sie sich hundertprozentig anstrengen, nie ein hundertprozentiges Tempo, weil sie entweder vom Training des Vortags oder aufgrund der vielen zurückliegenden Trainingswochen, von denen sie sich nicht ausreichend erholt haben, noch müde sind. Wer beispielsweise 800-Meter-Intervalle in durchschnittlich 2:42 Minuten pro Kilometer laufen soll, aber nicht schneller als 2:46 wird, weil er sich noch vom Vortag erholen muss, trainiert falsch. Die Beine reagieren nicht auf die hundertprozentige Anstrengung oder können die Anstrengung nicht umsetzen, sondern liefern lediglich das Tempo von 2:46. Die Anpassung des Körpers richtet sich nun aber nicht nach dem hundertprozentigen Einsatz, sondern nach der tatsächlichen Laufleistung, die mit 2:46 Minuten nicht optimal ist. Folglich ist auch der Nutzen dieses Trainings suboptimal, denn es führt nur dazu, dass man trotz größter Anstrengung langsam läuft.

DIE REKRUTIERUNG VON MUSKELFASERN

Jeder Muskel unseres Körpers setzt sich aus Tausenden von Muskelfasern zusammen. Von diesen gibt es drei bekannte Grundformen, und jeder Muskel unseres Körpers besteht aus einer anderen Kombination dieser Fasern. Welche Muskelfaserart bei einer Person überwiegt, ist individuell unterschiedlich und genetisch festgelegt.

1.) Die langsam zuckenden Muskelfasern (Typ I) sind unsere Ausdauer-Fasern. Sie können sehr langen Belastungen standhalten, aber sie sind weder groß, noch schnell, und ihre Kraftentfaltung ist gering. Langsam zuckende Muskelfasern können sowohl Fett als auch Kohlenhydrate zur Energiebereitstellung verbrennen. Dabei hängt es von der Intensität der Muskelarbeit ab, ob Fett oder Kohlenhydrate verstoffwechselt werden.

2.) Die schnell zuckenden Muskelfasern (Typ II B) sind unsere Sprint-Fasern. Sie sind groß, schnell, stark und für Sprintleistungen geeignet, aber sie ermüden nach kurzer Zeit. Schnell zuckende Muskelfasern können zur Energiebereitstellung kein Fett abbauen.

3.) Unsere Muskeln enthalten außerdem so genannte **intermediäre Fasern (Typ II A oder FTO-Fasern)**, die mehr Schnellkraft als die langsam zuckenden und eine größere Ausdauer als die schnell zuckenden Muskelfasern entfalten können. Diese Faserart ist zuständig für die Schnelligkeitsausdauer.

Bei jeder Muskelkontraktion ziehen sich die einzelnen Muskelfasern entweder mit voller Kraft zusammen, oder sie bleiben entspannt. Wenn ein Athlet eine Hantel mit einem Gewicht von einem halben Kilo in die Hand nimmt, kontrahieren sich nur wenige Muskelfasern. Diese wenigen Muskelfasern kontrahieren jedoch mit derselben Stärke, wie wenn der Athlet eine 30-Kilo-Hantel aufheben würde.

Wenige Minuten nach Beginn einer jeden Trainingseinheit (sowie nach jedem Wechsel der Intensität innerhalb einer Einheit) kommt es zunächst zu einer Kreislaufanpassung des Körpers, die einige Minuten dauert. Je nachdem, welche Anforderungen die sportliche Aktivität an die Kraft oder Schnelligkeit des Athleten stellt, werden anschließend die entsprechenden Muskelfasern rekrutiert. Dabei werden zuerst die Ausdauer-Muskelfasern zur Arbeit herangezogen. Bei geringer Intensität sind es nur wenige. Mit steigender Intensität werden auch die Muskelfasern für die Schnelligkeitsausdauer und zum Schluss die Muskelfasern für Sprintleistungen rekrutiert.

Wir sollten jeden Muskelfasertyp aus zwei Gründen jeweils separat trainieren:

1.) Alle Muskelfasern innerhalb einer Kategorie reagieren auf ähnliche Trainingsreize, das heißt, alle langsam zuckenden Muskelfasern verbessern sich durch lang andauerndes, lockeres Training, während alle intermediären Muskelfasern durch gleichmäßig schnelle Läufe leistungsfähiger werden und sämtliche schnell zuckenden Muskelfasern auf sehr schnelle, kurze Läufe ansprechen.

2.) Muskelfasern derselben Kategorie regenerieren sich auf ähnliche Weise; wenn sie also gleichzeitig trainiert werden, löst dies optimale Anpassungsprozesse aus und vermeidet Übertraining. Die langsam zuckenden Muskelfasern können enorme Trainingsumfänge tolerieren und erholen sich relativ rasch. Intermediäre Muskelfasern verkraften eher moderate Trainingsumfänge und benötigen mehrere Tage Zeit zur Regeneration. Die schnell zuckenden Muskelfasern wiederum ermüden sehr leicht, weshalb sie nur kurzen Belastungen ausgesetzt werden sollten und längere Erholungszeiten benötigen. Wer in jeder Trainingseinheit innerhalb der optimalen Intensität beziehungsweise im entsprechenden Herzfrequenzbereich trainiert, regt für jede Muskelfaserart die gewünschten Anpassungsprozesse an und erreicht eine vollständige Regeneration vor einer erneuten Beanspruchung.

HERZFREQUENZBEREICHE

Es gibt sieben Trainingsintensitäten beziehungsweise Herzfrequenzbereiche, die auf den folgenden Seiten vorgestellt werden. Jeder Herzfrequenzbereich ruft eine andere Adaptation hervor, die zu einer effektiveren Wettkampfleistung führt. Deshalb muss jede Trainingseinheit zweckmäßig gestaltet sein und auf dem angemessenen Intensitätsniveau durchgeführt werden.

HF-Bereich 1: Aktive Erholung

Manchmal dient ein leichtes Training eher der Erholung als ein Tag ohne jegliches Training. Entscheidend ist, dass die Intensität *äußerst* niedrig liegt, und zwar gerade hoch genug, um den Blutkreislauf anzuregen, so dass die Muskeln mit mehr Nährstoffen versorgt sowie Schadstoffe leichter abtransportiert werden und außerdem die Ausschüttung des Wachstumshormons in Gang gesetzt wird, das die Regeneration der Muskeln beschleunigt. Ein zusätzlicher Regenerationsbedarf darf durch die gewählte Intensität jedoch nicht entstehen. Ein Training auf dieser extrem niedrigen Intensitätsstufe wird meist gar nicht als Training empfunden.

Viele Athleten und Trainer sind der Meinung, dass ‚Laufen zur Erholung' ein Widerspruch in sich sei. Generell stimme ich dem zu; ob Laufen sich zur aktiven Erholung eignet, ist zum Großteil eine individuelle Sache. Manche Athleten regenerieren sich durch kurze und leichte Dauerläufe in kürzester Zeit für das nächste Training, während andere Sportler auch leichte Läufe auf Dauer als Überlastung empfinden und/oder dadurch anfälliger für Verletzungen werden. Wie sehr diese individuellen

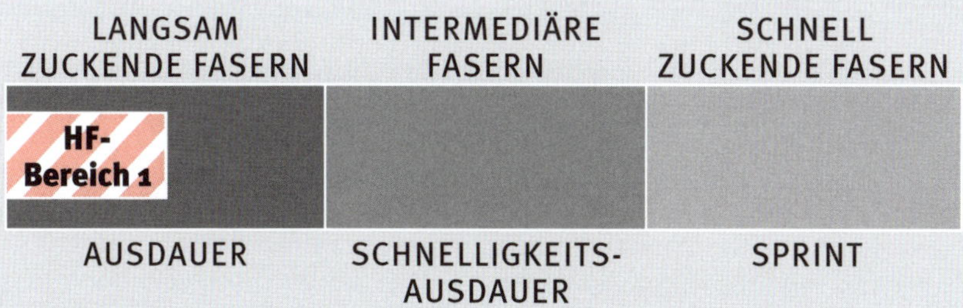

Abbildung 4.1: *Muskelfaserrekrutierung im HF-Bereich 1*

Unterschiede physiologisch bedingt sind, oder ob sie davon abhängen, dass zur aktiven Erholung die richtige Intensität gewählt wird, ist nicht eindeutig festzustellen. Sicherlich spielt beides eine Rolle. Wer unsicher ist, kann zur aktiven Erholung auch schwimmen oder Rad fahren.

HF-Bereich 2: Ausdauertraining

An der aeroben Schwelle sind fast alle Ausdauer-Muskelfasern aktiv, aber keine der anderen beiden Muskelfaserarten. Das Training der Grundlagenausdauer wird am besten an oder leicht unterhalb der aeroben Schwelle durchgeführt. Diese Trainingseinheiten bilden das Rückgrat jeder vernünftigen Laufvorbereitung und sollten einen höheren Anteil am Trainingsumfang der meisten Triathleten und Marathonläufer einnehmen. Diese trainieren viel zu oft im mittleren Tempo, während lockere Ausdauerläufe wesentlich sinnvoller wären.

Läufe im aeroben Ausdauertempo beziehungsweise im Herzfrequenzbereich 2 trainieren die langsam zuckenden Ausdauer-Fasern. Diese Muskelfasern sind auf langen Strecken enorm leistungsfähig, aber nur in mäßigem Tempo. Sie leisten in jedem Triathlon den Löwenanteil der Muskelarbeit: So stellen sie 65 bis 75 Prozent der Energie bereit, die ein Spitzenathlet in einem olympischen Triathlon benötigt und mehr als 90 Prozent der Energie für einen Mitteldistanz-Wettkampf. Weniger schnelle Athleten müssen sich sogar noch mehr auf ihre langsam zuckenden Muskelfasern verlassen.

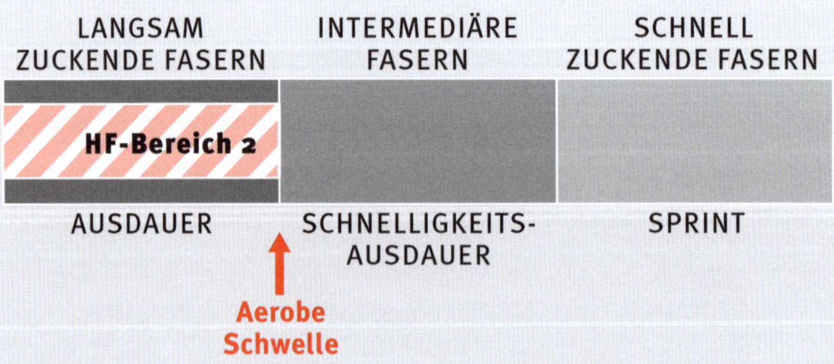

Abbildung 4.2: *Muskelfaserrekrutierung im HF-Bereich 2*

Diese Fasern vertragen einen enormen Trainingsumfang und profitieren bei angemessener Intensität sogar davon. Liegt die Intensität jedoch höher, werden weniger ausdauernde Muskelfasern rekrutiert. Diese Fasern ermüden somit bei den hohen Trainingsumfängen, die für langsam zuckende Muskelfasern geeignet sind. Wer also während des Ausdauertrainings nur ein wenig zu schnell läuft, verringert nicht nur die positiven Trainingseffekte, sondern erhöht auch noch seinen Regenerationsbedarf!

Beim aeroben Ausdauertraining wird die Energieversorgung in den Muskeln zu gleichen Teilen durch Fett und Kohlenhydrate gedeckt (individuelle, genetische und trainingsbedingte Unterschiede können dieses Verhältnis leicht verschieben). Fett hat eine so hohe Energiedichte (es enthält pro Gramm etwa 2,25 Mal so viel Energie wie Kohlenhydrate), dass auch der schlankste Athlet genug Fett gespeichert hat, um viele, viele Kilometer weit zu laufen.

Liegt die Intensität oberhalb des aeroben Ausdauertempos, verbrennen die Muskeln allmählich mehr Kohlenhydrate und weniger Fett. Dies geschieht aus zwei Gründen: Erstens muss der Körper auf einige der Muskelfasern für die Schnelligkeitsausdauer zugreifen, die Fett nicht effizient verbrennen können. Diese Fasern konkurrieren dann mit den Ausdauer-Fasern um den verfügbaren Sauerstoff, was dazu führt, dass den Ausdauer-Fasern der Sauerstoff ausgeht, den sie für den Fettstoffwechsel benötigen. Also beginnen auch sie, vermehrt Kohlenhydrate abzubauen. Die Glykogendepots in den Muskeln und in der Leber werden somit unnötig erschöpft. Viele Athleten laufen während des Ausdauertrainings nur ein bisschen zu schnell; aber damit leeren sie ihre Energiereserven vorzeitig und brauchen länger, um für das nächste Training fit zu sein. Zu schnelles Grundlagentraining macht also nicht schneller!

Das Lauftraining im HF-Bereich 2 umfasst lange Läufe und Koppeltrainings sowie Dauerläufe von moderatem Umfang. Auch das Warmlaufen für intensivere Laufeinheiten findet in diesem Herzfrequenzbereich statt.

HF-Bereich 3: Tempotraining

Im HF-Bereich 3 rekrutiert der Körper sämtliche Ausdauer-Fasern sowie einen Teil der Muskelfasern für die Schnelligkeitsausdauer. Auf dieser Intensitätsstufe ist die Muskulatur dazu übergegangen, für die Energiegewinnung deutlich weniger Fett und größtenteils Zucker (Kohlenhydrate) zu verbrennen. Bei dieser Intensität trainiert man nicht wirklich hart ge-

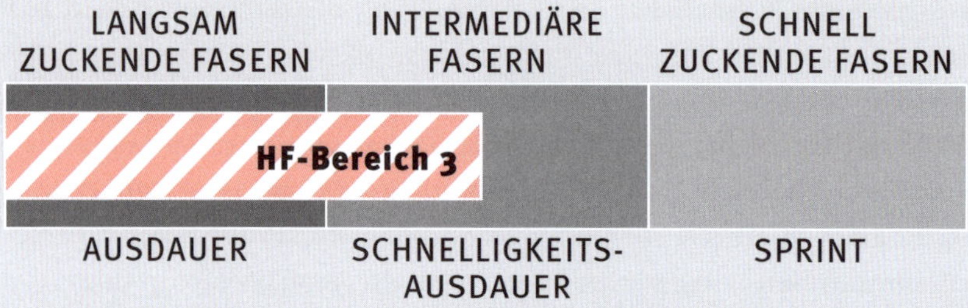

Abbildung 4.3: *Muskelfaserrekrutierung im HF-Bereich 3*

nug, um allgemein schneller zu werden, aber dennoch schnell genug, um die Energiereserven für das Training am nächsten Tag zu erschöpfen, das einen schneller machen *soll.* Ein Training in diesem Herzfrequenzbereich kann sehr wirksam sein, wenn die Speicherung von Kohlenhydraten in den Muskeln maximiert und der Körper auf ein intensiveres Training vorbereitet werden soll. Ein Training im HF-Bereich 3 sollte auf die Anfangsphase der Grundlagenperiode beschränkt bleiben, wenn noch nicht mit höheren Intensitäten trainiert wird, beziehungsweise in der Aufbau- und Vorwettkampfperiode eingesetzt werden, wenn man sich auf Langdistanz-Wettkämpfe vorbereitet, die man in dieser Intensität absolvieren will (Training im Wettkampftempo). Das Training im HF-Bereich 3 hat durchaus seine Berechtigung, allerdings trainieren die meisten Sportler viel zu viel in diesem Bereich.

HF-Bereich 4: Laktatschwellentraining

Bei jeder sportlichen Betätigung, sogar beim Gehen, bildet der Körper Milchsäure, die wiederum schnell zu Laktat (dem Salz der Milchsäure) umgewandelt wird. Glücklicherweise ist der menschliche Körper in der Lage, Laktat kontinuierlich wiederzuverwerten, indem er es abbaut und daraus Energie gewinnt. Je höher die Intensität, desto mehr Laktat wird gebildet. Die Laktatschwelle (abgekürzt: LS) ist das höchste Intensitätsniveau, auf dem Laktat so schnell wiederverwertet wird, wie es entsteht, so dass es zu keiner Laktatakkumulation beziehungsweise Übersäuerung der Muskeln kommt. Bei einer Intensität an der Laktatschwelle sind die Laktatwerte in der Muskulatur und im Blut zwar etwas erhöht, steigen aber bei gleichbleibender Belastung nicht weiter an. Nimmt jetzt das

Tempo allerdings nur geringfügig zu, wird mehr Laktat gebildet, als verwertet werden kann. Das führt zu leichten Schmerzen, beschädigt die Muskelzellen und verzögert die Erholung für das Training am nächsten Tag.

Neben dem Begriff der Laktatschwelle liest und hört man häufig auch von der ‚anaeroben Schwelle' sowie der ‚ventilatorischen Schwelle'. Alle diese Begriffe beziehen sich auf unterschiedliche Methoden, um dieselbe Belastungsintensität zu messen und werden deshalb oft synonym verwendet. Ein Training an der Laktatschwelle, das richtig dosiert zur richtigen Zeit innerhalb der Saison durchgeführt wird, ist für nahezu jeden Triathleten wichtig. In der Regel bietet das Laktatschwellentraining unter sämtlichen Trainingsformen das beste Kosten-Nutzen-Verhältnis. Die Intensität ist hoch genug, um die Schnelligkeitsausdauer merklich zu erhöhen; gleichzeitig werden die Muskeln und Blutgefäße kaum geschädigt, weil es zu keiner Übersäuerung kommt. Der Regenerationsbedarf hält sich – bei korrekter Durchführung – ebenfalls in Grenzen.

Bei einer Intensität im Laktatschwellenbereich rekrutiert der Körper sämtliche Ausdauer-Fasern sowie alle Muskelfasern für die Schnelligkeitsausdauer, nicht aber die schnell zuckenden Sprint-Muskelfasern. In dem Maße, in dem die Ausdauer-Fasern deutlich höhere Trainingsumfänge tolerieren können als die Muskelfasern für die Schnelligkeitsausdauer, ermüden Letztere wiederum bei hohen Trainingsumfängen deutlich später als die Sprint-Fasern.

An der Laktatschwelle werden in den Muskelfasern für die Schnelligkeitsausdauer zwar große Mengen an Milchsäure gebildet. Diese kann je-

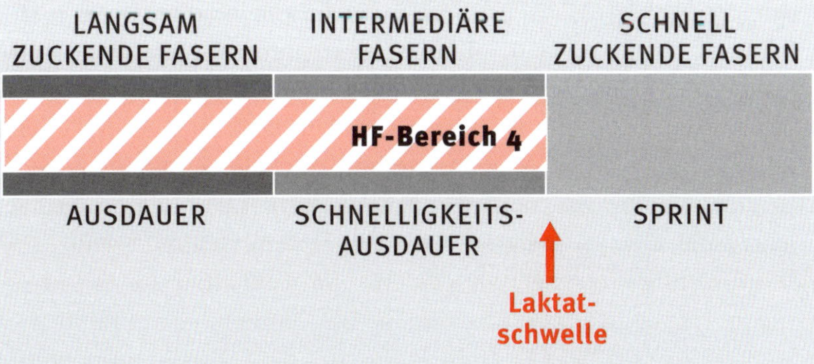

Abbildung 4.4: *Muskelfaserrekrutierung im HF-Bereich 4*

doch von den Ausdauer-Fasern sofort wieder verstoffwechselt werden. Eine längere Belastung in dieser Intensität trainiert einerseits die Muskelfasern für die Schnelligkeitsausdauer darin, vermehrt aerob zu arbeiten und weniger Milchsäure zu bilden. Andererseits werden die Ausdauer-Fasern darin geschult, mehr Milchsäure zu verbrennen. Beide Adaptationen lassen die Laktatschwelle steigen und somit auch das individuelle Lauftempo.

Das LS-Training ist die einzig wirksame Methode, um die Muskelfasern für die Schnelligkeitsausdauer zu trainieren, weil diese ja bei niedrigeren Intensitäten nicht aktiviert werden. Liegt die Intensität dagegen höher, werden auch die Sprint-Muskelfasern rekrutiert, was mit einer Übersäuerung der Muskulatur einhergeht. Dadurch sinkt die Belastungsverträglichkeit, und die Erholungszeit zieht sich drastisch in die Länge.

Die meisten Athleten und auch Trainer schätzen die Intensität an der Laktatschwelle zu hoch ein und glauben daher, nicht schnell genug zu trainieren, obwohl sie im richtigen Tempo laufen. Hier ist Vorsicht geboten, denn auf diese Weise wird entweder der mögliche Trainingsumfang eingeschränkt oder das Risiko des Übertrainings erhöht. Ein Training von beliebiger Dauer in einer Intensität, die nur ein Prozent über der Laktatschwelle liegt und in dem die Laktatwerte langsam ansteigen, richtet einen viel größeren Schaden an und erfordert eine viel längere Regenerationszeit als ein Training von derselben Dauer exakt an der Laktatschwelle. Wer in der Folge übertrainiert und gezwungen ist, seine Trainingsumfänge zu reduzieren, muss für diese einprozentige Intensitäts- und Leistungssteigerung teuer bezahlen. Die minimal erhöhte Belastung fühlt sich während eines 20- bis 30-minütigen Laufintervalls kaum härter an. Dennoch sammelt sich das Laktat langsam, stetig und unbemerkt an, weil die Schädigung der Muskelstrukturen nicht notwendigerweise spürbar ist. Während der ersten fünf Minuten eines Intervalls, dessen Intensität ein Prozent über der Laktatschwelle liegt, sind die Muskel- und Blutlaktatwerte nur leicht erhöht. Im weiteren Verlauf können sie jedoch gefährlich ansteigen. Die Muskelschädigung und die Regenerationszeit können stark zunehmen. Ein gut trainierter Ausdauerathlet kann die Intensität an der Laktatschwelle 75 Minuten oder länger durchhalten, wenn er sich hundertprozentig anstrengt, wie das etwa im Wettkampf der Fall ist.

Trainingsmethoden

Es gibt zwei grundsätzliche Trainingsmethoden im LS-Bereich: Schwellenintervalle und Tempoläufe. Die Schwellenintervalle bestehen aus mehreren vier- bis sechsminütigen Läufen an der Laktatschwelle im Wechsel mit ein- bis zweiminütigen Pausen. Tempoläufe werden im oder leicht unter dem LS-Tempo gelaufen und dauern zwischen 12 und 60 Minuten. Jede Trainingsmethode erfüllt einen anderen Zweck.

Schwellenintervalle führen die Athleten in der Spätphase der Grundlagenperiode auf äußerst effektive Weise an das Training in höheren Intensitäten heran. Der Regenerationsbedarf nach Schwellenintervallen ist vergleichsweise gering, die Mikroverletzungen und zellulären Schäden, die durch das Laufen an der Laktatschwelle entstehen, halten sich in Grenzen.

Die relativ langen Tempoläufe bilden den Kern des LS-Trainings. Die Belastung ist stark und gleichmäßig. Ein leichtes bis mäßig starkes Brennen in den Beinen und eine schnelle, aber kontrollierte Atmung sind hier normal. Athleten, die ihre Atmung zeitlich auf ihre Laufschritte abstimmen, atmen in diesem Tempo jeden zweiten Schritt ein beziehungsweise aus. Es ist wichtig, bei diesen Läufen die Intensität konstant zu halten. Die meisten Athleten neigen dazu, an Steigungen die Laktatschwelle zu überschreiten und sich bergab zu entspannen, also mit einer niedrigeren Intensität zu laufen.

Sowohl das Training leicht unterhalb der LS als auch das Training direkt an der LS hat seine Vor- und Nachteile. Für effizientes Training sind beide Intensitäten wichtig. Die konstante Belastung an der LS steigert die Schnelligkeit in diesem Bereich, während längere Belastungen leicht unterhalb der LS die Ausdauer an der Laktatschwelle erhöhen. Ein Sportler, dessen LS-Tempo bei 3:45 Minuten pro Kilometer liegt, kann mit einer solchen Intensität etwa 75 Minuten lang laufen. Konkret heißt das, dass er, wenn er genau in diesem LS-Tempo von 3:45 Minuten (im oberen HF-Bereich 4) trainiert, sein LS-Tempo auf 3:39 Minuten steigern kann. Wenn er längere Abschnitte in einem Tempo von 3:57 (unterer HF-Bereich 4) läuft, trainiert er seinen Körper indes darin, länger als 75 Minuten im LS-Tempo von 3:45 zu laufen.

Im oberen HF-Bereich 4 trainiert man genau an oder leicht unter der LS. Die Herzfrequenz entspricht dem LS-Wert oder liegt bis zu vier Schläge darunter (siehe Tabelle 4.1). Ich verwende meist 12- bis 20-minütige Intervalle in dieser Intensität, um die Schnelligkeit eines Athleten im LS-Bereich zu erhöhen.

Im unteren HF-Bereich 4 trainiert man deutlicher unterhalb der LS, die Herzfrequenz bleibt etwa fünf bis acht Schläge unter dem LS-Wert, und das Tempo liegt zirka vier bis sechs Prozent unter dem LS-Tempo. Bei einer solchen Intensität werden einerseits noch die meisten Muskelfasern für die Schnelligkeitsausdauer rekrutiert, andererseits ist die Muskulatur in diesem Bereich vor Übersäuerung geschützt. In der Aufbauperiode empfehle ich Tempoläufe in dieser Intensität, die zwischen 20 und 60 Minuten dauern.

Ein Training im unteren HF-Bereich 4 verbessert die Ausdauer der intermediären Muskelfasern und erhöht die Leistung beziehungsweise das Tempo an der LS. Diese Trainingsintensität ist besonders effizient. Der Regenerationsbedarf nach einem solchen Training ist relativ gering, ebenso wie die psychische Belastung. Den meisten Athleten gefällt dieses Training sehr gut, und sie mögen auch sehr lange Intervalle. Diese haben zudem den Vorteil, dass sich die Athleten dann eher an die richtige Intensität halten. Denn bei einem 40-minütigen Tempolauf ist die Versuchung zu überziehen, nicht so groß wie bei kürzeren Intervallen.

Die meisten Athleten glauben gerne von sich, motivierter als alle anderen zu sein. Sie wollen härter, konsequenter und disziplinierter trainieren. Trainer denken gerne dasselbe über ihre Schützlinge. Dennoch sollte man nicht vergessen, dass bei aller Leidenschaft und Motivation ein Athlet auch nur begrenzte Energieressourcen hat, mit denen man klug haushalten muss. Ein intelligent geplantes und nicht zu hartes LS-Training spielt für die Aufrechterhaltung der Motivation eine große Rolle.

Ganz wesentlich ist auch die Wahl der richtigen Trainingsintensität. Im HF-Bereich 4 trainiert man beispielsweise sehr effizient. Dabei ist es wichtig zu verstehen, dass eine optimale Intensität von beispielsweise 171 bis 177 Schlägen pro Minute aus dem Grund empfohlen wird, weil eben genau diese Intensität zu den besten Ergebnissen führt und nicht, weil man damit einen 40-minütigen Tempolauf durchhält. Joe Friel rät häufig zum ‚geringstmöglichen Aufwand, der zum gewünschten Resultat führt'. Fast alle Athleten neigen jedoch dazu, in jeder Trainingseinheit ungeachtet ihrer Dauer so schnell wie möglich zu laufen. Damit erzielen sie aber keine optimalen Ergebnisse!

HF-Bereich 5a: Training oberhalb der Laktatschwelle

Im HF-Bereich 5a wird in einem Tempo und einer Intensität oberhalb der Laktatschwelle trainiert. Das führt dazu, dass sich in den Muskeln und im Blut Laktat ansammelt. Andererseits wird bei dieser Intensität aber auch viel Laktat gleich wieder abgebaut, so dass die Laktatwerte nur langsam ansteigen und man die Belastung lange aushalten kann.

Viele Athleten machen den Fehler, ihr LS-Training im HF-Bereich 5a zu absolvieren, anstatt im HF-Bereich 4. Das hat enorme Folgen, weil der Regenerationsbedarf nach einem Training im HF-Bereich 5a viel größer ist als nach einem Training im HF-Bereich 4. Bei kurzen Belastungen kann man wegen der recht langsamen Milchsäureakkumulation im 5a-Bereich über den Unterschied zwischen den HF-Bereichen 4 und 5a vielleicht noch hinwegsehen. Trainiert man jedoch längere Zeit im HF-Bereich 5a, werden die Muskelzellen durch die Übersäuerung erheblich geschädigt. Der Körper braucht dann eine merklich längere Regenerationszeit (siehe auch Abbildung 4.5).

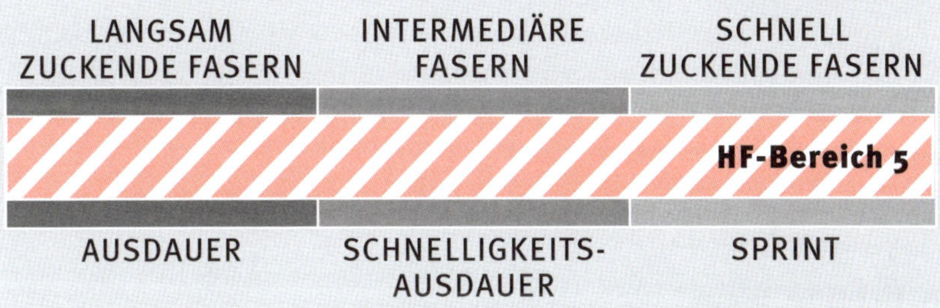

Abbildung 4.5: *Muskelfaserrekrutierung im HF-Bereich 5*

Das Training im HF-Bereich 5a verbessert auf hervorragende Weise die Laktattoleranz. Die Muskeln werden darin trainiert, trotz steigender Laktatwerte den Körper effizient zu beschleunigen. Allerdings hat dieses Training den Nachteil, dass dadurch Umfang und Intensität einiger anderer Trainingseinheiten reduziert werden müssen.

TRAINING DER AEROBEN KAPAZITÄT: MAXIMIERUNG DER SAUERSTOFFAUFNAHME

Die maximale aerobe Kapazität (VO_2max) steht für die Sauerstoffmenge, die ein Athlet während einer einminütigen Höchstbelastung im aeroben Bereich verbraucht. Sie gilt gemeinhin als Bezugsgröße für die aerobe Fitness. Eine verbesserte Sauerstoffaufnahmefähigkeit erhöht die Ausdauerleistung für jede sportliche Betätigung, die länger als vier Minuten dauert, enorm. Je höher die VO_2max eines Athleten, desto mehr Energie wird aerob – also ohne Laktatakkumulation – bereitgestellt.

Jede Muskelfaserart hat sowohl die Fähigkeit zur aeroben als auch zur anaeroben Energiegewinnung. Die Ausdauer-Fasern arbeiten meist aerob, doch in ihnen finden auch anaerobe Stoffwechselvorgänge statt. Bei den Fasern für die Schnelligkeitsausdauer ist das Verhältnis von aerober zu anaerober Muskelarbeit ausgewogener. Die Sprint-Fasern arbeiten dagegen überwiegend anaerob, aber auch sie besitzen die Fähigkeit zur aeroben Energiegewinnung. Und die gilt es, in Wettkämpfen zu nutzen. Das Training der Sauerstoffaufnahmefähigkeit verbessert die aerobe Energiegewinnung in den Sprint-Muskelfasern.

Zur Stimulierung dieser Muskelanpassungen ist eine Intensität nötig, die hoch genug ist, um die Sprint-Fasern zu aktivieren, aber niedrig genug, um sie lange durchhalten zu können. Denn erst nach einer gewissen Dauer werden neben den anaeroben auch aerobe Anpassungen in den Sprint-Muskelfasern in Gang gesetzt.

Das richtige Tempo

Wenn ein gut trainierter Athlet seine aerobe Kapazität verbessern möchte, trainiert er ungefähr bei 95 Prozent seiner maximalen Sauerstoffaufnahmefähigkeit. Ein VO_2max-Test im Sportlabor kann zwar sehr hilfreich sein, um das optimale Trainingstempo zur Steigerung der aeroben Kapazität zu ermitteln, Studien haben jedoch ergeben, dass sich auch mit Testläufen sehr gute Vorgaben zur optimalen Intensität machen lassen.

Weil Testläufe sehr unkompliziert durchzuführen sind und sowohl psychische als auch physische Variablen berücksichtigen, werden sie am häufigsten eingesetzt. Dazu wird ein sechs- bis achtminütiger Tempolauf auf der Bahn absolviert. Es ist wichtig, vor diesem Testlauf gut ausgeruht zu sein. Während des Tests werden Lauftempo und Puls überwacht und alle 400 Meter die Zwischenzeiten notiert. Die höchste Intensität, die sechs Minuten lang durchgehalten werden kann, bringt die besten Ergebnisse. Wir bezeichnen dies als sechsminütigen Tempolauf (TL6).

Die Intensität, die anhand der Pulswerte und/oder der Geschwindigkeit im Testlauf ermittelt wird, ist die richtige Trainingsintensität zur Steigerung der VO_2max. Man sollte weder den Fehler machen, kürzere Intervalle schneller zu laufen, noch alle Intervalle so schnell wie möglich abreißen zu wollen. *Ein Training jenseits der optimalen Intensität verbessert den aeroben Stoffwechsel nicht weiter, sondern erhöht nur unnötigerweise den Regenerationsbedarf. Die Energie für eine Leistung oberhalb der TL6-Geschwindigkeit wird fast komplett anaerob gewonnen; die aerobe Kapazität erhöht sich dadurch also nicht!* Wer unsicher ist, sollte die Schnelligkeitsausdauer lieber zu wenig als zu viel trainieren, denn das Training in diesem Tempo ist so effektiv, dass man mit wenigen Einheiten viel erreichen kann.

Manche Sportler, die ihr optimales Tempo im Testlauf ermittelt haben, empfinden die damit verbundene Belastung als zu gering. Dafür gibt es mehrere mögliche Gründe: 1.) Die Leistungsfähigkeit oder Laufökonomie könnte sich seit dem letzten Testlauf verbessert haben. 2.) Sie haben sich im Test vielleicht nicht bis zum Äußersten angestrengt. 3.) Sie sind vom Bahntraining her gewohnt, schneller zu laufen, als sie es tun sollten. Doch bevor man sein Intervalltempo erhöht, sollte man anhand eines schnelleren Testlaufs sicherstellen, dass dies auch wirklich sinnvoll ist.

Trainingsdauer und das Verhältnis von Belastung zu Erholung

Zur Entwicklung der aeroben Kapazität sind lange Trainingseinheiten mit nahezu maximalem Sauerstoffverbrauch nötig. Die Anhebung der VO_2max bei sportlicher Betätigung hängt von der Intensität und Dauer der Belastung ab. Sogar bei höchsten Belastungsintensitäten dauert es 1:40 bis 2 Minuten, bis die Sauerstoffaufnahme hoch genug ist, um die aerobe Kapazität optimal zu steigern. Deshalb ist es auch ein Riesenunterschied, ob man sechs mal zwei Minuten oder einmal zwölf Minuten lang nahe der VO_2max läuft. Es gibt zwei Methoden, den Sauerstoffverbrauch im Training längere Zeit nahezu maximal zu halten: das Training mit langen oder mit kurzen Intervallen.

Lange Intervalle

Bei dieser Trainingsmethode wechseln lange Intervalle mit nahezu vollständigen Regenerationsphasen ab. Da erst ab einer Belastung von etwa zwei Minuten eine optimale Anhebung der VO_2max erreicht wird, müssen die Intervalle deutlich länger als zwei Minuten dauern. Die Vorteile des Trainings *beginnen* sich gewissermaßen erst nach diesen zwei Minuten einzustellen, wenn der Sauerstoffverbrauch fast seinen Höchstwert erreicht hat.

Ein Beispiel für ein solches Training wären fünf Intervalle von jeweils vier Minuten in TL6-Geschwindigkeit. Die Trainingsbelastung ist in diesem Beispiel deutlich erhöht. Bei jedem Intervall liegt die Leistung etwa zwei Minuten lang nahe der maximalen aeroben Kapazität, das macht eine fast zehnminütige Belastung an der VO_2max pro Trainingseinheit. Lange Intervalle sollten vornehmlich in der Spätphase der Aufbau- und Vorwettkampfperiode eingesetzt werden. Neben einer effektiven Entwicklung der Laktattoleranz kann man sich mit dieser Trainingsmethode auch psychisch auf die Anforderungen im Wettkampf einstellen. Doch empfiehlt es sich, vorausschauend zu trainieren, denn durch diese Trainingsform erhöht sich der Regenerationsbedarf in physischer wie psychischer Hinsicht enorm.

Kurze Intervalle

Eine zweite Methode, um die maximale Sauerstoffaufnahme über einen längeren Zeitraum hoch zu halten, ist das klassische Intervalltraining, bei dem kürzere Intervalle mit derselben Intensität (das heißt in TL6-Geschwindigkeit) ausgeführt und die Erholungsphasen zwischen den Intervallen minimal gehalten werden. Dabei steigt der Sauerstoffverbrauch im Laufe eines Satzes an. Durch die verkürzte Erholungszeit beginnt der Athlet nämlich jedes Intervall mit einer höheren Sauerstoffaufnahme als das vorherige; so wird der gewünschte, nahezu maximale Sauerstoffverbrauch in jedem Intervall früher erreicht. In unserem Beispiel für lange Intervalle läuft ein Athlet insgesamt 20 Minuten lang mit TL6-Geschwindigkeit, aber nur in der Hälfte dieser Zeit liegt seine Leistung nahe der VO_2max. Wer dagegen mehrere kürzere Intervalle mit entsprechend kurzen Zwischenpausen läuft, erreicht viel länger eine hohe Sauerstoffaufnahme. *Eine noch höhere Intensität in noch kürzeren Intervallen sollte auf jeden Fall vermieden werden. Ein Tempo oberhalb der TL6-Geschwindigkeit bringt keinerlei Vorteile für den aeroben Stoffwechsel und führt nur zu einem drastisch erhöhten Regenerationsbedarf.*

Ein klassisches Training zur Verbesserung der aeroben Kapazität besteht aus fünf Mal drei Minuten in TL6-Geschwindigkeit mit Trabpausen von jeweils drei Minuten. Dieses Training ist hart und muss langsam aufgebaut werden.

Eine weitere, äußerst effektive Trainingsmethode für die aerobe Kapazität sind die so genannten 30/30-Intervalle. Dieses Training besteht aus halbminütigen Intervallen in TL6-Geschwindigkeit im Wechsel mit halbminütigen Trabpausen und ist äußerst effizient: Da sowohl die aerobe Kapazität als auch die Schnelligkeitsausdauer ausgiebig trainiert werden, sind die Vorteile beachtlich. Der Regenerationsbedarf und die psychische Belastung dieses Trainings fallen demgegenüber relativ niedrig aus, weil wegen der kurzen Intervalldauer die Muskeln kaum übersäuern und die angehäufte Milchsäure in den Regenerationsphasen wiederverwertet wird.

Mit längeren Intervallen muss auch das Verhältnis von Be- zu Entlastung größer als 1:1 werden, das heißt, die Pausen werden verhältnismäßig kürzer. Selbst bei kurzen Intervallen mit beispielsweise 30-sekündiger Belastung ist eine Pause von ebenfalls 30 Sekunden zu kurz, als dass der VO_2-Wert deutlich sinken würde. Bei längeren Intervallen von etwa zwei Minuten fällt in Pausen, die genau so lang sind wie die Belastungsphasen, der VO_2-Wert dagegen zu weit ab. Generell beschränke ich die Pausen deshalb auf etwa eine Minute zwischen einzelnen Intervallen und halte jede Pause, die länger als eine Minute dauert, für eine fast vollständige Regeneration. Auch nach einem besonders anstrengenden Intervall sinkt der Sauerstoffverbrauch bei einer Pausenlänge von mehr als einer Minute so stark, dass im darauffolgenden Intervall wieder volle zwei Minuten nötig sind, bis die VO_2max-Werte annähernd erreicht werden.

Eine weitere effektive Form des Intervalltrainings ist eine Kombination aus Laktatschwellen- und aerobem Kapazitätstraining. Hier wird zunächst ein Intervall an der Laktatschwelle gelaufen und unmittelbar darauf ein Intervall in TL6-Geschwindigkeit. Dabei ist der Sauerstoffverbrauch bereits zu Beginn des Intervalls in TL6-Geschwindigkeit deutlich erhöht; der fast maximale Sauerstoffverbrauch wird so viel schneller erreicht, als wenn man aus dem Ruhezustand oder dem lockeren Ausdauertempo mit dem TL6-Intervall beginnt. Weitere Details zu diesen Trainingseinheiten sind in Anhang A zu finden.

Jetzt kann es losgehen!

Beginnen Sie mit dem Training der aeroben Kapazität eher vorsichtig. Für die meisten Triathleten bedeutet dies nämlich eine merkliche Intensitätssteigerung. Ich empfehle den von mir betreuten Athleten, mit kurzen Intervallwechseln anzufangen, zum Beispiel mit 16 bis 24 Wiederholungen der im letzten Abschnitt vorgestellten 30/30-Intervalle. Später nimmt der Umfang kontinuierlich zu, indem die Intervalle immer länger werden. Achten Sie sehr genau auf Ihren Regenerationsbedarf. Er fällt nämlich individuell höchst unterschiedlich aus! Und viele Athleten, sogar solche, die hohe Trainingsumfänge sehr gut tolerieren können, kommen beim Training der aeroben Kapazität an ihre Belastungsgrenzen.

HF-Bereich 5c: Training der anaeroben Kapazität (Laktattoleranz)

Die Intensität im HF-Bereich 5c liegt bedeutend höher als bei der TL6-Geschwindigkeit, also weit über der Laktatschwelle. Diese Trainingsform verfolgt zwei Ziele: Das erste ist, die Sprintfähigkeit zu verbessern. Doch da Laufen als Triathlondisziplin auf Ausdauer basiert und eine gleichmäßige, lang anhaltende Leistung erfordert, spielt die Sprintfertigkeit im Rahmen des Triathlontrainings kaum eine Rolle. Das zweite Ziel, die Verbesserung der Laufökonomie, ist hingegen im Triathlontraining von primärer Bedeutung. Wie sich die Laufökonomie am besten verbessern lässt, zeigt der folgende Abschnitt.

ÖKONOMIETRAINING: DEN SPRITVERBRAUCH MINIMIEREN

Wie bereits in Kapitel 1 ausführlich beschrieben wurde, spielt die Ökonomie beziehungsweise Effizienz eine wichtige Rolle im schnellen Langstreckenlauf, besonders im Anschluss an eine schnelle Radfahrleistung. Dabei ist es nicht nur die Lauftechnik selbst, sondern auch die entsprechenden Trainingsformen, die wesentlich zu einer besseren Laufökonomie beitragen. Das körperliche Training erhöht die Kraft, Ausdauer und Elastizität des Bindegewebes und schult die Muskulatur darin, sich in temporeichen Läufen genau im richtigen Moment zusammenzuziehen und zu entspannen. Ich möchte noch einmal wiederholen: Ein Prozent einer Stunde sind 36 Sekunden. Eine einprozentige Verbesserung der Ökonomie hat eine nachhaltige Wirkung auf die Laufleistung, die sich in einer persönlichen Bestzeit im Triathlonlauf ausdrücken kann.

Effizientes Laufen hängt nicht zuletzt von einer optimalen Kraftentwicklung ab. Das Training im Kraftraum wird in Kapitel 11 behandelt. Auch das ideale Wettkampfgewicht beeinflusst die Laufökonomie positiv, dazu mehr in Kapitel 7.

DIE VORTEILE DES ÖKONOMIETRAININGS

- Die Elastizität, Kraft und Schnelligkeit der Muskeln und des Bindegewebes werden erhöht.
- Die Fähigkeit, jede Muskelgruppe zum richtigen Zeitpunkt während des Laufzyklus zu entspannen, wird verbessert.
- Die Verankerung korrekter Bewegungsabläufe wird unterstützt, vor allem das Halten einer hohen Schrittfrequenz im Verhältnis zur Schrittlänge.

Zum Ökonomietraining gehören kurze, sehr schnelle Läufe im Wechsel mit längeren Trabpausen für eine fast vollständige Erholung zwischen den Wiederholungen. Das Ökonomietraining sollte auf gar keinen Fall ermüdend sein. Die wichtigsten Faktoren, die in einem Intervalltraining variiert werden, sind Tempo, Intervalldauer und Pausenlänge.

Das optimale Tempo für energiesparendes Laufen

Als ‚ökonomisch' wird jenes Lauftempo bezeichnet, bei dem das Verhältnis aus Aufwand (Energieverbrauch) und Ertrag (Laufgeschwindigkeit) am besten ist. Wer sich von ruhigen Dauerlauftempi aus steigert, erhöht in der Regel auch seine Laufökonomie. Denn ein Läufer kann um vier Prozent schneller werden, aber nur drei Prozent mehr Sauerstoff verbrauchen. Dieses Verhältnis setzt sich fort bis hin zu sehr schnellen Läufen. Jede weitere Tempoerhöhung bringt eine leichte Effizienzzunahme mit sich. Läuft man hingegen im ökonomisch optimalen Tempo, kehrt sich dieser Trend um: Wer diese Geschwindigkeit um ein Prozent überschreitet, erhöht seinen Energieverbrauch um weit mehr als dieses eine Prozent.

Eine ausreichend hohe Laufgeschwindigkeit ist sehr wichtig, um die richtigen Lauftechniken zu forcieren sowie das Bindegewebe kräftig vorzudehnen. Wer schneller als im ökonomischsten Tempo läuft, erzielt statt eines schnellen, aber effizienten Laufstils einen Sprintstil; der ist zwar schneller, aber auch weniger effizient. Zu schnelles Intervalltraining fördert beispielsweise Übertrainings- und Überlastungssyndrome. Außerdem wird der Körper darin geschult, ineffiziente Laufleistungen zu erbringen. Und das ist genau das Gegenteil von dem, was wir erreichen wollen.

Das optimale Tempo im Ökonomietraining liegt fünf bis acht Prozent über der TL6-Geschwindigkeit. Wer einen Kilometer in TL6-Geschwindigkeit in 3:45 Minuten läuft, sollte die Intervalle im Ökonomietraining zwischen 3:28 und 3:34 Minuten pro Kilometer laufen. (Der Wertebereich errechnet sich aus der ursprünglichen TL6-Geschwindigkeit dividiert durch 1,08 [acht Prozent schneller] beziehungsweise dividiert durch 1,05 [fünf Prozent schneller].) Läufer mit mehr Erfahrung oder Kondition sollten eher am langsameren Ende dieses Spektrums laufen. Anfänger und leicht Fortgeschrittene können dagegen am schnelleren Ende laufen.

Das Training im ökonomisch idealen Tempo erfordert viel Disziplin und ein ausgeprägtes Tempogefühl. Wer noch nicht über das notwendige Tempogefühl verfügt, um es auch im Gelände zuverlässig abzurufen, sollte diese Einheiten am besten auf der Bahn oder einer vermessenen Wegstrecke laufen und mit der Uhr arbeiten. Zu schnelles Laufen kann schließlich die Laufeffizienz verschlechtern. Diese Intervalle werden bereits in einem äußerst schnellen Tempo gelaufen, und eine weitere Temposchärfung bringt keine Vorteile. Wir wollen ja keine Sprinter-Qualitäten entwickeln, sondern im Rahmen eines Triathlons beziehungsweise Marathons kraftsparender laufen.

Bei einer Ökonomie-Trainingseinheit laufen Sie üblicherweise zwischen zwei und sechs Minuten im optimalen Tempo. Jedes Intervall sollte 20 bis 45 Sekunden dauern und ein Verhältnis zwischen Belastung und Erholung von höchstens 1:4 aufweisen, so dass die Pausendauer zwischen 80 und 180 Sekunden beträgt. Dieses Training soll die Laufökonomie erhöhen und darf nicht in ein hartes Intervalltraining ausarten. Verkürzen Sie auf gar keinen Fall die Pausen! Das hat *keinerlei* Vorteile, dafür aber einige Nachteile.

Das Ökonomietraining sollte sich insgesamt leicht und locker anfühlen. Wer das nicht so empfindet, läuft entweder zu schnell, macht zu viele Wiederholungen oder nicht genug Pause zwischen den Intervallen. Ökonomietraining gehört relativ häufig auf den Trainingsplan. Im Zweifelsfall ist es aber besser, mehrere kürzere Einheiten zu machen.

Ökonomietraining ist auch während des Taperings vor einem Wettkampf ideal: Die Intensität reicht aus, um die Anzahl der roten Blutkörperchen aufrechtzuerhalten, der Laufstil bleibt spritzig und effizient. Zudem ist der Regenerationsbedarf minimal!

Ganz gleich, über welche Distanz der Wettkampf geht – Ökonomietraining ist für alle Athleten wichtig. Viele Langstreckenläufer sind der Meinung, dass das hohe Tempo, in dem diese Trainingseinheiten gelaufen werden, für sie nicht relevant sei. Ökonomietraining zielt jedoch nicht darauf ab, die Schnelligkeit zu erhöhen. Vielmehr dürften Athleten in jedem Ausdauerwettkampf, ganz gleich von welcher Dauer, von einer höheren Effizienz profitieren. Denn bei welcher Distanz kann es sich ein Athlet schon leisten, seine Energie zu verschwenden?

Lange Intervalle im profilierten Gelände eignen sich gut zur Schulung der Laufökonomie, wenn das Wettkampfgelände ebenfalls wellig ist. Dabei muss die Schrittfrequenz beim Ökonomietraining am Berg extrem hoch bleiben. Man beginnt vorsichtig mit wenigen kurzen Intervallen. Wie bereits erläutert, wird am Berg die Laufmuskulatur anders beansprucht als in der Ebene. Das Training sollte ganz allgemein auf wechselnden Geländeprofilen stattfinden, und zwar vorzugsweise auf Strecken, die ein ähnliches Profil wie der Zielwettkampf haben.

LAKTATTOLERANZTRAINING: DAS UNVERMEIDLICHE HINAUSZÖGERN

Bei jeder noch so geringen Belastungsintensität produziert der Körper Laktat. Bei Intensitäten oberhalb der anaeroben Schwelle steigen die Laktatwerte so lange an, wie dieses Tempo aufrechterhalten wird. Manche Triathleten müssen ihr Tempo drosseln, sobald sie das vertraute Brennen in den Beinen spüren. Andere können weiterrennen und den Schmerz überwinden. Am Wettkampftag geht es darum, die Anhäufung von Laktat so zu verlangsamen, dass man beim Zieleinlauf vollständig erschöpft ist – und nicht schon davor. Zwar bremst die Laktatakkumulation jeden Athleten früher oder später aus, die Muskeln können aber zumindest dahingehend trainiert werden, dass sie unter diesen Umständen eine bessere Leistung zeigen. Durch das Training der Laktattoleranz wird die Fähigkeit des Körpers verbessert, Laktat in den Muskeln und im Blut chemisch zu neutralisieren, so dass der pH-Wert selbst bei einer hohen Laktatkonzentration moderat bleibt.[1] Die Muskeln werden daran gewöhnt, bei Übersäuerung effektiver zu arbeiten. Auf diese Weise kann ein Athlet Geschwindigkeiten weit oberhalb der Laktatschwelle längere Zeit durchhalten.

---

1) Bei der Umbildung von Milchsäure zu Laktat entstehen auch Wasserstoffionen (H^+), die die eigentliche Ursache für Übersäuerung sind. Werden die H^+-Ionen jedoch gepuffert, also neutralisiert, geht ihre saure Wirkung verloren (A.d.Ü.).

Für das Laktattoleranztraining gibt es keine Zauberformel. Bei Intensitäten im HF-Bereich 5a oder höher häuft sich Laktat an. Bahntraining in der Gruppe erfüllt sehr oft den Zweck eines Laktattoleranztrainings, obwohl es meist eigentlich dazu gedacht ist, die aerobe Kapazität zu erhöhen. Zur Verbesserung der Laktattoleranz müssen die Muskeln steigenden Laktatwerten ausgesetzt werden, während die Erholungsphasen so knapp bemessen sein sollten, dass sich diese Werte nicht wieder normalisieren. Hierfür gibt es eine Reihe von Trainingsmöglichkeiten.

Mit dem Laktattoleranztraining sollten Sie sehr vorsichtig sein: Es kann einem Athleten, der gerade seine Bestform erreicht, den letzten Schliff geben – oder aber zu Übertraining führen. Auch hier gilt: Wer unsicher ist, reduziert besser den Umfang des Laktattoleranztrainings. Hier ist weniger oft mehr.

INTENSITÄTEN MESSEN

Die richtige Trainingsintensität ist der wohl wichtigste Faktor für einen optimalen Trainingserfolg. Dabei gibt es verschiedene Möglichkeiten, die Trainingsintensität zu messen. Jede davon hat ihre Vor- und Nachteile.

Subjektiv empfundene Belastung

Das subjektive Belastungsempfinden (SBE) ist die einfachste Art, die Intensität zu messen. Dabei richtet man sich danach, wie schwer sich die Belastung anfühlt. Auch für erfahrene Athleten ist es wichtig, auf ihr Körpergefühl zu achten, selbst, wenn sie diverse technische Hilfsmittel zur Intensitätskontrolle nutzen. Das subjektive Belastungsempfinden ist ein hervorragender Gradmesser für die Intensität einer sportlichen Betätigung, denn es ist stets verfügbar und sehr einfach zu nutzen. Außerdem berücksichtigt es eine Vielzahl unterschiedlicher Variablen, die Müdigkeit hervorrufen können, und ihm kommt im Wettkampf eine Schlüsselfunktion zu.

Die Subjektivität dieses Gefühls ist allerdings nicht unproblematisch. Athleten, die sich im Training nur auf ihr Belastungsempfinden verlassen, neigen dazu, schneller zu trainieren, wenn sie sich fit fühlen, und das ist nicht effizient. Die optimale Trainingsintensität sollte aber immer gleich bleiben, und zwar egal, ob man sich nun stark fühlt, mittelmäßig oder schwach. Die Wal der richtigen Intensität erhöht die Wahrscheinlichkeit, sich künftig bei jedem Training fit zu fühlen.

Erfahrene Athleten haben genau gelernt, wie sich jede Belastungsstufe anfühlen sollte. Für sie kann daher das Intensitätsempfinden ein sehr effektives Instrument zur Trainingssteuerung sein. Doch bis ein Athlet ein ausgeprägtes Gefühl dafür entwickelt hat, wie sich ein Lauf an der aeroben oder anaeroben Schwelle, im Grundlagenausdauer- und im Ökonomietempo anfühlt, bleibt ein Training nach dem subjektiven Belastungsempfinden nichts weiter als ein Zufallsprodukt. Um nach dem subjektiven Belastungsempfinden zu trainieren, sind das Wissen und die Erfahrung eines Athleten nötig, der weiß, wie sich die effizientesten Trainingsintensitäten anfühlen und der sein Körpergefühl bewusst zur Kontrolle dieser Intensitäten einsetzt. Viele Athleten trainieren dagegen rein intuitiv nach dem Tagesempfinden, anstatt mit der optimalen Intensität zu laufen. Ein rein intuitives Training ist jedoch ineffizient.

Wann immer Sie trainieren, achten Sie auf Ihr Körpergefühl! Stellen Sie sich Fragen: Wie schnell atme ich? Wie kräftig drücke ich mich vom Boden ab? Wie hoch ist meine Schrittfrequenz? Fühle ich ein Brennen in den Beinmuskeln? Wenn ja, wie stark? Wie schwer fühle ich mich? Wenn ich will, dass meine Beine schneller werden, wie reagieren sie? Welche Muskeln in meinen Beinen fühlen sich müde an? Diese unterschiedlichen Empfindungen werden dann mit den betreffenden Belastungsstufen in Verbindung gebracht. Ein wichtiges Zeichen ist beispielsweise, wenn die Beine Ermüdungserscheinungen zeigen, während die Atmung niedriger ist als gewöhnlich. Es ist äußerst hilfreich, auf diese Faktoren zu achten und ihre Auswirkungen zu kennen.

Tempo

Das Lauftempo ist ein weiterer wichtiger Gradmesser für die Trainingsintensität. Ein großer Vorteil dieser Messmethode ist ihre Objektivität: An einem Wert wie 4:30 Minuten pro Kilometer gibt es nichts zu deuteln. Außerdem entscheidet die Geschwindigkeit letztlich über Sieg oder Niederlage im Wettkampf. Und wir trainieren schließlich, um schneller zu werden, und nicht, um höhere Puls- oder Blutlaktatwerte zu erhalten oder unser Belastungsempfinden zu erhöhen!

Eine mögliche Gefahr des Trainings nach Tempovorgaben ist, dass die Intensität bei gleichem Lauftempo ganz unterschiedlich sein kann, je nachdem, welche Umweltbedingungen vorherrschen. Einen Kilometer, den man in 4:30 Minuten bergan, bei Gegenwind, auf weichem Untergrund, bei 38°C oder bei einer Luftfeuchtigkeit von 100 Prozent zurücklegt, läuft man mit einer ganz anderen Intensität als unter idealen Strecken- und Witterungsbedingungen. Dazu kommt noch, dass das gleiche Tempo, auch unter idealen Bedingungen, für denselben Athleten an unterschiedlichen Tagen eine ganz andere Intensität bedeuten kann. Ein Durchschnittstempo von 4:30 Minuten pro Kilometer ist am ersten Trainingstag nach einer umfangreichen Ruheperiode viel weniger anstrengend, als wenn man nicht ausgeschlafen ist oder am Vortag hartes Bahntraining oder einen langen Lauf hatte. Zur Bestimmung der Trainingsintensität sollten neben dem Tempo daher immer auch andere Methoden berücksichtigt werden.

Einige Firmen haben Geräte entwickelt, die nach der GPS-Satellitentechnologie funktionieren und Läufern als Geschwindigkeitsmesser dienen können. Richtig angewendet, können diese Geräte sehr nützliche Trainingshilfen sein. Doch wie bei allen Hightech-Hilfsmitteln sollte man sich nicht ausschließlich auf sie verlassen. Am besten ist es, anhand der objektiven Messdaten der diversen Geräte das eigene Belastungsempfinden zu schulen.

Herzfrequenz

Als Maßstab für die Trainingsintensität haben sich Herzfrequenz- oder Pulswerte weitgehend durchgesetzt – und das aus gutem Grund: Diese Methode ist relativ kostengünstig, bequem und genau. Man braucht dazu einen Sender, der entweder in einem Brustgurt oder einer Art Armbanduhr integriert ist und im EKG-Verfahren die Herzschläge pro Minute misst. Dabei werden Daten per Funksignal an eine Pulsuhr (beziehungsweise an ein Messgerät, das am Fahrradlenker befestigt ist) übermittelt. Die Herzfrequenz reagiert fast immer nach einem festen Muster: Sie nimmt mit steigender Intensität zu und fällt mit sinkender Intensität. Dies ermöglicht es den Athleten, nach ihrer individuellen Herzfrequenz zu trainieren, wobei sie je nach Trainingsform in verschiedenen Intensitätsbereichen bleiben.

Wie bei allen technischen Hilfsmitteln birgt auch das Ermitteln der Herzfrequenz die Gefahr, sich allzu abhängig davon zu machen. Nicht wenige Freizeit- und Leistungssportler denken, die Herzfrequenzkontrolle sei der Weisheit letzter Schluss. Das stimmt aber nicht! Ich kenne einen Triathleten, der einen schrecklichen Wettkampf erlebte, nachdem die Batterie seines Herzfrequenzmessgeräts ausgefallen war. Hätte er während des Trainings auch auf sein subjektives Belastungsempfinden geachtet, wäre er trotz seines leeren Akkus in der Lage gewesen, eine passable Wettkampfleistung zu erbringen. Ein anderer Athlet, den ich betreute, unterbot einmal seinen persönlichen Rekord über 40 Kilometer um mehr als eine Minute – und war stocksauer, weil er seine angestrebte Herzfrequenz nicht erreicht hatte.

Wer intelligent trainieren will, nutzt Herzfrequenzmesser und andere Messmethoden, achtet aber vor allem auf sein subjektives Empfinden von Belastung und Tempo, um die jeweiligen Reaktionen des Körpers kennen zu lernen. Herzfrequenzmesser liefern wichtige Hinweise zur Trainingsintensität, doch nur unter Berücksichtigung anderer Einflussfaktoren sind sie wirklich aussagekräftig. Mein Tipp: Auf den eigenen Herzschlag achten und darauf, wie er auf unterschiedliche Situationen reagiert, sich aber keinesfalls dem Urteil eines Herzfrequenzmessers unterwerfen.

LEISTUNGSPHYSIOLOGISCHE TESTS

Leistungsphysiologische Tests bieten die beste Grundlage zur Bestimmung von Trainingsintensitäten, die auf spezifische und persönliche Bedürfnisse zugeschnitten sind. Mit den Daten, die ein Labortest, beispielsweise in einem angesehenen sportmedizinischen Institut, und eine Stoffwechselanalyse liefern, können Herzfrequenzbereiche festgelegt werden, die die individuelle Physiologie berücksichtigen. Leider sind diese Tests ziemlich teuer, und oftmals fehlt im Anschluss eine ordentliche Analyse der Testergebnisse.

Solche Tests mögen zwar zeit- und organisationsaufwändig sein, liefern aber sehr präzise Anhaltspunkte, um die optimale Trainingsintensität festzustellen. Wer die Möglichkeit dazu hat, dem würde ich eine Leistungsdiagnose auf jeden Fall empfehlen. Man sollte je einen Test für das Laufen und das Radfahren machen, weil die Trainingsintensitäten für die einzelnen Disziplinen sehr unterschiedlich sein können. Jedes Training am Vortag sollte sehr leicht sein, so dass Sie komplett ausgeruht zum Test erscheinen. Drei Stunden vor dem Test sollten Sie nichts mehr essen und kein Koffein zu sich nehmen, aber ausreichend trinken. Weitere Infos zum Thema Leistungsdiagnostik finden Sie auf der englischsprachigen Internetseite meines Sportinstituts unter *www.Fitness-Concepts.com*.

Tabelle 4.1: *Herzfrequenzbereiche für das Lauftraining*

HF-Bereich 1	HF-Bereich 2	HF-Bereich 3	HF-Bereich 4	HF-Bereich 5a	HF-Bereich 5b	HF-Bereich 5c
Regeneration	Ausdauer	Tempo	an der Schwelle	über der Schwelle	aerobe Kapazität	Sprints
90–108	109–122	123–128	129–136	**137**–140	141–145	146–150
91–109	110–123	124–129	130–137	**138**–141	142–146	147–151
91–109	110–124	125–130	131–138	**139**–142	143–147	148–152
92–110	111–125	126–130	131–139	**140**–143	144–147	148–153
92–111	112–125	126–131	132–140	**141**–144	145–148	149–154
93–112	113–126	127–132	133–141	**142**–145	146–149	150–155
94–112	113–127	128–133	134–142	**143**–145	146–150	151–156
94–113	114–128	129–134	135–143	**144**–147	148–151	152–157
95–114	115–129	130–135	136–144	**145**–148	149–152	153–158
95–115	116–130	131–136	137–145	**146**–149	150–154	155–159
97–116	117–131	132–137	138–146	**147**–150	151–155	156–161
97–117	118–132	133–138	139–147	**148**–151	152–156	157–162
98–118	119–133	134–139	140–148	**149**–152	153–157	158–163
98–119	120–134	135–140	141–149	**150**–153	154–158	159–164
99–120	121–134	135–141	142–150	**151**–154	155–159	160–165
100–121	122–135	136–142	143–151	**152**–155	156–160	161–166
100–122	123–136	137–142	143–152	**153**–156	157–161	162–167
101–123	124–137	138–143	144–153	**154**–157	158–162	163–168
101–124	125–138	139–144	145–154	**155**–158	159–163	164–169
102–125	126–138	139–145	146–155	**156**–159	160–164	165–170
103–126	127–140	141–146	147–156	**157**–160	161–165	166–171
104–127	128–141	142–147	148–157	**158**–161	162–167	168–173
104–128	129–142	143–148	149–158	**159**–162	163–168	169–174
105–129	130–143	144–148	149–159	**160**–163	164–169	170–175
106–129	130–143	144–150	151–160	**161**–164	165–170	171–176
106–130	131–144	145–151	152–161	**162**–165	166–171	172–177
107–131	132–145	146–152	153–162	**163**–166	167–172	173–178
107–132	133–146	147–153	154–163	**164**–167	168–173	174–179
108–133	134–147	148–154	155–164	**165**–168	169–174	175–180
109–134	135–148	149–154	155–165	**166**–169	170–175	176–181
109–135	136–149	150–155	156–166	**167**–170	171–176	177–182
110–136	137–150	151–156	157–167	**168**–171	172–177	178–183
111–137	138–151	152–157	158–168	**169**–172	173–178	179–185

Tabelle 4.1: *Herzfrequenzbereiche (Fortsetzung)*

HF-Bereich 1	HF-Bereich 2	HF-Bereich 3	HF-Bereich 4	HF-Bereich 5a	HF-Bereich 5b	HF-Bereich 5c
Regeneration	Ausdauer	Tempo	an der Schwelle	über der Schwelle	aerobe Kapazität	Sprints
112–138	139–151	152–158	159–169	**170**–173	174–179	180–186
112–139	140–152	153–160	161–170	**171**–174	175–180	181–187
113–140	141–153	154–160	161–171	**172**–175	176–181	182–188
113–141	142–154	155–161	162–172	**173**–176	177–182	183–189
114–142	143–155	156–162	163–173	**174**–177	178–183	184–190
115–143	144–156	157–163	164–174	**175**–178	179–184	185–191
115–144	145–157	158–164	165–175	**176**–179	180–185	186–192
116–145	146–158	159–165	166–176	**177**–180	181–186	187–193
116–146	147–159	160–166	167–177	**178**–181	182–187	188–194
117–147	148–160	161–166	167–178	**179**–182	183–188	189–195
118–148	149–160	161–167	168–179	**180**–183	184–190	191–197
119–149	150–161	162–168	169–180	**181**–184	185–191	192–198
119–150	151–162	163–170	171–181	**182**–185	186–192	193–199
120–151	152–163	164–171	172–182	**183**–186	187–193	194–200
121–152	153–164	165–172	173–183	**184**–187	188–194	195–201
121–153	154–165	166–172	173–184	**185**–188	189–195	196–202
122–154	155–166	167–173	174–185	**186**–189	190–196	197–203
122–155	156–167	168–174	175–186	**187**–190	191–197	198–204
123–156	157–168	169–175	176–187	**188**–191	192–198	199–205
124–157	158–169	170–176	177–188	**189**–192	193–199	200–206
124–158	159–170	171–177	178–189	**190**–193	194–200	201–207
125–159	160–170	171–178	179–190	**191**–194	195–201	202–208
125–160	161–171	172–178	179–191	**192**–195	196–202	203–209
126–161	162–172	173–179	180–192	**193**–196	197–203	204–210
127–162	163–173	174–180	181–193	**194**–197	198–204	205–211
127–163	164–174	175–181	182–194	**195**–198	199–205	206–212

Quelle: Friel, Joe: *Die Trainingsbibel für Triathleten*. Covadonga Verlag, 2007.

Suchen Sie Ihre Herzfrequenz (HF) an der Lakatschwelle in der Spalte ‚HF-Bereich 5a'. Lesen Sie dann links und rechts davon Ihre Herzfrequenz für die einzelnen Trainingsintensitäten ab.

TRAININGSINTENSITÄTEN FESTLEGEN

Um die persönliche Trainingsintensität zu bestimmen, muss jeder Triathlet zunächst seine persönliche Herzfrequenz an der Laktatschwelle (iANS-HF) kennen. In einem sportmedizinischen Institut kann dieser Wert optimal ermittelt werden. Doch auch durch einen Testlauf lässt er sich näherungsweise bestimmen.

Wichtig ist, dass Sie gut ausgeruht sind und eine Strecke gefunden haben, auf der Sie ungestört eine Stunde lang laufen können. Dazu eignet sich vor allem ein flaches bis leicht welliges Gelände. Ideal ist jedoch eine Laufbahn. Laufen Sie sich mindestens 20 Minuten warm, und legen Sie mehrere einminütige Steigerungen ein. Anschließend laufen Sie eine Stunde lang im maximal möglichen Tempo und ermitteln die durchschnittliche Herzfrequenz in der zweiten halben Stunde: Diese Herzfrequenz entspricht in etwa Ihrer Laktatschwelle. Ein Wettkampf eignet sich nicht für einen solchen Test, weil man in dieser Situation immer schneller läuft als sonst. Ein zu hoch angesetzter Laktatschwellenwert führt direkt ins Übertraining, anstatt in eine Leistungsverbesserung. Anhand von Tabelle 4.1 lassen sich die persönlichen Trainingsbereiche ableiten. Die Herzfrequenz an der Laktatschwelle ist fett gedruckt; rechts und links von diesem Wert stehen in derselben Zeile die Herzfrequenzbereiche für die betreffenden Trainingsintensitäten.

ERMÜDUNG

Wenn wir über Trainingsintensitäten sprechen, müssen wir auch das Thema Ermüdung und ihre Ursachen anschneiden. Jedes Training zielt letztlich darauf ab, nach einer bestimmten Laufdauer und/oder -geschwindigkeit weniger stark zu ermüden. Die Ursachen für eine körperliche Ermüdung sind vielfältig und hängen von der Dauer eines Wettkampfs, dem Wettkampfgelände, den Witterungsbedingungen und nicht zuletzt von den persönlichen Voraussetzungen ab. Wer die Ursachen für Ermüdung in den persönlich wichtigsten Wettkämpfen richtig erkennt, kann das eigene Training gezielter anpassen, um die leistungsbegrenzenden Faktoren zu stärken und den Erfolg zu maximieren.

Atemnot

Bei sehr kurzen, zwei- bis sechsminütigen Ausdauerbelastungen kann die Fähigkeit der Lunge, das Blut mit ausreichend Sauerstoff zu versorgen, ein leistungsbegrenzender Faktor sein, für den Trainingsbedarf besteht. Allerdings ist selbst der kürzeste Triathlon so lang, dass diese Fähigkeit nie wettkampfrelevant sein dürfte.

Übersäuerung

Jeder Athlet kennt das Brennen, das mit der Anhäufung von Milchsäure beziehungsweise Laktat in den Muskeln einhergeht. Neuere Studien weisen darauf hin, dass die Ermüdung nicht direkt auf das Laktat selbst, sondern vielmehr die H^+-Ionen zurückzuführen ist. Die Übersäuerung der Muskeln trägt aber auf jeden Fall zur Ermüdung bei, ist die wahrscheinlichste Ursache für Leistungsabfälle auf der Sprint- und Kurzdistanz und dürfte auch bei ambitionierten Mitteldistanz-Athleten die Ermüdung beschleunigen.

Nachschubmangel

Fast alle Triathleten wissen, wie es ist, wenn die Energiereserven erschöpft sind. Der gefürchtete ‚Mann mit dem Hammer‘ bringt uns zum Stillstand und führt dazu, dass uns selbst ein sehr geringes Tempo schwer fällt und weh tut. Gehen Sie dem ‚Mann mit dem Hammer‘ daher tunlichst aus dem Weg! Die meisten Triathleten glauben, dass ihr Körper wie der Motor eines Fahrzeugs funktioniert: Auch wenn nur noch wenige Tropfen Sprit im Tank sind, bringt ein Auto noch immer die volle PS-Leistung. Der menschliche Körper arbeitet aber anders. Unsere Leistungsfähigkeit nimmt schon lange Zeit, bevor wir komplett einbrechen, allmählich ab. Wer genauer auf einen optimalen Energienachschub achtet, kommt schneller ans Ziel. Anhang E enthält hierzu detaillierte Tipps.

Dehydrierung

Wasser ist das wichtigste Element unseres Körpers. In dem Maß wie unsere Leistung sinkt, wenn sich die Glykogendepots leeren und wir das noch gar nicht merken, werden wir auch bei Dehydrierung immer langsamer, lange bevor wir Durst verspüren. Die meisten Triathleten trinken ganz gewissenhaft, solange sie auf dem Rad sitzen. Beim Laufen werden sie indes nachlässig. Ich empfehle Ihnen, für jeden Lauf, der länger als 40 Minuten dauert, Wasser mitzunehmen. Genau, wie Sie eine Wasserflasche zum leichten Spinning mitnehmen, gehört auch beim Lauftraining ein Getränk an den Hüftgurt. Wir empfehlen, pro Stunde und pro 70 Kilogramm Körpergewicht einen halben Liter Wasser zu trinken.

Muskelermüdung

Übersäuerung, Nachschubmangel und Dehydrierung sind sehr weit verbreitete Ursachen für Ermüdung. Doch unsere Muskeln können auch aus unbekannten Gründen ermüden. Selbst wenn ein gut trainierter Athlet unterhalb der Laktatschwelle bleibt und genug Nahrung und Flüssigkeit zu sich nimmt, kann er nicht vermeiden, dass seine Muskeln irgendwann einmal schlapp machen.

Auch hier ist die Intensität der wichtigste Faktor, der die Reaktion des Körpers auf Belastungen bestimmt. Ein Training mit der geeigneten Intensität verbessert das Leistungsverhalten mehr als alles andere. Machen Sie sich die Mühe und finden Sie die richtige Intensität für jede einzelne Trainingseinheit heraus. Sie werden sehen, dass sich Ihre Wettkampfzeit nachhaltig verbessert!

Kapitel 5

Maßgeschneiderte Trainingspläne

In diesem Kapitel wollen wir uns damit befassen, ausgehend von Ihrem jährlichen Trainingsplan Monatspläne zu erstellen. Die meisten Sportler investieren zwar viel Zeit in ihre Wettkampfvorbereitung, lassen aber eine zielgerichtete Planung vermissen. Meist werden schlicht Kilometer ‚gefressen' und die Intensitäten erhöht, um die Trainingsbelastung zu steigern, ohne die persönlichen Voraussetzungen und Wettkampfziele angemessen zu berücksichtigen.

Jeder Athlet sollte sich in jeder Trainingsperiode – und jedem Zyklus innerhalb einer Trainingsperiode – ganz bestimmte Schwerpunkte setzen. Dabei baut das Training eines jeden Monats idealerweise auf dem Vormonatstraining und dem jeweiligen Fortschritt auf. Damit kann der Sportler punktgenau seine Höchstleistung erbringen und im Voraus festlegen, wann er seine Höchstform erreichen möchte. Das menschliche Leistungsvermögen läuft in Zyklen ab. Wenn ein wichtiger Wettkampf bevorsteht, können wir mit diesen Zyklen arbeiten und sie so beeinflussen, dass wir am entscheidenden Tag in Bestform sind – oder aber wir ignorieren diese Zyklen und hoffen, dass wir am Wettkampftag gut drauf sind.

SCHLÜSSELTRAINING

Jedes Training sollte rund um die entscheidenden ‚Schlüssel'-Trainingseinheiten aufgebaut werden, die dazu dienen, einen leistungsbegrenzenden Faktor zu verbessern. Hierzu wird der Körper insofern gefordert, als

Umfang und/oder Intensität weit über das übliche Trainingsmaß hinaus erhöht werden.

Für ein wirkungsvolles Training müssen die Schlüsseleinheiten (normalerweise sind es ein bis zwei pro Woche) so effektiv wie möglich sein. Deshalb sollten sie bei der Trainingsplanung auch im Mittelpunkt stehen. Die restlichen Einheiten der Woche werden dann so arrangiert, dass sie diese unterstützen. Ein ausgeklügelter Trainingsplan hilft dabei, ein wirkungsvolles Training bei jeder dieser Einheiten zu absolvieren. Er sieht vor jeder Haupt-Einheit ein Mini-Tapering vor, damit die Trainingsziele auch erreicht werden können, ohne die eigenen mentalen oder körperlichen Kräfte über Gebühr zu strapazieren.

SCHWERPUNKTE SETZEN

Jeder Abschnitt eines Trainingsjahres wird durch jeweils andere Schwerpunkte gekennzeichnet, und auch das Training während dieser Phasen sollte entsprechend strukturiert werden.

In der **Übergangsperiode** stehen Spaß und Entspannung sowie die vollständige Erholung und Wiederherstellung von Körper und Geist nach den Strapazen der zurückliegenden Saison im Vordergrund. Es ist absolut wichtig, auf jede starke Belastung zu verzichten und locker und spontan zu trainieren. Der Trainingsumfang sollte dabei sehr niedrig gehalten werden.

In der **Vorbereitungsperiode** geht es nicht darum, stärker und schneller zu werden, sondern den Körper auf die bevorstehenden Belastungen vorzubereiten, die uns stärker und schneller machen sollen. Der Schwerpunkt liegt dabei auf der Entwicklung der Grundfertigkeiten Ausdauer, Kraft und Schnelligkeit. Der Trainingsumfang sollte etwas über dem der Übergangsperiode liegen, aber immer noch relativ gering sein. Die Vorbereitungsperiode ist die beste Zeit des Jahres, um an der eigenen Technik zu arbeiten und sie zu ändern.

In der **Grundlagenperiode** geht es allmählich zur Sache: Ausdauer, Kraft und Schnelligkeit werden jetzt gezielt trainiert; Umfang und Intensität der Workouts nehmen langsam zu. Grundlagenausdauertraining sollte im HF-Bereich 1 bis 2 durchgeführt und schrittweise ausgedehnt werden. Ein weiterer Schwerpunkt ist das Krafttraining. Das sportartspezifische Training (z.B. Schwimmen mit Paddles, Radfahren im großen Gang, Laufen mit Gewichten) soll die Muskeln daran gewöhnen, ihre neugewonnene Kraft für die drei Triathlondisziplinen zu nutzen. Außerdem werden Technikübungen zur Erhöhung der Schritt- beziehungsweise Trittfrequenz und zur Korrektur von Bewegungsabläufen eingebaut, um die Aktionsschnelligkeit zu steigern.

In der **Aufbauperiode** wird das Training wettkampfspezifischer. Für einen Sprint- und olympischen Triathlon mit A-Priorität wird ab jetzt die Trainingsintensität gesteigert. Mitteldistanz-Triathleten erhöhen vor allem die Dauer ihrer langen Trainingseinheiten und fügen Abschnitte im Wettkampftempo hinzu, während Langdistanz-Athleten sich weiterhin auf ihre langen Einheiten konzentrieren. Die spezifischen Fertigkeiten – also Kraftausdauer, Schnelligkeitsausdauer und Schnellkraft – werden trainiert, falls diese zu den leistungsbegrenzenden Faktoren zählen. In dieser Trainingsperiode ist es wichtig, die eigene Belastungsintensität und Regeneration sehr sorgfältig zu überwachen, denn das Risiko zu überziehen ist jetzt besonders groß.

In der **Vorwettkampf-** und **Wettkampfperiode** liegt der Schwerpunkt auf Training im Wettkampftempo, entsprechenden Pausen und Regenerationszeiten sowie der Ökonomie.

LEISTUNGSBEGRENZENDE FAKTOREN IM FOKUS

Orientieren Sie sich bei der Wahl Ihrer Trainingskomponenten und -prioritäten an Ihren leistungsbegrenzenden Faktoren. Da das Schwerpunkttraining zur Verbesserung der leistungsbegrenzenden Faktoren besonders wichtig ist, bilden diese Einheiten auch den Kern des Monatsplans. Alle anderen Trainingseinheiten müssen sich ihnen unterordnen, da sie den Trainingseffekt verstärken sollen, ohne ihm in die Quere zu kommen.

Vorbereitungsperiode

In der Vorbereitungsperiode geht es vor allen Dingen um regelmäßiges und konsequentes Training. Beginnen Sie beispielsweise mit einem sanften Krafttraining und drei Läufen pro Woche an nicht aufeinander folgenden Tagen. Dazu gehört zum Beispiel das Laufen mit einem Schrittfrequenzmesser und die Erhöhung der Schrittfrequenz bei gleichbleibender Intensität (das heißt, die Schrittlänge wird entsprechend verkürzt).

Grundlagenperiode

Jeder Triathlet sollte während des Grundlagentrainings eine relativ lange Laufeinheit sowie Krafttraining und Technikübungen zur Verbesserung der spezifischen technischen Fertigkeiten einlegen. Was davon jeweils schwerpunktmäßig trainiert wird, hängt von Ihren leistungsbegrenzenden Faktoren ab.

Besteht Ihr größter Trainingsbedarf in der **Laufökonomie**, müssen Sie Ihre Lauftechnik unter die Lupe nehmen. Dabei ist es hilfreich, regelmäßigen Unterricht bei einem qualifizierten Ausbilder zu nehmen oder sich Lehrvideos zum Thema Lauftechnik anzusehen oder – besser noch – die eigene Technik auf Video zu analysieren. Außerdem wird der Schrittfrequenzmesser verstärkt zu unserem Laufbegleiter. Ebenfalls auf den Wochenplan gehören ein paar sehr kurze (30 bis 40 Sekunden lange) Intervalle im ökonomisch optimalen Tempo, gefolgt von vollständigen Erholungspausen.

Ist die **Ausdauer** Ihr leistungsbegrenzender Faktor, weiten Sie die langen Läufe aus, und erhöhen Sie stufenweise den gesamten Laufumfang. Wer bislang eine geringe Verletzungsanfälligkeit bewiesen hat, kann sich eventuell überlegen, ob eine vierte Laufeinheit pro Woche sinnvoll ist.

Ist die **Kraft** Ihr leistungsbegrenzender Faktor, hat das Krafttraining oberste Priorität sowie ein bis zwei Läufe pro Woche mit Gewichten. Ist die **Verletzungsresistenz** ein leistungsbegrenzender Faktor, sollte es in der Grundlagenperiode Ihr Hauptziel sein, verletzungsfrei durch die Saison zu kommen; dazu aber mehr in Kapitel 13.

Wer für eine bessere Wettkampfleistung ein bestimmtes **Gewicht** erreichen will, beginnt damit ebenfalls in dieser Trainingsperiode. Dieses Thema wird in Kapitel 7 ausführlich behandelt.

Aufbauperiode

In der Aufbauperiode konzentrieren wir uns auf die Kraftausdauer sowieso auf die Schnelligkeitsausdauer oder Schnellkraft, falls sie leistungsbegrenzend sind. Zudem kommt ein wöchentliches Laktatschwellentraining auf den Plan, und an der Laufökonomie wird weiter gearbeitet.

Langdistanz-Triathleten und alle, die an ihrer Ausdauer arbeiten müssen, trainieren weiterhin verstärkt die Grundlagenausdauer. Athleten mit dem leistungsbegrenzenden Faktor Kraft machen ein niveauerhaltendes Krafttraining und bauen gezielte Kraftübungen in ihr Rad-, Schwimm-

und Lauftraining ein. Wer für die Sprint- und olympische Distanz trainiert, arbeitet an der Verbesserung seiner aeroben Kapazität, sofern die Schnelligkeitsausdauer sein leistungsbegrenzender Faktor ist. Athleten, die in reinen Laufwettkämpfen auffallend bessere Leistungen zeigen als in Kombination mit dem Radfahren und/oder Schwimmen, sollten jetzt öfter ein Koppeltraining machen. Spätestens in dieser Trainingsperiode sollten Sie außerdem in einzelnen Trainingseinheiten beginnen, Ihre persönlichen Ernährungspläne für den Wettkampftag auf die Probe zu stellen. Schließlich muss unser Verdauungssystem ähnlich wie unsere Beine und Lungen trainiert werden, damit es unter intensiver sportlicher Belastung Nachschub verdauen und aufnehmen kann.

Vorwettkampf- und Wettkampfperiode

In der Vorwettkampf- und Wettkampfperiode hat die Regeneration zwischen einzelnen Trainingseinheiten die höchste Priorität. Jetzt steht hartes Training auf dem Plan, und dabei geht es vor allem um Qualität, nicht um hohe Umfänge oder Intensität.

In dieser Phase wird vor allem im Wettkampftempo trainiert. Zwischen den Einheiten sollten jeweils 48 bis 72 Stunden Regenerationszeit liegen – hammerhartes Training ist nicht nötig! Das Ziel ist, die eigene Effizienz unter Wettkampfbedingungen zu erhöhen und nicht, sich jetzt schon zu verausgaben.

Die Wärmeregulation des Körpers ist übrigens auch ein möglicher leistungsbegrenzender Faktor. In dieser Phase besteht die Gelegenheit, sich hierauf zu konzentrieren. Einzelheiten hierzu finden Sie in Kapitel 14. Auch Ihren mentalen Fertigkeiten (näheres dazu in Kapitel 10) sollten Sie während der Vorwettkampf- und Wettkampfperiode den letzten Schliff geben. Wenn Sie sich auf die Sprint- oder olympische Distanz vorbereiten und einen Trainingsbedarf in der Schnelligkeitsausdauer haben, machen Sie weiterhin das eine oder andere Laktattoleranztraining.

TRAINING IM WOCHENRHYTHMUS

Sobald die spezifischen Schwerpunkte für jede einzelne Trainingsperiode feststehen, bringen Sie die Trainingsinhalte in einen wöchentlichen Rhythmus, und zwar einen Monat nach dem anderen. Ausgehend von der Jahresplanung erstellen Sie Ihren Plan für den ersten Vier-Wochen-Zyklus. Nach dessen Ende legen Sie sich Ihren Zeitplan für die nächsten vier Wochen zurecht. Schließlich muss immer in die Planung der nächsten Wochen einfließen, was man in den vorangegangenen vier Wochen getan hat. Wer beispielsweise einen 90-minütigen Lauf für den letzten Monat der Grundlagenperiode, z.B. Ende März, geplant hat und davon ausgeht, dass dieser Lauf richtig anstrengend sein wird, sollte für den April keine noch längeren Läufe planen. Wer jedoch feststellt, dass sich durch das bisherige Training die Grundlagenausdauerfähigkeit so stark verbessert hat, dass der 90-minütige Lauf überhaupt kein Problem ist, kann kurzfristig im April seine Läufe ausweiten, auch wenn gleichzeitig die Intensität der anderen Trainingseinheiten zunimmt.

Manche Athleten bevorzugen Trainingszyklen, die vom gängigen Wochenrhythmus abweichen und wenden dieselben Trainingsprinzipien auf Zehn-Tage-Zyklen an. Die meisten Triathleten arbeiten oder studieren jedoch montags bis freitags, und auch der Rest ihres Lebens ist im Sieben-Tage-Rhythmus organisiert; deshalb wird auch das Training generell nach diesem Zyklus geplant, es sei denn, es sprechen stichhaltige Gründe dagegen.

Der Wechsel zwischen harten und leichten Einheiten hat die Einstellung von Ausdauerathleten zum Training insgesamt verändert: Wir neigen zwar dazu, harte und lockere Trainingstage abwechselnd einzuplanen. Viele Athleten finden es jedoch effektiver, in Blöcken zu trainieren, wobei sich mehrere harte Einheiten mit mehreren Erholungstagen abwechseln. Wer nie zwei harte Trainingseinheiten aufeinander folgen lässt, schränkt die Anzahl seiner möglichen Qualitätseinheiten stark ein. Triathleten können glücklicherweise durch die geschickte Planung der unterschiedlichen Disziplinen mehrere harte Trainingseinheiten in kürzeren Abständen absolvieren, ohne gleich Verletzungen oder Übertraining zu riskieren.

In der Regel schwimmen Triathleten zwei bis vier Mal wöchentlich, fahren drei bis fünf Mal Rad und laufen drei bis vier Mal. Dabei ist die Trainingshäufigkeit in jenen Sportarten höher, die leistungsbegrenzende Faktoren darstellen, und in allen Sportarten in Phasen, in denen die Ökonomie verbessert werden soll.

Vor allem beim Laufen reagiert jeder Triathlet anders auf eine erhöhte Trainingshäufigkeit. Für manche – darunter sogar gute Läufer – ist es besser, nicht an aufeinander folgenden Tagen zu laufen. Wie erwähnt, ist die Anfälligkeit für Verletzungen und Übertraining ein leistungsbegrenzender Faktor für zahlreiche Triathleten. Dann ist es besser, drei gute Laufeinheiten pro Woche zu absolvieren und gesund zu bleiben, statt zu aggressiv vorzugehen und später verletzungsbedingt pausieren zu müssen.

Und so erstellen wir ein Wochenschema für das Training: Zunächst tragen wir auf einem Blatt Papier (oder in einer Excel-Tabelle) in einer Reihe oder Spalte die Wochentage ein und geben daneben beziehungsweise darunter die Tages- und Abendstunden an, in denen wir trainieren möchten. Dabei werden zunächst alle Zeiten durchgestrichen, in denen man nicht trainieren kann. Dann werden alle im Voraus feststehenden Trainingseinheiten eingetragen, an denen man immer teilnimmt, beispielsweise regelmäßige Schwimm- oder Lauftreffs.

Als nächstes kommen die Trainingseinheiten mit höchster Priorität, dann werden die weniger wichtigen Einheiten festgelegt, wobei diese die Wirksamkeit der wichtigsten Trainingseinheiten nicht beeinträchtigen dürfen: An den Tagen vor den zwei oder drei wöchentlichen Einheiten mit der höchsten Priorität sollten Sie relativ locker trainieren, damit Sie für dieses wichtige Training stark und ausgeruht sind.

Wenn an einem Wochenende eine lange Fahrt und ein langer Lauf geplant sind, sollte der Lauf, wenn es sich irgendwie einrichten lässt, auf den Samstag verlegt werden. Es ist besser, mit vom Vortag müden Beinen Rad zu fahren, als auf Beinen zu laufen, die vom Radfahren am Vortag geschwächt sind. Triathleten, die am Tag nach einer langen Fahrt einen langen Lauf absolvieren, neigen daher auch eher zu Verletzungen, weil die Beinmuskulatur, die vom Radfahren schon geschwächt ist, beim Laufen noch stärker beansprucht wird. Der lange Lauf sollte auf jeden Fall die höhere Priorität besitzen, weil er intensiver und belastender ist, sogar dann, wenn das Radfahren für Sie der größere leistungsbegrenzende Faktor ist. Tabelle 5.1 stellt beispielhafte Wochenrhythmen vor, die sich für das Triathlontraining als besonders effektiv erwiesen haben.

DER AUFBAU EINES VIER-WOCHEN-ZYKLUS

Erfahrungsgemäß führen vierwöchige Trainingszyklen bei den meisten Sportlern zu den besten Ergebnissen. Umfänge und Intensitäten steigen über drei Wochen langsam an; darauf folgt eine Woche mit leichtem Training, um sich von diesen drei Wochen komplett zu erholen. Dagegen eignen sich für manche Athleten – besonders Einsteiger oder Hochleistungssportler – in bestimmten Phasen der Saison auch Drei-Wochen-Zyklen, in denen das Training zwei Wochen lang aufgebaut und von einer Regenerationswoche abgelöst wird.

Wenn der Wochenrhythmus für das Training feststeht, kann mit der Erstellung des persönlichen Monatsplans begonnen werden. Dabei werden die Umfänge und Intensitäten der wichtigsten Einheiten von Woche zu Woche immer weiter erhöht. Das Training in der dritten Woche sollte schon recht anstrengend sein. In der vierten Woche wird sowohl der Trainingsumfang merklich reduziert (und zwar um die Hälfte bis zwei Drittel des Umfangs in der ersten Woche), als auch die Intensität drastisch zurückgefahren. Diese Regenerationswoche sollte mindestens einen trainingsfreien Tag enthalten. Dafür sollte aber keine Trainingseinheit in derjenigen Triathlondisziplin ausfallen, in der die Ökonomie Ihr leistungsbegrenzender Faktor ist, denn die Trainingshäufigkeit ist eine wichtige Voraussetzung zur Verbesserung der Bewegungsökonomie. Deshalb sollten Sie diese Disziplin während der Erholungswoche zwar nach wie vor regelmäßig, aber nur leicht und locker trainieren.

Die Regenerationswoche am Ende jedes intensiven Zyklusses ist äußerst wichtig. Sie bildet immer wieder eine Art Puffer gegen Übertrai-

Tabelle 5.1: *Beispielhafter Wochenrhythmus für das Triathlontraining in allen Distanzen*

	Trainingsbeispiel
MONTAG	Schwimmen, lang und locker
DIENSTAG	Schneller Lauf, Lockeres Radfahren (optional)
MITTWOCH	Schnelles Schwimmen, Schnelles Radfahren
DONNERSTAG	Mäßig schneller Lauf, Lockeres Radfahren (optional)
FREITAG	Schwimmen, lang und leicht
SAMSTAG	Langer Lauf oder Koppeltraining
SONNTAG	Langes oder schnelles Radfahren

ning. In dieser Woche tanken wir wieder Energie, um körperlich und mental fit und beweglich zu bleiben. Am Ende der vierten Woche vermisst man im Normalfall das harte Training und wartet voller Tatendrang darauf, dass der neue Trainingszyklus beginnt. Die Muskeln, Gelenke und das Bindegewebe sollten regeneriert und sämtliche Schmerzen abgeklungen sein. Und nicht zuletzt ist es ratsam, die durch die Trainingsreduktion gewonnene Zeit auch zum Schlafen zu nutzen.

TRAININGSINHALTE DEFINIEREN

In den Anhängen A und B werden spezielle Trainingseinheiten für die jeweiligen leistungsbegrenzenden Faktoren vorgestellt. Gehen Sie jeden neuen Trainingsbereich eher zurückhaltend an. Im Zweifelsfall ist es immer besser, weniger zu trainieren, dies aber gut zu machen. Auf den folgenden Seiten finden Sie einige allgemeine Vorschläge wie verschiedene Trainingsformen gestaltet werden können.

Grundlagenausdauertraining

Das Grundlagenausdauertraining wird im HF-Bereich 2 durchgeführt und bildet das Rückgrat jeder effektiven Triathlonvorbereitung. Es umfasst spezielle lange Läufe, lange Rad- und Koppeleinheiten sowie kürzere Trainingseinheiten unter der Woche. Auch sämtliche Auf- und Abwärmübungen für jede Art von Training werden in diesem Intensitätsbereich gemacht. Falls Ihr leistungsbegrenzender Faktor die Ausdauer ist, können Sie die Aufwärmphase bei jedem Training ausdehnen und so bis zu einem gewissen Grad an Ihrer Ausdauer arbeiten.

Laktatschwellentraining

Je nach dem individuellen Trainingsbedarf und den Prioritäten spielt das Training an der Laktatschwelle (LS) für jeden Triathleten eine andere Rolle, ist für die Wettkampfvorbereitung jedoch immer wichtig.

Wer im Wettkampf zwischen einer halben Stunde und fünf Stunden schwimmen, Rad fahren und laufen will, sollte unbedingt an seiner LS-Geschwindigkeit arbeiten. Ein Großteil der Schnelligkeit wird bei den kürzeren Strecken bis zur Mitteldistanz von den intermediären Muskelfasern (den Fasern für die Schnelligkeitsausdauer) geliefert, wobei viel

Milchsäure entsteht. Die Übersäuerung der Muskeln kann also durchaus das Leistungsverhalten beeinträchtigen.

Auch für Wettkämpfe, die kürzer als 30 Minuten oder länger als fünf Stunden dauern, ist das LS-Training ein wichtiger Trainingsbestandteil: Für Sprintleistungen sind zwar vor allem die schnell zuckenden Muskelfasern relevant, doch die intermediären Muskelfasern spielen auch hier eine wichtige Rolle. In einem Langdistanz-Wettkampf liefern dagegen die langsam zuckenden Muskelfasern den Großteil der nötigen Energie, und die intermediären Fasern werden über weite Strecken überhaupt nicht beansprucht. Doch das LS-Training – besonders in Form von sehr langen Intervallen mit einer Intensität am unteren Ende des HF-Bereichs 4 – kann hier die Glykogenspeicherung und die Blutversorgung verbessern sowie elementare organische Adaptationen, wie die Erhöhung des Herzschlagvolumens, anregen.

Erfahrungsgemäß überschreiten die meisten Triathleten, sogar in einem Langdistanz-Wettkampf, irgendwann einmal die aerobe Schwelle und rekrutieren vorübergehend ihre intermediären Muskelfasern, zum Beispiel an einem besonders steilen Anstieg. Deshalb sollte man diese Fasern auf alle Fälle auch dann trainieren, wenn sie über weite Strecken des Wettkampfs nicht beansprucht werden.

Die zeitliche Planung des Laktatschwellentrainings

Das LS-Training wird in jeden Zeitplan anders integriert, je nach den individuellen Zielsetzungen, leistungsbegrenzenden Faktoren und der jeweiligen Saisonphase. Ist der primäre leistungsbegrenzende Faktor die Kraftausdauer, dann könnten in der Grundlagenperiode einige LS-Trainingsabschnitte sowohl unter der Woche als auch in den langen Einheiten am Wochenende eingebaut werden.

Beginnen Sie in der Grundlagenperiode mit Schwellenintervallen (siehe Kapitel 4) von jeweils vier Minuten im niedrigen HF-Bereich 4 und zwei Minuten Pause dazwischen. Machen Sie anfangs drei bis fünf Wiederholungen, fügen Sie in der zweiten Woche einen Satz hinzu und noch einen weiteren in der dritten Woche; schließlich wird der Umfang in der vierten Regenerationswoche auf zwei bis vier Sätze (also weniger als in der ersten Woche) reduziert. In den nächsten beiden vierwöchigen Trainingszyklen der Grundlagenperiode erhöhen Sie die Anzahl und/ oder die Dauer der Intervalle im HF-Bereich 4 auf etwa fünf bis sechs Minuten. Steigern Sie außerdem die Intensität vom unteren Ende des

HF-Bereichs 4 auf den oberen HF-Bereich 4, ohne die Laktatschwelle zu überschreiten.

Haben Sie sich über mehrere Trainingszyklen hinweg an die Schwellenintervalle gewöhnt, bietet sich eine verstärkte Tempoarbeit an. Den von mir betreuten Athleten empfehle ich hierfür meist etwa 15 Minuten im unteren HF-Bereich 4. Bei guter Kondition des Läufers erhöhe ich die Dauer relativ schnell auf einen Vier-Wochen-Zyklus von 15 Minuten – 20 Minuten – 25 Minuten – 10 Minuten.

Training der aeroben Kapazität

Das Training der aeroben Kapazität ist für die Wettkampfvorbereitung nahezu aller fortgeschrittenen Athleten wichtig. Für Triathlon-Anfänger in ihrem ersten Jahr ist dieses Training dagegen nicht zu empfehlen. Bevor mit der Verbesserung der aeroben Kapazität begonnen wird, ist es ratsam, mindestens ein Jahr lang ein allgemeines Grundlagenausdauer- und Laktatschwellentraining zu absolvieren.

Den größten Nutzen aus diesem Training ziehen schnellere Athleten, für die die Ausdauer kein leistungsbegrenzender Faktor ist. Es eignet sich aber auch für erfahrene und konditionsstarke Triathleten, die an Wettkämpfen über die Sprint- oder olympische Distanz teilnehmen, für Fortgeschrittene, die für Mitteldistanz- oder kürzere Triathlons trainieren, sowie für viele Spitzentriathleten unabhängig von ihrer Wettkampfdistanz.

Das Training der aeroben Kapazität gehört in die Aufbau-, Vorwettkampf- und Wettkampfperiode. Man beginnt mit relativ kurzen Intervallen, wie etwa mit den 30/30-Intervallen (30-sekündige Intervalle in TL6-Geschwindigkeit im Wechsel mit 30 Sekunden Traben). Im ersten Trainingszyklus wird der Umfang aufgebaut, später die Intensität erhöht. Da die schnell zuckenden Sprintfasern in den bisherigen Trainingsperioden noch überhaupt nicht aktiviert wurden, verbessert sich die aerobe Kapazität zunächst auch durch mäßig belastende Trainingseinheiten in diesem Bereich.

Wer mit aerobem Kapazitätstraining beginnt, muss ein besonderes Augenmerk auf seine Erholung legen: Vor und nach jedem VO_2max-Training sollten eher leichte Trainingstage auf dem Plan stehen, und ich empfehle außerdem, nur an einem dieser beiden Tage zu laufen. Wie bereits in Kapitel 4 erläutert, sollte im Training der aeroben Kapazität nie schneller als mit TL6-Geschwindigkeit gelaufen werden.

Laktattoleranztraining

Das Laktattoleranztraining gibt der Wettkampfvorbereitung den letzten Schliff. Diese Trainingsart sollte höchstens vier bis sechs Wochen lang vor einem A-Wettkampf – für den die Laktattoleranz ein leistungsbegrenzender Faktor ist – zum Einsatz kommen, also in der Spätphase der Aufbau-, Vorwettkampf- und Wettkampfperiode. Die meisten Triathleten sollten Laktattoleranztraining gänzlich meiden, weil dadurch andere Trainingseffekte eher geschwächt als gefördert werden. Wie bei allen Trainingseinheiten heißt es besonders beim Laktattoleranztraining: Im Zweifelsfall ist weniger mehr!

Laktattoleranztraining – für wen?

Ob die Laktattoleranz für einen Triathlonwettkampf wichtig ist, hängt von dessen Dauer, vom Streckenprofil sowie von der körperlichen Konstitution eines Athleten ab. Von der Entscheidung, ob die Laktattoleranz ein leistungsbegrenzender Faktor ist, hängt die gesamte Entwicklung des Saisontrainingsplans ab. Um in seinen A-Wettkämpfen größtenteils eine Intensität oberhalb der Laktatschwelle aufrechterhalten zu können, muss man zuvor seine Laktattoleranz optimal entwickeln. Ist dies nicht notwendig, führt weniger intensives Training an oder unterhalb der Laktatschwelle zu einer schnelleren Wettkampfzeit – nicht aber das Laktattoleranztraining.

In Sprint-Triathlons bleiben die meisten guten Athleten leicht oberhalb der Laktatschwelle; für sie spielt die Laktattoleranz also eine wichtige Rolle. Top-Athleten schwimmen, fahren und laufen bei kürzeren Wettkämpfen ebenfalls meist oberhalb der Laktatschwelle und müssen diese Trainingsform in jedem Fall in ihre Wettkampfvorbereitung integrieren. Triathlonanfänger und etwas Fortgeschrittene bleiben dagegen im Allgemeinen unterhalb der Laktatschwelle, so dass die Laktattoleranz kein entscheidender Faktor ist – vor allem nicht bei einer eher flachen Wettkampfstrecke.

Auf vergleichsweise flachen Wettkampfstrecken über die olympische Distanz ist die Laktattoleranz eigentlich nur für Triathleten von Bedeutung, die ein sehr hohes Leistungsniveau haben. Anders sieht es bei Wettkämpfen in profiliertem Gelände aus: Hier ist bei Anstiegen ein größerer Kraftaufwand nötig, während man sich auf dem folgenden Gefälle entspannen kann. Beim Anstieg erhöht sich die Geschwindigkeit fast proportional zum Kraftaufwand. Bergab wird dagegen bei höherem Tempo in erster Linie mehr Luft verdrängt, weshalb ein gesteigerter Energieaufwand nicht effizient ist. Weil man auf hügeligen Strecken stets über einen beträchtlichen Zeitraum oberhalb der Laktatschwelle unterwegs ist, ist eine gute Laktattoleranz in diesen Wettkämpfen entsprechend wichtig.

Mittel- und Langdistanz-Triathlons dauern wiederum so lange, dass die Intensität in der Regel unterhalb der Laktatschwelle bleibt. Wer für solche Wettkämpfe trainiert, kann auf das Laktattoleranztraining verzichten und seine Kraft und Zeit besser für andere Trainingsformen einsetzen.

Periodisierung: Je später, desto besser

Wer sich für ein Laktattoleranztraining entscheidet, sollte bedenken, dass die Laktattoleranz zu den Adaptationen gehört, die sich äußerst schnell einstellen und ebenso schnell wieder zurückbilden. Aus diesem Grund – und auch wegen des hohen Regenerationsbedarfs dieses Trainings – sollte die Laktattoleranz höchstens vier bis sechs Wochen lang schwerpunktmäßig trainiert werden, und zwar nur vor Wettkämpfen der Kategorie A, für welche sie ein leistungsbegrenzender Faktor ist. Wer mit dem Laktattoleranztraining früher beginnt, bringt sich um den gewünschten Leistungseffekt am Wettkampftag, weil in der Vorbereitungszeit andere wichtige Trainingseinheiten – etwa Ausdauer- und Laktatschwellentraining – zu kurz gekommen sind. Laktattoleranztraining (oder gar erste harte Testwettkämpfe) im März können zwar Spaß machen, und sie erhöhen auf jeden Fall die Laktattoleranz für das Gruppentraining und Testwettkämpfe im April, doch sie mindern auch den Nutzen anderer wichtiger Trainingseinheiten, die bis zur Wettkampfperiode Vorrang haben sollten. Laktattoleranztraining beansprucht die physischen und psychischen Ressourcen eines Athleten enorm. Das sollte man nicht unterschätzen und mit den eigenen Kraftreserven schonend und besonnen umgehen.

Außerdem machen viele Athleten den Fehler, beim aeroben Kapazitätstraining zu überziehen und stattdessen Laktattoleranztraining zu betreiben, weil sie meist zu hohe Intensitäten wählen und zu lange Intervalle oder zwischen den Intervallen zu kurze Pausen machen. Diese Sportler erreichen sehr rasch den Zustand des Übertrainings. Es gibt in der Tat eine Zeit, in der hartes Laktattoleranztraining angesagt ist, aber vor Mitte der Aufbauperiode hat es auf dem Trainingsplan nichts zu suchen und ist sogar schädlich.

Die inhaltliche Gestaltung des Laktattoleranztrainings

Für das Laktattoleranztraining gibt es keine Zauberformel. Wer seine Laktattoleranz erhöhen möchte, muss seine Muskulatur entweder über einen längeren Zeitraum einer mäßig hohen Laktatmenge oder über einen mäßig langen Zeitraum einer sehr hohen Laktatkonzentration aussetzen. Zu diesem Zweck gibt es eine Reihe von Trainingsformen.

Die meisten harten Gruppenfahrten trainieren die Laktattoleranz sehr effektiv, ebenso wie die meisten organisierten Bahntrainings, die häufig bei zu hoher Intensität ausgeführt werden – auch wenn sie eigentlich dazu gedacht sind, die Grundlagenausdauer und Laufökonomie zu verbessern. Um wirksame Trainingseinheiten zur Verbesserung der Laktattoleranz zu entwickeln, müssen wir gegen alle Regeln verstoßen, die für das Grundlagenausdauer- und Laktatschwellentraining mit einer optimalen Kosten-Nutzen-Bilanz gelten. Während wir also normalerweise versuchen, die aerobe Energiegewinnung maximal zu stimulieren und gleichzeitig die Laktatwerte niedrig zu halten, geht es uns jetzt darum, die Laktatwerte in den Muskeln zu erhöhen und diese dann längere Zeit auszuhalten.

Trainingsreize kombinieren. Generell dient das Laktattoleranztraining dazu, die aerobe Kapazität zu verbessern (oder zu erhalten) und gleichzeitig die Laktattoleranz zu steigern. Durch diese Kombination der Trainingseffekte erhalten wir mehr Zeit für leichtes und/oder regeneratives Training. Und der Regenerationsbedarf nach dem Laktattoleranztraining ist höher als bei allen anderen Trainingsformen. Wenn man sich also zu wenig Erholung gönnt, führt das Laktattoleranztraining zwar zu schnellen Adaptationen aber ebenso schnell zu Übertraining oder Verletzungen.

Fahrtspiele in der Gruppe sind für viele Athleten eine attraktivere Trainingsmethode zur Laktattoleranzverbesserung als strukturierte Trainingseinheiten. Dieses ‚spielerische' Lauftraining bringt ähnliche Vorteile wie das strukturierte Bahntraining, wird jedoch nach Gefühl durchgeführt und nicht nach der Uhr. Mehrere etwa gleich starke Athleten laufen abwechselnd zwei bis vier Minuten lang sehr schnell (Tempo im Bereich der maximalen Sauerstoffaufnahme oder höher) und erholen sich anschließend nicht länger als etwa eine Minute. Mit jeder Wiederholung steigt die Laktatkonzentration, und bei den kurzen Regenerationsphasen kann in den Muskeln kaum etwas davon abgebaut werden.

Um die Laktattoleranz zu verbessern und gleichzeitig sowohl die Laufökonomie als auch das Leistungsverhalten an der Laktatschwelle niveauerhaltend zu trainieren, wird beispielsweise während eines ausgedehnten

Laufs an der Laktatschwelle alle fünf Minuten eine einminütige Tempobeschleunigung bis etwa zur maximalen aeroben Kapazität eingebaut.

Schwellenwechsel, bei denen abwechselnd zwei Minuten lang zwei bis drei Herzschläge oberhalb des Herzfrequenzbereichs 4 und dann ebenso lang zwei bis drei Herzschläge darunter gelaufen wird, erhöhen ebenfalls die Laktattoleranz und erhalten das individuelle Leistungsniveau an der Laktatschwelle.

Eine weitere Möglichkeit besteht darin, beim Intervalltraining sowohl die aerobe Kapazität als auch die Laktattoleranz anzusprechen, indem die Intensität über die des sechsminütigen Tempolaufs hinaus erhöht wird. Ich lasse die von mir betreuten Athleten dazu gern mit 100-prozentigem Einsatz laufen, wobei die Anzahl der Wiederholungen auf etwa die Hälfte des Üblichen reduziert wird. Wer beim Training der anaeroben Kapazität üblicherweise sechs dreiminütige Intervalle am Berg in TL6-Geschwindigkeit schafft, könnte zur Erhöhung seiner Laktattoleranz drei oder vier Wiederholungen so schnell wie möglich laufen.

Auch zwei bis drei lange Intervalle (von jeweils sieben bis neun Minuten mit vollem Einsatz im Wechsel mit vollständigen Regenerationsphasen sind zur Erhöhung der Laktattoleranz und zur Erhaltung der aeroben Kapazität gut geeignet.

Eine andere Kombinationsmöglichkeit ist zum Beispiel, dass ein Läufer, der beim Training der anaeroben Kapazität 800 Meter in TL6-Geschwindigkeit im Wechsel mit 400 Metern Trabpausen läuft, diese Trabpause auf 200 Meter verkürzt, um so die Laktattoleranz zu trainieren. Allerdings muss die Anzahl der Wiederholungen deutlich geringer sein als beim Training der anaeroben Kapazität.

Ein gezieltes Intervalltraining zur Verbesserung der Laktattoleranz könnte außerdem sein, mehrere 400-Meter-Läufe mit nur 15-sekündigen Regenerationsphasen zu machen. Dieses Training ist sehr anspruchsvoll und kommt am besten zum Einsatz, wenn in der Vorwettkampfperiode die Laktattoleranz gesteigert sowie die aerobe Kapazität, Ökonomie und die Leistung an der Laktatschwelle aufrechterhalten werden sollen.

Training wettkampfnah gestalten. Um das Laktattoleranztraining auf Ihren individuellen Trainingsbedarf abzustimmen (beziehungsweise zu entscheiden, ob es überhaupt in den Trainingsplan aufgenommen werden soll), betrachten Sie zunächst Ihre leistungsbegrenzenden Faktoren. Machen Sie sich außerdem bewusst, in welchem Ausmaß Kraft, das Leistungsvermögen an der Laktatschwelle, aerobe Kapazität und Ökonomie in Wettkämpfen der Kategorie A Ihre Leistung begrenzen. Wählen Sie dann eine Trainingsmethode aus, welche die Laktattoleranz zusammen mit anderen leistungsbegrenzenden Faktoren möglichst wettkampfspezifisch stimuliert. Wer sich mit diszipliniertem und strukturiertem Training schwer tut, wird dazu statt exakt geplanter Intervalle wahrscheinlich lieber die flexibleren Fahrtspiele wählen.

Laktattoleranztraining ist äußerst wirksam und sollte sparsam eingesetzt werden. Wenn Sie diese Trainingsform in den Wochenplan integrieren, ist es wichtig, den Belastungsumfang und die Anzahl der Schlüsseltrainingseinheiten zu verringern und deutlich mehr Regenerationszeiten einzubauen.

Außerdem sollten Sie mit diesem Training so spät wie möglich beginnen, das heißt, erst kurz vor einem wichtigen Wettkampf. Wie bereits erwähnt, regt Laktattoleranztraining Prozesse an, die sich schnell einstellen und ebenso schnell wieder zurückbilden. Und wegen des hohen Regenerationsbedarfs müssen andere Trainingseinheiten in dieser Zeit zurücktreten. Wird dies zu früh in der Saison gemacht, geht das in aller Regel zu Lasten des wichtigeren Ausdauertrainings.

Ökonomietraining

Die eigene Bewegungsökonomie zu steigern, ist äußerst lohnend. Solche Trainingseinheiten gehören oft und regelmäßig auf den Plan. Trotz des hohen Tempos erholt sich der Körper äußerst rasch und leicht von diesen Belastungen, weil die Intervalle recht kurz sind und zwischen den Wiederholungen eine vollständige Regeneration stattfindet. Wie gesagt, gibt es keinen Punkt, über den hinaus eine weiter gesteigerte Effizienz nicht auch die Leistung am Wettkampftag verbessern würde.

Übungen zur Verbesserung der Ökonomie können in fast jedes Training eingebaut werden. Ich ergänze die meisten hochintensiven Trainingseinheiten damit. Entweder hänge ich einige Übungen an den Hauptteil an, oder ich lasse die Technikübungen als Teil des Aufwärmtrainings machen. Auch in lange Läufe können kurze Ökonomieintervalle integriert werden, allerdings baue ich kein Ökonomietraining in einen langen Lauf ein, der voraussichtlich relativ schwer sein wird, und auch nicht in die erste Stunde eines langen Laufs.

Ökonomietraining sollte in jeder Trainingsperiode enthalten sein, schwerpunktmäßig gehört es jedoch in die Grundlagenperiode. Planen Sie mindestens ein bis zwei Technikeinheiten pro Woche und Sportart ein. Ökonomietraining ist von enormer Bedeutung, denn wir wollen ja schneller werden und nicht nur stärker!

FAZIT

Erstellen Sie Ihren Trainingsplan jeweils für drei bis vier Wochen im Voraus. Berücksichtigen Sie dabei die Trainingsschwerpunkte und Zielsetzungen Ihres Jahrestrainingsplans – es sei denn, es stellen sich unerwartet andere Trainingsbedürfnisse heraus. Wichtig ist, dass sich Belastung und Erholung in jeder Woche und in der Monatsbilanz die Waage halten. Um mit höchster Effektivität arbeiten zu können, muss Ihr Körper vor jedem wichtigen Training ausreichend ausgeruht sein.

Kapitel 6

Koppeltraining

Das Laufen als Teildisziplin eines Duathlons oder Triathlons unterscheidet sich vom Laufen als Einzeldisziplin. Das wichtigste Unterscheidungsmerkmal in der Vorbereitung ist das Koppeltraining, das dazu dient, den Wechsel von einer Sportart zur anderen, beispielsweise vom Radfahren zum Laufen, zu erleichtern. Triathleten, die ihr Koppeltraining vernachlässigen, haben im Wettkampf meist Probleme mit dem Laufen. Viele Athleten haben sehr gute Fertigkeiten sowohl auf dem Rad als auch beim Lauf entwickelt, müssen dann aber feststellen, dass sie nach der Radstrecke weit hinter ihren Lauffähigkeiten zurückbleiben.

VOM RADSATTEL AUF DIE BEINE – DIE VORBEREITUNG DES WECHSELS

Im Koppeltraining werden die nötigen Fähigkeiten ausgebildet, um unmittelbar nach dem Radfahren weiterlaufen zu können. Langes oder hartes Koppeltraining gehört grundsätzlich in die Aufbauperiode, aber so mancher Athlet beginnt bereits während der Grundlagenperiode mit leichtem Koppeltraining, um seine Beine auf das härtere Kombinationstraining vorzubereiten.

Eines der wesentlichen Ziele des Koppeltrainings ist es, die Übergangszeit zwischen Radfahren und Laufen zu minimieren, wie es in einem Triathlon-Wettkampf nötig ist. Der Wechsel selbst ist reine Routine, deshalb sollten Sie, wann immer es sich in einem Koppeltraining einrichten lässt, regelrechte Wechselzonen aufbauen und einen schnellen Ablauf üben. Auch wenn keine Wechselzone vorhanden ist, sollten Sie immer versuchen, im Anschluss an die Fahrt schnellstmöglich zum Lauf überzugehen. Ich fahre gern mit dem Auto zu einer mir ideal erscheinenden Trainingsstrecke und verwandle das Fahrzeug in eine Wechselzone für mein Koppeltraining. Peilen Sie eine Zeit von etwa zwei Minuten an, um das Rad auf dem Fahrradträger festzuschließen, die Schuhe zu wechseln und mit einer Wasserflasche in der Hand loszulaufen.

Es gibt zahlreiche Arten von Koppeltraining für spezifische Zielsetzungen, die sich je nach Trainingsperiode unterscheiden. Jede Trainingseinheit sollte dazu beitragen eine sehr spezielle leistungsbegrenzende Fertigkeit im oder nach dem Wechsel zu verbessern.

KOPPELTRAINING SPEZIELL FÜR LEISTUNGSBEGRENZENDE FAKTOREN

Als Grundlage jeder effektiven Wettkampfvorbereitung sollte das Training auf die eigenen leistungsbegrenzenden Faktoren abgestimmt werden. Dieses Prinzip gilt auch für das Koppeltraining: Die Auswahl der passenden Koppeleinheiten zur Verbesserung von Ausdauer, Kraftausdauer und Schnelligkeit oder Schnellkraft sorgen für einen unbeschwerten Lauf am Wettkampftag.

Ist die Ausdauer ein leistungsbegrenzender Faktor, wird langes und lockeres Training bevorzugt. Häufig ist es am besten, nicht ein einziges langes Koppeltraining zu planen, sondern einen langen Lauf am Samstag, gefolgt von einem Koppeltraining mit langem Radanteil am Sonntag. So kann ein Athlet, der an seiner Ausdauerfähigkeit arbeiten muss, eine insgesamt längere Rad- und Laufzeit schaffen, als in einem einzigen Koppeltraining vernünftig wäre und dennoch das Laufen nach dem Radfahren effektiv üben. Für manche ist die Versuchung groß, nach dem Wechsel von einer langen Radfahrt länger als geplant zu laufen. Doch 15 bis 20 Minuten reichen vollauf. Nach einem langen Lauf am Samstag steigt die Verletzungsanfälligkeit drastisch an, wenn man am Sonntag – bereits vom Radfahren ermüdet – wieder relativ lange läuft.

Für die meisten Triathleten mit einem mittleren bis hohen Niveau, die an Mitteldistanz- oder kürzeren Wettkämpfen teilnehmen, ist die Kraftausdauer ein leistungsbegrenzender Faktor. Diese Athleten kombinieren am besten lange Abschnitte im Grundlagenausdauertempo (HF-Bereich 2) mit Intervallen im Laktatschwellen- und/oder Wettkampftempo (oberer HF-Bereich 4). Ein wichtiges Koppeltraining für einen Triathlon über die olympische Distanz könnte sein: 90 Minuten Radfahren im HF-Bereich 2, gefolgt von 30 Minuten im HF-Bereich 4. Schnellstmöglicher Wechsel, dann 20 Minuten laufen im Wettkampftempo und 20 Minuten locker auslaufen.

Die Wahl des geeigneten Koppeltrainings hängt auch entscheidend von der Dauer des Wettkampfs ab. Jede Distanz stellt ihre eigenen Anforderungen und braucht eine entsprechend andere Vorbereitung.

Für die **Sprintdistanz** (und für fortgeschrittene Triathleten auf der **olympischen Distanz**) ist es entscheidend, unmittelbar nach der Radstrecke schnell loslaufen zu können. Hier kann es sich kein ambitionierter Sportler leisten, wertvolle Zeit zu verschenken, bis er ‚das richtige Lauftempo' gefunden hat. Die verbleibende Laufstrecke ist einfach zu kurz, um größere Zeitverluste auszugleichen. Das Koppeltraining für diese Wettkampfdauer soll uns in die Lage versetzen, mit übersäuerten Beinmuskeln vom Rad zu steigen und gleich darauf das Zieltempo zu erreichen. In der Aufbau-, Vorwettkampf- und Wettkampfperiode der Saison stehen daher Koppeltraining im Wettkampftempo oder kombinierte Rad-Lauf-Intervalle im Mittelpunkt.

Bei Wettkämpfen über die **Mitteldistanz** gilt es, über einen sehr langen Zeitraum ein relativ hohes Lauftempo zu halten. Ein Koppeltraining für Mitteldistanz-Rennen konzentriert sich deshalb auf die Kraftausdauer. Hier geht es nicht so sehr darum, vom Rad abzuspringen und gleich weiterzuspurten, sondern vor allem darum, effizient zu laufen und den Beinen die nötige Zeit zu geben, bis man den richtigen Laufrhythmus gefunden hat – allerdings auch hier, ohne allzu viel Zeit zu verschenken.

Langes, lockeres Ausdauer-Koppeltraining sollte in der Grundlagenperiode im Vordergrund stehen und in der Aufbauperiode allmählich in Koppeltraining im Wettkampftempo und/oder im LS-Bereich übergehen. Wie bereits erwähnt, kann ein Koppeltraining sowohl die Grundlagenausdauer verbessern, als auch Abschnitte im Wettkampftempo beziehungsweise im LS-Bereich enthalten. Dazu wird zunächst längere Zeit im Grundlagenausdauertempo Rad gefahren, bevor die intensiveren Abschnitte kommen.

Für jeden Langdistanztriathleten, ob Anfänger oder Ironman® Hawaii-Champion, ist die Ausdauer ein leistungsbegrenzender Faktor. Auf der **Langdistanz** geht es darum, sicher anzukommen und nicht darum, so stark zu sein, dass man die ganze Strecke über Gas geben kann. Auf einem sehr hohen Leistungsniveau kann gelegentliches Koppeltraining zur Verbesserung der Kraftausdauer durchaus sinnvoll sein, aber die Grundlagenausdauer sollte stets Priorität haben.

Die meisten Langdistanz-Triathleten absolvieren fast ihr gesamtes Training in einer Geschwindigkeit, die über dem Wettkampftempo liegt, oft ohne sich dessen bewusst zu sein. Doch auf der Langdistanz geht es darum, nicht einzubrechen – auch für die besten Profis! Wie hoch ist Ihr Tempo auf der Marathonstrecke eines Langdistanz-Triathlons? Vermutlich nicht annähernd so hoch wie bei den meisten langen Trainingsläufen. Das ist ein Riesenfehler, denn wer die Laufstrecke eines Langdistanz-Triathlons in 3:30 Stunden schaffen möchte, mag einen Kilometerschnitt von fünf Minuten lächerlich langsam finden, aber das ist nun einmal die ideale Intensität für einen Großteil seines Lauftrainings. Eine wichtige Zielsetzung des Langdistanz-Trainings ist, im Wettkampftempo möglichst wenig Glykogen zu verbrennen. Zu diesem Zweck werden die Muskeln darauf trainiert, mehr Fett und weniger Kohlenhydrate zu verstoffwechseln. Und das gelingt am besten bei sehr niedrigen Intensitäten. Ein zweites wichtiges Trainingsziel für Langdistanz-Triathleten ist, die Beine an den Laufstil und die Intensität am Wettkampftag zu gewöhnen. Dabei wird die neuromuskuläre Effizienz im Grundlagenausdauertempo besonders gut maximiert.

Die meisten Langdistanz-Triathleten sollten nach fast jedem langen Radtraining einen kurzen Lauf machen. Durch die regelmäßige Praxis gewöhnt sich die Beinmuskulatur am besten an einen Lauf in einem solchen Ermüdungszustand. Doch Vorsicht mit *langen* Läufen nach einer langen Fahrt: Sie brauchen viel Energie und sind sehr belastend. Mehr Nutzen bringt ein langer Lauf am Samstag, gefolgt von einem Koppeltraining am Sonntag mit einer langen Radfahrt und einem kurzen Lauf im Anschluss. Ich lasse die von mir betreuten Triathleten häufig in der Grundlagenperiode nach diesem Muster trainieren und wechsle dann in der Aufbauperiode zu einem Ausdauer-Koppeltraining (lange Fahrt – langer Lauf). Manchmal variieren wir auch das Koppeltraining an den Wochenenden: Einmal wird samstags lang gelaufen und sonntags ein radbetontes langes Koppeltraining gemacht, dann samstags nur geschwommen, und sonntags folgt ein Koppeltraining aus langer Fahrt und langem Lauf.

FORMEN DES KOPPELTRAININGS

Koppeltraining an der Laktatschwelle

Das Koppeltraining an der Laktatschwelle, das für Wettkämpfe über die Sprint- und olympische Distanz gedacht ist, wird normalerweise im oberen HF-Bereich 4 durchgeführt. Meist fährt man sich ausgiebig im HF-Bereich 2 ein, hält dann im HF-Bereich 4 ein konstantes Tempo, macht einen Wechsel und läuft danach gleichmäßig im HF-Bereich 4 weiter und abschließend im HF-Bereich 2 aus. Die Radstrecke im HF-Bereich 2 kann verlängert werden, nicht aber das Auslaufen, denn nach einem anstrengenden Koppeltraining auf diesem Intensitätsniveau besteht bei einem ausgedehnten Lauf ein beträchtliches Verletzungsrisiko. Wichtig ist auch, dass nicht oberhalb des HF-Bereichs 4 trainiert wird. Der leichte Zusatznutzen, den man dadurch erhält, ist die verlängerte Regenerationszeit nicht wert.

LS-Koppeltraining verbessert die Kraftausdauer. Dieses Training ist also für Athleten interessant, die ihre Grundlagenausdauerfähigkeit bereits aufgebaut haben, so dass die Bewältigung der gesamten Wettkampfstrecke kein Problem mehr ist. LS-Koppeltraining ist äußerst effizient und hat ein exzellentes Kosten-Nutzen-Verhältnis: Das Tempo ist hoch genug, um Veränderungen in der Muskulatur anzustoßen, die uns schneller machen, aber der Regenerationsbedarf bis zum nächsten Training ist dennoch recht gering. Vermeiden Sie allerdings, zu hart zu trainieren! Wenn Sie fünf Prozent unterhalb Ihrer LS-Intensität bleiben, erzielen Sie immer noch hervorragende Ergebnisse. Wird jedoch die Laktatschwelle auch nur um ein Prozent überschritten, verzögert sich die Regeneration erheblich. Der Trainingseffekt, der sich durch diese einprozentige Intensitätssteigerung einstellt, ist den damit verbundenen Regenerationsbedarf definitiv nicht wert.

Koppeltraining im Wettkampftempo

Dieses Koppeltraining ist sehr hart und eignet sich vor allem für ambitionierte Triathleten über die Sprint- und olympische Distanz. Koppeltraining im Wettkampftempo bietet viele Vorteile: Selbstverständlich erhöht das harte Rad- und Lauftraining die körperliche Kondition, aber es ist auch eine der wenigen Methoden, um ein Gefühl für das Wettkampftempo zu entwickeln. Halten Sie aber immer die Dauer der Rad- und Laufabschnitte deutlich kürzer als im Wettkampf. Der volle Einsatz sollte nur am Wettkampftag erfolgen. In der Regel empfehle ich, das Radfahren etwa auf die Hälfte bis zwei Drittel und das Laufen auf ein Drittel bis maximal die Hälfte der Wettkampfdauer zu beschränken. Dieses Training ist wichtig, aber übertreiben Sie es nicht! Qualität geht in diesem Fall vor Quantität.

Koppeltraining im Wettkampftempo gehört in die Aufbau-, Vorwettkampf- und Wettkampfperiode. Die hohe Belastung dieser Trainingsform erfordert entsprechend lange Regenerationsphasen. Ein Koppeltraining im Wettkampftempo zählt so viel wie ein intensives Radfahr- und Lauftraining zusammengenommen.

Koppeltraining-Intervalle

Koppeltraining nach der Intervallmethode gehört zu den schwersten Trainingseinheiten überhaupt, und es ist absolut notwendig, sich vor und nach dem Training angemessen zu regenerieren. Diese Intervalle wirken wie starke Medizin: Eine kleine Dosis hat eine große Wirkung!

Wählen Sie eine geeignete, möglichst flache Rad- und Laufstrecke, und machen Sie in Begleitung eines Trainingspartners oder Trainers schnelle Intervalle auf dem Rad im Wechsel mit schnellen Läufen. Nach einer Erholungspause wird diese Abfolge wiederholt. Weitere Details finden Sie in Anhang B. Dieses Training hat exzellente physische und psychische Effekte, aber es sollte lieber zu sparsam als zu oft eingesetzt werden.

Langes Koppeltraining

Langes Koppeltraining gehört zu den Schlüsseltrainingseinheiten und sollte deshalb nicht zu oft auf dem Plan stehen, in der Regel höchstens ein Mal in zwei Wochen. Dabei wird je nach der Distanz des Zielwettkampfs eine lange Fahrt (Dauer: vier bis sechs Stunden) mit einem langen Lauf kombiniert (zwischen 90 Minuten und zwei Stunden). Durch diese Einheiten werden die Fettverbrennung des Körpers trainiert und die Konzentration über lange Zeiträume geschärft. Außerdem bekommt man einen Vorgeschmack auf die Anforderungen am Wettkampftag, und es wird jeder organisatorische Wettkampfaspekt eingeübt – einschließlich Nahrungsaufnahme und Wechsel –, was dem Selbstbewusstsein einen enormen Schub geben kann. Auch hier ist es wichtig, dass Sie vor dem Training ausgeruht sind und sich auf die logistischen Anforderungen vorbereiten. Wer dieses Training mit dem nötigen Ernst angeht, erhält ein optimales Gefühl für den Wettkampf.

Beim langen Koppeltraining werden auch die Strategien, die man sich für den Nachschub und die Flüssigkeitsaufnahme im Wettkampf zurechtgelegt hat, umgesetzt und überprüft. Falls etwas nicht wie gewünscht funktioniert, haben Sie noch genug Zeit, eine Alternative zu finden. Wie bereits erwähnt, müssen wir nicht nur unser Herz-Kreislauf-System und unsere körperliche Leistungsfähigkeit trainieren. Auch unser Magen muss lernen, Kalorien schneller zu verdauen und zu resorbieren.

Koppeltraining aller Art ist für eine maximale Leistung am Wettkampftag unentbehrlich. Wer es auf die eigenen leistungsbegrenzenden Faktoren abstimmt, ist nach dem Radfahren schneller auf den Beinen.

Teil 3

Weitere Aspekte der Vorbereitung

Kapitel 7

Optimales Wettkampfgewicht erreichen

Die gewichtigste Kraft, die ein Läufer überwinden muss, ist die Schwerkraft. Sie zieht uns während der ganzen Laufstrecke zur Erde, und diese Kraft ist umso größer, je mehr wir auf die Waage bringen. Unser individuell optimales Wettkampfgewicht zu bestimmen und zu erreichen, ist eine wichtige Voraussetzung für eine gute Laufleistung. Wenn wir es schaffen, nur ein bis zwei Pfund an überschüssigem Körpergewicht zu verlieren, macht uns das nicht nur leichter, sondern auch schneller und weniger anfällig für Verletzungen.

Wer zu viel ‚Bremsgewicht' mit sich herumträgt, hat nicht nur mit einer höheren Erdanziehungskraft zu kämpfen, sondern auch mit einer eingeschränkten Wärmeregulation. Das Fett isoliert nämlich gegen Wärmeverluste. Diese Eigenschaft ist vielleicht für einen Eskimo von Vorteil, nicht aber für einen Athleten, der schnell oder ausdauernd laufen will. Durch die Schutzschicht, die das Körperfett bildet, wird mehr Blut zur Haut geleitet, um diese zu kühlen, anstatt in unsere Beine, um sie mit Sauerstoff zu versorgen. Nicht nur bei heißem Wetter ist dies ein enorm wichtiger Faktor – auch auf jeder heiß umkämpften Laufstrecke eines Frühjahrswettkampfs spielt dieser Mechanismus eine wichtige Rolle.

Wir haben eingangs in diesem Buch schon erläutert, was eine einprozentige Leistungsverbesserung – also 36 Sekunden pro Stunde – für einen ambitionierten Sportler ausmacht. Da sich die Laufzeiten proportional zum abgebauten Körperfett verhalten, führt eine Gewichtsreduktion von einem Prozent zu einer nahezu einprozentigen Temposteigerung. Konkret bedeutet das für einen 75 Kilogramm schweren Läufer, dass er mit

750 Gramm weniger Ballast auf den Hüften um ein Prozent schneller laufen kann. Dabei geht es übrigens ausschließlich darum, überflüssiges Körperfett abzubauen und nicht sich gewaltsam herunterzuhungern, denn das ist auf Dauer extrem ungesund und alles andere als leistungsfördernd!

Als ich anfing, für meinen ersten Triathlon zu trainieren, wog ich (bei einer Körpergröße von 1,70 m) rund 105 Kilogramm. Ich konnte nicht mal 500 Meter am Stück joggen. Heute wiege ich um die 72 Kilogramm und könnte mir unmöglich vorstellen, einen Triathlon mit mehr als 30 Kilogramm zusätzlichem Ballast zu bestreiten. Meine Frau Melissa und ich haben zusammen rund 80 Kilogramm abgenommen und seither die eine oder andere Landesmeisterschaft im Triathlon gewonnen.

Während meines Studiums interessierte mich an den Kursen der Trainingsphysiologie, Ernährungslehre, Psychologie und Biologie (Fächer, die ich mindestens ein Jahr lang belegt habe) hauptsächlich das Thema Körperfettreduktion. Ich hatte schon jede Diät ausprobiert, die in den diversen Zeitschriften angepriesen wurde. Einmal hatte ich sogar mit einer Art Nulldiät fast 30 Kilo abgenommen – und im Jahr darauf wieder 35 Kilo zugenommen. Ich war mir sicher, dass es auch anders und besser gehen musste und hoffte, dahinter zu kommen, wenn ich mehr über die chemischen Vorgänge in unserem Organismus erfuhr. Was ich herausgefunden habe, hat mir, meiner Frau und vielen von mir betreuten Athleten geholfen. Und es könnte auch für Sie hilfreich sein.

WIE HOCH IST DAS IDEALE WETTKAMPFGEWICHT?

Wer in einem Triathlon eine persönliche Bestleistung erreichen möchte, muss relativ wenig Körperfett besitzen (allerdings auch wieder nicht zu mager sein, denn das kann auf Kosten der Fitness gehen). Ich frage meine Kunden häufig: „Wenn zwei identische Autos gegeneinander antreten, von denen eines einen Sechszylinder-Motor hat und das andere einen Achtzylinder-Motor, welches wird wohl gewinnen?“ Ohne Frage wird das Auto mit dem Achtzylinder-Motor schneller sein, *obwohl es schwerer ist.* Für Athleten geht es darum, überflüssiges Körperfett zu verlieren, nicht aber die ‚Zylinder‘. Wer übermäßig viel Unterhautfettgewebe mit sich herumträgt, wird langsamer. Wer aber zu viel Gewicht verliert, wird ebenfalls schwächer. Achten Sie darauf, dass Ihr ‚Fahrgestell‘ leichter wird, nicht aber Ihr Motor. Triathleten, die zu viel Körperfett besitzen, werden ebenso wenig ihre beste Wettkampfleistung erbringen wie diejenigen ohne jegliche Energiereserven.

Wenn man sein Körperfett reduzieren will, ist es wichtig, genug Proteine (Eiweiß) mit der Nahrung aufzunehmen. Eine ausreichende Proteinversorgung beugt der Speicherung von Fett und dem Abbau von Muskelmasse vor und kurbelt den Stoffwechsel an – drei Faktoren, die für den Körperfettabbau und eine möglichst gute Wettkampfleistung von großer Bedeutung sind.

Den gegenwärtigen Körperfettanteil zu schätzen, ist ein guter Anhaltspunkt, um das ideale Wettkampfgewicht zu bestimmen. Dabei sollte man sich darüber im Klaren sein, dass keine Methode zur Ermittlung des Körperfettanteils eine echte Messung und daher auch nicht vollkommen zuverlässig ist. Messen Sie also der Körperfettanalyse nicht zu viel Bedeutung bei, sondern nutzen Sie sie nur als eines von mehreren Hilfsmitteln zur Bestimmung Ihres optimalen Wettkampfgewichts. Ganz allgemein gilt, dass Männer bei einem Körperfettanteil von etwa sechs Prozent und Frauen bei ungefähr zwölf Prozent am leistungsfähigsten sind (Frauen speichern mehr Fett um ihre Organe, deshalb ist ihr Körperfettanteil immer höher, auch wenn sie sehr schlank sind und kaum Unterhautfettgewebe haben). Obwohl wir bei diesen Idealwerten unser persönliches Leistungspotenzial vermutlich am besten ausschöpfen können, hat nicht jeder das Bedürfnis oder die Ambitionen, derart mager zu sein.

Auch ohne exakte Messwerte wissen die meisten Sportler selbst, wann sie zu viele Pfunde mit sich herumtragen. Machen Sie einen einfachen ‚Sichttest': Stellen Sie sich nackt vor einen Spiegel. Ein ‚Rettungsring' an den Hüften wird Sie beim nächsten Wettkampf nicht etwa retten, sondern bremsen. Nehmen Sie dann die Haut auf Höhe Ihres Bauchnabels zwischen Daumen und Zeigefinger: Außer Haut sollten Sie nur eine dünne Fettschicht spüren. Zeichnet sich Ihre Bauchmuskulatur unter der Haut ab? Ein Waschbrettbauch ist zwar nicht nötig, aber die Konturen dieser Muskeln sollten schwach zu erkennen sein.

DER WEG ZUM WETTKAMPFGEWICHT

Wenn Sie festgestellt haben, dass Sie mit ein paar Pfunden weniger besser laufen werden, dann müssen Sie einen Plan entwickeln, um dieses Wettkampfgewicht zu erreichen. *Haben Sie Geduld! Körperfett baut sich nur langsam ab.* Wer schnell abnimmt, verliert dabei größtenteils fettfreie

Körpermasse wie Wasser, Eiweiß und Mineralstoffe. Ein schneller Gewichtsverlust beeinträchtigt das Leistungsverhalten und reduziert den Ruheumsatz – also die Stoffwechselvorgänge und somit den Energiebedarf des Körpers in Ruhe –, was zu einer erneuten Gewichtszunahme führt. Mit anderen Worten: Langfristig *wird man durch Hungern dick.*

Athleten, die weniger als fünf Kilogramm Körperfett loswerden wollen, sollten maximal alle zwei bis vier Wochen jeweils ein Pfund abnehmen. Wer mehr als fünf Kilo abnehmen will, kann sein Körperfett zu Beginn meist etwas schneller reduzieren, etwa ein Pfund alle ein oder zwei Wochen. Wichtig ist, nichts zu übereilen. Wenn man ein halbes Jahr braucht, um sieben bis acht Kilogramm abzunehmen, aber dann dauerhaft schlank bleibt, sind diese sechs Monate doch sicherlich der Mühe wert, oder etwa nicht?

Woran liegt es, dass manche Sportler nicht so schlank sind, wie sie sein möchten? Diese Frage lässt sich nicht so einfach mit der Energiebilanz beantworten. Demnach würden nämlich Sportler mit zu viel Körperfett nicht genug Sport treiben (Faulheit) und zu viel essen (Gefräßigkeit). Ich gehe jede Wette ein, dass kaum jemand unter den Lesern dieses Buches faul oder gefräßig ist! Mit ziemlicher Sicherheit treiben Sie alle mehr oder weniger regelmäßig Sport und versuchen, sich größtenteils gesund zu ernähren. Möglicherweise essen Sie ab und zu einmal einen Eisbecher mit Sahne oder einen Schokoriegel, aber relativ selten, so wie es eben auch Athleten tun, die superschlank sind. Gelegentliches Schlemmen, das wirklich nur auf Ausnahmefälle beschränkt bleibt, ist also nicht das Problem.

Ich habe ein Programm entwickelt, das Ihnen dabei hilft, Essgewohnheiten zu erlernen, die *mit* dem Körper und nicht *gegen* ihn arbeiten, um unnötiges Fett abzubauen. Dabei lernen Sie, mit Hunger- und Sättigungsgefühlen vernünftig umzugehen und zu essen, wenn Sie hungrig sind. Das Gefühl der Entbehrung bleibt bei dieser Ernährungsumstellung aus. Und das ist auch wichtig, denn Disziplin und Willenskraft allein machen nicht dauerhaft schlank.

Machen Sie sich darauf gefasst, dass dies ein Prozess mit vielen Höhen und Tiefen sein wird. Das Ziel ist nicht die perfekte Selbstbeherrschung, sondern die Entwicklung praktikabler Verhaltensmuster. Sie haben möglicherweise ohne richtigen Erfolg versucht, vernünftig zu essen und hart zu trainieren und glauben nun, dass eine uneingeschränkte Selbstbeherrschung der Preis sei, den man für das Schlanksein zu bezahlen hat. Aber das ist nicht wahr! Eine geschwänzte Trainingseinheit oder eine gelegentliche Currywurst mit Pommes wird Ihre Anstrengungen nicht zunichte machen. Vielmehr geht es darum, Schritt für Schritt die eigene Einstellung zum Schlankwerden zu ändern und die Trainingsgewohnheiten umzustellen. Dazu gehört auch die richtige Auswahl an Nahrungsmitteln und der Zeitpunkt der Nahrungsaufnahme.

WEIT VERBREITETE FEHLER SPORTLICH AKTIVER MENSCHEN BEI REDUKTIONSDIÄTEN

- Die Art der Kohlenhydrataufnahme führt dazu, dass sie als Fett gespeichert werden.
- Ihr Essverhalten fördert ein Hungergefühl.
- Ihr Ausdauertempo ist für eine optimale Fettverbrennung zu hoch.
- Sie essen zu wenig Proteine.
- Sie essen zu fett.
- Sie nehmen bei Hunger keine Nahrung zu sich.

DIE INSULINREAKTION

Bevor wir auf die Rolle des Insulins für Stoffwechselvorgänge eingehen, eine Anmerkung vorab: Für einen effektiven Fettstoffwechsel in den Muskeln werden Kohlenhydrate gebraucht. Kohlenhydratvorräte in den Muskeln sind also notwendig und gut. Doch Kohlenhydrate können auch als Fett in den Fettzellen eingelagert werden und diese vergrößern. Wann, wie und welche Art Kohlenhydrate man isst, beeinflusst sowohl *wie* als auch *wo* sie gespeichert werden.

Der menschliche Körper versucht immer, die Kontrolle über alle seine Funktionen zu behalten. Tausende regulativer Systeme korrigieren jegliche Ungleichgewichte, damit der Organismus störungsfrei laufen kann. Unter besonders strenger Überwachung steht dabei der Blutzuckerspiegel, und jede Abweichung des Blutzuckergehalts vom Normalwert löst eine heftige Reaktion unseres endokrinen Systems aus. Ist der Blutzuckerspiegel zu hoch oder zu niedrig, wird der Körper in Alarmbereitschaft versetzt; er versucht nun mit allen Mitteln, die Blutzuckerwerte zu normalisieren.

Zur Aufrechterhaltung eines optimalen Blutzuckerspiegels wird von der Bauchspeicheldrüse das Hormon Insulin ausgeschüttet. Insulin entfernt den überschüssigen Zucker aus dem Blut und speichert ihn entweder als Glykogen in den Muskeln und in der Leber oder – was häufiger vorkommt – als Fett. Insulin ist nützlich, denn es hält den Körper im Gleichgewicht. Doch wenn es zum falschen Zeitpunkt und in großen Mengen ausgeschüttet wird, macht Insulin dick. Für viele Menschen besteht deshalb der einzige, wirklich wichtige Schritt zur Körperfettreduktion darin, dem Körper möglichst keinen Anlass für eine häufige und starke Insulinproduktion zu bieten, mit anderen Worten, einer ‚Insulinreaktion' vorzubeugen.

Insulin hat eine negative Auswirkung auf den Ruheumsatz des Menschen. Je nach Häufigkeit und Stärke einer Insulinreaktion kann die Kalorienmenge, die im Ruhezustand verbrannt wird, um bis zu acht Prozent fallen! Auf Dauer kann das zu beträchtlichen Fettpolstern führen.

Kohlenhydrate haben eine sehr einfache chemische Zusammensetzung, die vom menschlichen Körper schnell und leicht verdaut wird. Selbst hochkomplexe Kohlenhydrate bestehen lediglich aus einer Reihe von Zuckermolekülen. Die Spaltung von Kohlenhydraten beginnt bereits im Mund durch ein Verdauungsenzym namens Alpha-Amylase, das im Mundspeichel vorhanden ist. Bevor die Kohlenhydrate überhaupt den Magen erreichen, hat ihre Verdauung bereits begonnen, und eine große Menge des aufgenommenen Nährstoffs ist schon in Glukose umgewandelt worden.

Wenn man Kohlenhydrate pur isst, werden sie zu schnell verdaut, und ihr Zucker tritt schlagartig in die Blutbahn ein; als Folge schnellt der Blutzuckerspiegel in die Höhe. Alarmiert durch die körpereigenen Regelsysteme schüttet die Bauchspeicheldrüse Insulin aus, um die Zuckerwerte zu reduzieren. Diese Reaktion ist gut und verhindert eine gefährliche Überzuckerung, doch sie hat einen nachteiligen Langzeiteffekt.

Wie Abbildung 7.1 zeigt, kann der Blutzuckerspiegel nach der Aufnahme von Kohlenhydraten schnell ansteigen. Wenn der Blutzucker ein bestimmtes, für den Körper angenehmes Niveau überschreitet (dargestellt durch die obere Strichlinie), kommt es zur Insulinausschüttung, womit der Zucker aus dem Blut entfernt und entweder als Glykogen in den Muskeln oder als Reserve in den Fettzellen gespeichert wird. Einerseits verhindert also das Insulin gefährlich hohe Blutzuckerwerte, andererseits tendiert unser Körper zu einer Überreaktion und speichert zu viel Zucker.

Heftige Insulinreaktionen führen zu einer starken Fetteinlagerung bei gleichzeitig niedrigen Blutzuckerwerten. Ein niedriger Blutzuckerspiegel verursacht aber noch eine Reihe weiterer Probleme. Antriebslosigkeit ist eine davon: Sogar leichte Aktivitäten scheinen einen zu erschöpfen. Ein weiteres Symptom für einen niedrigen Blutzuckerspiegel sind Stimmungsschwankungen. Doch das größte Problem ist der Hunger. Für Hunger und Sättigung gibt es zahlreiche unterschiedliche Auslöser. Wenn ein niedriger Blutzuckerspiegel das Hungergefühl verursacht, bekommt man Heißhunger auf welchen Nährstoff? Richtig, auf Kohlenhydrate! Damit beginnt ein Teufelskreis, an dessen Ende man durch Essen hungrig und schwach werden kann. Wer immer wieder durch seine Nahrungsaufnahme eine Insulinreaktion auslöst, stockt seine Fettreserven auf, hat mehr Hunger und ist antriebslos. Niemand wird absichtlich dick, hungrig und müde werden wollen, aber zahllose Menschen tun dies unwissentlich und mehrmals täglich.

WIE DIE INSULINREAKTION VERMIEDEN WERDEN KANN

Wie wir gesehen haben, kann die Art der Kohlenhydrataufnahme ungewollt dick machen. Doch das liegt weniger an den Kohlenhydraten selbst, als vielmehr am falschen Zeitpunkt ihres Verzehrs und einer mangelnden Kombination mit anderen Nährstoffen. Je nach Zeitpunkt und Zusammensetzung unserer Nahrungsaufnahme werden Kohlenhydrate vorwiegend als Fett gespeichert, was schlecht ist, oder größtenteils als Kohlenhydrate in den Muskeln, was gut ist. Oder sie werden überhaupt nicht gespeichert. Entscheidend ist, dass die Insulinreaktion unter Kontrolle bleibt, um den in Abbildung 7.2 dargestellten Teufelskreis zu vermeiden. *Wer lediglich seine Kohlenhydratvorräte leert, wird nicht schlanker.*

Es geht also darum, Mahlzeiten und Zwischenmahlzeiten so einzuteilen, dass die mit der Nahrung aufgenommenen Kohlenhydrate nicht plötzlich den Blutzuckerspiegel in die Höhe treiben. Drei Strategien kommen hier ins Spiel. 1.) Man wählt Kohlenhydrate, die schwerer verdaut werden und deshalb langsamer in den Blutkreislauf gelangen. 2.) Man kombiniert kohlenhydratreiche Kost mit protein- oder fetthaltigen Nahrungsmitteln, die langsamer verdaut werden, so dass die Kohlenhydrate ‚zeitverzögert' aufgenommen werden. 3.) Man isst größere Mengen kohlenhydratreicher Lebensmittel – wie Zucker, Nudeln, Reis, Haferflocken,

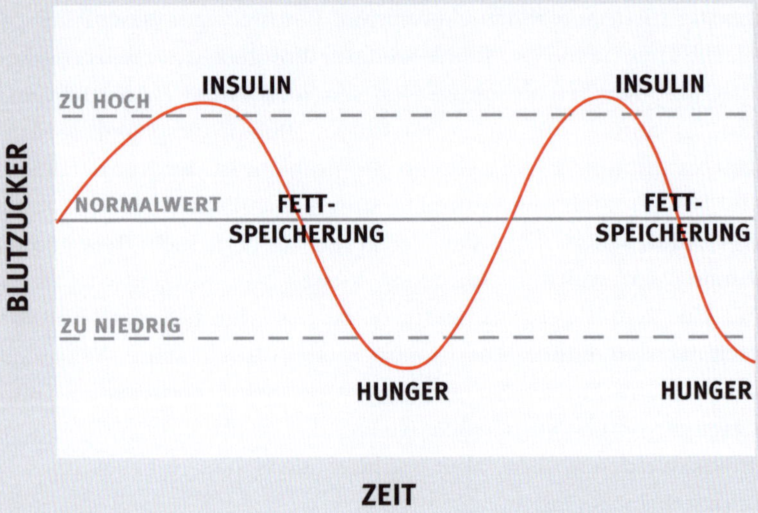

Abbildung 7.1: *Die Auswirkung von Kohlenhydraten auf den Blutzuckerspiegel*

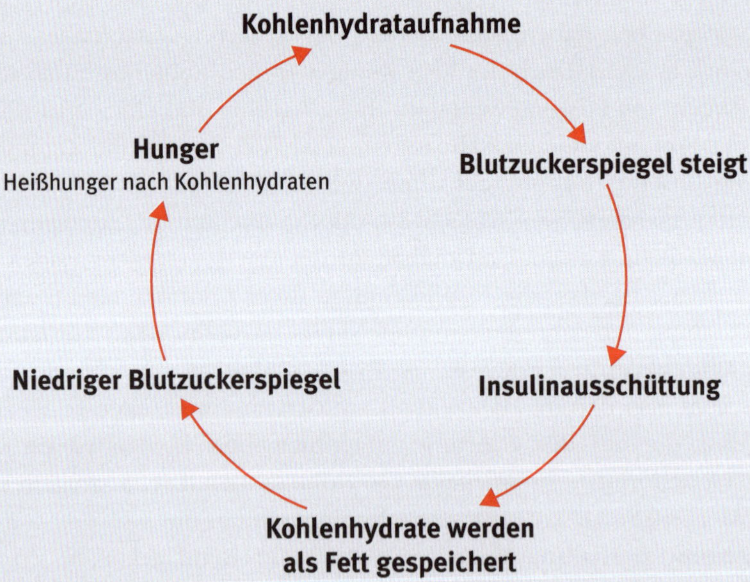

Abbildung 7.2: *Teufelskreis nach der Aufnahme von reinen Kohlenhydraten*

Brot, Reis oder Kartoffeln – nur nach dem Training. Werden diese Nahrungsmittel direkt nach der körperlichen Betätigung verzehrt, ist es wahrscheinlicher, dass die darin enthaltenen Kalorien als Glykogen in den Muskeln gespeichert werden und nicht in den Fettzellen.

Der Glykämische Index

Der Glykämische Index (GI) eines Lebensmittels ist eine Messgröße, mit der ermittelt wird, wie schnell die darin enthaltenen Kohlenhydrate im Vergleich zu reinem Traubenzucker in die Blutbahn gelangen. Traubenzucker (Glukose) hat einen glykämischen Index von 100. Ein Nahrungsmittel mit einem GI von 70 tritt also 30 Prozent langsamer als Traubenzucker in den Blutkreislauf ein.

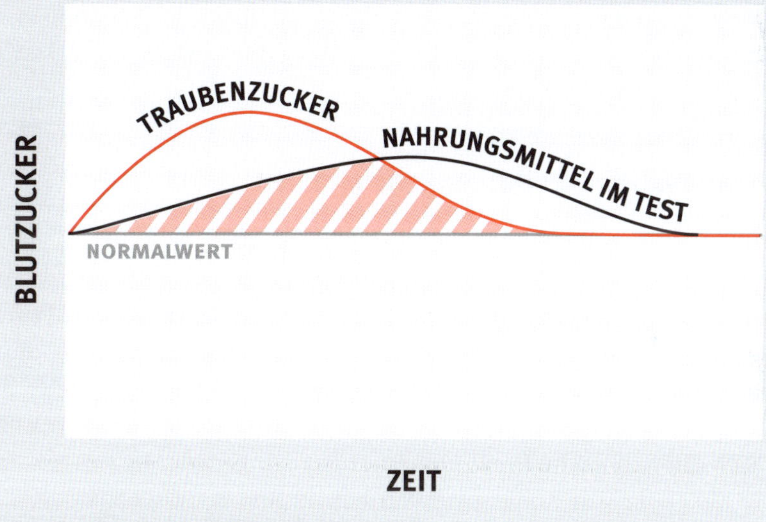

Abbildung 7.3: *Glykämischer Index*

Abbildung 7.3 zeigt den Verlauf des Blutzuckerspiegels nach der Einnahme zweier unterschiedlicher Kohlenhydrate. Im ersten Fall hat die Testperson 75 Gramm reinen Traubenzucker zu sich genommen, im zweiten Fall enthielt das getestete Nahrungsmittel ebenfalls 75 Gramm Kohlenhydrate, jedoch in anderer Zusammensetzung. Der GI des ‚Nahrungsmittels im Test' entspricht der Schnittmenge unter den beiden Kurven in Prozent. Wenn die schraffierte Fläche unter der Traubenzucker-Kurve zu

70 Prozent von der Fläche unter der Test-Nahrungsmittelkurve überlagert wird, hat das betreffende Nahrungsmittel einen GI von 70.

Um seinen Körperfettanteil zu reduzieren, empfiehlt es sich, größtenteils Lebensmittel mit einem niedrigen GI zu wählen. Dies vermeidet eine übermäßige Insulinsekretion und hat zur Folge, dass die aufgenommenen Kohlenhydrate als Brennstoff (Glykogen) und nicht als Fett gespeichert werden.

Anhang D bietet eine Übersicht über herkömmliche, kohlenhydratreiche Nahrungsmittel mit ihrem jeweiligen glykämischen Index. Von einem niedrigen glykämischen Index spricht man bei einem GI von 40 oder weniger; diese Lebensmittel sollten bevorzugt auf dem Speiseplan stehen. Kohlenhydrate mit einem Wert zwischen 40 und 70 haben einen mittleren GI und sind immer noch eine gute Wahl. Wenn ein kohlenhydratreiches Lebensmittel einen GI von über 70 hat, löst es eine verstärkte Insulinreaktion aus. Das heißt nicht, dass es deshalb schlecht wäre, nur sollte es entweder möglichst gleich nach dem Training oder zusammen mit Nahrungsmitteln mit einem niedrigen GI gegessen werden, so dass der GI insgesamt unter 70 liegt.

Die Kombination von Nahrungsbausteinen

Proteine sind gute Freunde einer sportlich aktiven Person, die abnehmen möchte. Denn wenn Proteine zusammen mit Kohlenhydraten gegessen werden, speichert der Körper die Kohlenhydrate in der Regel nicht als Fett.

Die Insulinausschüttung lässt sich also auf zweierlei Weisen reduzieren: durch Lebensmittel mit einem niedrigen bis mittleren GI oder aber durch die richtige Kombination der Speisen. Um abzunehmen, reicht es also, sich diese einfache Ernährungsstrategie zur Gewohnheit zu machen.

Die Moleküle von Kohlenhydraten haben eine recht einfache Struktur und können sehr schnell und leicht vom Körper aufgespalten werden. Proteine hingegen sind sehr große und komplexe Moleküle, deren Aufspaltung deutlich länger dauert. Werden verschiedenartige Lebensmittel zusammen verzehrt, passieren sie den Verdauungstrakt nahezu gleichzeitig und werden somit gleich schnell vom Körper verwertet. Im Falle von Proteinen und Kohlenhydraten wird also die Verdauung der Kohlenhydrate durch die Proteine gehemmt. Der Zucker der Kohlenhydrate gelangt nicht auf einmal und in großen Mengen ins Blut, sondern wird langsam und in kleinen Dosen an den Blutkreislauf abgegeben. Die Proteine wirken wie eine Retard-Tablette, welche die Kohlenhydrate zeitverzögert freisetzt. Mit fortschreitender Verdauung gelangt der Zucker nur langsam ins Blut und wird fast sofort wieder verbrannt; dadurch steigt der Blutzuckerspiegel nicht allzu weit über den Normalwert, und die Insulinreaktion entfällt. Ein anhaltend leicht erhöhter Blutzuckerspiegel ist für uns optimal, denn er sorgt für gute Laune, Energie und vertreibt das Hungergefühl. Ein langsamer und beständiger Zuckernachschub, der zusammen mit Fett als Energiequelle dient, liefert dem Körper die Kraft für seine tägliche Aktivität.

Ähnlich wie Proteine wird auch Fett eher langsam verdaut. Man könnte also auf die Idee kommen, Fett anstelle von Proteinen mit Kohlenhydraten zu kombinieren, um hohen Blutzuckerschwankungen vorzubeugen. Dies verhindert in der Tat die Insulinreaktion und die Speicherung der Kohlenhydrate als Fett. Die Kehrseite dieser Logik ist jedoch, dass nun das Fett gespeichert wird. Und das führt natürlich auch zu einer Gewichtszunahme. Fett hat von allen biologischen Brennstoffen die höchste Kaloriendichte. Ein Gramm Fett enthält etwa 2,25 Mal so viele Kalorien wie die gleiche Menge Proteine oder Kohlenhydrate. Deshalb erzielen Sie die besten Erfolge mit einer eher fettarmen Ernährung, die vor allem Kohlenhydrate mit einem niedrigen glykämischen Index in Verbindung mit Proteinen enthält.

ABNEHMEN MIT EINER FETTREDUZIERTEN ERNÄHRUNG

Die in letzter Zeit hohe Popularität einiger gefährlicher Mode-Diäten, die mit fettreicher Kost die Pfunde zum Schmelzen bringen sollen, kann nicht über die einfache Tatsache hinwegtäuschen, dass fett essen fett macht. Von allen kalorienhaltigen Nährstoffen – im Gegensatz zu Wasser, Ballaststoffen und Spurenelementen –, die wir mit der Nahrung aufnehmen, wird Fett am wahrscheinlichsten in den Fettzellen gespeichert, und zwar aus den folgenden Gründen:

- Fett ist der kalorienreichste Brennstoff; sein Brennwert ist mehr als doppelt so hoch wie der von Proteinen und Kohlenhydraten.
- Von allen Kalorien, die wir zu uns nehmen, hat Fett den niedrigsten Wärmeeffekt. Das heißt, das Fett aus der Nahrung kann besonders effizient als Körperfett gespeichert werden, weil Fettkalorien seltener in Wärmeenergie umgewandelt und abgegeben werden, als Kalorien aus anderen Nährstoffen.

- Unser Grundumsatz steigt, wenn wir Kalorien aus Proteinen oder Kohlenhydraten zu uns nehmen, aber nicht, wenn diese Kalorien aus Fetten stammen.
- Die meisten Menschen wählen eine fett- und somit kalorienreichere Kost, wenn sie die Wahl haben – und sind nach deren Verzehr nachweislich weniger aktiv.
- Wer viel Fett isst, erhöht die Anzahl der fettspeichernden Enzyme und erzieht seinen Körper somit zu einer effizienten Fettspeicherung.

Die ungünstige Wahl und zeitliche Aufnahme von Kohlenhydraten kann also die Fettpolster aufbauen. Noch direkter und effektiver gelingt dies jedoch durch eine fettreiche Ernährung.

Diese Erkenntnisse beflügelten die Low-Fat-Diätrevolution in den 1980er und 1990er Jahren. Abnehmwillige vermieden daraufhin jedes Gramm Fett. Sie gingen sogar so weit, nicht mehr genug Proteine zu sich zu nehmen und stattdessen die Einnahme von Kohlenhydraten drastisch zu erhöhen. Konkret führte das dazu, dass eine Hühnerbrust mit drei Gramm Fett tabu war und man sich dafür mit einer Packung fettfreier Kekse (mit 2400 Kalorien) tröstete.

Im Prinzip ging diese Diät in die richtige Richtung, nur war sie leider völlig überzogen. Schließlich wurden wir um die Erfahrung reicher, dass extrem fettreduzierte Diäten weder nötig sind, noch etwas nützen. Außerdem haben Studien belegt, dass extrem fettarme Ernährungspläne sehr schwer einzuhalten sind. Fett ist ein Geschmacksträger, Appetithemmer und Gaumenschmeichler. Sogar hochmotivierte Menschen, die mit einer extrem fettarmen Diät begannen, schafften es kaum, sich daran zu halten. Eine Ernährung mit extrem niedrigem Fettgehalt hemmt nachweislich die Ausschüttung des Wachstumshormons Somatotropin (siehe Seite 202). Dieses Hormon ist generell wichtig, wenn man abnehmen möchte, aber besonders für sportlich aktive Menschen, die überschüssiges Körperfett abbauen wollen.

Eine Ernährungsweise, bei der 20 bis 25 Prozent der Kalorien aus Fett stammen, ist weit besser, als wenn 30 Prozent oder mehr der Kalorien in Form von Fett aufgenommen werden. Aber eine Diät mit nur 5 bis 15 Prozent Fettkalorien ist demgegenüber ganz und gar nicht besser. Die meisten Menschen kommen gut damit zurecht, ihre Ernährung so umzustellen, dass nur noch 20 bis 25 Prozent der täglichen Kalorienzufuhr aus Fett stammen, und das ist auch völlig ausreichend.

Zum Thema fettreduzierte Kost gibt es ganze Regale voller Bücher. Anders als häufig empfohlen, ist es jedoch unsinnig, jedes Gramm Fett ängstlich zu meiden – aber wir sollten doch versuchen, auf *überflüssiges* Fett in unserem Essen zu verzichten, das den Genuss der Speisen nicht weiter erhöht.

In Tabelle 7.1 finden Sie eine Auswahl von Nahrungsmitteln mit entsprechenden Vorschlägen für fettarme Alternativen. Nachfolgend noch ein paar weitere Strategien, um den Fettkonsum sinnvoll zu reduzieren:

- Magermilch trinken und entrahmte Molkereierzeugnisse verwenden. Über die Hälfte der Kalorien in der Vollmilch stammen aus ihrem Fett.
- Vorsicht bei so genannten ‚Light'- und ‚fettarmen' Produkten. Seit dem 1. Juli 2007 gilt zwar eine neue EU-Richtlinie, wonach die Aufschrift ‚light' nur noch zulässig ist, wenn das Produkt 30 Prozent weniger Kalorien enthält als ein vergleichbares Lebensmittel, doch das sagt noch nicht viel über den Fettgehalt dieser Waren aus. Erst wenn ‚fettarm' darauf steht, enthält ein Produkt auch wirklich höchstens drei Prozent Fett – aber eventuell mehr einfache Zucker. Die Kalorien einer ‚Light'-Butter stammen immer noch zu 95 Prozent aus Fett, auch wenn ihr Fettgehalt etwa um die Hälfte niedriger ist als der einer normalen Haushaltsbutter. Fruchtjoghurt mit der Kennzeichnung ‚fettarm' ist zwar tatsächlich fettreduziert, enthält aber häufig viel Zucker und auch Stärke. Fazit: Nahrung, die ‚light' oder ‚fettarm' ist, taugt nur bedingt zum Abnehmen. Extrem fetthaltige Lebensmittel wie Butter und Margarine, Erdnussbutter und Käse haben auch als fettarme Varianten einen hohen Fettgehalt.
- Butter oder Margarine möglichst durch mageren Frischkäse, Quark oder Joghurt ersetzen.
- Ein Brötchen mit Putenbrust ist magerer als ein Camembert Baguette.
- Fettfreie Mayonnaise verwenden.
- Cremige Suppen und Soßen möglichst vom Speiseplan streichen.
- Parmesan und italienischen Hartkäse verwenden. Durch den stärkeren Geschmack verbraucht man weniger.
- Bei Streich- und Frischkäse fettreduzierte Alternativen nehmen; fettarmen Ricotta und Hüttenkäse sparsam verwenden.
- Zum Braten Pfannen mit einer Antihaftbeschichtung verwenden und mit einem speziellen Öl-Spray einfetten beziehungsweise das Bratöl mit einem Backpinsel auftragen.

Tabelle 7.1: *Beispiele für eine bewusste Speisenauswahl*

FETTHALTIGES ESSEN	FETTARME ALTERNATIVEN
Toastbrot	Mischbrot, Vollkornbrot, Knäckebrot
Sandkuchen	Hefezopf, Obstkuchen
Pommes Frites	Pasta
Risotto	Reis
Reibekuchen	Pfannkuchen
Knuspermüsli	‚normales' Müsli
Bratkartoffeln, Kartoffelpuffer oder -klöße	Kartoffelbrei, Salz- oder Pellkartoffeln
Croissants	Rosinenbrötchen
Chips, Salzgebäck	Salzstangen
Geröstete Erdnüsse	Naturbelassene oder fettfrei geröstete Erdnüsse
Lachs, Schwertfisch, Lachsforelle	Heilbutt, Kabeljau, Schellfisch, Seezunge
Makrele, Anchovis, Sardinen	Flunder, Rotbarsch, Thunfisch, Garnelen, Krebsfleisch, Muscheln, Krabben, Austern / Schalen- und Krustentiere
Dunkles Geflügelfleisch oder Geflügel mit Haut	Weißes Geflügelfleisch ohne Haut
die meisten Teilstücke vom Rind	Nacken (Kamm), Unter- und Oberschale, Filet (Lende)
die meisten Schweinefleischerzeugnisse	Hinterschinken, Schweinefilet
Würstchen, Wurst	Organfleisch
Ente	Hähnchen- oder Putenfleisch
Eier	Eiweiß, Ei-Ersatz, Tofu etc.
Rahmsuppen oder -soßen	Bouillon oder Fleischbrühe
Mayonnaise	Senf, Ketchup, Meerrettich, Salsa
Butter und Margarine	Soja-, Teriyaki- oder Worcestersauce

- Beim Kochen besonders sparsam mit Fett umgehen. Viele an sich kalorienarme Lebensmittel können nach dem Kochen reichhaltiger werden als gewünscht.
- Vor dem Kochen jedes sichtbare Fett von Fleischstücken entfernen, Bratenfett nicht weiterverwenden beziehungsweise Kurzgebratenes gut abtropfen lassen.

Das Fett im Essen zu reduzieren, ist das Ziel, aber nicht die *alleinige* Methode, um schlanker zu werden. Der Verzicht auf Fett ist zwar eine wirksame Strategie zur Gewichtsreduktion, doch wie wir in den 1980ern und 1990ern lernen mussten, ist er alles andere als der Königsweg zur Schlankheit.

SPORT: DIE UMSTELLUNG DES STOFFWECHSELS AUF NATÜRLICHE ART

Sport verändert langfristig den Ruheumsatz sowie die Art, wie bestimmte Nährstoffe vom Körper abgebaut und gespeichert werden. Dieser Effekt ist viel wichtiger als der Energie- beziehungsweise Kalorienverbrauch durch die sportliche Betätigung.

Es ist allgemein bekannt, dass Sport und Bewegung auf jeden Diätplan zur Gewichtsreduktion gehören, und die meisten Abnehmprogramme enthalten den einen oder anderen Hinweis auf den unterstützenden Effekt von Sport. Problematisch ist allerdings, dass die meisten Diäten sich ausschließlich auf das Erzielen einer negativen Kalorienbilanz konzentrieren und die Bedeutung effektiver sportlicher Betätigung für eine erfolgreiche Gewichtsabnahme nicht genug betonen. Außerdem informieren sie kaum darüber, warum Sport so nützlich ist, welche Sportart für welchen Typ am besten geeignet ist oder gar wie hart, wie häufig und wie lang trainiert werden sollte. Doch genau wie bei den meisten anderen Dingen gibt es gute und weniger gute Möglichkeiten, um durch Sport abzunehmen, und diese können sich deutlich davon unterscheiden, wie jemand Sport treibt, der sein (Ideal-)Gewicht lediglich halten will.

Wer die physiologischen Hintergründe nicht kennt, warum er Sport betreibt, unterschätzt häufig, welch entscheidende Rolle der Sport auf lange Sicht dabei spielt, sein Wunschgewicht zu erreichen und zu halten. Viele packt der Frust, wenn sie nach einer anstrengenden Einheit auf dem Heimtrainer auf der Anzeige lesen, dass sie gerade mal 250 Kalorien verbrannt haben. „Da könnte ich doch genauso gut auf ein Sandwich verzichten und mir das Training sparen“, denkt sich so mancher. „Das ist doch die Schinderei nicht wert! Lieber esse ich etwas weniger.“ Das kann stimmen – kurzfristig, auf Sicht eines einzelnen Trainings oder eines einzigen Tags –, aber die dauerhaften Änderungen des Stoffwechsels und der Energiespeicherung machen im Laufe der Zeit einen enormen Unterschied. Mein Körper verbraucht in Ruhe und pro Tag etwa 310 Kalorien mehr als ein durchschnittlicher Mann, der so groß, schwer und alt ist wie ich. Sind 310 Kalorien viel? Nun, so viel wie ein Sandwich. Aber im Laufe eines Jahres summieren sie sich auf 113.150 Kalorien – das entspricht etwa 14,5 Kilogramm Fett. Ich komme aus einer erblich bedingt übergewichtigen Familie und wog früher 35 Kilo mehr als heute; deshalb bin ich davon überzeugt, dass mein erhöhter Grundumsatz darauf zurückzuführen ist, dass ich Sport treibe. Bei zahlreichen Athleten, mit denen ich zusammen gearbeitet habe, konnte ich ähnliche Veränderungen des Stoffwechsels beobachten.

Die Optimierung des Trainings

Viele Menschen strengen sich beim Sport intensiv an, weil sie möglichst viel Fett verbrennen wollen, aber doch nicht intensiv genug, als dass sie ihre Fitness steigern würden. Mit dem Ziel, mehr Kalorien zu verbrennen als aufzunehmen, trainieren sie jedes Mal so schnell sie können. So wird fast ständig bei mittlerer Intensität trainiert. Doch dieser Ansatz ist in vielerlei Hinsicht problematisch. Erstens: Durch die anhaltende Belastung fällt es schwer, die Trainingsdauer zu erhöhen, denn lange Einheiten im mittleren Tempo sind nicht nur richtig anstrengend, sondern auch bestens geeignet, einem die Lust am Sport zu verleiden. Zum Abnehmen sind ausgedehnte Trainingseinheiten bei niedriger Intensität ohnehin viel besser geeignet. Zweitens: Wer immer im mittleren Intensitätsbereich trainiert, verzichtet auf die Vorteile, die hochintensives Training für die Gewichtsabnahme bringt, also Belastungen, die man nicht über einen längeren Zeitraum durchhalten kann. Die meisten Menschen haben viel mehr Erfolg, wenn sie drei Viertel ihrer Trainingszeit in einem sehr lockeren Tempo und das restliche Viertel deutlich schneller durchführen. Ständig mit mittlerer Intensität zu trainieren, ist weder Fisch noch Fleisch, da weder der Kalorienverbrauch noch die Fitnesssteigerung optimiert werden.

Sport ist bei jeder Form der Gewichtskontrolle von großer Bedeutung, und der Kalorienverbrauch ist nur einer seiner zahlreichen Vorteile. Langfristig gesehen spielt der Energieaufwand für den Sport selbst aber nicht die größte Rolle, denn auch wer zwei Stunden täglich Sport treibt, verbrennt in den restlichen 22 Stunden des Tages weit mehr Kalorien als im Training. Regelmäßiges Training wirkt sich jedoch enorm darauf aus, wie der Körper die Nahrung – und vor allem das Fett – verwertet, und zwar nicht nur während der sportlichen Aktivität, sondern auch im Ruhezustand.

Muskelmasse und Stoffwechsel

Iss nie mehr, als du heben kannst.
– Miss Piggy

Beim Sport wird Muskelmasse gebildet und erhalten. Diese verbraucht den Großteil unserer täglichen Kalorien, auch wenn wir gerade keinen Sport treiben. Außerdem ist die Muskulatur die einzige Struktur unseres Körpers, die Fett verstoffwechseln kann. In anderen Worten: Körperfett wird ausnahmslos von den Muskeln zur Energiegewinnung verbraucht. Ein Muskel hat sogar in Ruhe einen sehr regen Stoffwechsel und verbraucht somit viel Energie.

Stellen Sie sich vor, Sie könnten den Vierzylinder-Motor Ihres Autos nicht abschalten; Ihr Fahrzeug stünde also mit laufendem Motor die ganze Nacht in der Garage. Eine Stunde Fahrt mit diesem Auto würde zwar eine Menge Benzin verbrauchen, besonders bei hohem Tempo, aber während der übrigen 23 Stunden wäre der Benzinverbrauch insgesamt doch höher. Und jetzt übertragen Sie die Situation auf einen Motor mit acht Zylindern: Sein Benzinverbrauch ist nicht nur auf der Autobahn höher, sondern auch dann, wenn er im Standgas vor sich hin tuckert. Entsprechend erhöht eine größere Muskelmasse den Kalorienverbrauch, und zwar nicht nur bei sportlicher Belastung, sondern auch in Ruhe.

Ein effektives Krafttrainingsprogramm ist also ein Schlüssel zur Erhöhung des Grundumsatzes. Ein Pfund Muskeln verbrennt zwischen 35 und 75 Kalorien pro Tag im Ruhezustand, also nur zur Instandhaltung seiner Funktionen. Ein Muskelzuwachs von fünf Pfund erhöht den Grundumsatz somit um 175 bis 375 Kalorien pro Tag. Das sind genau so viele Kalorien, wie für einen Drei- bis Fünf-Kilometer-Lauf benötigt werden. Und das ist erst der *Grund*umsatz von 2,5 Kilo Muskelmasse! Multipliziert mit 365 Tagen ergibt das einen zusätzlichen Verbrauch von 63.875 bis 136.875 Kalorien pro Jahr. Wie viele Stunden müssten Sie trainieren, um so viele Kalorien zu verbrennen?

Aerobes Ausdauertraining

Wenn ein Pfund Muskeln in Ruhe 35 bis 75 Kalorien pro Tag verbraucht, dann möchten wir natürlich mehr solcher Muskeln haben. Wir möchten auch, dass sie eher 75 als 35 Kalorien verbrauchen. Jedes Pfund unserer Muskulatur sollte rund um die Uhr so viele Kalorien wie möglich verbrennen. Das kann den Stoffwechselumsatz enorm erhöhen – um bis zu 300 Kalorien täglich für eine durchschnittliche Person.

Untersuchungen zufolge entscheidet die Anzahl der Mitochondrien eines Muskels über die Höhe seiner Stoffwechselaktivität, also darüber, wie viele Kalorien er in Ruhe verbrennt. Mitochondrien sind winzige Bestandteile jeder Zelle, in denen ein Großteil der Energieumwandlung stattfindet. Sie sind sozusagen die ‚Kraftwerke' der Körperzellen. Man kann die Muskeln dazu anregen, mehr Mitochondrien zu bilden, und zwar durch intensives Ausdauertraining im aeroben Bereich. Auf diese Trainingsform und deren Optimierung kommen wir später zurück.

Der Wärmeeffekt von Nahrung

Alles, was wir essen, muss verdaut, vom Körper aufgenommen und so umgewandelt werden, dass es entweder Energie liefern oder gespeichert werden kann. Diese Umwandlungsprozesse umfassen meist zahlreiche Schritte, und jeder Schritt verbraucht Energie. Diese Energie erzeugt Wärme, was als der Wärmeeffekt von Nahrung bezeichnet wird. Wer überflüssiges Körperfett verlieren möchte, profitiert von dieser ‚Energieverschwendung'.

Der Körper reagiert auf eine erhöhte Kalorienaufnahme unter anderem mit einer erhöhten Wärmeabgabe. Je mehr man isst, desto verschwenderischer verbrennt der Körper die Kalorien und verhindert so eine Gewichtszunahme. Forschungen haben jedoch ergeben, dass dieser Prozess nicht optimal funktioniert, wenn man sich kaum bewegt. Der Wärmeeffekt von Nahrung ist bei sportlicher Aktivität viel höher. Dieser Umstand erklärt auch, warum sportlich nicht aktive Menschen zu guten ‚Futterverwertern' werden: Sie speichern mehr Kalorien in Form von Fett, und ihr Fettstoffwechsel ist niedriger.

Die Steuerung der Insulinfunktion

Wie bereits erwähnt, hat Insulin die Aufgabe, Zucker aus dem Blut zu entfernen und ihn entweder in Form von Fett oder Kohlenhydraten zu speichern. Wer sein Körperfett reduzieren möchte, will natürlich nicht, dass der Zucker gespeichert wird, sondern dass er in der Blutbahn bleibt, bis er verbrannt wird. Interessanterweise ist bei Personen, die regelmäßig Sport treiben, die Insulinsekretion tendenziell geringer.

Wenn die Kalorien schon im Körper gespeichert werden, dann sollte dies möglichst als Kohlenhydrate in den Muskeln sein. Und siehe da: Sport erhöht die Sensibilität der Insulinrezeptoren in den Muskeln, was bedeutet, dass Kalorien eher in Glykogen für die Muskeln als in Fett für die Körperzellen umgewandelt werden.

Die Erhöhung der Fettverbrennung

Unser Körper ist auf unterschiedliche Nährstoffe angewiesen, von denen jeder eine spezifische Aufgabe hat. Fett ist die am längsten verfügbare Energiequelle und dient in Hungerzeiten als Schutz – beziehungsweise bei lang andauernden und wenig intensiven körperlichen Tätigkeiten als Brennstoff.

Als die Menschen noch in Höhlen wohnten, waren Fettdepots lebenswichtig. Wer sein Körperfett halten konnte, hatte in Hungerzeiten eine viel höhere Chance zu überleben (und sich fortzupflanzen) als jemand, der sein Körperfett schnell abbaute. Gewisse Fettpolster waren einfach überlebensnotwendig. Was für ein Unterschied zu heute! Im Kontext der Jahrmillionen alten Menschheitsgeschichte ist die Agrarrevolution im 18. Jahrhundert eine relativ späte Errungenschaft. Unser Körper hat mit dieser Entwicklung nicht Schritt gehalten. Bevor die landwirtschaftliche Produktion erweitert wurde, hungerte der Mensch, weil er nichts zu essen hatte, und nicht etwa, um am Strand eine gute Figur zu machen oder eine persönliche Bestzeit über zehn Kilometer zu laufen. Heute, da in der westlichen Welt unsere Supermarktregale ständig randvoll mit Lebensmitteln sind und wir nicht aufgrund von Mangel, sondern an den Folgen von Übergewicht und anderen Zivilisationskrankheiten sterben, arbeitet unsere genetische Veranlagung eher gegen uns.

Fett ist der Nährstoff, der am schwierigsten abzubauen ist, und zwar aus mehreren Gründen. Zunächst einmal ist nur eine sehr geringe Menge Fett in den Muskeln selbst eingelagert. Andere Nährstoffe, allen voran

Kohlenhydrate, sind dagegen direkt im Muskel gespeichert, damit bei Bedarf unmittelbar auf sie zugegriffen werden kann. Fett wird in erster Linie in den Fettzellen unter der Haut gespeichert. Bevor es zu einem nennenswerten Fettstoffwechsel kommen kann, müssen die Muskeln ein Signal an diese Fettzellen senden. Daraufhin muss das Fett in den Blutkreislauf eintreten und durch den Körper zirkulieren, bevor es zu den arbeitenden Muskeln gelangt, die es aus der Blutbahn aufnehmen und schließlich verbrennen. Bei den meisten Menschen dauert es etwa 20 bis 30 Minuten, bis der Fettstoffwechsel richtig in Gang kommt (allerdings verkürzt sich diese Zeit mit zunehmender Fitness).

Zur Fettverbrennung benötigt der Körper außerdem mehr Sauerstoff als zur Verbrennung von Kohlenhydraten. Bei niedriger Belastungsintensität (und nach den ersten 20 bis 30 Minuten Sport), wenn der Organismus große Sauerstoffmengen an die Muskeln liefern kann, gewinnt der Körper bevorzugt Energie aus den Fettdepots. Steigt die Intensität, kann der Körper den Muskeln nicht entsprechend mehr Sauerstoff zur Verfügung stellen. Deshalb müssen die Muskeln, um weiterhin die nötige Energie zu liefern, mehr Kohlenhydrate und weniger Fett verbrennen. Eine bessere Kondition verbessert auch die Intensität des Fettstoffwechsels, doch selbst extrem fitte Athleten verbrennen Fett am besten bei sehr niedriger Belastung, nicht jedoch bei hoher Intensität.

Mit dem richtigen Training lässt sich die Fettverbrennung verbessern, indem Adaptationen von Herz, Blutgefäßen und Muskeln zu einer erhöhten Sauerstoffzufuhr und Fettverwertung führen. Dadurch können die Fettsäuren schneller in den Blutkreislauf eintreten, zu den Muskelzellen transportiert und dort verbrannt werden. Hormonelle Veränderungen, die den Abbau von Fett verhindern, werden zudem durch regelmäßiges Training gehemmt und gleichzeitig andere Mechanismen früher in Gang gesetzt, welche die Fettverbrennung anstoßen.

Noch wichtiger ist, dass durch ein entsprechendes Training auch in Ruhe der Fettstoffwechsel angeregt wird. Schließlich lösen sich all diese Veränderungen, die beim Sport zu einer größeren Fettverbrennung führen, nicht in Luft auf, sobald man die Laufschuhe ausgezogen hat. Wer seinen Körper durch richtiges Training auf einen höheren Fettstoffwechsel getrimmt hat, verbrennt auch zu jeder Tages- und Nachtzeit mehr Fett als ein Couchpotato.

Sport und Appetit

Körperliches Training hat einen tief greifenden Einfluss auf das Hunger- und Sättigungsempfinden, denn viele Faktoren, die ein übermäßiges Essen verursachen, verlieren durch Sport ihre Wirkung.

Beispielsweise löst die Kerntemperatur des Körpers häufig Hungergefühle aus. Menschen werden hungrig, wenn sie frieren. Sportliche Aktivität hebt die Körpertemperatur jedoch stark an und mindert damit den Appetit. Eine Ausnahme bildet das Schwimmen, bei dem das Wasser in der Regel dem Körper mehr Wärme entzieht, als dieser durch die Bewegung bildet. Die Behauptung, Schwimmen sei im Rahmen einer Gewichtsreduktion nicht der ideale Sport, ist also nicht aus der Luft gegriffen. In Studien wurde immer wieder belegt, dass Personen nach dem Schwimmen tendenziell mehr essen als nach anderen Sportarten oder auch ohne jede sportliche Aktivität. Eine Lösung für dieses Problem könnte ein kurzer Saunagang oder zumindest eine heiße Dusche nach dem Schwimmen sein. Wird die Körperkerntemperatur wieder auf normale oder gar leicht erhöhte Werte gebracht, verringert dies das kältebedingte Essbedürfnis.

Wer regelmäßig Sport treibt, hat tendenziell eine leicht erhöhte Basaltemperatur, sogar im Schlaf. Das wirkt als körpereigener Appetitzügler.

Auch Blutzucker kann Hunger- und Sättigungsgefühle auslösen. Falsches Training kann den Blutzuckerspiegel senken und den Appetit somit erhöhen, wohingegen ein optimales Sportprogramm den Blutzuckerspiegel stabilisiert und dauerhaft vor einem drastischen Blutzuckersturz schützt.

Der Säuregehalt des Blutes wirkt sich ebenfalls auf das Hungerempfinden aus. Durch sportliche Betätigung steigt in der Regel die Milchsäurekonzentration im Blut, das heißt der pH-Wert nimmt ab. Durch einen niedrigeren pH-Wert des Blutes fühlt man sich länger satt und hat weniger Appetit. Zwar ist dieser Effekt umso stärker, je intensiver das Training ist, aber er macht sich selbst beim lockeren Ausdauertraining bemerkbar.

Befinden sich im Blutkreislauf viele gelöste Fettsäuren, ist das Sättigungsgefühl ebenfalls höher. Es gibt viele Trainingsarten, durch die vermehrt Fettsäuren in die Blutbahn gelangen, aber durch ein ausdauerndes aerobes Training in einer geringen Intensität wird dieser Effekt am besten erreicht.

Kurzfristige Reaktionen des Ruhestoffwechsels

Noch lange Zeit nach dem Ende eines Trainings verbrennt der Körper mehr Kalorien als normal. Dauer und Ausmaß des so genannten Nachbrenneffekts hängen vom Umfang und der Intensität des Trainings ab. Bis zu 15 Prozent des Energieverbrauchs beim Sport entfallen auf dieses Phänomen, das bis zu 24 Stunden lang anhalten kann.

Größere Kohlenhydratspeicher

Sport erhöht die körpereigenen Fähigkeiten zur Speicherung von Kohlenhydraten. Sportler verfügen also über größere ‚Sprinttanks' als unsportliche Menschen. Diese Depots wirken wie ein Auffangnetz für die übermäßige Zufuhr von Kohlenhydraten. Das heißt, wer große Kohlenhydratvorräte anlegen kann, wird sie nicht so leicht als Fett speichern. Außerdem ermöglichen die größeren Kohlenhydratvorräte auch längere Trainingseinheiten, wodurch wiederum das persönliche Potenzial zur Fettverbrennung sowie die Fitness gesteigert werden.

Wärme- und Kälteempfindlichkeit

Menschen, die Sport treiben, neigen zur einer größeren Kälte- und Wärmeempfindlichkeit. Der Körper reagiert auf diese Temperaturschwankungen durch eine Anhebung des Ruheumsatzes und Ausschüttung des Wachstumshormons Somatotropin. Beides kurbelt den Fettstoffwechsel an.

Energieverbrauch

Sport verbrennt Kalorien, und das ist gut. Das ist ein nicht zu verachtender, allerdings vergleichsweise kleiner Vorteil, den der Sport jedem bringt, der abnehmen möchte. Aus den vorangegangenen Abschnitten müsste klar geworden sein, dass der reine Energieverbrauch während des Trainings nicht der wichtigste Faktor ist.

Langfristig steigende Wirksamkeit

Viele Leute unterschätzen die Wirksamkeit von Sport für eine dauerhafte Gewichtskontrolle, weil sich die Vorteile körperlicher Aktivität erst allmählich einstellen, während die Folgen einer reduzierten Kalorienaufnahme relativ schnell sichtbare Erfolge bringen.

Wie in Abbildung 7.4 dargestellt, trägt Sport im Laufe der Zeit immer mehr zur Körperfettreduktion bei. Die langfristigen Trainingseffekte sind also viel bedeutender als die kurzfristigen. Eine Ernährungsumstellung, vor allem in Form einer Kalorienreduktion, erzielt hauptsächlich kurzfristige Ergebnisse. Bis sich der Ruheumsatz und die chemischen Vorgänge im Körper umgestellt haben, dauert es viel länger. Die Effekte sportlicher Tätigkeit ergänzen sich zwar gegenseitig, führen aber erst mit einer gewissen Verzögerung zu den gewünschten Veränderungen der Körperzusammensetzung und Figur. Gemessen an der Gewichtsabnahme lässt der Effekt des Trainings daher länger auf sich warten, als wenn man konsequent Diät hält.

Wenn Menschen, die sonst nie Sport treiben, mit einem Trainingsprogramm beginnen, hält sich ihre Leistung aufgrund ihrer schwachen Kondition in Grenzen. Ihr Körper besitzt keinen effektiven Fettstoffwechsel und kann nur mit mäßiger Intensität und über einen relativ kurzen Zeitraum belastet werden. Die Auswirkungen des Sports auf das Körpergewicht sind also zunächst gering.

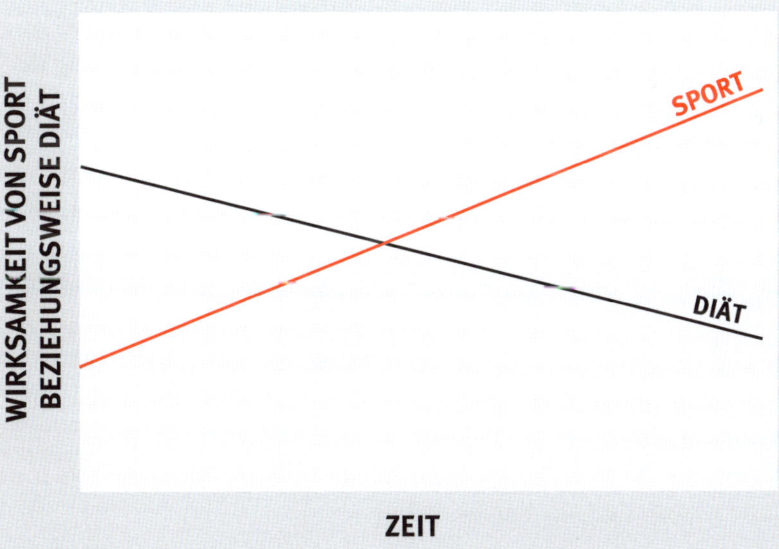

Abbildung 7.4: *Langfristig verstärkte Vorteile durch Sport*

Die langfristigen Vorteile von Sport sind jedoch ohnehin viel wichtiger, brauchen allerdings auch Zeit. Wenn jemand heute mit einem Fitnessprogramm beginnt, das seinen Ruheumsatz um 150 Kalorien pro Tag erhöht, dann ist das isoliert betrachtet nicht sonderlich viel – aber im Laufe eines Jahres wird sich das Verhältnis von Fett zu Muskelmasse dieser Person stark verändern. Den Mehrverbrauch der 150 Kalorien von heute sieht man also morgen nicht gleich auf der Waage, doch die 54.750 zusätzlichen Kalorien (oder etwa sieben Kilogramm Fett), die man in einem Jahr verbrennt, sind sehr wohl sicht- und spürbar. Zwar führt Sport zu einem sehr langsamen Gewichtsverlust, aber dieser Effekt verstärkt sich, je besser die Fitness wird, so dass man länger und intensiver trainieren kann. Dadurch pendelt sich der Ruheumsatz nach einer Weile auf ein höheres Niveau ein.

Wer nur auf den kurzfristigen Erfolg setzt, tut sich leichter, etwas weniger zu essen, als Sport zu treiben. Während der ersten paar Wochen ist das Ergebnis das gleiche – oder bei der Diät sogar besser. In relativ kurzer Zeit (etwa zwei Wochen) passt der Körper seinen Ruheumsatz nahezu kaloriengenau an die niedrigere Energiezufuhr an. Die Kalorienbeschränkung führt daher meist zu einem anfänglich schnellen Gewichtsverlust, danach stagniert in der Regel das Gewicht, und anschließend nimmt man wieder zu.

Keine Frage – Sport spielt für eine dauerhafte Stabilisierung des Körpergewichts eine maßgebliche Rolle; doch nicht, weil man damit so viele Kalorien verbrauchen kann, sondern weil sich dadurch langfristig der Ruheumsatz verändert und der Stoffwechsel umstellt. In einem späteren Abschnitt stellen wir ein entsprechendes Trainingsprogramm vor.

Der Grundsatz der Kalorienbilanz wird in der westlichen Welt zwar weithin anerkannt, doch selbst in Medizinerkreisen gibt es reichlich Hinweise darauf, dass es für eine langfristige Gewichtskontrolle nicht reicht, maximal so viele Kalorien zu sich zu nehmen, wie man im Laufe des Tages verbrennt. Das ungeheuer komplexe Zusammenspiel zwischen Ernährung, Bewegung und der Art und Weise, wie der Körper aus Nahrung Energie gewinnt und speichert, bleibt beim Modell der Kalorienbilanz unberücksichtigt.

Gegen das Modell der ausgeglichenen Kalorienbilanz sprechen unter anderem folgende Forschungsergebnisse:

- Unser Grundumsatz entspricht genau unserem Verhalten. Wenn wir weniger essen, ohne unsere Essgewohnheiten umfassend zu ändern, passt sich der Stoffwechsel an, bis der Grundverbrauch dem reduzierten Kalorienumsatz entspricht – fast auf die Kalorie genau. Unser Körper lässt sich nur kurzzeitig überlisten. Ein Pyrrhussieg.

- Übergewichtige speichern und verbrennen Kalorien anders als schlanke Menschen, doch diese körperlichen Reaktionen sind bedingt durch den Lebensstil und größtenteils veränderbar.
- Übergewichtige essen nicht unbedingt mehr als normalgewichtige Menschen.
- Das endokrine System, das die Stoffwechselrate bestimmt, reagiert schnell auf zahlreiche Faktoren der allgemeinen Lebensführung, wie Essgewohnheiten und körperliche Aktivität.
- Die körpereigenen Enzyme katalysieren diese Reaktionen, indem sie sich drastisch vermehren oder zurückbilden, wenn die Ernährung umgestellt beziehungsweise reduziert wird oder auch, wenn man Sport treibt.

Laborstudien sind sicherlich unerlässlich, um die Effektivität einer Diätmethode zu beurteilen, aber Erfahrungsberichte sind noch wichtiger. Manchmal besteht der größte Wert der Forschung darin zu erklären, warum eine bestimmte, bereits entwickelte Methode funktioniert – oder auch nicht.

Jedes Jahr geben Millionen US-Amerikaner Milliarden von Dollar für eine Diätindustrie aus, die es immer wieder schafft, ihre Kunden dicker zu machen. Die meisten Menschen, die mit einer auf dem freien Markt angebotenen Diätmethode abnehmen, wiegen nach einer Weile mehr, als sie an Gewicht verloren haben. Mit anderen Worten: Sie wurden mit jeder Diät dicker. Nach solchen Diäten beträgt die erneute Gewichtszunahme im ersten Jahr durchschnittlich 120 Prozent des verlorenen Gewichts. Dabei geben sich übergewichtige Menschen in den meisten Fällen alle Mühe und halten sich streng an ihren Diätplan. Wenn eine Diät misslingt, wird regelmäßig ihnen selbst die Schuld gegeben, obwohl in der Regel nicht der Mensch versagt, sondern die Diät hinter den Versprechungen des Herstellers zurückbleibt. Wenn *die Mehrzahl* der Diätwilligen hinterher wieder zunimmt, kann das nicht mehr an jedem Einzelnen liegen, sondern an der Diät selbst.

Übergewichtige, die nach einer erfolgreichen Diät wieder zunehmen und sich kalorienbewusst ernähren, geben sich dafür selbst die Schuld: Sie denken reumütig an den Becher Eis, den sie im März verspeist haben, den Ausflug zu McDonald's im April und das Stück Geburtstagskuchen beim Fest ihres Sohnes im Juni, das sie nicht ablehnen konnten. Doch sehen Sie sich mal um: Essen schlanke Menschen etwa keinen Kuchen bei einer Geburtstagsfeier? In den meisten Fällen sind Menschen, die nach jeder Diät wieder zunehmen, von vornherein zum Scheitern verurteilt. Sie senken durch die Kalorienreduktion sowohl ihr Gewicht als auch ihren Stoffwechselumsatz und nehmen deshalb auch wieder zu, wenn sie anschließend wieder etwas mehr essen. Sie wissen nicht, welch nachhaltige Folgen die Senkung des Grundverbrauchs hat und suchen den Fehler bei sich selbst und nicht bei der Diät. Sie halten sich selbst für willensschwach – völlig zu unrecht. Einen Nagel schlägt man ja auch nicht mit einer Zange in die Wand. Verurteilen Sie sich also nicht für gescheiterte Diätversuche – Sie haben einfach das falsche Werkzeug gewählt. Ein physiologisches Problem lässt sich nun mal nicht mit einem psychologischen Hilfsmittel lösen.

Wenn alles eine Frage der Gene wäre, wie ließe sich dann erklären, dass manche Menschen abnehmen und ihr Wunschgewicht erfolgreich halten können, während andere immer wieder dem ‚Jojo-Effekt' unterliegen? Nun, die erste Gruppe nimmt eben anders ab. Sie wendet bewusst oder unbewusst die richtige Ernährungsmethode an, wie wir sie in diesem Buch vorstellen. Vielleicht hat sie auch durch Versuch und Irrtum gemerkt, wie ihr Körper funktioniert. Auf jeden Fall lag es bestimmt nicht nur daran, dass sie weniger gegessen hat.

NICHT ALLE KALORIEN SIND GLEICH

Die drei vorrangigsten Kalorienquellen – Fett, Kohlenhydrate und Proteine – werden vom Körper ganz unterschiedlich verarbeitet. Je besser wir wissen, wie jeder Nahrungsbaustein unsere Kraftreserven, unser Verdauungs- und endokrines System, unseren Stoffwechselumsatz sowie Hunger- beziehungsweise Sättigungsgefühle und nicht zuletzt unsere Stimmung beeinflusst, desto leichter können wir die Kontrolle über unsere Körperfunktionen zurückgewinnen.

Kalorien, die man als Fett konsumiert, bleiben so lange im Blut, bis sie entweder verbrannt oder als Fett gespeichert werden. Die meisten Fettkalorien enden also in den Fettdepots. Im Großen und Ganzen führt sehr fettreiches Essen zu Fettleibigkeit und weiteren gesundheitsschädlichen Folgen.

Ein Beispiel dafür ist die Low-Carb-Diät, die auf eine extrem kohlenhydratarme Kost setzt. Sie hat nicht nur eine sehr geringe Durchhalterate, sondern ist auch noch höchst gefährlich. Interessanterweise war diese Diät in den USA bereits in den 1950er Jahren in Mode gekommen, ebenso wie in den 1970er und 1990er Jahren. Das Ergebnis war jedes Mal das gleiche: Sie funktionierte einfach nicht! Was der menschliche Organismus im Laufe der Evolution gelernt hat, verlernt er eben nicht so schnell.

Kalorien, die wir als Kohlenhydrate zu uns nehmen, bleiben entweder zur Energiegewinnung im Blut oder werden in den Muskeln als Glykogen beziehungsweise als Fettpolster gespeichert. Wie Kohlenhydrate in unserem Körper verwertet werden, ist also in zwei von drei Fällen gut, und wir können größtenteils selbst steuern, welchen Weg die Kohlenhydrate in unserem Körper nehmen. Wie unser Körper die Energie aus den Kohlenhydraten nutzt, hängt davon ab, wann wir sie aufnehmen, welche Art von Kohlenhydraten wir konsumieren und mit welchen anderen Nährstoffen wir sie kombinieren. Kohlenhydrate sind für den Abbau von Körperfett unverzichtbar. Die Lösung unserer Gewichtsprobleme besteht also auf keinen Fall darin, sie zu meiden wie der Teufel das Weihwasser, sondern sie so in den Ernährungsplan zu integrieren, dass sie als Brennstoff und nicht als Fett enden. Kurz: Die Kohlenhydrate sollen in Ihren Muskelzellen landen und nicht in Ihren Fettdepots.

Die Proteine, die wir mit der Nahrung aufnehmen, dienen entweder dem Wiederaufbau von Gewebestrukturen (vor allem Muskeln), als Nährstoff oder als Fettreserve. Letzteres geschieht allerdings nur in Fällen extremer Eiweißzufuhr und somit sehr selten. Sportlich aktive Personen, die ihr Körperfett loswerden möchten, sollten für eine ausreichende Proteinaufnahme sorgen. Empfehlenswert sind etwa 1,2 Gramm Protein pro Kilogramm Körpergewicht und Tag. Das ist äußerst wichtig, denn eine Unterversorgung führt zu Muskelschwund. Eine geringere Muskelmasse senkt jedoch den Grundumsatz, und das begünstigt wiederum die Fettspeicherung. Durch eine ausreichende Proteinmenge, die über den ganzen Tag verteilt gegessen wird, bleibt die Muskelmasse erhalten und der Grundverbrauch hoch. Wer diese Prinzipien bei seiner Ernährung berücksichtigt, hat bereits einen Schlüssel in der Hand, um sein Gewicht langfristig zu halten.

Fettabbau versus Kalorienverbrauch

Inzwischen dürfte klar sein, dass Diätmethoden, die lediglich die Kalorienbilanz betrachten, kurzsichtig sind und sich für eine dauerhafte Gewichtsreduktion nicht eignen. Eine Gleichung, die den Abbau von Körperfett realistischer wiedergibt, wäre:

FETTABBAU = AUS DEN RESERVEN VERBRAUCHTE FETTKALORIEN – NEU GESPEICHERTE FETTKALORIEN

Da es schließlich darum geht, unser Körperfett zu reduzieren und nicht etwa unseren Kalorienverbrauch, ist es doch wohl sinnvoller, sich speziell mit Fett zu befassen und zu untersuchen, welche Mechanismen dazu führen, dass Nährstoffe als Fett gespeichert werden und welche nicht ... und auch den Kalorienverbrauch entsprechend seiner Energiequellen zu betrachten!

In die obige Gleichung fließen zahlreiche Faktoren ein, die in der Kalorienbilanz nicht auftauchen. Vieles, was bei der Kalorienbilanz eine Rolle spielt, führt weder zur Verbrennung noch zur Speicherung von Fett. Die folgende Auflistung gibt einen Überblick über einige, aber bei weitem nicht alle Unterschiede zwischen den beiden Herangehensweisen.

- Nach dem Grundsatz der Kalorienbilanz sollte man beispielsweise 40 Minuten lang so intensiv trainieren wie man kann, um möglichst viele Kalorien zu verbrennen. Hartes Training kurbelt jedoch fast ausschließlich den Kohlenhydratstoffwechsel an und nicht die Fettverbrennung, wodurch so gut wie kein Fett aus den Reserven verbraucht wird. Die Erschöpfung der Kohlenhydratdepots führt also nicht zu einem Abbau von Körperfett.
- Für eine möglichst geringe Kalorienaufnahme wäre ein unbelegtes Brötchen zum Frühstück eine bessere Wahl als ein Brötchen mit etwas Magerquark (also Proteinen), das mehr Kalorien enthält. Doch die Kalorien des unbelegten Brötchens lösen eine stärkere Insulinreaktion aus und werden somit wahrscheinlich als Fett gespeichert, während andernfalls die Kalorien eher im Blut bleiben, bis sie mit Fett verbunden und verbrannt werden, was wiederum das Sättigungsgefühl fördert. Der Zusatz von Magerquark reduziert also die Menge an gespeichertem Fett im Körper.

- Wer nur auf seine Kalorienbilanz achtet, sollte vor einer Party, bei der er vermutlich mehr essen wird, als gewünscht, tagsüber sehr wenig essen, um für das große Schlemmen am Abend Kalorien ‚aufzusparen'. Abgesehen davon, dass man auf diese Weise höchstwahrscheinlich zu viel essen wird (weil man hungrig ist), aktiviert diese Strategie die fettspeichernden Enzyme und führt dazu, dass von der zugeführten Nahrungsmenge mehr Kalorien als Fett gespeichert werden – auch in dem Fall, dass nicht zu viel gegessen wird. Fazit: Eine normale Ernährung im Laufe des Tages reduziert die Fettmenge, die nach dem Festessen in den Fettpolstern landet.
- Eine reduzierte Proteinzufuhr bedeutet auch eine verringerte Kalorienzufuhr. Laut Kalorienbilanz müsste man nach dieser Strategie also abnehmen. Doch die Drosselung der Proteinzufuhr führt unmittelbar zu einer Senkung des Grundumsatzes (kurzfristige Folge) und kann zu Muskelschwund führen, was den Grundumsatz noch weiter senkt (langfristige Folge). Außerdem werden mehr Kalorien aus Kohlenhydraten als Fett gespeichert, und man fühlt sich schneller hungrig.

Dass der Grundsatz der Kalorienbilanz so viele Anhänger hat, liegt an seiner scheinbaren Einfachheit. Doch leider funktioniert der menschliche Körper nicht so einfach. Es mag anfangs schwer fallen, mehr über die körpereigenen Funktionen zu erfahren und die persönliche Lebensweise daran anzupassen. Zunächst einmal muss der ‚innere Schweinehund', der sich als Trägheit äußert, besiegt werden. Dazu kommt, dass jeder von uns gewisse Ess- und Sportgewohnheiten entwickelt hat, die er nur ungern aufgibt. Doch wer erst einmal weiß, wie die meisten Diäten gegen den Körper arbeiten, und dann seine Gewohnheiten entsprechend verändert, kann die Trägheit zu seinen Gunsten nutzen. Denn es ist nicht viel schwieriger, zum Halten seines Wunschgewichts optimal zu essen und Sport zu treiben, als diese Dinge falsch zu machen. Die hier skizzierten Prinzipien bieten den einzigen Weg, wie Sie *gemeinsam* mit Ihrem Körper schlanker werden – denn nur, wenn Ihr Körper mitmacht, können Sie Ihre Wunschfigur erreichen und auch halten.

APPETITKONTROLLE: TIPPS FÜR EINEN KAMPFLOSEN UMGANG MIT DEM KÖRPER

Entgegen der allgemeinen Auffassung und der Kalorienbilanz-Theorie ist der Hunger nicht unser Feind! Hunger ist ein wichtiges Körpersignal und etwas, das beachtet und gesteuert, aber keinesfalls gefürchtet werden muss.

Hunger ist ein Zeichen, dass der Körper Nährstoffe benötigt, vergleichbar mit der Füllstandsanzeige eines Autos, wenn das Benzin zur Neige geht. Hunger signalisiert also eine bevorstehende Beeinträchtigung der Körperfunktionen. Wird dieses Signal übergangen, kommt es zu Stoffwechselveränderungen, die schließlich dick machen. *Wer den Hunger bekämpft, wird dick.*

Klar, nicht immer liegt es am physiologisch bedingten Hunger, dass wir zu viel essen. Wir essen zu viel und die falschen Dinge, meist aus Gewohnheit oder aus gesellschaftlichen beziehungsweise emotionalen Gründen. Unsere Gewohnheiten beziehungsweise unser soziales und emotionales Verhalten können wir jedoch verändern. Um allerdings eine realistische Chance zur Veränderung zu haben, müssen wir unser Hungergefühl gezielt steuern – und nicht etwa bekämpfen.

Die Deaktivierung der fettspeichernden Enzyme

Ein wichtiger Aspekt auf dem Weg zum Schlanksein besteht darin, möglichst wenig neues Fett im Körper zu speichern. Denn Kalorien, die erst einmal als Fett gespeichert sind, gibt der Körper nur sehr zögerlich wieder her. Die Entfernung von Fett aus den Depots für die Energiegewinnung ist bestenfalls ein langsamer und schwieriger Prozess. Ein zentraler Aspekt für den Abbau von Körperfett ist daher die Minimierung der Kalorien, die anschließend als Fett gespeichert werden.

Was der Körper mit den Kalorien macht, die ihm durch die Nahrung zugeführt werden, hängt von einer Reihe von Faktoren ab und nicht nur von der Menge der Kalorien. Jeder Mensch hat fettspeichernde Enzyme, die das Fett aus dem Blut absorbieren und in den Fettzellen einlagern. Es dauert zwar einige Zeit, aber man kann die Anzahl dieser Enzyme im Körper reduzieren. Wenn das gelingt, kann ein geringerer Körperfettanteil erreicht und gehalten werden. Die Aktivität dieser Enzyme hängt auch von den jeweiligen Lebensgewohnheiten ab. Glücklicherweise kommen zur langfristigen Beseitigung dieser Enzyme dieselben Strategien zum Einsatz wie zur kurzfristigen Hemmung ihrer Aktivität.

LÄSST SICH BIOLOGIE MIT PSYCHOLOGIE BEKÄMPFEN?

Viele erfolglose Diäthalter machen sich selbst Vorwürfe, weil sie angeblich nicht die Willenskraft haben, ihre Diät erfolgreich durchzuziehen. Dass die Psyche für die Gewichtskontrolle eine wichtige Rolle spielt, möchte ich keineswegs in Abrede stellen, doch ich glaube, dass die Strategie, mit Willenskraft einen körperlichen Hungerzustand überwinden zu wollen, zum Scheitern verurteilt ist. Wer hungrig ist, sollte etwas essen, denn irgendwann wird man es sowieso tun. Besser, man hört also gleich auf den Hunger, denn so lässt sich sowohl die Menge als auch die Art der Mahlzeit leichter kontrollieren. Je länger man gegen den Hunger ankämpft, desto größer wird er, und man bekommt schließlich Heißhunger. Der Versuch, sich eine Zwischenmahlzeit mit 200 Kalorien zu verkneifen, kann später zu einer 1000-Kalorien-Fressorgie ausarten.

Ich erinnere mich an eine Werbesendung, die ich vor Jahren im Radio gehört habe. Sie ging ungefähr so: „Haben Sie jemals versucht, einen Schokokeks in Grund und Boden zu starren? Ich hab's gestern Abend versucht. Ich habe dafür zwar ein großes Stück Käsekuchen, zwei süße Riegel und einen halben Apfelkuchen gebraucht, aber ich habe den Keks nicht gegessen – zumindest nicht gleich ..." Der destruktivste Aspekt an dem Versuch, normale biologische Vorgänge mit Willenskraft zu bekämpfen, ist der psychische Schaden, der in Form eines negativen Selbstbilds und negativen Denkmustern entsteht. Wer isst, wenn er Hunger hat, ist schlau und nicht schwach. Leute, die nicht essen, wenn sie Hunger haben, sind also nicht nur nicht schlau – sie sind meist auch dick.

Die meisten Menschen, vor allem jene, die wiederholt und erfolglos versucht haben, abzunehmen, haben ihre Körper darauf getrimmt, Fett besonders effizient zu speichern. Sobald sie bestimmte schlechte Gewohnheiten aufgeben, kehrt sich diese Tendenz um.

Wenn Sie es so weit kommen lassen, dass Ihr Körper Hunger anmeldet, dann ist das ein Zeichen, dass er bereit ist, Fett zu speichern. Durch ein ungesundes Essverhalten haben Sie eine schlechte Situation geschaffen. Starker Hunger wird möglicherweise zu Heißhunger führen, doch das ist nur ein Teil des Problems. Der andere Teil ist, dass Ihr endokrines

System jetzt darauf eingestellt ist, möglichst viele Kalorien als Fett zu speichern.

Die Lösung besteht darin, erst gar keinen Hunger aufkommen zu lassen. Dies ist die Antithese zur kalorienbewussten Ernährung, wonach mit Willensstärke weniger gegessen werden soll. Wie bereits gezeigt, funktionieren die Diätstrategien, die lediglich Kalorien zählen, nicht dauerhaft. Biologische Vorgänge lassen sich nicht psychologisch bekämpfen.

Für Hunger- und Sättigungsgefühl gibt es zahlreiche physiologische Auslöser, und für jeden davon gibt es eine oder mehrere effektive Strategien, um dem Hunger vorzubeugen.

Abends möglichst wenig essen

Die fettspeichernden Enzyme sind in der Regel abends am aktivsten. Leider essen die meisten von uns nach Feierabend die größte Kalorienmenge des Tages. Versuchen Sie, tagsüber mehr Kalorien zu sich zu nehmen und abends weniger, es sei denn, sie essen gleich nach einem Training.

Häufige Mahlzeiten planen

Der menschliche Körper besitzt zahlreiche Nährstoffdepots. Unterschiedliche Nährstoffe werden an unterschiedlichen Stellen für unterschiedliche Zwecke deponiert. Das Schöne an diesem System ist, dass die Kapazität jedes dieser Nährstoffdepots sich unmittelbar an unseren individuellen Lebensstil anpasst. Wir erziehen unseren Körper also beispielsweise dazu – ob bewusst oder unbewusst –, dass er eine große Menge an bestimmten Nährstoffen an einer bestimmten Stelle speichern soll – und er reagiert direkt auf die Stimuli, die wir ihm mit unserem Ess- und Trainingsverhalten geben.

Kohlenhydrate sind ein Brennstoff, der innerhalb kürzester Zeit zur Verfügung stehen muss; deshalb werden sie in kleinen Mengen vorwiegend direkt in den Muskeln gespeichert, um bei Bedarf sofort Energie zu liefern. Eine Durchschnittsperson speichert lediglich 1.000 bis 2.000 Kalorien als Kohlenhydrate. Deshalb führt eine übermäßige Zufuhr von Kalorien aus Kohlenhydraten – also mehr, als der Körper in den Depots ablegen kann – dazu, dass diese als Fett gespeichert werden.

Fett liefert dagegen Energie für lang andauernde körperliche Betätigung. Der menschliche Körper kann Hunderttausende von Fettkalorien speichern, weit mehr als Kohlenhydrate. Nur geringe Fettmengen werden dabei im Muskel eingelagert, wo sie sofort verbrannt werden können.

Das meiste Fett wird unter der Haut gespeichert, von wo es nur durch lang andauernde Aktivitäten bei geringer Intensität wieder abgebaut werden kann.

Evolutionsbedingt ist unser Körper auf die Speicherung von Fett ausgelegt, und er verbrennt es nur zögerlich. Wie bringen wir unseren Körper aber dazu, noch mehr Fett zu speichern und noch weniger darauf verzichten zu wollen? Ganz einfach: indem wir ihn über einen langen Zeitraum hinweg arbeiten lassen, ohne ihm Nahrung zu geben. Damit erhöhen wir seinen Drang, für die nächste Mangelsituation mehr Vorräte anzulegen.

Wer andererseits seinen Körper regelmäßig mit Nachschub versorgt, signalisiert ihm, dass die Speicherung einer großen Nährstoffmenge unnötig ist. Frühstücken Sie direkt nach dem Aufstehen, und essen Sie danach im Laufe des Tages alle vier Stunden etwas. Diese Strategie beugt nicht nur dem Heißhunger vor, sondern hemmt auch die Aktivität der fettspeichernden Enzyme und reduziert damit die Anzahl der Kalorien, die als Fett gespeichert werden, ob man nun mehr als gewünscht gegessen hat, oder nicht. *Eine körperliche Anstrengung über einen langen Zeitraum ohne Nachschub macht dick – selbst wenn man danach nicht viel isst.*

Was tun, wenn der große Hunger kommt

Im Idealfall bleiben wir also nie lange Zeit ohne Nahrung, aber zuweilen passiert es eben doch. Ein ‚einstündiges Meeting' dauert plötzlich drei Stunden, oder Sie müssen, statt Mittagspause zu machen, Ihr krankes Kind aus der Schule abholen. Obwohl wir für solche Fälle Alternativpläne haben sollten, lässt es sich manchmal einfach nicht vermeiden, dass man längere Zeit nicht zum Essen kommt.

Wenn Sie gezwungen sind, längere Zeit ohne Essen aktiv zu bleiben und sehr starken Hunger verspüren, sollten Sie auf jeden Fall auf den Hunger hören und versuchen, den Schaden zu begrenzen. Greifen Sie zu einem Snack mit etwa 150 bis 300 Kalorien (je nach Ihrer Größe und Ihrem Aktivitätsniveau), das wenig Kohlenhydrate und viel Protein enthält (etwa doppelt so viel Protein wie Kohlenhydrate). Warten Sie mit der nächsten Mahlzeit mindestens 20 bis 30 Minuten. So stillen Sie einerseits das schlimmste Hungergefühl und setzen andererseits die fettspeichernden Enzyme außer Gefecht, bevor Sie eine richtige Mahlzeit einnehmen. Auf diese Weise werden Sie nicht nur insgesamt weniger Kalorien zu sich nehmen, sondern die Kalorien, die Sie essen, auch seltener in Speicherfett umwandeln.

Die Auswahl kalorienarmer Nahrungsmittel

Die Ernährungsforschung hat wiederholt gezeigt, dass unsere tägliche Nahrungsmenge sowohl hinsichtlich des Volumens als auch des Gewichts relativ konstant bleibt. Wenn wir also kalorienarme Nahrungsmittel zu uns nehmen, die gemessen an ihrem Volumen und ihrem Gewicht weniger Kalorien haben, halten wir den Hunger trotz einer vernünftigen Kalorienzufuhr und ohne uns zu überessen in Schach. Ein leichtes Sättigungsgefühl nach jeder Mahlzeit und angemessene Zwischenmahlzeiten beugen auf jeden Fall dem Heißhunger vor. Man müsste schon wahre Unmengen Brokkoli essen, um davon fett zu werden.

Das Gewicht der Nahrung im Magen spielt eine wichtige Rolle für das Sättigungsempfinden. Unser Körper registriert das Gewicht im Magen und schüttet daraufhin Drüsensekrete aus, die das Hungergefühl vertreiben. Nahrungsmittel, die verglichen mit ihrem Brennwert schwer sind, enthalten meist viel Wasser. Wasser hat im Vergleich zu den meisten anderen Nahrungsmitteln eine hohe Dichte. Wasserreiche Nahrungsmittel machen daher aufgrund ihrer Menge leichter satt, ohne dass man zu viele Kalorien zu sich nimmt.

Das Volumen der Nahrungsmittel im Magen ist für das Sättigungsgefühl ebenfalls wichtig. Der Magen eines Menschen ist ziemlich klein: Er hat etwa die Größe einer Faust. Die Magenwände können sich jedoch in Reaktion auf das, was wir essen, extrem weiten. Diese Dehnung der Magenwände führt auch zu dem Empfinden, satt zu sein beziehungsweise keinen Hunger mehr zu haben. Deshalb ist das Essen vernünftig großer Portionen an kalorienarmen Lebensmitteln eine effektive Strategie, um den Hunger zu dämpfen. Lebensmittel, die gemessen an ihrem Kaloriengehalt ein hohes Volumen besitzen, sind in der Regel ballaststoffreich. Als Ballaststoffe bezeichnet man den Teil einer pflanzlichen Zelle, die das menschliche Verdauungssystem nicht aufspalten kann. Diese Fasern haben zwar auch einen Brennwert, aber da wir sie nicht verdauen können, passieren diese Kalorien einfach unsere Verdauungskanäle und werden unverwertet wieder ausgeschieden. Sie können so viele Ballaststoffe essen, wie Sie möchten und werden davon nicht dick – und dem Heißhunger beugen Sie damit auch noch vor. Wasser- und ballaststoffreiches Essen hält den Appetit unter Kontrolle und ist so kalorienarm, dass es nicht zur Fettspeicherung kommt.

Der Einfluss von Wärme und Kälte auf Appetit und Stoffwechsel

Nur wenige Menschen wissen, wie Wärme und Kälte unser Essverhalten beeinflussen. Damit unser Körper einwandfrei funktionieren kann, muss unsere Körpertemperatur genau reguliert werden. Eine starke Überhitzung oder Unterkühlung des Organismus ist gefährlich. Deshalb folgen, wenn die Kerntemperatur des Körpers schwankt, unmittelbare und heftige Reaktionen des endokrinen Systems, um den Sollzustand wieder herzustellen.

Eine zu niedrige Körperkerntemperatur führt deshalb zum Essen, weil der Körper sich vor dem Auskühlen schützen will. Bei der Verdauung entsteht zunächst einmal Wärme, und das erhöht die Körpertemperatur. Essen ist also eine kurzfristige Lösung, damit der Körper nicht mehr friert. Essen kann außerdem für eine zusätzliche Fettschicht sorgen, die den Körper gegen Kälte isoliert. Der Drang zur Nahrungsaufnahme ist also eine Reaktion des Körpers, die sowohl kurz- als auch langfristig dem Frieren entgegenwirken soll.

Dieses Reaktionsmuster bringt Menschen, die abnehmen möchten, in ein Dilemma. Es ist nämlich symptomatisch für einen niedrigen Grundumsatz, dass man häufig oder schnell friert. Ist der Grundverbrauch niedrig, versucht der Körper, möglichst wenig Energie in Form von Wärme zu ‚verschwenden'. Der Körper arbeitet also sparsamer und effizienter, und das ist das Gegenteil von dem, was wir wollen. Wir möchten, dass unser Körper auch im Ruhezustand ineffizient ist, damit unsere Fettverbrennung angekurbelt wird.

Eine Belastung des Organismus durch Hitze führt normalerweise zu Appetitlosigkeit. Überlegen Sie mal: Wann sind Sie hungriger? Wenn es im August draußen 38 Grad hat oder bei Frost im Dezember? Fast alle Menschen essen im Winter mehr.

Glücklicherweise können wir unsere Körperkerntemperatur selbst regeln. In den kalten Wintermonaten warm zu bleiben, kann zwar eine Herausforderung sein, aber wer sich besonders warm anzieht, reduziert die Wahrscheinlichkeit, mehr zu essen, als ihm lieb ist. Sinnvoll wären die folgenden Strategien für den Winter:

Ganz allgemein sollte man immer versuchen, sich warm zu halten. Ziehen Sie sich warm an, wenn Sie aus dem Haus gehen, und sei es nur zum Briefkasten oder zu Ihrem Auto. Warme Kleidung ist auch wichtig, wenn man draußen trainiert. Sogar, wenn Sie sich in kurzen Hosen wohl fühlen und erheblich dabei schwitzen, könnte Ihre Körpertemperatur während des Trainings absinken. Und das erhöht wiederum Ihren Appetit. Das heißt, durch die spärliche Bekleidung ginge Ihnen auf jeden Fall ein möglicher Trainingsnutzen verloren, nämlich, Ihre Körperkerntemperatur zu erhöhen.

Wer häufig beim Abendessen oder spätabends zu viel isst, kann mit einem Teller heißer Suppe oder einer Tasse heißen Tees zunächst das schlimmste Hungergefühl dämpfen. Die warme Flüssigkeit erhöht die Körperkerntemperatur, füllt den Magen und sollte am besten 20 Minuten vor dem Abendessen eingenommen werden.

Ist Ihnen einmal kalt, dann sollten Sie schnell versuchen, sich aufzuwärmen – bevor Sie zu essen beginnen. Trinken Sie etwas Heißes, behalten Sie Ihren Mantel ein paar Minuten an, nachdem Sie ins Haus gekommen sind, oder hängen Sie sich eine Decke um.

Hilfreich ist auch eine etwas höhere Wohntemperatur im Winter. Die Heizkosten mögen dadurch etwas steigen, doch wenn sie dafür keine Fettpölsterchen ansetzen, ist dies den meisten Menschen das Geld durchaus wert.

Viele kommen nach Feierabend gestresst und mit einem Riesenhunger nach Hause. Nach meinen Erfahrungen hilft es beträchtlich, wenn man eine heiße Dusche oder ein Bad nimmt, entspannende Musik hört oder ein Buch liest, bevor es in die Küche geht. Bis dahin ist der Hunger entschärft, und es fällt nicht mehr so schwer, eine gesunde Wahl zu treffen.

TRAININGSTIPPS ZUR KÖRPERFETTREDUKTION

Selbstverständlich ist es möglich, sein Training so zu planen, dass man sowohl für Wettkämpfe fit wird *als auch* überflüssiges Körperfett abbaut. In der Tat ist die Strategie, entweder sehr locker oder sehr intensiv zu trainieren – also mittelhartes Training zu meiden – ohnehin für beide Zwecke die beste Wahl.

Häufigkeit

Wer überflüssiges Körperfett verlieren möchte, sollte fast täglich trainieren, was die meisten Triathleten ja sowieso machen. Um etwas Muskelmasse aufzubauen und somit den Grundumsatz zu erhöhen, empfiehlt es sich, in der Vorbereitungs- und Grundlagenperiode zwei bis drei Mal pro Woche Krafttraining zu machen. Wer früh in der Saison Kraft aufbaut, wird nicht nur schneller schwimmen, Rad fahren und laufen, sondern auch schlanker.

Intensität

Bei geringer Belastungsintensität wird Fett verbrannt. Sehr intensives Training wiederum führt zur Ausschüttung des Wachstumshormons Somatotropin und erhöht den Grundumsatz. Das gleiche Mischungsverhältnis, das zur Steigerung der Schwimm-, Radfahr- und Laufleistung nötig ist, dient also gleichzeitig dem Fettabbau.

Dabei spielt einerseits ganz lockeres Grundlagenausdauertraining eine wichtige Rolle. Die meisten Sportler bauen am effektivsten Fett ab, wenn sie im HF-Bereich 1 und im unteren HF-Bereich 2 trainieren. Mit anderen Worten: Lassen Sie es bei Ihrem Grundlagenausdauertraining *äußerst locker* angehen.

Dauer

Je länger, desto besser. Besonders im Grundlagenausdauertraining sollten Sie vor allem die Dauer der Einheiten zunehmend erhöhen, nicht aber die Intensität. Eine sehr lange Einheit pro Woche kurbelt den Fettstoffwechsel sowohl kurz- als auch langfristig an, allerdings nur, wenn Sie wirklich *äußerst locker* trainieren!

Trainingsdisziplinen

Wer sich auf einen Triathlon vorbereitet, wird natürlich vorrangig schwimmen, Rad fahren und laufen. Weil Radfahren den längsten Teil des Wettkampfs ausmacht, eignet es sich besonders für die ganz langen, lockeren Trainingseinheiten. Beim Laufen lässt sich die Belastung besonders gut steuern, weshalb es sich als hochintensive Trainingsform anbietet. Die Problematik des Schwimmtrainings in kaltem Wasser fürs Abnehmen wurde bereits besprochen. Hierbei sollte der Schwerpunkt also weniger auf langen Einheiten als vielmehr auf effektiver Technikarbeit liegen. Und nicht zuletzt ist gezieltes Krafttraining in der Grundlagenperiode äußerst effektiv.

Somatotropin

Das Wachstumshormon Somatotropin (Abk. STH) trägt dazu bei, dass das Fett aus dem Fettgewebe herausgelöst wird und als freie Fettsäuren in den Blutkreislauf gelangt, wo es verstoffwechselt werden kann. Dieses Hormon unterstützt auch den Transport von Aminosäuren in die Zellen von Muskeln und Bindegewebe, deren Regeneration und Wachstum sie fördern.

STH wird von der Hirnanhangdrüse in Reaktion auf Hunger oder Hitze, aber auch bei intensiver sportlicher Belastung ausgeschüttet, zum Beispiel nach schwerem Krafttraining (mit mehr als 85 Prozent des Maximalgewichts der jeweiligen Übungen) oder nach einem sehr intensiven Herz-Kreislauf-Training (mit mehr als 75 Prozent der VO_2max).

Koffein

Koffein regt den Fettstoffwechsel an und erhöht den Ruheumsatz. Ein bis zwei Tassen starken Kaffees etwa eine Dreiviertelstunde vor einem Training erhöhen die Fettverbrennung bei der anschließenden Belastung. Diese Methode ist nicht ganz unriskant; fragen Sie besser vorher Ihren Arzt um Rat.

Zusammenfassung

Vergessen Sie das Kalorienzählen. Lernen Sie stattdessen mehr über Ihre Körperfunktionen. Entwickeln Sie Essgewohnheiten, die *mit* Ihrem Körper arbeiten und nicht *gegen* ihn. Haben Sie vor allem Geduld. Wenn Sie diese vier Grundsätze befolgen, dann werden Sie in der kommenden Saison Ihrem Wunschgewicht bestimmt ein ganzes Stück näher kommen.

FAKTEN UND LÖSUNGSSTRATEGIEN ZUR GEWICHTSKONTROLLE

Fakten:

1. Durch vermehrte Protein- und Kohlenhydratzufuhr pendelt sich unser Grundumsatz langfristig auf ein höheres Niveau ein. Das gilt nicht bei erhöhtem Fettkonsum.

2. Wenn Proteine und Kohlenhydrate in Fett umgewandelt werden, wird nur ein bestimmter Prozentsatz an Kalorien gespeichert. Konkret heißt das: Von 100 Kalorien aus Proteinen oder Kohlenhydraten werden weniger Kalorien als Fett gespeichert als von 100 Fettkalorien.
3. Sogar hoch motivierte Personen tun sich erwiesenermaßen schwer, eine extrem fettarme Diät zu befolgen. Das Durchhaltevermögen ist viel höher bei einer moderat fettreduzierten Ernährung.

Strategie: Fett im Essen auf ein annehmbares Maß reduzieren, ohne es komplett vom Speiseplan zu streichen.

Fakten:

4. Bei einer reduzierten Kalorienzufuhr passt sich unser Grundumsatz langfristig und fast auf die Kalorie genau an das niedrigere Niveau an.
5. Der Stoffwechsel passt sich relativ schnell an eine eingeschränkte Kalorienaufnahme an, kehrt aber äußerst langsam – wenn überhaupt – zu einem normalen Wert zurück, nachdem die Kalorienzufuhr sich normalisiert hat.
6. Ist die Kalorienzufuhr eingeschränkt, wird Muskelmasse abgebaut, was den Grundumsatz noch stärker senkt.

Strategie: Eine starke Einschränkung der Kalorienaufnahme über einen längeren Zeitraum vermeiden.

Fakten:

7. Niedrige Trainingsintensitäten führen zum Abbau von Fett, hohe Intensitäten zum Abbau von Kohlenhydraten.
8. Extensives aerobes Training erhöht auch den Fettstoffwechsel in Ruhe.
9. Intensives aerobes Training hebt den Grundumsatz an.

Strategie: In jeder Trainingswoche niedrige und hohe Intensitäten optimal kombinieren, um sowohl den Grundumsatz als auch die Fettverbrennung zu erhöhen. Mäßig schweres Training vermeiden. Entweder ganz locker und aerob trainieren, oder es richtig krachen lassen.

Fakten:

10. Durch Wärme werden der Grundumsatz stark erhöht und der Appetit gehemmt.
11. Wenn man kurz nach einem anstrengenden Training Kohlenhydrate isst, werden diese eher als Glykogen in den Muskeln gespeichert, denn als Fett.

12. Sportliche Tätigkeiten reduzieren den Appetit, weil sie die Körperkerntemperatur erhöhen, vermehrt Fettsäuren in die Blutbahn schleusen und den pH-Wert des Blutes senken.
13. Übermäßiges Essen am Abend trägt besonders häufig zu Gewichtsproblemen bei.

Strategie: Mit Sport und Wärmebehandlungen lässt sich vor dem Abendessen der Stoffwechsel anregen und ein Gefühl von Sättigung erzeugen, beziehungsweise der Appetit zügeln.

Fakten:

14. Der Muskel ist das einzige körperliche Gewebe, das Fett verbrennen kann. Unser täglicher Kalorienverbrauch ist großteils auf Muskelarbeit zurückzuführen.

Strategie: Mit Krafttraining Muskelmasse aufbauen und den Grundumsatz steigern.

Fakten:

15. In der Regel essen wir jeden Tag – was Volumen und Gewicht betrifft – etwa gleich viel.
16. Nahrungsmittel, die reich an Ballaststoffen und Wasser sind, haben im Verhältnis zu ihrem Volumen ein höheres Gewicht. Ballaststoffe und Wasser enthalten keine Kalorien.

Strategie: Den Kaloriengehalt von Speisen reduzieren, indem bevorzugt Lebensmittel mit hohem Ballaststoff- und Wasseranteil gegessen werden.

Fakten:

17. Nach einer Mahlzeit ist der Grundumsatz mehrere Stunden lang deutlich erhöht.
18. Kleine Mahlzeiten erhöhen den Grundumsatz annähernd genau so stark wie große.
19. Lange Zeiträume ohne Essen (vier Stunden und mehr) aktivieren die Enzyme, die an der Speicherung von Kalorien in den Fettzellen beteiligt sind.
20. Nach mehreren Stunden ohne Essen reduziert der Körper seinen Grundverbrauch und greift zur Energiegewinnung auf Muskelmasse zurück.

Strategie: Mehrere kleinere Mahlzeiten über den Tag verteilt zu sich nehmen.

Fakten:

21. Etwa während der ersten 20 Minuten körperlicher Betätigung (sogar im optimalen Fettstoffwechselbereich) nutzt der Körper hauptsächlich Kohlenhydrate als Energiequelle.
22. Erst nach ungefähr einer Stunde muskulärer Arbeit im Fettstoffwechselbereich wird verstärkt Kortisol ausgeschüttet, was die Fettverbrennung enorm erhöht.

Strategie: Ein Training, das die Fettverbrennung anregen soll, muss deutlich länger als 20 Minuten dauern. Kürzere Einheiten sind vor allem dann effektiv, wenn sie mit einer höheren Intensität durchgeführt werden. Eine verbesserte Ausdauerfähigkeit ermöglicht eine längere Trainingsdauer. Am besten einmal pro Woche deutlich länger als eine Stunde trainieren.

Fakten:

23. Wenn Kohlenhydrate ohne Proteine oder Fett gegessen werden, kommt es zu einer Insulinreaktion, wonach der Körper mehr Fett speichert, größeren Hunger signalisiert und ein geringeres Energieniveau aufweist.

Strategie: Jede Mahlzeit sollte Proteine, Kohlenhydrate und Fett enthalten. So wird der Insulinreaktion am besten vorgebeugt, und der Blutzuckerspiegel bleibt konstant. Kohlenhydrathaltige Lebensmittel mit einem niedrigen glykämischen Index bevorzugen.

Fakten:

24. Sport fördert die Fähigkeit des Körpers, Kalorien aus Kohlenhydraten als Glykogen in den Muskeln und in der Leber zu speichern.
25. Wer wiederholt längere Zeit (vier Stunden oder mehr) nichts isst, gewöhnt seinen Körper daran, Kalorien sofort als Fett zu speichern.
26. Wer häufig über die Stränge schlägt, erhöht damit die Fähigkeit seines Körpers, Kalorien als Fett zu speichern.

Strategie: Eine durch Sport erhöhte Fähigkeit, Kohlenhydrate als Glykogen zu speichern, wirkt wie ein Auffangnetz für gelegentliche Exzesse. Dies wird am besten durch lange Trainingseinheiten bei niedriger Intensität erreicht. Außerdem verringern regelmäßige Mahlzeiten nicht nur Heißhungeranfälle sondern auch die Tendenz des Körpers, Kalorien so effizient wie möglich zu speichern. Am besten erzieht man seinen Körper also gar nicht erst zu einer effizienten Fettspeicherung.

Jetzt haben Sie eine Menge darüber erfahren, wie sich mit Hilfe von Sport überflüssiges Körperfett am besten reduzieren lässt. Seien Sie geduldig mit sich selbst. Gewohnheiten zu ändern, braucht Zeit, und selbst danach dauert es noch länger, bis das Körperfett abgebaut ist. Das Ziel ist schließlich, sich an eine Kombination aus Sport und Ernährung zu gewöhnen – und sie auch nachhaltig durchzuhalten – um beim wichtigsten Wettkampf Ihr Wunschgewicht zu erreichen und dieses auch weiterhin, anders als nach einer ‚normalen Diät', durch einen stabil hohen Grundumsatz zu halten. Denken Sie langfristig!

Kapitel 8

Rad fahren für einen schnellen Lauf

Niemand läuft bei einem Triathlon so schnell wie bei einer reinen Laufveranstaltung über die gleiche Distanz. Die Differenz ist umso größer, je länger ein Wettkampf dauert. Spitzentriathleten können diese Tempolücke zwar erstaunlich gut schließen, aber die meisten Anfänger laufen in ihrem ersten Triathlon nicht annähernd so schnell wie beispielsweise bei einem Volkslauf.

Um in einem Triathlon so schnell zu werden wie bei einer reinen Laufveranstaltung, muss an mehreren Seiten angesetzt werden. So grundlegend wie eine optimierte Lauftechnik und Koppeltraining ist auch eine Radfahrtechnik, die einen Ausgleich zwischen der Schnelligkeit auf der Radstrecke und einem effektiven Lauf im Anschluss gewährleistet. Einzelheiten dazu, wie Sie Ihre Radzeiten verbessern können, würden den Rahmen dieses Buches sprengen, deshalb verweise ich auf das Buch von Lynda Wallenfels *Radtraining für Triathleten und Radtouristikfahrer* (Sportwelt Verlag, 2007). In diesem Kapitel werden wir darauf eingehen, wie Sie Rad fahren müssen, um danach optimal laufen zu können.

DIE RICHTIGE SITZPOSITION FINDEN

Eine optimale Haltung auf dem Rad trägt entscheidend zur Verbesserung der Leistung im Triathlon bei. Da eine allzu detaillierte Beschreibung der biomechanischen und aerodynamischen Gesichtspunkte der Radposition, die zur Verbesserung der Radzeit notwendig sind, den Rahmen dieses Buches sprengen würde, soll hier nur auf diejenigen Aspekte eingegangen werden, die sich auf die Leistung beim Laufen auswirken.

Die Sattelhöhe ist dabei besonders wichtig. Während sich durch eine zu niedrige Sattelhöhe die Hebelwirkung verschlechtert, beeinträchtigt das Fahren mit einem zu hoch eingestellten Sattel die Tritteffizienz und kann zu starken Sitzbeschwerden und sogar zu Verletzungen führen. Ein Kniewinkel zwischen 145 und 150 Grad bildet das optimale Verhältnis aus Tritteffizienz und Kraftentfaltung. Bei einem solchen Winkel hat der Fahrer das Gefühl, dass sein Bein beinahe, aber eben nicht ganz gestreckt ist.

Der nächste Schritt zum Erzielen einer optimalen Sitzposition besteht darin, die Sattellängsposition (wie weit vorne beziehungsweise hinten sich der Sattel befindet) zu bestimmen. Ein weiter vorne stehender Sattel erlaubt eine tiefe Oberkörperhaltung, während der Winkel zwischen Oberkörper und Oberschenkeln relativ offen bleibt. Dadurch kann in einer aerodynamischen Haltung mehr Kraft entfaltet werden, und die Laufmuskulatur wird entlastet. Viele Fahrer können bei einer relativ niedrigen Oberkörperhaltung allerdings auf einem Rad mit einem traditionellen Sitzrohrwinkel von 73 Grad nicht effizient treten. Diese Sportler sollten entweder ein Fahrrad mit einer aggressiveren Geometrie erwerben (steilerer Sitzrohrwinkel) oder eine nach vorne geknickte Sattelstütze verwenden.

Die zwei größten Muskelgruppen, aus denen die Kraft zum Radfahren entwickelt wird, sind der Quadrizeps (vordere Oberschenkelmuskulatur) und der *Gluteus maximus* (Gesäßmuskeln). Der Quadrizeps streckt die Knie, und die Gesäßmuskeln strecken die Oberschenkel. Diese zwei Muskelgruppen entfalten in jeweils anderen Phasen einer Pedalumdrehung ihre maximale Kraft. Die ideale Sitzhaltung auf dem Triathlonrad führt zu einer tiefen Haltung des Oberkörpers, so dass eine maximale Überschneidung der Phasen, in denen Quadrizeps und Gesäßmuskeln aktiv sind, möglich ist.

Die Art der Strecke spielt bei der Bestimmung der Sattellängsposition ebenfalls eine wichtige Rolle. Eine aggressive, nach vorne verlagerte Haltung ermöglicht zwar eine aerodynamische Position bei effektiver Kraftentfaltung und eine minimale Belastung der Laufmuskulatur, ist allerdings für Anstiege weniger geeignet. Auf einer flachen Strecke bietet diese Position daher eine gute Aerodynamik und ermöglicht eine schnellere Zeit auf der Laufstrecke. Auf einer bergigen Strecke ist dagegen unter Umständen eine Position vorzuziehen, die eine bessere Kraftentfaltung und dadurch eine schlechtere Aerodynamik bietet. Auf solchen Strecken wird in der Regel der Sattel etwas weiter nach hinten verschoben.

Entscheidend für eine aerodynamische Haltung ist die Wahl des optimalen Oberkörperwinkels. Ein Absenken des Oberkörpers in Richtung Horizontale verringert zwar den Luftwiderstand, kann aber auch dazu führen, dass der Tritt weniger ökonomisch wird und die Kraftentfaltung drastisch abnimmt. Bei einer niedrigeren Oberkörperhaltung wird außerdem die zum Laufen wichtige Muskulatur stärker beansprucht, was zu größerer Müdigkeit auf der Laufstrecke führen kann.

Von entscheidender Bedeutung ist deshalb eine gewisse Beweglichkeit. Fahrer mit einer verkürzten hinteren Oberschenkelmuskulatur und/oder Lendenwirbelmuskeln können in einer tiefen Position ihre Kraft nicht effektiv entfalten. Sportler mit einer verkürzten Hüftmuskulatur sind hingegen nicht in der Lage, so zu treten, dass ihre Beine sich in einer vertikalen Ebene bewegen. Die Beine driften nach außen, wodurch sowohl die Kraftentfaltung als auch die Aerodynamik abnehmen – und natürlich auch die anschließende Laufgeschwindigkeit.

TRITTTECHNIK ZUR SCHONUNG DER HINTEREN OBERSCHENKELMUSKULATUR

Ein effektiver Tritt ist sowohl für das Radfahren als auch für die anschließende Laufstrecke wichtig, da hiervon abhängt, inwieweit die Laufmuskulatur bereits beim Radfahren beansprucht wird. Für die Kraftentfaltung beim Radfahren spielt die hintere Oberschenkelmuskulatur eher eine Nebenrolle, beim Laufen ist sie aber eine der wichtigsten Muskelgruppen. Wenn Sie lernen, kraftvoll und effizient in die Pedale zu treten und dabei die hintere Oberschenkelmuskulatur so wenig wie möglich zu beanspruchen, können Sie im Anschluss die Laufstrecke eines Triathlons oder Duathlons sehr viel schneller zurücklegen. Wenn Sie mit ermüdetem Quadrizeps vom Rad steigen, hindert Sie das nicht an einer schnellen Laufzeit. Ist jedoch Ihre hintere Oberschenkelmuskulatur ermüdet, können Sie eine gute Zeit auf der Laufstrecke vergessen. In Abbildung 8.1 wird einmal die am weitesten verbreitete und einmal eine effektivere Tritttechnik dargestellt, die der ersten vorzuziehen ist.

Falls Sie beim Radfahren oder auf der anschließenden Laufstrecke unter ermüdeten hinteren Oberschenkelmuskeln leiden, sollten Sie Ihre Technik auf die nachfolgende Weise verändern. Sie werden feststellen, dass Sie dadurch schneller, weiter und ohne Schmerzen in der hinteren Oberschenkelmuskulatur fahren können. Die meiste Kraft sollte ein Radfahrer mit Hilfe des großen Gesäßmuskels (*Gluteus maximus*) und der Quadrizeps-Muskeln während der Abwärtsbewegung entwickeln. Diese Muskeln sorgen gemeinsam für eine Streckung des Oberschenkels an der Hüfte und des Unterschenkels am Knie. Zwar sind auch andere Muskeln beteiligt, doch werden sie in der Regel nur geringfügig belastet und sollten für die Leistung beim Radfahren ohne Bedeutung sein.

Die hintere Oberschenkelmuskulatur ist das Sorgenkind vieler Radfahrer. Da sie sowohl über die Hüft- als auch über die Kniegelenke verläuft, bestehen ihre Hauptaufgaben im Strecken der Hüfte und im Beugen der Knie. Da beim Radfahren während einer Pedalumdrehung immer entweder die Hüfte gestreckt oder das Knie gebeugt wird, ist die hintere Oberschenkelmuskulatur während der gesamten Trittbewegung ohne die kleinste Erholungspause permanent angespannt. Kein Wunder also, dass sie bei vielen Radfahrern schnell schlapp macht.

Jeder an der Tretbewegung beteiligte Muskel benötigt Phasen, in denen er sich von der ihm abverlangten Belastung erholen kann. Um eine entsprechend effiziente Trittweise trainieren zu können, sollte man wissen, wann die hinteren Oberschenkelmuskeln bei einem effizienten Tritt Leistung erbringen müssen und wann sie entspannt werden können.

Beachten Sie die folgenden Tipps für einen effektiven Wechsel zwischen der An- und Entspannung der hinteren Oberschenkelmuskulatur (vgl. Abbildung 8.1):

1. Konzentrieren Sie sich auf die Kraft, die in der oberen Hälfte der Pedalumdrehung frei wird.
2. Fangen Sie frühzeitig mit der Abwärtsbewegung an, und drücken Sie das Pedal diagonal von 12 Uhr in Richtung 4 Uhr nach unten.
3. Beginnen Sie mit der Rückwärtsbewegung, wenn sich das Pedal an der 3-Uhr-Position befindet, und versuchen Sie, das Pedal im gesamten unteren Bereich direkt nach hinten zu ziehen. (Das ist zwar nicht wirklich möglich, aber der Versuch allein trägt zu einem besseren Tritt bei.)
4. Ziehen Sie das Knie nach oben und vorne, wenn das Pedal in 7-Uhr-Stellung ist. Konzentrieren Sie sich auf den Einsatz der Hüftbeuger, die sich im vorderen Hüft- und oberen Oberschenkelbereich befinden, und entspannen Sie die hintere Oberschenkelmuskulatur während dieser Phase der Pedalumdrehung.

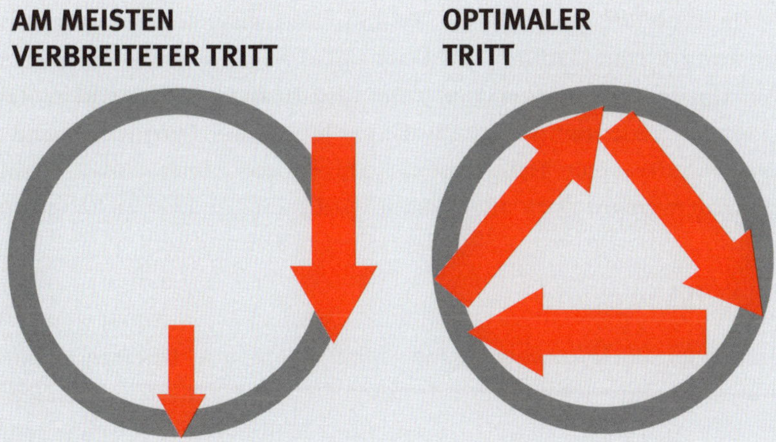

Abbildung 8.1: *Richtiger und falscher Tritt*

Der Pedalzyklus kann in drei Phasen unterteilt werden: die Abwärtsbewegung, die Rückwärtsbewegung und die Aufwärtsbewegung. Die hinteren Oberschenkelmuskeln sollten sich in den ersten zwei Phasen kräftig zusammenziehen und in der dritten entspannen.

Abwärtsbewegung

Die meiste Kraft wird während der Abwärtsbewegung des Pedals erzeugt. Bei korrektem Bewegungsablauf wird in dieser Phase der Pedalumdrehung Leistung sowohl durch das Strecken der Hüfte (Gesäß- und hintere Oberschenkelmuskulatur) als auch des Knies (Quadrizeps) erbracht. Da aber viele Radfahrer ihre Kraft während der Abwärtsbewegung nicht richtig entfalten, werden die genannten Muskeln nicht gleichzeitig angespannt, so dass es zu einer Überbeanspruchung der hinteren Oberschenkelmuskulatur kommen kann.

Viele Radfahrer beginnen die Abwärtsbewegung zu spät, ungefähr an der 2-Uhr-Position, und lassen die entfaltete Kraft direkt nach unten wirken. Dadurch werden die optimalen Drehmomentbereiche von Hüft- und Kniestreckung voneinander getrennt, und die hintere Oberschenkelmuskulatur wird übermäßig beansprucht. Da die Quadrizeps-Muskeln nicht korrekt aktiviert werden, muss fast die gesamte Leistung über die Hüftstreckung erbracht werden, wozu ein starkes Anspannen der hinteren Oberschenkelmuskeln notwendig ist.

Bei einer idealen Abwärtsbewegung beginnt die Kraftentfaltung früher, nämlich schon an der 12-Uhr-Position und wirkt diagonal nach unten in Richtung 4 Uhr. Dadurch wird der Quadrizeps optimal aktiviert, und das maximale Drehmoment der Knie- und Hüftstreckung wird so lange wie möglich gleichzeitig erbracht. Dabei leisten der Quadrizeps und der *Gluteus maximus* die Hauptarbeit, während die hintere Oberschenkelmuskulatur weniger stark angespannt wird.

Rückwärtsbewegung

Während der Rückwärtsbewegung sollte die hintere Oberschenkelmuskulatur sehr aktiv sein, denn an dieser Stelle wird Kraft ausschließlich durch das Anwinkeln des Knies entfaltet. Während der anschließenden Aufwärtsbewegung kann sich die hintere Oberschenkelmuskulatur dann wieder entspannen, was einer frühzeitigen Ermüdung vorbeugt.

Die Kraftentwicklung während dieser Phase der Pedalumdrehung ist entscheidend für ein effektives Bergauffahren. Bei jeder Pedalumdrehung kommt es zu einem kritischen Punkt, wenn das eine Pedal auf 12 Uhr und das andere auf 6 Uhr steht. Da sich hier keines der Beine in der Abwärtsbewegung befindet, muss an diesem ‚toten Punkt' durch ein wenig Kraftentwicklung versucht werden, Schwung in die nächste Abwärtsbewegung mitzunehmen.

Viele Radfahrer machen den Fehler, die Abwärtsbewegung zu sehr auszudehnen und erst spät mit der Rückwärtsbewegung zu beginnen. Dadurch nehmen sie vor dem unteren toten Punkt kein Gewicht vom Pedal und vergeuden Energie, weil sie noch nach unten treten, obwohl sich der Kurbelarm schon ausschließlich nach hinten bewegt.

Aufwärtsbewegung

Die meisten Radfahrer verschwenden während der Aufwärtsbewegung Energie, indem sie das Pedal mit dem Gewicht ihres Beins belasten und dadurch die Leistung des anderen Beins teilweise wieder zunichte machen. Bei gleichmäßigem Treten heben Fahrer mit einem effizienten Bewegungsablauf dagegen das Gewicht ihres Fußes, Beins und Schuhs während der Aufwärtsbewegung an und vermeiden es so, wertvolle Kraft zu verschwenden. Diese Entlastung bewirkt, dass die gesamte, während der Abwärtsbewegung des einen Beins entfaltete Kraft der Vorwärtsbewegung dient und nicht zum Anheben des anderen Beins. Das Entlasten während der Aufwärtsbewegung ist ein wichtiger Aspekt beim Treten und ein entscheidender Unterschied zwischen Top-Fahrern und durchschnittlichen Sportlern. Ohne eine gute Entlastung behindern sich das rechte und das linke Bein gegenseitig.

Bei der Aufwärtsbewegung erfolgt sowohl ein Beugen der Hüfte (zum Anheben des Knies) als auch des Knies (zum Anheben des Fußes). Da die Hüftbeuger ausschließlich in dieser Phase der Tretbewegung aktiv sind, sollte diese Muskelgruppe hierbei die Hauptarbeit leisten. Die hintere Oberschenkelmuskulatur ist dagegen hauptsächlich während der Rückwärtsbewegung und bis zu einem gewissen Grad während der Abwärtsbewegung aktiv, weshalb sie Fahrer mit einem effizienten Stil während der Aufwärtsbewegung entspannen.

Wer versucht, das Pedal während der Aufwärtsbewegung nach oben zu ziehen, verhindert durch das Beugen des Knies, dass sich die hintere Oberschenkelmuskulatur entspannen kann. Gut trainierte Hüftbeuger ermüden dagegen nur sehr schwer. Außerdem sind sie nur während ungefähr 25 Prozent der Pedalumdrehung aktiv und können aufgrund des günstigen Verhältnisses zwischen Arbeit und Entspannung von 1:3 stark kontrahieren. Deshalb ist es wichtig, während der Aufwärtsbewegung nicht die hintere Oberschenkelmuskulatur, sondern die Hüftbeuger einzusetzen!

Dazu müssen Sie zwei wichtige Punkte beachten: Erstens sollte man sich auf das Anheben des Knies und nicht der Ferse oder des Fußes konzentrieren. Wenn Sie sich ein Heben der Ferse (beziehungsweise des Pedals oder Fußes) vorstellen, werden Sie die Bewegung wahrscheinlich durch ein Beugen des Knies statt mithilfe der Hüftbeuger ausführen. Stellen Sie sich in Zukunft ein kraftvolles Anheben des Knies vor, und Ihr Fuß und Pedal werden automatisch der Bewegung folgen, ohne dass die zum Beugen des Knies erforderlichen hinteren Oberschenkelmuskeln angespannt werden müssen.

Der zweite wichtige Punkt ist, sich die Aufwärtsbewegung nicht als aufwärts und rückwärts gerichtet, sondern als eine diagonal aufwärts und vorwärts gerichtete Bewegung vorzustellen. Auch hierdurch werden die Hüftbeuger stärker zum Arbeiten gezwungen, während sich die hintere Oberschenkelmuskulatur ausruhen kann. Versuchen Sie sich bei der 7-Uhr-Stellung des Pedals vorzustellen, dass Sie das Knie in Richtung Lenker bringen müssen.

Lernen Sie, die hintere Oberschenkelmuskulatur während der Trittphasen einzusetzen, in denen sie effektiv zur Kraftentfaltung beitragen und sie während der anderen Phasen zu entspannen. Auf der anschließenden Laufstrecke werden Sie so mit Sicherheit schneller sein.

TRITTFREQUENZ

Beim Radfahren entfaltet Ihr Muskelsystem Kraft, um das Rad voranzutreiben, und Ihr Herz-Kreislauf-System versorgt den Körper mit Sauerstoff sowie die Muskeln mit Brennstoffen und sorgt für den Abtransport von Abfallprodukten wie Milchsäure aus dem Körper. Bei der Wahl der optimalen Trittfrequenz muss darauf geachtet werden, dass sich diese beiden Systeme im Gleichgewicht befinden. Das ideale Verhältnis ist dabei individuell verschieden.

Das Drehen (schnelles Treten) mit höheren Frequenzen verringert die Wattzahl pro Pedalumdrehung, das heißt die Kraft, die zum Erzielen einer bestimmten Wattzahl notwendig ist. Dadurch wird die Beanspruchung für die Muskulatur erträglicher. Der Grund hierfür ist nach Ansicht der meisten Experten die Tatsache, dass die schnell zuckenden Muskelfasern, die bei niedriger Trittfrequenz zum Erzielen der hohen Drehmomente nötig sind, weniger beansprucht werden. Das Fahren mit zu niedriger Trittfrequenz erhöht die Abhängigkeit von schnell zuckenden Fasern, wodurch frühzeitig Milchsäure gebildet wird und die Beine zu brennen beginnen.

Aber auch durch das Fahren mit hoher Trittfrequenz wird Energie verschwendet. Stellen Sie sich vor, Sie montieren Ihr Rad auf eine Rolle und entfernen die Kette. Würden Sie jetzt mit 100 Umdrehungen pro Minute in die Pedale treten, läge die Leistung zwar bei null Watt, aber Ihre Herzfrequenz wäre trotzdem deutlich erhöht. Allein das Bewegen der Beine verbraucht Energie. Es ist wissenschaftlich erwiesen, dass beim Treten mit 40 bis 60 U/min der Sauerstoffverbrauch bei einer bestimmten Wattzahl am niedrigsten ist. Bei einer zu hohen Trittfrequenz ist das Herz-Kreislauf-System nicht mehr in der Lage, die Muskulatur ausreichend mit Sauerstoff zu versorgen. Das sichtbarste Symptom hierfür ist Atemnot.

Das Treten mit hoher Trittfrequenz beansprucht Ihr Herz-Kreislauf-System stärker, aber reduziert gleichzeitig die relative Belastungsintensität der Beinmuskulatur. Der Schlüssel zum Erfolg liegt darin, mit so hoher Trittfrequenz zu fahren, dass die Wattzahl pro Pedalumdrehung auf einem für Ihre Muskeln erträglichen Niveau bleibt, das Herz-Kreislauf-System aber nicht durch die Trittfrequenz überlastet wird. Das optimale Verhältnis ist dabei von Fahrer zu Fahrer unterschiedlich.

Möglicherweise verfügen Sie über herausragende Herz-Kreislauf-Fähigkeiten. Herz und Lungen versorgen Ihre Muskulatur mit riesigen Mengen an Sauerstoff. Aber Sie haben keine gigantischen, muskelbepackten Oberschenkel. Ihre Muskulatur wird also schneller durch eine hohe Wattzahl pro Pedalumdrehung überlastet als Ihr Herz-Kreislauf-System durch den Sauerstoffbedarf der Belastung. Deshalb ist das Fahren mit hoher Trittfrequenz, obwohl hierfür etwas mehr Energie aufgewandt werden muss, für Sie effektiver.

Ihr Nachbar ist dagegen nicht mit solch guten Herz-Kreislauf-Fähigkeiten ausgestattet, verfügt aber über sehr viel mehr Muskelmasse im Bereich der Hüften und Oberschenkel. Seine Beine können hohe Wattzahlen pro Pedalumdrehung treten, weshalb er vernünftigerweise die ‚verschwendete' Energie minimiert, um eine Leistungsbeschränkung durch den Herz-Kreislauf-Bereich zu vermeiden. Sowohl Sie als auch Ihr Nachbar fahren mit der Trittfrequenz, die bei Ihrer individuellen körperlichen Veranlagung am effektivsten ist.

Jeder Radfahrer bringt eine einmalige Zusammenstellung aus genetischer Veranlagung und Trainingsgrundlage mit in den Sport. Die Grundregel lautet wie folgt: Wenn Ihre Beine stärker schmerzen als Ihre Lungen, dann erhöhen Sie die Trittfrequenz. Wenn Ihre Lungen stärker schmerzen als Ihre Beine, dann fahren Sie mit niedrigerer Trittfrequenz. Sollten Sie beispielsweise der Meinung sein, dass das Fahren mit höherer Trittfrequenz für Sie effektiver ist, dann gewöhnen Sie Ihren Körper umgehend an diese neue Herausforderung. Solange Sie sich nämlich die Fähigkeiten, die notwendig sind, um mit hoher Trittfrequenz über längere Abschnitte zu fahren, noch nicht angeeignet haben, fahren Sie weniger effizient. Wenn Sie jetzt bereits damit beginnen, Ihre Beine an eine höhere Geschwindigkeit zu gewöhnen, wird Ihre neue Trittfrequenz in der nächsten Wettkampfsaison flüssig und natürlich sein.

Jeder Sportler muss experimentieren, um die Frequenz zu finden, mit der er am besten zurecht kommt. Bedenken Sie dabei die folgenden Punkte:

Planen Sie ein Training mit unterschiedlicher Trittfrequenz: Das Fahren mit einer bestimmten Wattzahl bei 100 U/min und mit derselben Wattzahl bei 75 U/min hat unterschiedliche Trainingseffekte. Spezifisches, zielgerichtetes Training mit Trittfrequenzen, die über oder unter Ihrer Wettkampffrequenz liegen, macht sich bezahlt. Auch wer sich eine hohe Trittfrequenz angeeignet hat, muss von Zeit zu Zeit im niedrigeren Trittfrequenzbereich trainieren, um so das nötige Drehmoment zu entwickeln.

Trainieren Sie in der Wettkampf-Trittfrequenz: Das hört sich möglicherweise wie ein Widerspruch zur letzten Aussage an, ist es aber nicht. Das spezifische Ansprechen eines bestimmten Systems durch Trainingseinheiten mit erhöhter Trittfrequenz oder erhöhtem Drehmoment ist zwar ein hervorragender Trainingsansatz, aber ein Großteil Ihrer Trainingseinheiten sollte trotzdem in einer Trittfrequenz absolviert werden, die nahe Ihrer Wettkampffrequenz liegt. Sportler, die effizient trainieren, bleiben in 70 bis 90 Prozent ihres Trainings deutlich unter den Wattzahlen, die sie im Wettkampf treten. Allerdings schleicht sich auf langen, lockeren Trainingseinheiten oft eine gewisse Faulheit ein, und wir treten mit niedrigerer Frequenz. Die niedrigere Frequenz ist aufgrund der stark reduzierten Wattzahl wahrscheinlich auch effizienter. Bedenken Sie jedoch, dass es nicht das Ziel dieser Einheiten ist, während des Trainings effizient zu fahren, sondern die Effizienz während der Wettkampfbelastung zu steigern. Es ist deshalb von entscheidender Bedeutung, die nötige Selbstdisziplin aufzubringen, um auch bei lockeren Einheiten mit der Wettkampffrequenz zu fahren.

Geben Sie der hohen Trittfrequenz Zeit: Wenn Sie den Entschluss fassen, dass eine höhere Wettkampf-Trittfrequenz für Sie sinnvoll ist, dann müssen Sie bedenken, dass es unter Umständen Monate dauern kann, bis Ihre Beine die geforderten Wattzahlen effizient mit der neuen Frequenz treten können. Auch die Umgewöhnung des Herz-Kreislauf-Systems nimmt einige Zeit in Anspruch. Beginnen Sie deswegen lange vor Beginn der Wettkampfsaison mit dem Training, und haben Sie Geduld!

Versuchen Sie es mit Krafttraining: Wenn Sie der Meinung sind, dass Sie nicht über die notwendigen Herz-Kreislauf-Fähigkeiten verfügen, um effizient mit einer hohen Trittfrequenz zu fahren, dann kann Ihnen ein gezieltes Krafttraining dabei helfen, sich an das Fahren mit niedrigerer Trittfrequenz und einer hohen Wattzahl pro Pedalumdrehung zu gewöhnen. Das Krafttraining verbessert die Effizienz nachweislich bei fast jedem Fahrer und jeder Trittfrequenz. Mehr Informationen zu diesem Thema finden Sie in Kapitel 11.

Wer mit größter Wahrscheinlichkeit von einer hohen Trittfrequenz profitiert: Von einer höheren Trittfrequenz profitieren mit größter Wahrscheinlichkeit Sportler, die sich eher durch ein gutes Herz-Kreislauf-System als durch Muskelkraft auszeichnen. Dazu zählen Frauen, kleine oder besonders dünne Fahrer, ehemalige Läufer und ältere Fahrer. Diese Sportler sollten an einer höheren Trittfrequenz arbeiten, aber zur Steigerung der Fähigkeit, das notwendige Drehmoment zu entwickeln, trotzdem spezifische Kraft-Einheiten durchführen. Analysieren Sie, ob Sie in erster Linie aufgrund mangelnder Kraft und brennender Beine oder durch Luftprobleme bei harten und langen Belastungen in Ihrer Leistung eingeschränkt sind. Falls Ihre Leistung aufgrund Ihrer Beine beschränkt ist, führt eine höhere Trittfrequenz – sobald Sie sich daran gewöhnt haben – möglicherweise zu besseren Ergebnissen. Entscheiden Sie selbst, welcher Stil bei Ihnen am besten funktioniert. Erstellen Sie sich ein Trainingsprogramm, mit dem Sie sich auf wichtige Wettkämpfe vorbereiten, und legen Sie los.

Die meisten Triathleten laufen sehr viel schneller, nachdem Sie die Radstrecke mit einer hohen Trittfrequenz zurückgelegt haben – auch wenn Sie mit einer etwas niedrigeren Trittfrequenz eigentlich eine schnellere Radzeit erreichen könnten. Es kann einige Zeit dauern, die neuromuskuläre Effizienz zu entwickeln, die man braucht, um effektiv mit einer hohen Trittfrequenz zu fahren. Bleiben Sie also geduldig.

Nehmen Sie sich die Zeit, Ihre Position auf dem Rad und Ihren Tritt zu verbessern, und arbeiten Sie daran, die Trittfrequenz zu erreichen, mit der Sie am besten in der Lage sind nach der Radstrecke Ihr Potenzial beim Laufen voll zu entfalten. Nach der Hälfte der Laufstrecke werden Sie froh sein, dass Sie sich die Zeit genommen haben.

Kapitel 9

Wettkampfspezifische Fragestellungen

Je nach ihrer Dauer erfordern alle Wettkämpfe eine andere Vorbereitung. Dreh- und Angelpunkt der Vorbereitung auf unterschiedliche Wettkampfdistanzen innerhalb einer Saison sind Ihre leistungsbegrenzenden Faktoren für jeden A-Wettkampf, welche die Prioritäten der Trainingsplanung bestimmen. Die zeitliche Abstimmung der Wettkämpfe ist natürlich auch sehr wichtig. Achten Sie bei der Saisonplanung unbedingt darauf, Ihre Wettkämpfe so auszuwählen, dass genügend Zeit bleibt, um beispielsweise vor einer Kurzdistanz an der Schnelligkeit zu arbeiten oder für eine Langdistanz die Ausdauer zu verbessern. Eine Wettkampfplanung nach Lust und Laune macht jede Vorbereitung problematisch.

DIE SPRINTDISTANZ

Sprintwettkämpfe erfordern vor allem Schnelligkeit. Die besondere Herausforderung des Sprintdistanz-Trainings besteht darin, aus einer Vielzahl unterschiedlicher Belastungsintensitäten die richtige Wahl zu treffen.

Trotz der viel kürzeren Dauer und des viel höheren Tempos im Vergleich zu den anderen Triathlondistanzen ist die Sprintdistanz immer noch so lang, dass die Energiebereitstellung zu über 95 Prozent aerob erfolgt, das heißt, die langsam zuckenden Muskelfasern liefern den Großteil der Energie; und deren Kraft und Schnelligkeit lässt sich am besten durch Ausdauertraining steigern. Darum muss auch in der Vorbereitung das Ausdauertraining im Vordergrund stehen.

Für Wettkämpfe zwischen einer halben Stunde und fünf Stunden ist außerdem das Laktatschwellentraining ein Muss. Während eines Sprintwettkampfs stellen die intermediären Muskelfasern immer noch einen erheblichen Teil der Energie bereit und sollten dahingehend trainiert werden, dass sie mit maximaler Kraft und Ausdauer die gesamte Wettkampfdauer ohne Ermüdung durchstehen können.

Bei den hohen Geschwindigkeiten, die über die Sprintdistanz aufrechterhalten werden, muss jeder Muskelfasertyp einen wichtigen Beitrag leisten und entsprechend trainiert werden. Das Training der aeroben Kapazität steigert die Ausdauer der schnell zuckenden Muskelfasern beziehungsweise ihre Fähigkeit zur aeroben Energiebereitstellung und sollte für Sprintwettkämpfe stärker im Vordergrund stehen als für jede andere Triathlon-Distanz.

Bei den meisten ambitionierten Triathleten ist die Intensität im Wettkampf oberhalb der Laktatschwelle. Deshalb gilt es, die Laktattoleranz – also die Fähigkeit der Muskeln zur effektiven Kraft- und Schnelligkeitsentfaltung trotz zunehmender Übersäuerung – angemessen zu trainieren. Wie bereits in den vorangegangenen Kapiteln erläutert, sollte man mit dem Training der Laktattoleranz aber erst in den letzten vier bis sechs Wochen vor einem wichtigen Sprintwettkampf beginnen, weil sich diese Fähigkeit sehr schnell entwickelt – und ebenso schnell wieder zurückbildet.

Um über die gesamte Wettkampfstrecke oberhalb der Laktatschwelle schwimmen, Rad fahren und laufen zu können, darf die Laktatkonzentration nicht zu schnell ansteigen, sondern erst nach dem Finish zur Ermüdung führen. Auch und gerade bei hohen Geschwindigkeiten konzentrieren Sie sich möglichst auf flüssige und effiziente Bewegungen sowie eine hohe Tritt- und Schrittfrequenz.

Durch Trainingseinheiten im Wettkampftempo sollten Sie mittlerweile genau wissen, welches Zieltempo Sie anstreben können. Auch wenn das Training nie so lang war wie der Wettkampf, gelingt es so gut wie jedem Triathleten, ‚im Ernstfall' dieses angestrebte Tempo (wenn auch nicht unbedingt ein höheres) zu halten.

Denken Sie immer an Energienachschub in fester und flüssiger Form. Bei der hohen Intensität eines Sprintwettkampfs kann das eine ganz schöne Herausforderung sein, und viele Triathleten vernachlässigen diesen Aspekt. Wer aber seinen Körper immer nur fordert und nicht auch richtig versorgt, wird nicht sein volles Wettkampfpotenzial entfalten können.

DIE OLYMPISCHE DISTANZ

Die olympische Distanz ist bei Triathleten besonders beliebt. Auf dieser Distanz geht es vor allem um die Schnelligkeitsausdauer. Ausdauertraining ist hier, ähnlich wie für die Sprintdistanz, von enormer Bedeutung.

Anfänger und leicht fortgeschrittene Triathleten haben im Wettkampf meist eine Intensität knapp unter der Laktatschwelle. Erfahrene und Spitzentriathleten können dagegen Belastungsniveaus aushalten, die knapp über der Laktatschwelle liegen; deshalb spielt für sie das Laktatschwellentraining eine große Rolle. Generell besteht das vorrangigste Ziel darin, in jeder Disziplin das Tempo an der Laktatschwelle zu erhöhen. Für die olympische Distanz wird viel öfter als für irgendeine andere Distanz im HF-Bereich 4 trainiert.

Sofern die Ausdauer kein leistungsbegrenzender Faktor ist, kommt dem Training der aeroben Kapazität bei der Vorbereitung auf diese Wettkampfdistanz eine große Bedeutung zu. Anfänger und leicht Fortgeschrittene sollten sich vor allem auf LS-Training konzentrieren, bis in der Aufbauperiode das Training der aeroben Kapazität einen wichtigen Platz einnimmt. Für erfahrene und Elite-Wettkämpfer ist das Training der aeroben Kapazität in der Aufbauperiode oft wettkampfentscheidend.

Ob für die olympische Distanz Laktattoleranztraining betrieben wird, hängt stark vom Niveau des einzelnen Athleten ab. Anfänger und leicht fortgeschrittene Triathleten werden während des Wettkampfs meist unterhalb der Laktatschwelle bleiben; für sie hätte Laktattoleranztraining mit seinem hohen Regenerationsbedarf mehr Nach- als Vorteile, weil andere, wichtige Trainingseinheiten auf diese Weise verzögert werden. Hochleistungs- und Berufssportler bestreiten dagegen fast die gesamte Wettkampfstrecke in einer Intensität oberhalb der Laktatschwelle. Für sie geht es darum, in der Vorwettkampfperiode kurzfristig die Laktattoleranz zu verbessern, während die anderen Aspekte nur leistungserhaltend trainiert werden.

Tempo

Das Tempo in einem olympischen Triathlon ist individuell unterschiedlich und hängt vom Leistungsniveau des Sportlers ab. Die meisten Athleten bleiben während der Dauer des gesamten Wettkampfs an oder leicht unterhalb der Laktatschwelle. Sehr erfahrene und Spitzenathleten können hingegen die Laktatschwelle leicht überschreiten und ähnlich wie bei der Sprintdistanz kontinuierlich Gas geben.

Lassen Sie es beim Radfahren zunächst locker angehen, und nehmen Sie erst allmählich Ihr geplantes Wettkampftempo auf. Der Körper braucht nach dem Schwimmen ein paar Minuten Zeit, um das Blut wieder in den Beinen zu verteilen. Nach etwa fünf Minuten sollten Sie Ihr Tempo gefunden haben und dieses für den Rest der Strecke halten können. Manche Triathleten nehmen auf den letzten paar Minuten der Radstrecke wieder etwas Tempo heraus. Aber auch wenn Sie das nicht tun, sollten Sie auf gar keinen Fall mehr beschleunigen. Die zweite Wechselzone ist nicht die Ziellinie; bis dahin müssen Sie erst noch laufen.

DIE MITTELDISTANZ

Ein Triathlon über die Mitteldistanz besitzt ganz eigene Herausforderungen. Diese Wettkampfstrecke ist kurz genug, um von gut trainierten Triathleten durchgängig in einem flotten Tempo bewältigt zu werden, doch auch hinreichend lang, um disziplinierte Tempo- und Ernährungsstrategien zu erfordern. Wer sich auf einen Mitteldistanz-Wettkampf vorbereitet, muss eine geschickte Kombination aus langen Ausdauereinheiten und intensiverem Tempotraining finden. Außerdem erfordert ein Mitteldistanz-Wettkampf erprobte Strategien für eine effektive Nahrungs- und Flüssigkeitszufuhr.

Training

Die beiden wichtigsten Trainingsformen für einen Mitteldistanz-Triathlon sind jeweils Koppeleinheiten (Radfahren–Laufen): ein langes Koppeltraining im lockeren Tempo beziehungsweise ein Koppeltraining im Wettkampftempo.

Weil eine Mitteldistanz relativ lange dauert, ist das Durchhaltevermögen immer die wichtigste Voraussetzung für jeden Triathleten. Für die Entwicklung dieses Durchhaltevermögens ist ein lockeres, langes Koppeltraining mit allmählich steigendem Umfang besonders hilfreich.

Beginnen Sie mit einer ein- bis zweistündigen Fahrt, und laufen Sie anschließend 30 Minuten bis eine Stunde. Erfahrene Athleten, die schon über eine solide Grundlagenausdauer verfügen, können im oberen Bereich anfangen. Dehnen Sie die Dauer dieser Trainingseinheiten immer weiter aus, bis Sie problemlos drei bis vier Stunden fahren und anschließend ein bis zwei Stunden laufen können. Dieses Training wird im HF-

Bereich 2 durchgeführt. Um die Intensität bestmöglich kontrollieren zu können, sollte sowohl die Rad- als auch die Laufstrecke flach bis allenfalls leicht profiliert sein. In der Grundlagenperiode hat dieses Koppeltraining höchste Priorität.

Sobald eine solide Grundlagenausdauer vorhanden ist, tritt das Koppeltraining im Wettkampftempo in den Vordergrund. In der Aufbauperiode gehört in jeder Woche ein solches Training auf den Plan.

Die Trainingsintensität richtet sich nach der individuellen Leistungsfähigkeit. Für Anfänger und leicht fortgeschrittene Triathleten ist die Entwicklung der Ausdauerfähigkeit zum Finishen der Mitteldistanz wichtiger als das Tempo. Für erfahrene und Spitzentriathleten ist dies jedoch kein Problem mehr, so dass sie sich auf das Tempo konzentrieren, das sie durchgängig auf der Mitteldistanz halten können.

Fahren Sie zunächst etwa eine Stunde im Grundlagenausdauertempo, und nehmen Sie dann Ihr geplantes Wettkampftempo für die Mitteldistanz auf. Für Triathlonanfänger wird das kaum schneller als das Grundlagenausdauertempo sein. Fortgeschrittene Triathleten können in der Regel eine Intensität im oberen Herzfrequenzbereich 3 halten, erfahrene Athleten sogar zirka fünf bis acht Herzschläge pro Minute unter der Laktatschwelle (unterer HF-Bereich 4). Steigern Sie dieses Training nicht zu schnell, und halten Sie unbedingt die Regenerationszeiten ein, denn es führt nicht nur zu schnellen Fortschritten, sondern auch genauso schnell zu Übertraining.

Das Gelände für dieses Koppeltraining sollte dem der Wettkampfstrecke möglichst ähneln. Achten Sie auf eine gleichmäßige Intensität und eine hohe Trittfrequenz. Befolgen Sie Ihre Versorgungsstrategie für den Wettkampf, und machen Sie, wenn nötig, entsprechende Anpassungen. Halten Sie die Intensität auf einem Niveau, das auch für die Dauer des Wettkampfs realistisch ist. Schneller ist dabei nicht besser.

Beginnen Sie so bald wie möglich nach dem Radfahren zu laufen. Halten Sie dabei im ersten Laufabschnitt ein Tempo, das Ihnen für die gesamte Wettkampfdistanz machbar scheint. Essen und trinken Sie weiterhin gemäß Ihrer Wettkampfstrategie. Nach diesem Abschnitt im Wettkampftempo laufen Sie zum Abschluss des Trainings noch mindestens 20 Minuten locker aus.

Beginnen Sie auf dem Rad mit 30- bis 45-minütigen und beim Laufen mit 20- bis 30-minütigen Abschnitten im Wettkampftempo. Steigern Sie deren Dauer kontinuierlich, aber in kleinen Schritten. Dieses Training verbessert sowohl die Effizienz im Wettkampftempo als auch die Nachschub- und Tempostrategien.

Trainingseinheiten im Wettkampftempo sollten maximal halb so lang wie der Mitteldistanz-Wettkampf selbst dauern; das gilt auch für fortgeschrittene Athleten. Länger als die halbe Wettkampfdauer im Wettkampftempo zu trainieren, ist sehr belastend und hat einen so hohen Regenerationsbedarf zur Folge, dass es mehr Nach- als Vorteile hat. Sparen Sie sich den vollen Einsatz bis zum Wettkampftag auf, und konzentrieren Sie sich bis dahin auf konsequentes und effizientes Training.

Tempo

Kaum ein Triathlet finisht die Mitteldistanz mit dem Gefühl, in der Anfangsphase des Wettkampfs zu langsam gewesen zu sein. Im Gegenteil. Für ein persönlich bestes Leistungsergebnis ist – vor allem auf der ersten Hälfte der Rad- und Laufstrecke – ein beständiges Tempo erforderlich, das die Kräfte schont. Ein Mitteldistanz-Wettkampf ist zwar nicht annähernd so beeindruckend wie die Langdistanz, hat aber dennoch eine respektable Länge. Ein Triathlet, der auf der ersten Hälfte der Radstrecke zwei Minuten zu langsam fährt, hat reichlich Gelegenheit, diesen Zeitverlust weitgehend wieder gutzumachen. Wer dagegen zwei Minuten zu schnell gefahren ist, wird auf der Laufstrecke viel mehr als diese zwei Minuten verlieren.

In den Trainingseinheiten im Wettkampftempo gewöhnen Sie sich an die Intensität, die Sie am Wettkampftag durchhalten können. Obwohl das Training nie so lange dauert wie der Wettkampf, tragen nicht zuletzt ein vollständiges Tapering und die aufregende Wettkampfatmosphäre dazu bei, dass man dieses Tempo länger durchhält.

Während die Intensität idealerweise im gesamten Wettkampf gleich bleibt, wird die subjektiv empfundene Belastung langsam zunehmen. So fühlt sich das richtige Tempo nach 16 Radkilometern viel leichter an als nach 80 Radkilometern. Wer sein Potenzial voll ausschöpfen will, muss sich wohl oder übel richtig anstrengen – und das tut weh!

DIE LANGDISTANZ

Die Langdistanz ist für Triathleten aller Leistungsstufen ein echter Ausdauertest. Niemand schwimmt, fährt oder läuft auf der Langstrecke wirklich schnell. Selbst das Tempo der Sieger solcher Wettkämpfe ist, für deren eigene Verhältnisse, sehr langsam. Wer an einem Langdistanz-Wettkampf teilnimmt, trainiert seinen Körper in erster Linie darauf, weiterzumachen, ohne zusammenzubrechen – ganz gleich, wie hoch sein oder ihr Leistungsniveau ist. Diese Tatsache unterschätzen auch und vor allem die ambitioniertesten Triathleten.

Die meisten Menschen sehen Ironman-Profis die Distanz in einem sensationellen Tempo bewältigen und denken, sie haben eben ihnen Körper so hart trainiert, dass sie auf der gesamte Wettkampfstrecke Gas geben können, ohne zu ermüden. Doch in Wirklichkeit sind sie deutlich unter ihrer aeroben Schwelle geblieben. Sogar für die Profis geht es in einem Langdistanz-Wettkampf immer darum, heil anzukommen und nicht, besonders schnell zu sein. Das Tempo, das sie auf der Langdistanz vorlegen, mag den meisten von uns rasant erscheinen, ist für sie jedoch eher langsam und beständig.

Folglich geht es im Langdistanz-Training zuallererst darum, die nötige Ausdauer zu entwickeln, um für die Dauer des Wettkampfs ein Tempo knapp unterhalb der aeroben Schwelle aufrechterhalten zu können. Die zweite Priorität ist die Verbesserung des individuellen Tempos an der aeroben Schwelle.

Die meisten Langdistanz-Triathleten trainieren fast ausschließlich schneller als im Wettkampftempo, was ein Riesenfehler ist. Hochintensives Training hat auch in der Langdistanz-Vorbereitung seinen Platz, doch der weitaus größte Teil der Trainingszeit sollte mit gleichmäßigem Schwimmen, Radfahren und Laufen verbracht werden, deren Intensität nicht höher als im Wettkampf ist, sondern eher darunter! Intensive Trainingseinheiten erfordern eine längere Regenerationszeit, womit Langdistanz-Triathleten nicht allzu verschwenderisch umgehen sollten.

Mehr noch als für kürzere Wettkampfstrecken geht es beim Langdistanz-Training darum, den Schwerpunkt auf bestimmte Schlüsseleinheiten zu legen. Zwei oder drei spezifische Trainingseinheiten pro Woche bereiten Langdistanz-Triathleten gezielt darauf vor, die gesamte Wettkampf strecke zu schaffen. Die übrigen Einheiten bereiten entweder auf dieses wichtige Training vor – oder wirken kontraproduktiv. Sorgen Sie dafür, dass Sie Ihr Training aufbaut!

Das Radtraining hat für jeden Langdistanz-Triathleten oberste Priorität. Auf der Radstrecke stärker und effizienter zu werden, ist der Schlüssel zu einer allgemein besseren Wettkampfleistung über diese Distanz, schließlich macht die Radstrecke den bei weitem größten Teil eines Langdistanz-Wettkampfs aus. Wer hier zwei Prozent schneller wird, gewinnt mehr Wettkampfzeit als durch eine zweiprozentige Verbesserung auf der

Lauf- oder Schwimmstrecke. Außerdem verbessert eine stärkere Radfahrleistung nicht zuletzt auch die Laufzeit. Das Lauftraining ist deutlich belastender und verletzungsträchtiger als das Radtraining. Von einem bestimmten Punkt an nimmt beim Laufen die Gefahr für Übertraining und Verletzungen drastisch zu, wenn die Umfänge weiter erhöht werden. Das gilt beim Radfahren nicht, beziehungsweise nicht in demselben Maße. Das vorliegende Buch kann aus Platzgründen nicht ausführlich auf das Radtraining im Rahmen der Langdistanz-Vorbereitungen eingehen. Wer mehr zu diesem Thema erfahren möchte, findet umfangreiche Informationen in *Radtraining für Triathleten und Radtouristikfahrer* von Lynda Wallenfels (Sportwelt Verlag, 2007).

Fett: ein Freund aller Langdistanz-Triathleten

Der Körper eines Sportlers gewinnt die Energie für seine Muskelarbeit aus einer ständig wechselnden Kombination von Fett, Kohlenhydraten und Proteinen. Unabhängig von der Intensität spielen Proteine dabei eine relativ unbedeutende Rolle und liefern in der Regel nur 1 bis 4 Prozent der benötigten Energie. Die Fett- und Kohlenhydratmengen, die verstoffwechselt werden, variieren hingegen erheblich, und zwar aufgrund mehrerer Faktoren: Die Entwicklung der körperlichen Fähigkeit, Fett als vorrangige Brennstoffquelle zu nutzen, ist für jeden Athleten, der an Wettkämpfen von einer halben Stunde Dauer oder mehr teilnimmt, ein wichtiges Ziel, aber für Langdistanz-Triathleten ist diese Fähigkeit von elementarer Bedeutung.

Ein gut trainierter Körper speichert in der Regel etwa 1.500 bis 2.000 Kalorien in Form von Kohlenhydraten – das reicht für etwa zwei Stunden schnellen Laufens oder Radfahrens. Auch wenn wir während des Wettkampfs so viele Kohlenhydrate zu uns nehmen, wie unser Verdauungssystem verwerten kann, entspricht diese Menge meist nur einem Drittel des aktuellen Energieverbrauchs. Ein Langdistanz-Triathlet hat unter Wettkampfbedingungen also ein kontinuierliches Kohlenhydratdefizit. Am Anfang hat er ein gewisses Energiepolster – die körpereigenen Kohlenhydratspeicher – und nur, wenn er sein Defizit gering genug hält, dass die Kohlenhydratreserven nicht vorzeitig erschöpft sind, wird er das Ziel erreichen.

180 Radkilometer und 42 Laufkilometer sind eine Menge Holz. Falls es Ihnen gelingen sollte, die Langdistanz in zwei Stunden zu schaffen, könnten Sie den gesamten Wettkampf nur mit Ihren Kohlenhydratreser-

ven bestreiten. Bis dahin werden Sie Ihrem Körper jedoch beibringen müssen, so viel Fett wie möglich zu verbrennen, um diese Kohlenhydratvorräte möglichst lange zu schonen. Der Schlüssel hierzu ist die richtige Intensität. Bei einer sportlichen Betätigung mit geringer Intensität wird eine relativ ausgewogene Mischung aus Fett und Kohlenhydraten verbrannt. Bei steigender Intensität nimmt jedoch der Fettstoffwechsel zugunsten des Kohlenhydratstoffwechsels ab, weil für den Fettstoffwechsel mehr Sauerstoff benötigt wird als für den Kohlenhydratstoffwechsel. Die optimale Intensität für den Fettstoffwechsel kann am genauesten mit einer Stoffwechselanalyse ähnlich wie beim VO_2max-Test bestimmt werden. In der Regel liegt sie im mittleren HF-Bereich 2.

Die meisten Langdistanz-Triathleten trainieren größtenteils zu intensiv, weil sie glauben, auf diese Weise möglichst viel Fett zu verbrennen. Jeder versteht sofort, dass das richtige Tempo in einem Langdistanz-Wettkampf entscheidend ist – aber im Training ist die Wahl der korrekten Geschwindigkeit mindestens genau so wichtig! Wie erwähnt, soll die optimale Trainingsintensität nicht dazu dienen, das Training zu überstehen, sondern spezifische Adaptationen im Stoffwechselsystem anzuregen. Wer über lange Strecken zu hart trainiert, und sei es nur an der oberen Grenze des HF-Bereichs 2, erzieht seinen Körper dazu, besonders effizient Kohlenhydrate zu verbrennen, und das ist wahrlich keine gute Idee für einen Langdistanz-Triathleten. Wer den größten Teil seines Trainings in einem realistischen Wettkampftempo durchführt, gewöhnt seinen Körper daran, die nötige Energie hauptsächlich aus den Fettdepots zu gewinnen – die vor dem Finish garantiert nicht ausgeschöpft sind – und einen deutlich geringeren Teil aus den begrenzten Kohlenhydratvorräten.

Tempo

In einem Langdistanz-Wettkampf ist die Überwachung des eigenen Tempos absolut entscheidend und gleicht einer Gratwanderung. Ein Tempo kann bereits zu hoch sein, obwohl es sich relativ leicht anfühlt, aber der Preis, den man dafür bezahlt, ist riesig. Die größte Gefahr auf der Langdistanz besteht in der Erschöpfung der Energiereserven, denn wir können nicht feststellen, welches Verhältnis von Fett zu Kohlenhydraten unser Körper verbrennt und ob er bereits dazu übergegangen ist, größtenteils Kohlenhydrate zu verbrennen. Ganz gleich, wie fit ein Athlet ist – wenn die Kohlenhydratreserven erschöpft sind, bricht er ein. Ein Porsche ohne Sprit ist nicht schneller als ein Schulbus mit leerem Tank.

Ein großer Fehler ist, beim Schwimmen zu übertreiben. Die meisten Triathleten setzen viel Kraft auf der Schwimmstrecke ein, weil der Oberkörper ja weder beim Radfahren noch beim Laufen großartig beansprucht wird, aber das bleibt auch für die Beine nicht ohne Folgen. Denn die höhere sportliche Belastung führt zu hormonellen Veränderungen, die die Fettverbrennung senken und den Kohlenhydratstoffwechsel anregen. Und diese Hormone lösen sich nicht in Luft auf, wenn man den Neoprenanzug auszieht: Die Folgen des harten Schwimmens halten noch Stunden lang an und führen auch auf der Rad- und Laufstrecke zu einem erhöhten Kohlenhydratverbrauch. Schwimmen Sie also genau so locker und gleichmäßig, wie Sie Rad fahren und laufen.

Auch auf dem Rad ist Zurückhaltung angesagt. Dabei ist die erste Stunde am entscheidendsten. Halten Sie eine leichte und gleichmäßige Intensität, und beginnen Sie sofort mit der Energie- und Flüssigkeitszufuhr. Verlieren Sie auf keinen Fall die Geduld. Ich habe noch nie einen Wettkämpfer erlebt, der die letzten zehn Kilometer der Laufstrecke stark beendet und gesagt hat: Hätte ich doch bloß auf der Radstrecke mehr Tempo gemacht. Ein Langdistanz-Triathlet wird es in den seltensten Fällen bereuen, ein Rennen zurückhaltend angegangen zu sein. Es geht nicht darum, schnell zu sein, sondern heil anzukommen.

Auf der Laufstrecke sollten Sie bereits nach den ersten fünf Minuten mit dem Energienachschub fortfahren. Dabei ist es für die meisten Langdistanz-Triathleten am günstigsten, die Einnahme von Proteinen ganz einzustellen und vorwiegend Wasser, Kohlenhydrate und etwas Salz zu sich zu nehmen. Sportlernahrung bewirkt übrigens keine Wunder. Ich habe die meisten von mir betreuten Athleten dazu gebracht, auf Gels zu verzichten und stattdessen Geleebohnen zu nehmen – mit großem Erfolg.

Halten Sie eine hohe Schrittfrequenz, egal, wie langsam Ihr Tempo sein mag. Machen Sie an den Versorgungsstationen eine Gehpause, um leichter essen und trinken zu können. Halten Sie die Gehpausen kurz, aber beginnen Sie bei Bedarf frühzeitig damit. Legen Sie auf jedem Kilometer des Marathons ein zweiundvierzigstel Ihrer Gehstrecke ein – warten Sie nicht, bis Sie gehen *müssen*.

NAHRUNGS- UND FLÜSSIGKEITSAUFNAHME

Vor dem Wettkampf

Die Nahrungsaufnahme beginnt bereits Stunden vor dem Wettkampf, und zwar beim Frühstück. Das Ziel ist, den Körper ausreichend mit Nahrung zu versorgen, ohne das Verdauungssystem zu überlasten. Es ist sehr wichtig, dies im Vorfeld während des Trainings zu üben. Wir werden zwar Tipps und Anregungen geben, aber letztlich muss jeder Sportler durch Versuch und Irrtum die für ihn optimale Mischung selbst herausfinden. Etwa drei Stunden vor einem Mitteldistanz-Wettkampf sollten Sie zwischen 400 und 800 Kalorien zu sich nehmen, etwa ein Drittel davon Proteine (ein Gramm Proteine auf drei bis vier Gramm Kohlenhydrate).

Direkt vor dem Wettkampf noch eine Portion Kohlenhydrate zu essen und etwas Wasser zu trinken, hat sich ebenfalls als vorteilhaft erwiesen. Da die Nachschubversorgung beim Schwimmen offensichtlich unpraktikabel ist, wird mit der Nahrungsaufnahme direkt vor dem Start sichergestellt, dass die Muskeln während des Schwimmens genug Energie erhalten. Bewährt haben sich 100 bis 300 Kalorien in Form von Kohlenhydraten sowie 200 bis 400 Milliliter Wasser. Nehmen Sie diese letzte Mahlzeit so kurz wie möglich vor dem Start zu sich, um zu vermeiden, dass eine mögliche Insulinreaktion den Blutzuckerspiegel noch vor dem Schwimmstart abfallen lässt.

Im Wettkampf

Sogar über die Sprint- und olympische Distanz ist eine Nahrungs- und Flüssigkeitsaufnahme während des Wettkampfs notwendig, um nach der Radstrecke noch schnell laufen zu können. Die Dauer dieser kürzeren Wettkämpfe reicht bereits aus, um den Körper erheblich zu dehydrieren. Ein Athlet mit einem Körpergewicht von 75 Kilogramm sollte pro Stunde auf dem Rad und der Laufstrecke etwa einen halben Liter Wasser trinken. Die Gefahr des kompletten Einbrechens ist zwar bei diesen Distanzen gering, doch die Versorgung mit Kohlenhydraten ist für eine gute Laufleistung unverzichtbar. Als Richtmenge gelten zwei bis vier Kalorien aus Kohlenhydraten pro Kilogramm Körpergewicht und Stunde, die man fährt und läuft.

Auch wenn es sinnvoll und empfehlenswert ist, während des Wettkampfs zu essen und zu trinken, können Triathleten über die Sprint- und olympische Distanz ihren Energiebedarf weitgehend aus den körpereigenen Reserven decken, die bereits vor dem Start vorhanden sind. Anders sieht es bei Wettkämpfen über die Mitteldistanz aus, wo ein großer Teil der benötigten Energie während des Wettkampfs zugeführt werden muss. Das Risiko, komplett einzubrechen, ist durchaus gegeben, und äußerst wahrscheinlich ist auch, auf der Laufstrecke nachzulassen, weil die Glykogenvorräte erschöpft sind.

Sobald man an Land ist, hat die Flüssigkeitszufuhr absolute Priorität. Ein Mitteldistanz-Triathlet mit einem Körpergewicht von 75 Kilogramm Körpergewicht sollte im Wettkampf pro Stunde 0,5 bis 0,6 Liter Wasser trinken. Nehmen Sie das Trinken nicht auf die leichte Schulter. Am besten folgen Sie dabei einem exakten Plan und warten nicht, bis sich der Durst meldet. Trinken Sie konsequent etwa alle 15 Minuten. Durch die Aufregungen des Wettkampfs gerät die Flüssigkeitsaufnahme gern einmal in Vergessenheit. Manche Athleten finden es hilfreich, ihre Uhr so einzustellen, dass sie alle paar Minuten einen Alarmton von sich gibt und sie daran erinnert, etwas zu essen oder zu trinken. Unsinnig ist auch der gutgemeinte Rat, so viel wie möglich zu trinken. Angesichts der moderaten Intensität und Dauer der Mitteldistanz besteht nämlich die Gefahr eines Flüssigkeitsschocks.

Auf der Mitteldistanz empfiehlt es sich, so viele Kohlenhydrate zu sich zu nehmen, wie man verdauen und resorbieren kann. Für die meisten Athleten heißt das, vier Kalorien aus Kohlenhydraten pro Kilogramm Körpergewicht und Stunde einzunehmen (also 300 Kalorien pro Stunde bei einem Gewicht von 75 Kilogramm). Doch jeder Sportler ist anders; darum ist es so wichtig, während des Trainings zu experimentieren und herauszufinden, was und wie viel man dem eigenen Verdauungssystem zumuten kann, zum Beispiel, wie viel Kohlenhydrate man ohne Völlegefühl verträgt.

Auf der Langdistanz ist der Nachschub alles, was zählt. Während auf der Mitteldistanz ein sparsamer Verbrauch des Muskelglykogens und ein möglichst konstanter Blutzuckerspiegel für persönliche Höchstleistungen nötig sind, ist es in der Regel doch eher die Milchsäurekonzentration in der Muskulatur, die die Leistungsfähigkeit eines gut trainierten Athleten einschränkt. Auf der Langdistanz dagegen ist die Nachschubversorgung stets der primäre leistungsbegrenzende Faktor.

Wie schon bei den kürzeren Wettkämpfen gilt auch bei der Langdistanz die Faustregel von etwa vier Kalorien pro Kilogramm Körpergewicht und Wettkampfstunde. Dabei sollte der Magen während des gesamten

Wettkampfs Kohlenhydrate zu verdauen haben. Zu Beginn sind die Kohlenhydratspeicher in den Muskeln und in der Leber noch gefüllt, aber sie werden schneller abgebaut, als der Magen entsprechenden Nachschub im besten Fall verdauen und resorbieren könnte. Deshalb werden die Speicher im Verlauf des Wettkampfs langsam aber sicher geleert. Um die Reserven so lange wie möglich zu schonen, müssen Sie dafür sorgen, dass das Verdauungssystem kontinuierlich Kohlenhydrate an den Blutkreislauf liefert. Wie gesagt, ist die vorzeitige Erschöpfung der Kohlenhydratdepots ein primärer leistungsbegrenzender Faktor für jeden Langdistanz-Triathleten.

Neben Wasser und Kohlenhydraten ist auch die Einnahme von Natrium entscheidend. Ein 75 Kilogramm schwerer Langdistanz-Athlet sollte pro Stunde Wettkampf etwa zwei Gramm Salz beziehungsweise 1.200 Milligramm Natrium zu sich nehmen. Vergessen Sie nicht, dass Natrium in allerlei Energiequellen enthalten ist und mitgerechnet werden muss – also auch das Salz in Sportgetränken, Energieriegeln und anderen Nahrungsmitteln. Ziehen Sie also das Natrium aus diesen Energiequellen von der Sollmenge ab, bevor Sie ausrechnen, wie viel Natrium beziehungsweise Salz Sie während des Rennens brauchen werden.

Langdistanz-Triathleten müssen sich im Wettkampf auch mit Proteinen versorgen. Der Körper deckt zwar nur einen kleinen Teil seines Energiebedarfs aus Proteinen, aber im Laufe von 8 bis 17 Stunden kann sich das auf eine nicht unbedeutende Menge summieren. Wer auf der Langdistanz nicht ausreichend Proteine zu sich nimmt, kann davon ausgehen, dass seine Muskeln sich buchstäblich selbst verzehren. Vergleichsweise geringe Proteinmengen sind bereits ausreichend. Als Richtwert empfehle ich zwei Gramm Protein pro 15 Kilogramm Körpergewicht, multipliziert mit den Stunden, die man für die ersten 120 Radkilometer braucht. Auf den restlichen 60 Kilometern der Radstrecke ist es besser, die Proteineinnahme zu reduzieren. Zu viel Proteine könnten das Verdauungssystem durch die Auf- und Abbewegungen des Laufs belasten. Auf der Laufstrecke nehmen die meisten Triathleten daher nur noch Kohlenhydrate zu sich.

Der wichtigste Aspekt bei der Auswahl der richtigen Verpflegung für die Langdistanz ist ihr Geschmack. Ein Sportgetränk, das nach den neuesten wissenschaftlichen Erkenntnissen zusammengestellt ist, wird keinem Triathleten etwas nützen, wenn es in der Flasche bleibt, weil es nicht schmeckt. Wenn Ihnen eine bestimmte Sportlernahrung schmeckt, ist das in Ordnung – aber nicht nötig. Ein Langdistanz-Triathlet braucht Wasser,

Kohlenhydrate, Salz und Proteine. Jede beliebige Kombination diverser Getränke und Gels mit Kuchen, Müsli- oder Energieriegeln, Studentenfutter oder Salzstangen, die die richtige Menge an diesen Nährstoffen enthält, kann für Sie optimal sein.

Vor Jahren habe ich in einem bekannten Triathlon-Magazin eine Anzeige gesehen, in der eine Profitriathletin für einen bekannten Hersteller von Sportlernahrung warb. Auf dem Foto war ihr Fahrrad zu sehen, auf dem das Logo der Firma prangte, aber wenn man genauer hinschaute, ragten aus einem Radtäschchen zwei Schokoriegel heraus. Die Produkte dieses Herstellers verhalfen ihr offenbar zum Sieg, doch die Süßigkeiten lieferten ebenso nötige Energie ... und schmeckten zudem während schwieriger Wettkampfabschnitte besser, wenn sie trotz Nachschubbedarfs keinen Appetit mehr hatte.

Nach dem Wettkampf

Zur Minimierung der Regenerationszeit ist es wichtig, den Körper gleich nach dem Wettkampf mit Nährstoffen zu versorgen, damit die Energiereserven wieder optimal aufgefüllt und beschädigtes Gewebe repariert wird. So bald wie möglich sollten Sie nach dem Wettkampf mindestens 400 Kalorien an Kohlenhydraten und 100 Kalorien an Proteinen zu sich nehmen. Der Fachmarkt bietet zahlreiche hervorragende Produkte, die speziell nach sportlichen Belastungen dem Körper alles geben, was er braucht – aber eine normale Mahlzeit hat ungefähr denselben Effekt. Die Zusammensetzung der Nahrung nach dem Wettkampf ist zwar nicht unwichtig, man muss aber keine Wissenschaft daraus machen. Dazu eine prägnante Aussage von Sam Callan, Trainingsphysiologe und wissenschaftlich-pädagogischer Leiter bei USA Cycling: „Iss was Richtiges."

Kapitel 10

Mentale Fertigkeiten schärfen

Der am meisten vernachlässigte Wettkampfaspekt sind die mentalen Fertigkeiten.
– Joe Friel

Unsere Gene spielen im Sport eine gewaltige Rolle. Wer eine olympische Goldmedaille im Triathlon gewinnen möchte, sollte sich daher am besten die richtigen Eltern aussuchen. Weil wir darüber aber nun einmal keine Macht haben, müssen wir uns wohl oder übel darauf konzentrieren, jeden einzelnen Faktor, den wir beeinflussen können, zu optimieren, um unsere Triathlonleistungen zu verbessern.

Der renommierte Sportpsychologe Bruce Gottlieb fragte zum Auftakt einer Präsentation, die er kürzlich vor einer Gruppe von Trainern hielt, was diese ihre Athleten zu einem wichtigen Wettkampf mitnehmen ließen. Die Trainer erwähnten, wie wichtig die richtige Bekleidung für wechselnde Witterungen sei, und dass sie die Sportler daran erinnerten, Nahrung, Startnummer, Radhelm, Neoprenanzug, Schuhe, Wasserflaschen, Schmiermittel und eine ganze Reihe weiterer Ausrüstungsgegenstände einzupacken. Gottlieb fragte: „Und wer von Ihnen hat seinen Kunden geraten, mentale Fertigkeiten mitzunehmen?“ Was folgte, war Totenstille.

Den meisten Trainern ist zwar bewusst, dass es eine ebenso große mentale wie physische Leistung ist, das eigene Potenzial auszuschöpfen. Doch nur die besten Trainer wissen, dass für eine solche Wettkampfleistung die mentale Vorbereitung genauso wichtig ist wie die körperliche.

Wir wissen alle, dass die Psyche am Wettkampftag eine Rolle spielt. Nur wenigen Athleten ist jedoch bewusst, wie wichtig sie schon in den 364 Tagen der Wettkampfvorbereitung ist.

Neulich empfahl ich einem meiner Athleten, mehr mentales Training in seine Wettkampfvorbereitungen einzubauen. Dieser Athlet hat eine maximale Sauerstoffkapazität von etwas über 80 l/kg/min und in der Profi-Klasse bei den Weltmeisterschaften Platz drei belegt. Er versprach, allen meinen Vorschlägen zu folgen, aber ich bemerkte eine gewisse Zurückhaltung an ihm, obwohl er sonst immer jede vor ihm liegende Aufgabe energisch anpackte. Ich fragte: „Denkst du, wir müssen mehr Bergtraining machen, weil deine Beine schwach sind? Natürlich nicht. Du hast so ziemlich die stärksten Beine, die sich ein Triathlet nur wünschen kann. Aber wir trainieren sie trotzdem, damit sie noch stärker werden. Du hast zwar in der Tat schon eine starke Psyche, aber wir sollten auch sie durch Training noch weiter stärken."

Triathleten investieren enorm viel Zeit und Kraft in ihre Wettkampfvorbereitung. Für die meisten wäre eine Wettkampfteilnahme ohne die neueste Sportlernahrung, die schnellsten und teuersten Wettkampfräder, federleichte Laufschuhe und Tausende von Trainingskilometern in den Beinen undenkbar; doch sie übersehen dabei, welche Vorteile relativ kleine Investitionen in das mentale Rüstzeug bringen können.

DURCH EFFEKTIVE SELBSTGESPRÄCHE DIE WETTKAMPFLEISTUNGEN VERBESSERN

Die Gedankenmuster eines Sportlers sind für sein Verhalten im Training wie auch im Wettkampf äußerst wichtig. Unsere gewohnheitsmäßigen Gedanken im Sport und auch in unserem täglichen Leben beeinflussen nicht nur unsere Motivation, unser Selbstvertrauen sowie unsere Vorbereitungs- und Wettkampfstrategie, sondern auch unsere Konzentration auf die vor uns liegende Aufgabe. Kurzum, jeder Aspekt unserer mentalen Fertigkeiten wird in großem Maße von unseren Gedanken bestimmt.

Durch eine bessere Selbstkommunikation bilden sich auf Dauer meist effizientere Gedankenmuster, die wiederum die Wettkampfvorbereitung und die Ergebnisse positiv beeinflussen. Dieses wirksame Instrument eignet sich nicht nur für Sportler, die psychisch ‚ein Problem haben', sondern für jeden. So wie es körperliche und technische Faktoren gibt, die die Leistung jedes Athleten einschränken, so haben auch die besten

Sportler in ihrer Psyche leistungsbegrenzende Faktoren, die sie schwerpunktmäßig trainieren müssen. Ebenso wenig wie ein physischer leistungsbegrenzender Faktor unbedingt eine körperliche Schwäche sein muss, können alle Triathleten ihr Leistungsverhalten durch verbesserte Selbstgesprächstechniken optimieren, auch wenn sie keinerlei Anzeichen von psychischer Schwäche aufweisen.

Selbstgespräche basieren auf der Annahme, dass alles, was uns durch den Kopf geht, einen Abdruck in unserem Gehirn hinterlässt, einem Computerprogramm nicht unähnlich. Unsere Kultur – und zu einem gewissen Grad unser Sportverständnis – bombardiert Sportler unaufhörlich mit negativen Aussagen. Aus der Forschung geht klar hervor, dass jede Nachricht, die unser Gehirn empfängt, unsere Überzeugungen und Einstellungen beeinflusst, und zwar unabhängig davon, ob wir den Aussagen glauben oder nicht. Es besteht kein Zweifel daran, dass Überzeugungen und Einstellungen das Verhalten prägen – in unserem Fall das Verhalten im Training und in Wettkämpfen.

Napoleon Hill, Verfasser des Klassikers *Denke nach und werde reich* (1937), schrieb einmal sinngemäß, dass ein wiederholter Denkimpuls letztlich zu dessen Akzeptanz durch das Unterbewusstsein führt und so eine Handlung auslöst, wodurch der ursprüngliche Impuls Realität wird.

Sportler haben keine Kontrolle über das Negative, das von außen auf sie einströmt. Doch immerhin haben nach Schätzungen von Forschern 95 Prozent unserer Gedanken ihren Ursprung in uns selbst – und diese können wir komplett beherrschen. Wenn Viktor Frankl lernen konnte, seine Gedanken trotz der körperlichen und seelischen Härten, die er in einem KZ erfahren musste, zu kontrollieren, dann wird es wohl Sportlern auf jeden Fall gelingen, trotz der negativen Einflüsse aus ihrem Umfeld ihre Gedanken in nützliche Bahnen zu leiten. Durch gezielte Gedankensteuerung können wir somit positive Einstellungen und Überzeugungen entwickeln, die später zu entsprechenden Taten führen.

Die größte Freiheit, die wir Menschen haben, ist die Kontrolle über unsere Gedanken. Tiere funktionieren nach den Gesetzen von Reiz und Reaktion. Menschliche Wesen haben indes die Fähigkeit, ihre Reaktionen auf jedwede Umweltbedingung – also auch ihre Gedanken – zu kontrollieren. Erfolgreichen Menschen gelingt es im Training und Wettkampf sowie auch in anderen Lebensbereichen besser als anderen, diese Kontrolle auszuüben.

Sensibilisieren Sie sich dafür, wie Sie sich in Worten und Gedanken selbst abwerten. Auch wenn diese Aussagen scherzhaft oder als Selbstanalyse gedacht waren: Ihre Auswirkung auf Ihre inneren Einstellungen und Überzeugungen bleibt nicht aus. Dies beeinflusst Ihr Verhalten und nicht zuletzt die Art und Weise, wie Sie sich auf Wettkämpfe vorbereiten. Lernen Sie, diese Aussagen umzuformulieren, und erinnern Sie sich selbst immer wieder daran, dass Sie bestimmte Fertigkeiten gut entwickelt haben und fleißig an Ihren Schwachpunkten arbeiten.

Achten Sie auf Ihre Gedanken, und sobald Sie negativ zu werden drohen, entwickeln Sie ein Gegenprogramm mit positiven Gedanken. Auch wenn es sich vielleicht komisch anhört, haben Studien gezeigt, dass diese Strategie sehr wirkungsvoll ist und das Leistungsverhalten verbessert. Meine Erfahrungen können die Forschungsergebnisse nur bestätigen. Der unten stehende Kasten enthält einige Beispiele, wie negative Gedanken positiv umformuliert werden können.

Der effektive Umgang mit Ihren Gedanken, Einstellungen und Überzeugungen ist im Wettkampf mindestens genau so wichtig wie eine gute Kraftausdauer. Selbstgespräche lassen sich in vielen Situationen einsetzen, sei es, um an einem Schwachpunkt zu feilen, konsequenter und disziplinierter zu trainieren, sein Wettkampfgewicht zu erreichen, oder um im Training und in Wettkämpfen schneller und angemessener auf äußere Umstände zu reagieren.

POSITIVE UND NEGATIVE AUSSAGEN

Negativ: Ich kann einfach nicht bergauf fahren.
Positiv: Ich bin ein hervorragender Radfahrer, und auch am Berg werde ich von Woche zu Woche besser.

Negativ: Ich fahre schnell Rad, aber beim Laufen bin ich eine Niete.
Positiv: Ich bin stark und effizient auf dem Rad und arbeite hart an meiner Laufökonomie.

Negativ: Ich habe einfach nicht das Zeug zum Läufer.
Positiv: Im Schwimmen und Radfahren habe ich eine gute Form, und mein Laufstil wird immer besser.

DIE STEUERUNG VON GEMÜTSZUSTÄNDEN FÜR OPTIMALE TRAININGS- UND WETTKAMPFLEISTUNGEN

Der wesentliche Unterschied zwischen einem gewöhnlichen Menschen und einem Krieger ist, dass ein Krieger alles als Herausforderung ansieht, während ein gewöhnlicher Mensch alles entweder als Segen oder als Fluch ansieht.
– Don Juan

An manchen Tagen empfinden wir ein hochintensives Training oder einen Wettkampf als ein spannendes Erlebnis; an anderen Tagen werden sie indes zur mühseligen Plackerei. Alle Leistungs- und Ausdauersportler können sich wohl an Trainings- oder Wettkampfsituationen erinnern, in welchen es derart spannend und herausfordernd war, sich bis zum Äußersten zu fordern und richtig Gas zu geben, dass sie so gut wie keine Schmerzen und Anstrengungen mehr spürten. Obwohl sie wussten, dass sie starke Schmerzen hatten, war irgendwie alles in Ordnung. Und dann gibt es Zeiten, in denen acht kurze Intervalle am Berg eine unglaubliche Schinderei sind. Es scheint unmöglich, die nötige Leistung zu erbringen und die Herzfrequenz zu erhöhen, und der Schmerz wird unerträglich. Die Diskrepanz zwischen diesen beiden Erfahrungen beruht nicht selten auf dem jeweiligen Gemütszustand während des Trainings oder Wettkampfs. Nur wenige Athleten wissen, welche Eigendynamik diese Emotionen in Wettbewerbssituationen entwickeln können, und einem noch kleineren Kreis ist bewusst, dass – und wie – man Gemütszustände beeinflussen kann und auch sollte.

Sportpsychologen gehen davon aus, dass jeder Sportler ein optimales Erregungsniveau für ein bestimmtes Leistungsverhalten hat. Wenn die Erregung zu niedrig ist, ist der Sportler nicht genug motiviert und wird keine Höchstleistung erbringen. Ist die Erregung zu hoch, leidet der Sportler gewissermaßen an innerer Unruhe, was die Leistung beeinträchtigt. Athleten können relativ leicht lernen, ihren Erregungszustand zu mäßigen, doch die allerbesten Leistungen werden in der Regel im Zustand hoher Erregung erbracht. Wer in der Lage ist, seinen Gemütszustand gezielt zu wechseln, kann sein ursprünglich optimales Erregungsniveau erhöhen. Anstatt Ihre Erregung zu dämpfen, sollten Sie lernen, die richtige Einstellung zu finden, um in einem hohen Erregungszustand Bestleistungen zu erbringen.

Mit Hilfe der Techniken zur Selbstbeeinflussung, die auf der Reversal-Theorie von M. J. Apter (die 1984 im *Journal of Personality* veröffentlicht wurde) basieren, kann ein Sportler auf einem hohen Erregungsniveau seine besten Leistungen abrufen: Anstatt mit Entspannungsmethoden einer eventuellen Übererregtheit vorzubeugen, sollten Wettkämpfer einen anderen Bereich ihrer Psyche aktivieren, der sich erst auf einer höheren Erregungsstufe voll entfaltet und auf diese Weise ihre Leistung maximiert. Ein Wettkampf ist von Natur aus eine Situation auf einem physisch, mental und emotional hohen Erregungsniveau.

Wettkampfrelevante Gemütszustände

Jeder Athlet durchlebt während des Trainings oder Wettkampfs tendenziell einen von zwei grundsätzlichen Gemütszuständen: Er ist ehrgeizig oder lustbetont. Wer sein Potenzial bestmöglich ausschöpfen will, muss diese mentalen Zustände erkennen und kontrollieren können. Jeder Athlet kann lernen, wie er sich vor Beginn eines Trainings oder Wettkampfs in den geeigneten Gemütszustand versetzt.

Der Ehrgeiz packt uns tendenziell ganz automatisch, wenn wir an Wettkämpfen teilnehmen oder sehr hart trainieren. Wenn Sportler ehrgeizig, also in Leistungsstimmung sind, dann möchten sie Erfolg: schneller den Berg hinauf, Konkurrenten überholen, in einem Wettkampf siegen, eine neue persönliche Bestmarke setzen, oder irgendein anderes besonderes Ziel erreichen. Doch leider ist dieser Ehrgeiz für Wettkämpfe und hartes Training nicht ideal. Athleten in Leistungsstimmung werden durch starke Erregung häufig unruhig und bei schwächerer Erregung entspannter. Wettkämpfe und hartes Training sind natürlich sowohl in körperlicher als auch geistiger Hinsicht sehr erregungsintensiv. Wer in diesem Zustand eine hohe körperliche und emotionale Belastung aufrechterhält, löst – sogar bei einer guten Wettkampfleistung – Gefühle der Frustration aus und reagiert sensibler auf Anstrengung und Schmerzen.

Als Trainingsphysiologe und Coach weiß ich, wie wichtig eine strukturierte Vorbereitung und Zielsetzung ist und welche Bedeutung Zahlen bei der Trainingsüberprüfung zukommt. Ich habe auch festgestellt, dass diese Zahlen im Kopf eines Athleten eine überlebensgroße Form annehmen und irgendwann mehr schaden als nutzen können. Ich erinnere mich an einen von mir betreuten Radrennfahrer, der in einem Zeitfahren über 40 Kilometer seine persönliche Bestzeit um 45 Sekunden unterbot, sich jedoch mächtig darüber aufregte, dass er die geplante Herzfrequenz nicht gehalten hatte. Jahrestrainingspläne, Herzfrequenzbereiche, Periodisierung und all die strukturierten zweck- und zahlenorientierten Instrumente, die Athleten auf das Erzielen von Höchstleistungen vorbereiten sollen, sind Elemente der Leistungsstimmung. Diese Faktoren haben zu bestimmten Zeiten alle ihre Berechtigung. Aber am Wettkampftag sind die Vorbereitungen abgeschlossen. Es ist Zeit, den Gemütszustand zu wechseln und sich auf den Wettkampf zu konzentrieren.

Der zweite Gemütszustand ist der hedonistische (lustbetonte). In dieser Stimmung empfinden Sportler ein hohes Erregungsniveau als besonders aufregend und spannend; eine geringere Erregung hingegen führt in diesem Zustand zu Langeweile. Dieser lustbetonte Zustand ist für Wettkämpfe und hochintensives Training ideal, stellt sich jedoch in diesen Situationen nicht von selbst ein. Unter dem Druck, eine gute Leistung erbringen zu wollen, verfallen ambitionierte Athleten in die Leistungsstimmung, obwohl sie gerade jetzt am meisten von einer hedonistischen Einstellung profitieren würden. Wettkämpfe und herausforderndes Training machen zwar selbstverständlich Spaß – aber wir haben schließlich auch Ziele. Wir trainieren hart und nehmen an Wettkämpfen teil, um Fortschritte zu erzielen – mit anderen Worten, für den *Erfolg*. Erfolg liest man jedoch üblicherweise nicht am Grad des Vergnügens ab, sondern an den Ergebnissen. Deshalb müssen wir lernen, bewusst in die hedonistische Stimmung zu wechseln, um im entscheidenden Moment unsere Bestleistung zu erbringen.

Die Leistungsstimmung ist für solche Trainingseinheiten geeignet, die Disziplin oder eine gleichbleibend niedrige Intensität erfordern. Längere Ausfahrten, bei denen die Intensität niedrig ist und streng überwacht wird, benötigen Disziplin und jene Geduld, die in diesem Gemütszustand am ehesten erreicht werden. Ein Sportler in hedonistischer Stimmung würde sich bei diesem Training unendlich langweilen. Technikübungen und andere wichtige Trainingseinheiten, die zwar Konzentration, aber minimale Intensität erfordern, bewältigt man ebenfalls besser in der ehrgeizigen Verfassung. Ein Sportler, der in hedonistischer Stimmung ist, langweilt sich meist bei der geringen Intensität und kann sich nicht dafür begeistern.

Ein altes italienisches Sprichwort besagt: „Impara l'arte e mettila da parte", was so viel heißt wie ‚gelernt ist gelernt'. Das ist der entscheidende Punkt am Tag des Wettkampfs: Sie haben diszipliniert und hart gearbeitet. Sie haben gelernt, was Sie lernen mussten. Versuchen Sie jetzt, Spaß zu haben. So werden Sie schneller sein.

Verlassen Sie sich auf Ihr Gefühl statt auf Zahlen

Herzfrequenz, Wattleistung und Kilometerschnitt sind wichtige Messgrößen im Training, anhand derer sich hervorragend die Trainingsintensität regulieren lässt. Im Wettkampf sollten sich Sportler meiner Meinung nach aber vor allem auf ihr subjektives Belastungsempfinden verlassen. Die nackten Zahlen, so hilfreich sie sonst auch sind, können uns bei übertriebener Nutzung in einen Gemütszustand versetzen, in dem sich eine hohe Erregung negativ auswirkt. Ich sensibilisiere meine Athleten gerne dafür wie sich die angestrebte Wettkampferregung anfühlt, damit sie dieses körperliche Empfinden am Wettkampftag abrufen können. Herzfrequenzen, Wattleistungen und sogar Labortestergebnisse erleichtern die Trainingssteuerung. Doch trotz allem ist es besser, wenn Sportler während des Trainings immer auf ihr individuelles Belastungsempfinden achten und damit lernen, wie sie Intensitäten am Wettkampftag richtig einordnen können. Bereiten Sie sich mit Zahlen vor, aber kämpfen Sie nach Gefühl. Bedienen Sie sich der Wissenschaft – und legen Sie sie am Wettkampftag zur Seite.

Genießen Sie den Augenblick

Ich habe mal einen Athleten betreut, der sich für die Spezialeinheit der US Navy SEALS qualifizieren wollte. Er war ein ehrgeiziger Athlet und ein regionaler Spitzensportler, aber sein lebenslanges Ziel waren die SEALS. Nach jahrelangem gezieltem Training setzten wir uns kurz vor seiner Aufnahmeprüfung zu einer Strategiesitzung zusammen. Zum Abschied wünschte ich ihm „Viel Spaß." Da wurde er wütend. Er hatte so hart gearbeitet, um sich auf diese Prüfung vorzubereiten und dachte nun, ich nähme die Sache nicht ernst, weil ich ihm Spaß wünschte. Ernsthaftigkeit und Spaß sind aber kein Widerspruch. Im Gegenteil: Im Sport können und sollten sie auch Hand in Hand gehen. Haben Sie jemals beobachtet, wie Michael Jordan 50 Punkte in einem Basketballspiel erzielte und dabei über das ganze Gesicht strahlte? Strahlte er, weil er 50 Punkte gemacht hatte, oder hatte er 50 Punkte erzielt, weil er dabei gestrahlt hatte? Nach Apters Erkenntnissen ist beides der Fall. Herausragende Athleten in jeder Sportart erzielen ihr Bestes, auch wenn sie unter intensivem Druck stehen. Sie kommen dabei in die hedonistische, nicht in die von Ehrgeiz dominierte Stimmung, und das hohe Erregungsniveau spornt sie zu Bestleistungen an. Sportliche Meisterleistungen sind Ausdruck für Spaß am Sport.

‚Wettkampfstimmung' nicht nötig

Ich halte nicht viel von der Vorstellung, dass sich Athleten für Wettkämpfe ‚in Stimmung' bringen müssen. Diese Methode zur Erregungshebung versetzt sie üblicherweise in Leistungsstimmung und holt aus ihnen in der Regel keine besonderen Leistungen heraus. Wer für eine Wettkampfveranstaltung hart und lange trainiert hat, erreicht am großen Tag von selbst ein hohes Erregungsniveau. Es ist also weder nötig noch vorteilhaft, den Erregungszustand von außen zu stimulieren.

Der Wettkampf als ‚Lohn der Mühe'

Wenn ich an den Start gehe, fühle ich, dass ich es geschafft habe – all die harte Arbeit und das anstrengende Training sind vorbei. Der Wettkampf ist der vergnügliche Teil des Ganzen.
– Julie Moss, Profi-Triathletin

Ich erinnere meine Sportler gerne daran, wie viel sie in ihre Wettkampfvorbereitung investieren. Sie trainieren hart und diszipliniert. Sie verzichten auf lange Partys. Sie ernähren sich bewusst gesund. Darum betone ich immer wieder, dass der Wettkampf ihre Mühen belohnt und nicht wie in einer Abschlussprüfung auf die Probe stellt. Diese Einstellung bringt Athleten in einen hedonistischen Gemütszustand, lässt sie am Wettkampftag ihr Bestes geben, indem sie sich vor Augen führen, dass sie ihre Beine viele Stunden lang hart trainiert haben, um am Tag des Wettkampfs alles ‚herauszulassen'.

Wenn Leistungs- und Ausdauersportler erkennen, wie, wann und warum sie in welchen Gemütszustand wechseln müssen, können sie im Training und in Wettkämpfen dann, wenn es darauf ankommt, diszipliniert und beherrscht bleiben, beziehungsweise die Herausforderung, die Mühen und den Schmerz annehmen, die mit hohen Intensitäten verbunden sind.

SELBSTVERTRAUEN FÖRDERN

Ob du denkst, du kannst es, oder du kannst es nicht –
in beiden Fällen hast du recht.
– Henry Ford

Selbstvertrauen ist ein wichtiger Aspekt des Leistungsverhaltens, den Sportler und Trainer oft unterschätzen. Athleten, die auf ihre Leistungsfähigkeit vertrauen, schöpfen eher ihr Potenzial aus. Nachstehend einige Strategien zur Steigerung des eigenen Selbstvertrauens.

Machen Sie Ihre Ziele nicht von Sieg und Niederlage abhängig. In jedem Wettkampf gibt es bei weitem mehr Verlierer als Sieger, deshalb kann eine zu starke Konzentration auf eine gute Platzierung das Selbstvertrauen untergraben. In unserem Kulturkreis wird Siegen und Niederlagen eine solche Bedeutung zugeschrieben, dass wir oft glauben, sie seien das Einzige, was zählt. Wenn Sie sich Ziele setzen und Ergebnisse anstreben, sollten diese – wenigstens teilweise – auf Faktoren beruhen, die Sie in der Hand haben. Sie können sich sagen: „Ich habe heute zwar nicht gewonnen, aber ich bin die zweite Runde schneller gelaufen als die erste, meine Schrittfrequenz war so hoch wie geplant, und meine Verpflegungsstrategie hat prima funktioniert." Ganz gleich, wie der Wettkampf ausgeht, denken Sie immer an Ihre persönlichen Zielsetzungen.

Die wichtigsten Schlachten trägst du in dir selbst aus.
– Sheldon Kopp

Heben Sie Ihre Stärken hervor. Konzentrieren Sie sich in den Tagen vor einem wichtigen Wettkampf auf das, was Sie gut können. Ihre Trainingspläne und Übungen kreisen zwar stets um Ihre Schwachpunkte, aber Sie sollten sich nicht nur mit Ihren Schwächen beschäftigen.

Machen Sie Leistungstests. Das Selbstvertrauen vieler Athleten wächst, wenn sie die durch ihr Training erzielten Leistungsverbesserungen objektiv bestätigt sehen. Bauen Sie daher Tests in Ihr Training ein, die auf Ihre leistungsbegrenzenden Faktoren für die wichtigsten Wettkämpfe zugeschnitten sein sollten. Falls Sie keine Leistungsverbesserung erzielen, versuchen Sie herauszufinden, was Sie an Ihrer Trainingsplanung verändern müssen. Haben Sie sich verbessert, lassen Sie den Erfolg auf sich wirken, und genießen Sie ihn!

Lernen Sie aus Fehlern. Jeder hat schlechte Tage im Training und in Wettkämpfen. Gehen Sie jeden Aspekt durch, der an einem schwachen Tag schief gegangen ist, und versuchen Sie, daraus zu lernen. Was immer der Grund für eine schwache Leistung war, Sie sollten diesen Fehler nicht wiederholen.

Führen Sie ein Trainingsprotokoll oder -tagebuch. Schreiben Sie positive Gedanken in Bezug auf Ihre Vorbereitungen auf. Das Führen eines Trainingstagebuchs kann Sie täglich darin bestärken, dass Sie alles Nötige für das Erreichen Ihrer Ziele tun.

Konservieren Sie Glücksgefühle. Die meisten Triathleten können sich an mindestens einen Tag erinnern, an dem alles stimmte. Die Vorbereitungen liefen einwandfrei, sie blieben gesund, die Wettkampfernährung passte, sie hielten ein beständiges Tempo und strengten sich hundertprozentig an. Egal, ob das in einem Wettkampf war oder an einem beliebigen Trainingstag, an dem man sich fordern konnte und wusste, dass man noch lange nicht am Ende war. Wenn Sie also wieder einmal eine schwierige Phase durchmachen oder Angst vor einer Herausforderung haben, dann erinnern Sie sich an Ihr Gefühl an jenem perfekten Tag. Was Ihnen damals gelungen ist, gelingt Ihnen wieder.

Selbstvertrauen ist eine der stärksten Waffen, die man im Leistungssport völlig legal einsetzen kann. Es beeinflusst übrigens nicht nur die Leistung im Wettkampf, sondern auch die 364 Tage der Vorbereitung. Die Entwicklung von Selbstvertrauen ist enorm wichtig – arbeiten Sie daran, so gut Sie können.

Selbstvertrauen entsteht, wenn man sich mit Haut und Haar der Vorbereitung einer herausragenden Leistung verpflichtet, mit sich selbst positiv über die Dinge redet, die man bereits getan hat und noch tun wird, wenn man aus Erfahrungen Lehren zieht und in ihrem Sinne etwas unternimmt, und wenn man über alle schwierigen Zeiten hinweg seine positive Selbsteinschätzung behält. Selbstvertrauen wächst mit der Erkenntnis, welche Schwerpunkte für einen selbst am wichtigsten sind, sowie dadurch, dass man sie regelmäßig neu justiert.

– Terry Orlick

MOTIVATION

Da reicht schon ein komplett besessener Typ,
und man wird jedes Mal Zweiter.
– Scott Molina

Wer sich auf eine Bestleistung im Triathlon vorbereiten möchte, muss zu großen Opfern bereit sein. Körper und Geist so weit zu bringen, dass sie in jeder Triathlondisziplin so schnell wie möglich werden, erfordert erhebliche Investitionen in Form von Zeit, Geld, Schweiß und Schmerzen. Für Triathleten, die sich – ungeachtet ihrer Leistungsstufe – kontinuierlich verbessern, dreht sich das Leben bis zu einem gewissen Grad ständig um ihr Training. Sie müssen neben dem Schwimm-, Rad- und Lauftraining Kraft aufbauen, zusätzliche Mahlzeiten vorbereiten, täglich mehrmals duschen, länger schlafen, Massagetermine und chiropraktische Behandlungen wahrnehmen, ein Rad in Schuss halten, Trainingspläne schreiben und Bücher über Lauftraining für Triathleten lesen. Ambitionierte Triathleten, vom Anfänger bis zum Berufssportler, widmen sich ihrem Sport oft mit Haut und Haar. Sich bestmöglich auf einen Triathlon vorzubereiten, bedeutet eine Verpflichtung quasi rund um die Uhr. Doch so sehr wir uns auch diesem Sport verbunden fühlen – wie halten wir unsere Motivation aufrecht und bewahren unsere positive Einstellung gegenüber den vielfältigen Anforderungen?

Es gibt viele Athleten, die großes Talent aber keine beständige Motivation besitzen. Diese Athleten können in ihren Sternstunden mit unglaublichen Leistungen beeindrucken, aber sie haben stets mit allerlei Höhen und Tiefen zu kämpfen und erreichen nie ihr volles Potenzial. Ich denke manchmal, dass ‚beständige' Motivation ‚doppelt gemoppelt' ist, weil wirklich motivierte Athleten ihre Begeisterung für den Sport auch in schwierigen Zeiten behalten.

Anstrengungen werden erst dann richtig belohnt,
wenn man nicht von ihnen ablässt.
– William Arthur Ward

Andererseits gibt es auch Athleten mit mittelmäßigem Talent, die alles dafür geben, um aus sich das Beste herauszuholen. Diese Sportler bereiten sich leidenschaftlich, ausgewogen und gewissenhaft vor und scheinen nie einen schwachen Wettkampf zu haben.

Handelt es sich hier nur um individuelle Unterschiede, wie angeborenes Talent, oder gibt es etwas, das wir von den ambitionierten und disziplinierten Athleten lernen können, die scheinbar immer das Meiste aus ihren Möglichkeiten herausholen? Meiner Meinung nach trifft Letzteres zu.

Charakteristisch für ehrgeizige Athleten ist, dass der Sport mit ihrem Leben verwoben ist. Ich weiß noch, wie meine Familie reagierte, als ich während meiner Zeit am College mit dem Triathlontraining begann: „Wirst du denn auch noch was anderes machen als trainieren?" Ich sagte ihnen, dass ich mich selbstverständlich weiterhin mit anderen Menschen treffen und amüsieren würde, nur säße ich dabei auf einem Radsattel anstatt auf einem Barhocker. Und dass ehrgeizige Triathleten Fachzeitschriften wie *Triathlon* abonnieren und Bücher wie *Lauftraining für Triathleten und Marathonläufer* lesen.

Sie haben oft auch eine ausgesprochen starke Arbeitsethik. Die meisten führen ein relativ erfolgreiches Berufs- und Familienleben, haben einen großen Freundeskreis und sind in ihrer Kirchengemeinde oder anderweitig ehrenamtlich tätig.

Was die konsequente und motivierte Haltung der meisten ehrgeizigen Athleten am ehesten erklärt, ist, dass sie mehr am Prozess interessiert sind als am Produkt ihrer Anstrengungen. Den Ironman® Hawaii zu gewinnen, mag noch so aufregend sein; aber es ist die Mühe nicht wert, wenn man keinen Spaß an den nötigen Vorbereitungen hat. Das bedeutet nicht, dass Sie mit einem Lächeln und voller Vorfreude aufwachen, wenn der Wecker um halb 5 Uhr früh klingelt, um zu Ihrem morgendlichen Schwimmtraining zu gehen. Das Training wird für jeden Triathleten irgendwann einmal zur Schinderei, aber der Vorbereitungsprozess als Ganzes bleibt eine positive und erfreuliche Erfahrung, ungeachtet der Wettkampfergebnisse. In Wettkämpfen zu siegen wird Sie nicht glücklich machen; der Spaß am täglichen Training in drei Sportarten, die Sie lieben (vier, wenn Sie sich für Krafttraining begeistern) hingegen schon.

Hochmotivierte Athleten scheinen von Natur aus zu begreifen, dass jeder Prozess von Höhen und Tiefen geprägt ist, so dass Probleme, die mit Sicherheit auftauchen werden, ihre Motivation oder Begeisterung nicht mindern können. Denken Sie immer wieder daran, warum Sie Triathlon betreiben: weil Sie das Schwimmen, Radfahren und Laufen sowie den Wettkampfgeist lieben – und nicht, weil Sie eine Leidenschaft dafür hegen, schneller als jemals zuvor zu werden, Pokale und andere Trophäen zu sammeln und in Wettkämpfen zu siegen.

Ich habe mir angewöhnt, jedes Jahr mehrere Autobiografien von den erfolgreichsten Menschen der Welt zu lesen. Jedes Mal lese ich weit mehr über Fehlschläge und Widrigkeiten als über erstaunliche Erfolge. Als Thomas Edison gefragt wurde, wie er es schaffte nach so vielen gescheiterten Versuchen weiter nach einem Material zu suchen, das eine Glühlampe brennen ließ, sagte er: „Ich sehe darin kein Scheitern. Ich habe mit Erfolg über 10.000 Stoffe erkannt, die nicht funktionieren, und mit jedem Versuch komme ich dem richtigen Stoff näher."

Motivation bedeutet, nach Erfolg zu streben. Athleten werden dabei durch äußere wie auch innere Beweggründe zu einer Leistung angetrieben. Die äußeren Beweggründe haben ihren Ursprung in Faktoren außerhalb unserer Psyche. Alle Athleten lieben es, einen Siegerpokal oder zumindest eine Finishermedaille zu erhalten, von anderen gelobt zu werden oder ihren Namen in den Wettkampflisten zu sehen. Innere Beweggründe entstehen durch die Freude, die man bei einem persönlichen Erfolgserlebnis verspürt.

INSPIRIERENDE ZITATE

Die folgenden Zitate stammen von diversen erfolgreichen Menschen. Falls Ihnen eines besonders gut gefällt, schreiben Sie es irgendwo hin, wo Sie es häufig sehen und zur eigenen Motivation und Inspiration in Ihre Selbstgespräche einbauen können.

Wir sind das, was wir wiederholt tun, Vorzüglichkeit ist daher keine Handlung, sondern eine Gewohnheit.
– Aristoteles

Leiden machen den Menschen stark. Oder sie zerbrechen ihn.
– Carl Hilty

Gegen das Fehlschlagen eines Plans gibt es keinen besseren Trost, als auf der Stelle einen neuen zu machen.
– Jean Paul

Das Geheimnis des Könnens liegt im Wollen.
– Guiseppe Mazzini

Es ist nicht genug, zu wissen, man muss auch anwenden;
es ist nicht genug, zu wollen, man muss auch tun.
– Johann Wolfgang von Goethe

Der Wille öffnet die Türen zum Erfolg.
– Louis Pasteur

Unzufriedenheit ist der erste Schritt zum Erfolg.
– Oscar Wilde

Ein gefahrloser Sieg ist ein ruhmloser Triumph.
– Pierre Corneille

Wollen heißt Mut haben, sich Misslichem auszusetzen.
– Stendhal

Der Erfolg ist nicht endgültig, der Fehler nicht fatal:
Es ist der Mut zum Weitermachen, auf den es ankommt.
– Winston Churchill

Was mich nicht umbringt, macht mich nur härter.
– Friedrich Wilhelm Nietzsche

In der Kühnheit liegt Genie, Macht und Magie.
Was immer du tun kannst oder wovon du träumst –
fange es an.
– Johann Wolfgang von Goethe

Du hast nicht versagt, solange du deine Niederlage
nicht akzeptiert hast.
– Napoleon Hill

Nur wer es riskiert, zu weit zu gehen,
hat die Möglichkeit herauszufinden,
wie weit man gehen kann.
– T. S. Eliot

Kapitel 11

Krafttraining

FÜR EINEN GRÖSSEREN MOTOR

Einen Bodybuilding-Wettbewerb werden selbst die schnellsten Triathlonläufer wohl nie gewinnen; wohl aber ihre Laufleistung mit einem gezielten Krafttrainingsprogramm enorm verbessern können. Bedingt durch die Dauer eines jeden Triathlons wird die Wettkampfleistung durch die Muskulatur und nicht durch das Herz-Kreislauf-System begrenzt. Alle gut trainierten Triathleten haben ein außerordentlich leistungsfähiges Herz-Kreislauf-System, aber um zu gewinnen, müssen auch die Muskeln den Wettkampfanforderungen gewachsen sein.

Interessanterweise ist der größte Vorteil des Krafttrainings für das Laufen die Verbesserung der Laufökonomie. Das heißt, starke Läufer können mit einem geringeren Energieaufwand schneller laufen als ihre schwächeren Konkurrenten. Es ist also nicht so, dass man durch das Krafttraining länger höhere Belastungen aushalten könnte, sondern dass man dadurch mit einer geringeren Belastung schneller laufen kann.

Außerdem stärkt Krafttraining das Bindegewebe und die Muskulatur und bietet – neben einer guten Lauftechnik und einer sorgfältigen Trainingsplanung – den besten Schutz vor Laufverletzungen.

Triathleten, die in der wettkampffreien Zeit konsequent ihre Kraft trainieren, erholen sich schneller vom Training, vor allem von den belastungsintensiven Läufen. Ein starker Läufer hat seltener Probleme mit Mikroläsionen (winzige schmerzhafte Muskelrisse). Alles, was die Regeneration beschleunigt sowie höhere Umfänge und Intensitäten im Training erlaubt, wird die Wettkampfleistung verbessern. Und dazu zählt zweifelsfrei auch das Krafttraining.

KRAFTTRAINING FÜR LÄUFER UND TRIATHLETEN

Ausdauerläufer und Triathleten gehen in den Kraftraum, um stärker zu werden. Sie brauchen aber keine Muskelpakete – die würden sie nur langsamer machen – und sie sind auch nicht im Kraftraum, um ihre Ausdauer zu verbessern. Ein sehr langer Satz im Krafttraining dauert etwa zwei Minuten – kürzer als ein 800-Meter-Lauf. Auf einer zweistündigen Radfahrt mit 90 U/min machen die Beine eines Triathleten 10.800 Wiederholungen. Welches Training ist wohl besser für die Ausdauer: das Radtraining oder der zweiminütige Satz mit Gewichten?

Stärkere Muskeln haben selbstverständlich eine bessere Ausdauer als schwächere, aber die Leistung verbessert sich in erster Linie durch das Krafttraining und nicht durch reine Ausdauer, die durch viele Wiederholungen entwickelt wird.

INTENSITÄT GEHT VOR UMFANG

Das Krafttraining von Triathleten und Ausdauerläufern sollte kurz und hochintensiv sein. Trainieren Sie mit einer minimalen Anzahl von Sätzen, und führen Sie die Bewegungen langsam und mit relativ schweren Gewichten aus. Die Athleten, die ich betreue, darunter Berufssportler von Weltrang, verbringen nicht mehr als 30 bis 40 Minuten im Kraftraum, zwei bis drei Mal in der Woche. Ich empfehle dabei einen einzigen, sehr harten Satz für jede Muskelgruppe. Um Kraft aufzubauen, ist eine hohe Intensität nötig. Werden jedoch mehrere Sätze mit maximaler Kraft ausgeführt, verzögert das die Erholung beträchtlich, bringt aber keinen wesentlich größeren Nutzen. Triathleten – die neben dem Krafttraining auch Zeit zum Schwimmen, Radfahren und Laufen brauchen – sollten im Kraftraum kurz und heftig zupacken und dann nach Hause gehen. Ich habe die Erfahrung gemacht, dass diese Methode nicht nur sehr effektiv ist, sondern auch Zeit und Energie für die anderen Disziplinen lässt. Das Krafttraining ist eine sehr wichtige Trainingsergänzung für Triathleten. Aber es sollte auch eine Ergänzung bleiben und keinesfalls wichtige Trainingseinheiten in den Hauptdisziplinen verdrängen.

Relativ schwere Gewichte verwenden

Um effektiv Kraft aufzubauen, müssen wir relativ schwere Gewichte wählen. Um mehr Kraft zu entwickeln, müssen jene Muskelfasern gereizt werden, die im gewöhnlichen Training nicht zum Einsatz kommen. Ein Krafttraining mit leichtem bis mäßigem Widerstand ist uneffektiv. Allerdings ist es enorm wichtig, in der Anfangsphase des Krafttrainings mit leichten Gewichten zu beginnen und diese dann allmählich zu erhöhen. Hat sich das Gewebe aber einmal an die neuen Anforderungen angepasst, sollten Sie bei den schweren Gewichten bleiben.

Ein Satz im Krafttraining sollte dann enden, wenn der Muskel – auch mit hundertprozentiger Anstrengung – nicht mehr die Kraft aufbringen kann, um das Gewicht zu heben. Dies sollte der Fall sein, bevor eine zu hohe Milchsäurekonzentration unerträgliche Schmerzen verursacht. Natürlich ist Krafttraining anstrengend, und natürlich wird es bis zu einem gewissen Grad weh tun, aber die Muskeln sollten nur wegen der schweren Gewichte – und nicht wegen endloser Wiederholungen – brennen und vorübergehend den Dienst verweigern.

Bewegungen langsam ausführen

Meiner Meinung nach sollten die Bewegungsabläufe im Krafttraining sehr langsam sein. Langsame Bewegungen minimieren den Schwung und erfordern daher eine längere Muskelanspannung. Das ist viel wirkungsvoller, als das Gewicht kurz und heftig zu beschleunigen, denn durch die entstehende Schwungkraft können sich die Muskeln eher entspannen. Langsame und lang anhaltende Kontraktionen führen zu einem viel effektiveren Kraftaufbau als schnellere Bewegungen im Wechsel aus Spannung und Entspannung.

Ich empfehle einen Übungsstil, bei dem das Gewicht acht Sekunden lang gehoben und vier Sekunden lang wieder gesenkt wird, ohne jegliche Pause während des Satzes. Dieser Stil ist hochintensiv und erfordert große Disziplin und Konzentration, aber nach meinen Erfahrungen ist er besonders schonend, zeiteffektiv und effizient. Dabei ist zu beachten, dass das Gewicht zu Beginn jeder Wiederholung sanft beschleunigt und zwischen den Wiederholungen nicht abgesetzt wird. Überhaupt sollte alles vermieden werden, was die aktivierten Muskeln entspannt, und sei es auch nur für den Bruchteil einer Sekunde. Der Grundgedanke bei dieser Art von Krafttraining ist, Schwung komplett zu vermeiden und eine konstante Kontraktion der Muskeln während des gesamten Satzes zu halten.

Die Wahl des richtigen Gewichts ist äußerst wichtig. Ungeachtet des Übungsstils sollte jeder Satz zwischen 40 und 80 Sekunden dauern. Durch die langsamen Bewegungsabläufe ergibt dies nur wenige Wiederholungen, denn es geht ja um die Dauer der Kontraktion, nicht um die Anzahl der Wiederholungen. Wenn Sie mit einem bestimmten Gewicht einen Satz von 80 Sekunden schaffen, erhöhen Sie das Gewicht um etwa 5 Prozent. Damit werden Sie wieder bei 40 Sekunden beginnen müssen und die Dauer des Satzes nach und nach auf bis zu 80 Sekunden aufbauen.

ÜBUNGEN

Meine Empfehlung lautet, jede größere Muskelgruppe mit einem einzigen Satz isoliert zu trainieren. Vermeiden Sie es, zu viele Sätze durchzuführen oder Übungen zu wiederholen. Durch einen erhöhten Trainingsumfang sinkt nämlich die Intensität (und Effektivität) der Einzelimpulse. Jede Art von zusätzlicher Muskelarbeit verzögert außerdem die Regeneration und das Training in den eigentlichen Wettkampfdisziplinen.

Ich empfehle die folgenden Übungen an Geräten, die in den meisten Fitnesscentern vorhanden sind:

1. Beinpresse: Setzen Sie die Füße maximal schulterbreit voneinander entfernt ganz oben auf die Platte. Stellen Sie den Sitz so ein, dass der Kniewinkel etwa 80 bis 85 Grad beträgt und der Winkel zwischen Oberschenkel und Hüfte kleiner als 90 Grad ist. Drücken Sie die Platte langsam hoch beziehungsweise nach vorne, bis die Knie *fast* gestreckt sind. Senken Sie sie langsam wieder, bis das Kniegelenk im rechten Winkel gebeugt ist, und wiederholen Sie das Ganze. Diese Übung trainiert den Quadrizeps an der Oberschenkelvorderseite sowie die Gesäßmuskeln. Werden die Füße zu tief auf die Platte der Beinpresse gesetzt, geht die meiste Belastung auf den Quadrizeps und entlastet größtenteils die Gesäßmuskeln.

2a. Bein-Curls im Sitzen: Setzen Sie sich auf die Maschine mit den Fersen hinter den beiden Rollstützen. Ziehen Sie durch Beugung der Knie langsam und vorsichtig die Fersen zurück in Richtung Gesäß. Halten Sie die Zehen zum Knie hin gezogen, das heißt etwa einen rechten

Winkel zwischen Fuß und Unterschenkel. Diese Übung stärkt die Muskeln an der Oberschenkelrückseite.

2b. Bein-Curls im Liegen: Legen Sie sich bäuchlings auf die Bank. Die Knie sind dabei auf Höhe der Drehachse und die Füße hinter den Rollstützen ‚eingehakt'. Beugen Sie die Beine langsam im Kniegelenk an, bis die Fersen das Gesäß berühren. Während des gesamten Satzes bleiben die Zehen angezogen in Richtung Knie – wenn Sie den Fußwinkel öffnen, helfen die Wadenmuskeln mit und könnten ermüden, bevor die Zielmuskulatur an der Oberschenkelrückseite effektiv gestärkt wurde.

3. Beinstrecker: Setzen Sie sich so auf die Maschine, dass die Knie oberhalb der Drehachse und die Fußgelenke unter den Rollstützen sind. Bringen Sie die Beine langsam zur vollständigen Streckung. Senken Sie die Unterschenkel wieder, bis die Knie 90 Grad angewinkelt sind, und wiederholen Sie die Übung, ohne das Gewicht zwischenzeitlich abzusetzen.

4a. Wadenheben: Setzen Sie sich in die Beinpress-Maschine, und stellen Sie nur die Fußballen auf die Platte. Strecken Sie die Beine, und drücken Sie die Knie durch (außer bei Schmerzen oder früheren Knieproblemen). Halten Sie die Beine gestreckt, und senken Sie das Gewicht etwas, indem Sie die Fersen auf die Platte absetzen. Sie sollten jetzt in den Waden eine tiefe Dehnung spüren. Strecken Sie jetzt langsam die Zehen; versuchen Sie, das Gewicht quasi auf die großen Fußzehen zu verlegen. Die Füße sollten nicht seitlich ausweichen.

4b. Einbeiniges Wadenheben aus dem Stand: Stellen Sie sich mit einem Bein auf eine Stufe, so dass nur der Fußballen Bodenkontakt hat. Fußrücken und Ferse stehen frei. Senken Sie die Ferse, um die Wadenmuskeln vollständig zu dehnen. Drücken Sie sich dann langsam hoch, und strecken Sie Ihr Fußgelenk. Versuchen Sie dabei, Ihr Gewicht so weit wie möglich auf der großen Zehe zu sammeln.

5a. Rudern im Sitzen: Setzen Sie sich vor einen niedrigen Seilzug. Die Beine sind etwa schulterbreit nach vorne abgestützt. Nehmen Sie die Griffe in die Hand, wobei die Handflächen zueinander zeigen. Halten Sie die Arme gestreckt, und ziehen Sie langsam die Schultern zurück (ziehen Sie die Schulterblätter zusammen, und strecken Sie den Brustkorb vor), ohne sie hochzuziehen. Sind die Schultern ganz zurückgezogen, beugen Sie langsam die Ellenbogen und ziehen diese bis weit hinter den Oberkörper zurück. Senken Sie anschließend das Gewicht wieder, bis Arme und Schultern komplett gestreckt sind, und wiederholen Sie das Ganze. Diese Übung trainiert vor allem den Latissimus und die hintere Schulter.

5b. Latzug: Fassen Sie die Stange im Ristgriff (mit den Daumen zueinander) etwa zehn Zentimeter weiter als schulterbreit, und ziehen Sie sie langsam zum Halsansatz beziehungsweise zur Brust nach unten. Dann führen Sie die Stange langsam und kontrolliert in die Ausgangsposition zurück und wiederholen dies so oft wie vorgesehen.

6. Bankdrücken: Um die Brustmuskulatur zu trainieren, legen Sie sich auf den Rücken, und halten Sie die Langhantel parallel auf Höhe Ihrer Schultern. Fassen Sie die Stange etwa zehn Zentimeter weiter als schulterbreit. Stellen Sie die Füße auf die Bank, um die Lendenwirbelsäule stabil zu halten und ein Hohlkreuz zu vermeiden. Führen Sie die Hantel zur Brust, und drücken Sie sie langsam wieder hoch. Anschließend wieder langsam senken und mehrmals wiederholen.

7a. Seitheben: Nehmen Sie in jede Hand eine Kurzhantel, und lassen Sie die Arme entspannt herabhängen. Heben Sie beide Arme langsam seitlich an. Achten Sie darauf, dass Sie lediglich die Arme heben und nicht die Schultern mit hochziehen. Diese Übung trainiert den Deltamuskel.

7b. Schulterdrücken im Sitzen: Fassen Sie eine Langhantel fünf bis zehn Zentimeter weiter als schulterbreit im Ristgriff. Drücken Sie die Stange langsam über dem Kopf hoch, bis die Arme vollständig gestreckt sind. Die Hantel langsam zur Brustoberseite senken und wiederholen. Damit trainieren Sie sowohl den Deltamuskel als auch den Armstrecker.

8a. Rückenstrecker: Setzen Sie sich auf das Extensionsgerät, wobei die Hüfte gänzlich gegen das untere Stützpolster gedrückt ist. Legen Sie beide Gurte für die Hüften und Beine an, und ziehen Sie sie so weit wie möglich fest. Kreuzen Sie die Arme vor der Brust, und drücken Sie langsam das obere Polster mit dem oberen Rücken und den Schultern zurück, bis der Rücken gerade ist. Nicht überstrecken! Senken Sie das Gewicht, und krümmen Sie Ihren Rücken, während Sie nach vorne kommen. Achten Sie darauf, dass die Gurte ausreichend festgezogen sind, damit die Hüften sich während der Bewegung weder vor-, noch aufwärts bewegen können. In ähnlicher Form kann diese Übung auch bäuchlings auf einer Schrägbank ausgeführt werden. Allerdings ist hierbei ein leichtes Hohlkreuz fast nicht zu vermeiden. Und Sie sollten keinesfalls den Rücken beim Aufrichten überstrecken!

8b. Kreuzheben: Legen Sie eine Langhantel auf den Boden, und stellen Sie sich direkt dahinter. Beugen Sie mit geradem Rücken die Knie, und fassen Sie die Stange schulterbreit. Richten Sie sich aus den Beinen – keinesfalls aus dem Rücken – wieder auf, halten Sie dabei die Arme gestreckt, und heben die Stange bis zur Oberschenkelhöhe. Das Gewicht langsam wieder zu Boden senken und wiederholen.

9a. Käfer-Crunch: Legen Sie sich auf den Rücken, und halten Sie die Arme seitlich am Körper. Heben Sie sehr langsam die Beine ein Stück an, beugen Sie dann die Knie, und ziehen Sie diese zur Brust. Am Ende der Bewegung konzentrieren Sie sich darauf, das Becken so weit wie möglich nach oben zu kippen. Außerdem sollten Sie während der gesamten Bewegung die Lendenwirbelsäule kräftig zu Boden drücken.

9b. Crunch: Legen Sie sich auf den Rücken, winkeln Sie die Beine an, und verschränken Sie die Arme hinter dem Nacken (nicht hinter dem Kopf). Lassen Sie den Kopf locker hängen. Dann führen Sie die Ellenbogen gerade nach oben Richtung Decke. Heben Sie den Oberkörper gerade an – nicht einrollen. Der untere Rücken bleibt auf dem Boden. Am höchsten Punkt halten Sie kurz inne, bevor Sie Ihren Oberkörper wieder absenken, aber nicht ablegen. Halten Sie die Spannung, und wiederholen Sie das Ganze. So wie bei der vorherigen Übung ist es wichtig, den unteren Rücken bewusst auf den Boden zu drücken.

9c. Schräger Crunch: Legen Sie sich auf den Rücken, stellen Sie den linken Fuß auf den Boden, und legen Sie den rechten Knöchel auf das linke Knie. Heben Sie Kopf und Schultern, drehen Sie den Oberkörper beim Anheben kontrolliert nach rechts, und senken Sie ihn wieder ab. Ihr Kopf folgt dabei dem Oberkörper in einer natürlichen Haltung und darf nicht nach vorne gedrückt werden. Trainieren Sie beide Seiten abwechselnd, und variieren Sie das Tempo. Atmen Sie beim Anheben ein und beim Senken wieder aus. Führen Sie die Hebe- und Drehbewegung nur so weit aus, wie es Ihnen gut möglich ist, und drücken Sie sich nicht mit Hilfe der Arme oder anderer Muskeln hoch. Diese Übung kann erschwert werden, indem man ein Gewicht hinter dem Kopf hält oder sie auf einer Schrägbank ausführt.

10a. Innenrotation der Schulter: Befestigen Sie etwa in Hüfthöhe ein Theraband an einem Türknauf, Heizkörper oder einem anderen fest verankerten Gegenstand. Stellen Sie sich etwa einen Meter davor, um einen optimalen Widerstand zu erreichen. Drehen Sie sich seitlich mit der rechten Körperseite zum Türknauf. Halten Sie das Theraband in der rechten Hand, und drücken Sie dabei den Ellenbogen seitlich fest an den Körper, so dass Ober- und Unterarme einen rechten Winkel bilden. Der Unterarm zeigt horizontal zum Türknauf.

Drehen Sie langsam den Oberarm aus der Schulter heraus, wobei die Hand in einem waagerechten Bogen vom Türknauf weg bewegt wird.

Der Ellenbogen bleibt stets eng an der Körperseite. Nur der Oberarm und die Hand bewegen sich. Diese Übung etwa eine Minute lang wiederholen. Der Widerstand sollte stark genug sein, dass die letzte Wiederholung sehr schwer fällt. Anschließend die Übung mit dem linken Arm wiederholen.

10b. Innenrotation der Schulter: Diese Übung wird am besten am Kabelzug oder an einer Latzug-Stange ausgeführt. Fassen Sie die Stange so, dass Schulter und Ellenbogen jeweils einen rechten Winkel bilden: die Oberarme sind waagerecht seitlich vom Körper und die Unterarme senkrecht dazu (die Hände zeigen nach oben). Drehen Sie den Unterarm, und drücken Sie die Stange nach vorne, bis die Hände schräg nach unten zeigen. Die Ellenbogen bleiben an ihrem Platz, nur der Oberarm dreht sich. Diese Übung trainiert sehr kleine und schwache Muskeln: Beginnen Sie daher unbedingt mit sehr leichten Gewichten.

11. Außenrotation der Schulter: Befestigen Sie etwa in Hüfthöhe ein Theraband an einem Türknauf, Heizkörper oder einem anderen fest verankerten Gegenstand. Stellen Sie sich einen Meter davor, um einen optimalen Widerstand zu erreichen. Drehen Sie sich seitlich mit der linken Körperseite zum Türknauf. Halten Sie das Theraband in der rechten Hand, und drücken Sie dabei den Ellenbogen seitlich fest an den Körper, so dass Ober- und Unterarme einen rechten Winkel bilden. Der Unterarm zeigt horizontal zum Türknauf.

Drehen Sie langsam den Oberarm aus der Schulter heraus, wobei die Hand in einem waagerechten Bogen vom Türknauf weg bewegt wird. Der Ellenbogen bleibt stets eng an der Körperseite. Nur der Oberarm und die Hand bewegen sich. Diese Übung etwa eine Minute lang wiederholen. Der Widerstand sollte stark genug sein, dass die letzte Wiederholung sehr schwer fällt. Anschließend die Übung mit dem linken Arm wiederholen.

12. Hüftbeuger: Für die Kräftigung der Hüftbeuger verwendet man einen niedrigen Seilzug und eine Schlaufe für das Fußgelenk. Stellen Sie sich rücklings zur Seilzugmaschine, und halten Sie sich leicht vorgebeugt mit Hilfe eines Stuhls oder eines ähnlichen Gegenstands im Gleichgewicht. Beginnen Sie die Übung mit der Schlaufe am rechten Fußgelenk; das rechte Bein ist komplett gestreckt und steht hinter dem Körper. Schieben Sie das rechte Knie langsam nach vorne, es darf sich dabei ruhig beugen. Im Idealfall schwingt das Bein unter der Hüfte in einem Winkel von bis zu 45 Grad hinter dem Körper und mindestens 45 Grad vor dem Körper. Führen Sie das Bein wieder nach hinten in die Ausgangsposition, und wiederholen Sie die Bewegung. Diese Muskelgruppe spielt in allen drei Triathlondisziplinen eine wichtige Rolle und sollte daher besonders gut trainiert werden.

SPORTARTSPEZIFISCHES KRAFTTRAINING

So wichtig das Krafttraining mit Hanteln und Geräten auch ist, müssen Sie vor allem in der Lage sein, die neu aufgebaute Kraft im Schwimmen, Radfahren und Laufen entsprechend umzusetzen. Beim sportartspezifischen Krafttraining wird ebenfalls der Widerstand erhöht, und es trainiert außerdem das neuromuskuläre System für eine effiziente Kraftentfaltung während der wettkampfspezifischen Bewegungsabläufe. Diese Trainingsform schließt die Lücke zwischen der reinen Muskelkraft, die man im Kraftraum aufgebaut hat, und der Ausdauer, die man für die Dauer des Wettkampfs benötigt.

Zum sportartspezifischen Krafttraining gehört zum Beispiel in den entsprechenden Trainingsperioden, mit Paddles zu schwimmen und beim Radfahren am Berg große Gänge mit niedriger Frequenz zu treten. Diese beiden Trainingsmethoden sind sehr effektiv. Allerdings vernachlässigen die meisten Triathleten – und auch Marathonläufer – ein wirkungsvolles laufsportspezifisches Krafttraining.

Das Laufen bietet insofern eine Herausforderung, weil wir uns kraftvoll vorwärts bewegen und gleichzeitig unser Gewicht aufrecht halten müssen. Laufen erfordert also sowohl Kraft in den vertikal arbeitenden Muskeln als auch in jenen, die für den Vortrieb sorgen. Deshalb müssen wir im laufspezifischen Krafttraining beide Muskelgruppen kräftigen.

LAUFEN MIT GEWICHTEN

Wie kann man beim Laufen die Belastung für die vertikal arbeitenden Muskeln gezielt erhöhen? Wenn wir schneller laufen, erhöhen wir die Belastung der horizontal arbeitenden Muskeln, nicht aber die Belastung für die vertikal arbeitenden Muskeln. Bergauf zu laufen erhöht zwar den vertikalen Widerstand, aber wer nicht gerade in den Bergen wohnt, kann kaum eine Stunde lang bergauf laufen. Und selbst dann muss man die gleiche Strecke anschließend wieder bergab laufen, was den Knien nicht gerade gut bekommt.

Das Laufen mit einer Gewichtsweste bietet hier eine effektive Lösung, weil sie gezielt die Belastung für den vertikal arbeitenden Quadrizeps und die Wadenmuskeln erhöht. Ich lasse viele meiner Athleten deshalb zu bestimmten Zeiten der Saison mit einer Gewichtsweste laufen. Einzelheiten zu diesem Thema finden Sie in Kapitel 1 zur Lauftechnik sowie in Kapitel 13, das die Verletzungsprävention behandelt.

Ich empfehle allen Ausdauersportlern, deren leistungsbegrenzender Faktor die Kraft ist, in der Vorbereitungs- und Grundlagenperiode ein solches Lauftraining ‚unter erschwerten Bedingungen', weil in dieser Zeit die Trainingsakzente auf der Entwicklung von Fertigkeiten wie Kraft und Schnelligkeit liegen. Auch hier gilt, wie mit jeder Art von laufspezifischem Training, vorsichtig anzufangen und die Belastung dann langsam aber kontinuierlich zu steigern.

Mittel- und Langdistanztriathleten sollten auch in der Aufbauperiode mit der Gewichtsweste laufen, denn dies simuliert das Laufen mit vom Radfahren extrem ermüdeten Beinmuskeln. Auf diese Weise lernt man, sich weniger auf die Kraft der Oberschenkel- als auf die Gesäßmuskulatur zu verlassen beziehungsweise mit stark belastetem Quadrizeps effektiv zu laufen, ohne eine Verletzung oder Übertraining zu riskieren. Das wäre der Fall, wenn man sich im Wettkampf wiederholt bis zum Äußersten antreibt. Ein Lauf mit fünf Kilo Zusatzgewicht ähnelt vom Gefühl her einem Lauf nach 180 Kilometern auf dem Rad.

Wer sowohl seine Verletzungsanfälligkeit senken als auch schnellere Zeiten im Wettkampf erzielen will, macht in den geeigneten Trainingsperioden unbedingt ein anspruchsvolles Krafttraining – sowohl im Kraftraum als auch spezifisch auf die Wettkampfdisziplin(en) zugeschnitten.

Kapitel 12

Und am siebten Tage ruhte er

Siegen wird, wer sich am schnellsten erholt.
– Joe Friel

Beim Thema Übertraining kommt uns für gewöhnlich das eine Intervalltraining in den Sinn, das nicht auf dem Trainingsplan stand oder wie wir diesen einen langen Lauf um ein Viertel verlängerten, weil das doch keine große Sache wäre. Nur wenige Athleten machen sich bewusst, dass Übertraining eigentlich ein Regenerationsdefizit bedeutet, und dass die Aktivitäten, denen man außerhalb der Trainingsstunden nachgeht, einen großen Einfluss darauf haben.

Die Regeneration von Körper und Geist ist nämlich ein aktiver Prozess: etwas, das wir tun und nicht etwas, das wir nicht tun. Die meisten Leistungssportler glauben, Regeneration bedeute einfach nur, nicht zu trainieren, doch es ist viel, viel mehr als das.

1995 nahm ich an einem einwöchigen Trainingslager des US-amerikanischen Fahrradverbands teil, das im olympischen Trainingszentrum in Colorado Springs stattfand. Als ich den Trainingsplan erhielt, war ich zunächst erstaunt, dann eingeschüchtert, und schließlich bekam ich Angst angesichts der enormen Anforderungen. Der Zeitplan sah vor, dass wir nach dem Aufstehen einige Dehn- und Atemübungen machten, ein leichtes Frühstück zu uns nahmen und dann zum Velodrom fahren sollten. Dort drehten wir Runde um Runde, bis uns fast die Lunge platzte, fuhren zurück ins Trainingszentrum, aßen zu Mittag und hielten einen kurzen

Mittagsschlaf. Nach einer weiteren Einheit Dehnübungen wurden wir täglich massiert, bevor ein weiteres hammerhartes Radtraining auf dem Plan stand. Anschließend wurde geduscht, zu Abend gegessen und Besprechungen gehalten, bis es endlich ins Bett ging. Dieser Plan enthielt weitaus mehr hartes Training als ich bislang je in einer Woche gemacht hatte.

Ich konnte kaum fassen, dass mein Körper dieses Pensum, das mir vorkam wie eine ganze Monatsration – tatsächlich aushielt, und das auch noch in 1.832 Meter Meereshöhe. Wie war es möglich, dass ich am Ende dieser brutalen Woche schneller war als zu Beginn? Nun, das Trainingslager bot mir umfangreiche Regenerationsmöglichkeiten. Das nährstoffreiche Essen und die Zwischenmahlzeiten, die Gelegenheit zu einem Mittagsschläfchen, die Massagebehandlungen und die Atmosphäre im Lager selbst ließen die körperliche Belastung und den emotionalen Alltagsstress vergessen. Anstatt unsere Wäsche zu waschen, wurden wir von Profis massiert. Anstatt unser Frühstück zuzubereiten, konnten wir ein paar Minuten länger schlafen. In jener Woche wurde mir wirklich bewusst, wie wichtig es für einen Leistungssportler ist, im täglichen Leben Routinen zu entwickeln, um sich möglichst viel und gut zu regenerieren.

Regeneration ist im Grunde die größte Energiequelle eines Sportlers. Gut erholte Athleten können härter und länger trainieren, Trainingsbelastungen besser verkraften, sich optimal an diese anpassen und somit schneller werden. Deshalb sollten auch Sie im Rahmen Ihrer Möglichkeiten versuchen, durch maximale Erholung Ihre Regenerationszeit – und letztlich auch Ihre Wettkampfzeit – zu verkürzen.

Regeneration ist alles, was zum psychobiologischen Wohlbefinden beiträgt.
– Joe Friel

Regeneration bedeutet mehr, als sich einen trainingsfreien Tag zu gönnen; es bedeutet, dem Körper jede nötige Energiequelle zur Verfügung zu stellen, die er zur Adaptation an vorangegangene Trainingsreize braucht. Alle Maßnahmen, die die Regeneration fördern, sind wichtiger Bestandteil des Trainings und müssen sinnvoll geplant werden.

ÜBERTRAINING

Eine optimale Regeneration dient dazu, höhere Trainingsumfänge und -intensitäten besser zu tolerieren und Übertraining vorzubeugen. Fast jeder ambitionierte Ausdauersportler hat irgendwann einmal mit den Symptomen von Übertraining zu kämpfen. Um eine Bestleistung zu erzielen, muss man regelmäßig bis an die Grenze des eigenen Könnens gehen. Das Ziel ist also, geeignete Trainingsumfänge und -intensitäten zu wählen, die zwar groß genug sind, um die Leistungsfähigkeit zu verbessern, aber dennoch nicht zu Übertraining führen (eine Reihe von Symptomen für Übertraining finden Sie im nachstehenden Kasten auf Seite 263). Sogar die besten und erfahrensten Athleten und Trainer sind hier zum Teil auf Vermutungen angewiesen. Deshalb ist es sinnvoll, Trainingspläne immer mit Bleistift zu schreiben, unsere Körperreaktionen zu überwachen und notfalls Details in unserem Programm zu revidieren.

Übertraining ist die Folge einer Kombination von Stressfaktoren im Leben eines Leistungssportlers. Dazu gehören unter anderem – aber bei weitem nicht nur – die körperlichen und mentalen Trainings- und Wettkampfbelastungen, die so weit gehen können, dass eine Wiederherstellung der Körperstrukturen und eine Erholung zwischen den Trainingseinheiten nicht mehr möglich ist.

Das sicherste Anzeichen für Übertraining ist ein unerwarteter Leistungsabfall, besonders in einer wichtigen Einheit (weitere Symptome sind in der Tabelle aufgeführt). Auch wer vernünftig trainiert, erlebt immer wieder periodische Ermüdungszustände. Diese Art der Ermüdung ist normal und notwendig; idealerweise kommen wir gut durch diese Phasen und haben uns, bevor es Zeit wird für die nächste Einheit, vom letzten Training erholt. Manchmal bringen unbewusste und unerwartete Ereignisse unser individuelles Belastungs-Erholungs-System aus dem Lot – und manchmal liegen wir mit unseren Vermutungen schlicht falsch. Wenn die Leistung in zwei oder drei Schlüsseleinheiten deutlich nachlässt, ist man wahrscheinlich übertrainiert. Alle Athleten erleben irgendwann im Laufe einer Saison schlechte Tage, an denen sie sich mit allem schwer tun, nicht so schnell sind wie sonst und die Konzentration zu wünschen übrig lässt. Ein schlechter Tag ist einfach nur ein schlechter Tag. Mehrere schlechte Tage hintereinander dagegen – vor allem an wichtigen Trainingstagen, die eigentlich besonders gut verlaufen sollten – können auf Übertraining hinweisen. Wann immer sich Ihre Trainingsleistung plötzlich verschlechtert, überprüfen Sie am besten anhand der Indikatoren auf

Seite 263, ob Sie an sich mehrere der dort genannten Symptome feststellen können. Keines dieser Symptome ist ein sicheres Zeichen für Übertraining; aber wenn sich mehrere häufen, sind Sie vermutlich zu einem gewissen Grad übertrainiert.

So ist es beispielsweise kein Zeichen für Übertraining, wenn Sie nach einem schweren Training müde sind. Während die meisten Triathleten nicht genug darauf achten, wann sie die Grenze zum Übertraining überschreiten, gibt es auch solche, die zu ängstlich trainieren. Zwar ist es wichtig, Übertraining konsequent vorzubeugen. Das bedeutet aber nicht, jede Art von Ermüdung zu vermeiden. Hartes Training strengt nun einmal an, und jedes Schlüsseltraining sollte daher zu einem gewissen Grad ermüden und – vorübergehend! – die Leistung schwächen. Übertraining hingegen ist eine Ermüdung, die bleibt, auch wenn das nächste harte Training ansteht und man dafür erholt sein sollte.

Falls Sie Symptome von Übertraining an sich feststellen, sollten Sie schlicht und einfach das Trainingspensum reduzieren (vor allem die Intensität) und längere sowie effizientere Erholungspausen einlegen. Sie sollten unbedingt sowohl Ihre Trainingsinhalte als auch Ihre Ernährungsgewohnheiten, Ihren Stresspegel und Schlafrhythmus genau unter die Lupe nehmen und gegebenenfalls verändern.

Sofern es keine weiteren Stressfaktoren gibt, die Sie neben dem Training belastet haben, überprüfen Sie zunächst Ihre Regenerationswochen innerhalb eines Monatszyklus. War der Umfang wirklich stark reduziert und die Intensität fast ausschließlich im Grundlagenausdauerbereich? Wie bereits angedeutet, ist Übertraining die Folge eines chronischen Regenerationsdefizits. Es wird also nicht durch ein einziges hartes Training hervorgerufen, sondern durch eine Häufung von Belastungen in einem Maß, das durch Erholungszeiten nicht mehr ausgeglichen werden kann. Den meisten übertrainierten Leistungssportlern hilft es, wenn sie ihre Regenerationswochen – und nicht ihre trainingsintensiven Wochen – leichter gestalten. Überprüfen Sie also immer zuerst Ihre Erholungswoche, wenn Sie an sich Symptome von Übertraining feststellen.

Die meisten übertrainierten Athleten, die sich ihres Zustands im Frühstadium bewusst werden, brauchen nichts weiter als eine Regenerationswoche und können unmittelbar danach ihr reguläres Trainingspensum wieder aufnehmen. Dazu muss man seine Trainingsplanung teilweise umstellen, seine Vorstellungen vom persönlichen Belastungs- und Erholungsbedarf revidieren und auch die zukünftigen Trainingspläne anders gestalten.

Tabelle 12.1: *Symptome von Übertraining*

VERHALTENSMERKMALE	KÖRPERLICHE MERKMALE
Apathie	Leistungsabfall
Lethargie	Verändertes Körpergewicht
Depressivität	Veränderter Ruhepuls
Konzentrationsschwäche	Muskuläre Schmerzempfindlichkeit
Veränderter Schlafrhythmus	Geschwollene Lymphdrüsen
Reizbarkeit	Durchfall
Libidomangel	Verletzungen
Schwerfälligkeit	Infektionen
Verstärktes Durstgefühl	Amenorrhoe (Ausbleiben der Menstruation)
Lustlosigkeit / Trägheit	Niedrigerer Belastungspuls
Heißhunger auf Süßes	Schlecht heilende Schnittwunden

Quelle: Joe Friel, *The Triathlete's Training Bible 2nd ed.* (VeloPress, 2004).

Wenn Sie mit einem Coach arbeiten (und die Trainingsbetreuung durch einen qualifizierten Coach gewährleistet am besten, dass Belastung und Erholung im Gleichgewicht bleiben), sollten Sie sich mit diesem regelmäßig über die Gestaltung Ihrer Regenerationszeit beraten. Vor allem am Ende jedes Trainingszyklus, also in der Regenerationswoche, sollten Sie gemeinsam den letzten Trainingsmonat durchsprechen und festhalten, wie Sie sich von den einzelnen Trainingseinheiten erholt haben, wann Sie besonders müde waren und wann die Regeneration besonders gut verlief. Scheuen Sie sich nicht, Ihrem Trainer Ermüdungserscheinungen mitzuteilen. Sie selbst können Ihren Belastungszustand unmöglich objektiv beurteilen.

Ein Leistungssportler mit einem Trainingsdefizit von zehn Prozent wird ein besseres Leistungsverhalten zeigen, als ein Athlet mit einem Regenerationsdefizit von nur einem Prozent. Beobachten Sie sich also sorgfältig, und revidieren Sie notfalls Ihre Pläne und Einstellungen so schnell wie möglich. Wer früh gegen das Übertraining angeht, erzielt meist schnell und problemlos eine Besserung. Lässt man allerdings zu, dass sich im Laufe der Zeit immer mehr Symptome anhäufen, bringt man sich möglicherweise selbst um eine erfolgreiche Wettkampfvorbereitung. Lassen Sie es nicht so weit kommen!

Die Schlüsselfaktoren zu einem effektiven Training liegen 1.) in dem Wissen, wo die persönliche Grenze zum Übertraining verläuft. So können Sie relativ zielsicher das für Sie geeignete Trainingsprogramm aussuchen, 2.) in der ständigen Kontrolle von Körper und Psyche auf Anzeichen, die ein Übertraining signalisieren, um bei einer wider Erwarten falschen Trainingsplanung frühzeitig darauf aufmerksam zu werden und 3.) darin, nur einmal pro Trainingszyklus bis an die eigenen Leistungsgrenzen zu gehen – und zwar in der Woche unmittelbar vor der Regenerationswoche (normalerweise in der 3. Woche).

In den folgenden Abschnitten werden einige Methoden vorgestellt, mit denen Sie die Regenerationsfähigkeit Ihres Körpers maximieren können. Wenn Sie diese Ratschläge befolgen, können Sie härter und länger trainieren, ohne gleich ein Übertraining zu riskieren. Von der Regeneration hängt größtenteils ab, ob Sie im Wettkampf wirklich Ihr Potenzial ausschöpfen können; nehmen Sie sie also ernst!

VORBEREITUNG IN DER FRÜHSAISON

Wer über eine starke Grundlagenausdauer verfügt, erholt sich schneller vom Training als jemand, der in diesem Bereich ein Defizit hat. Deshalb ist das Ausdauertraining in der Grundlagenperiode auch für Athleten, die sich auf kürzere Wettkampfdistanzen vorbereiten, enorm wichtig. Höhere Trainingsumfänge haben für einen Kurzdistanz-Triathleten vor allem den Vorteil, dass er dank verbesserter Regenerationsfähigkeit mehr tempobetonte Trainingseinheiten absolvieren kann, durch die er dann erst wirklich schneller wird. Nehmen Sie das Grundlagenausdauertraining also nicht auf die leichte Schulter!

Auch regelmäßiges Krafttraining führt dazu, dass Sie härter trainieren und sich effektiver regenerieren können. Ein konsequent durchgeführtes Krafttraining bewirkt bei Sportlern nämlich eine Reduktion von Mikroläsionen (winzige Risse in der Muskulatur und im Bindegewebe), weshalb sie sich schneller für das nächste harte Training erholen.

VORBEREITUNG AUF DAS TRAINING

Von der Art und Weise, wie sich ein Sportler auf ein Training vorbereitet, hängt in der Tat ab, wie er sich von diesem Training regeneriert. Wer früh genug zum Gruppentraining erscheint, um sich ausreichend aufzuwärmen, und im Vorfeld auf eine gute Nährstoff- und Flüssigkeitsaufnahme achtet, hat die besten Chancen auf eine optimale Erholung.

ERNÄHRUNG

Für die Regeneration der Körperstrukturen vom Training spielt die Ernährung eine entscheidende Rolle. Dabei ist es wichtig, genug Proteine über den ganzen Tag verteilt zu sich zu nehmen. (Eine einzelne große Portion kann vom Körper dagegen nicht effektiv verwertet werden.) Dies liefert genügend Aminosäuren für den kontinuierlichen Wiederaufbau von Muskel- und Bindegewebsstrukturen nach einem Training.

Eine Mahlzeit, die Proteine und Kohlenhydrate in einem Verhältnis von etwa 1:4 enthält und die man unmittelbar (das heißt spätestens eine halbe Stunde) nach jedem harten oder langen Training verzehrt, ermöglicht das optimale Auffüllen der Glykogenreserven sowie den Neuaufbau beschädigter Gewebsstrukturen. In letzter Zeit wurde eine Reihe von regenerationsfördernden Getränken entwickelt, die durchaus Wirkung zeigen.

Eiweißreiches Essen ist nicht nur nach dem Training wichtig, sondern, wie erwähnt, über den ganzen Tag hinweg. Eine Überversorgung des Körpers mit Proteinen führt normalerweise erst zu größeren Problemen, wenn man wahre Unmengen davon zu sich nimmt (etwa 300 Gramm täglich). Wenn Sie Ihren Proteinbedarf aber hauptsächlich mit Fisch und magerem Fleisch decken, sind Sie auf der sicheren Seite und sorgen dennoch dafür, dass sich Ihr Körper vom Training besser erholt.

Nicht weniger wichtig ist es, unmittelbar nach dem Training ausreichend zu trinken. Dazu ist es hilfreich, sich vor und nach einem harten oder langen Training zu wiegen und für jedes Pfund, das man verloren hat, einen halben Liter Wasser zu trinken.

STRESSBEWÄLTIGUNG

Alltagsstress und seelische Belastungen führen oft zu körperlichen Beschwerden und können nicht zuletzt die Regenerationsfähigkeit eines Athleten beeinträchtigen. Nicht alle Stressquellen im täglichen Leben lassen sich ausschalten, aber es gibt immer Mittel und Wege, um einige von ihnen auf ein Mindestmaß zu beschränken. Ich kenne einen Coach, der seinen Sportlern rät, ihre Zahnarzttermine auf den Anfang der wettkampffreien Zeit zu legen, um das Risiko einer Leistungsbeeinträchtigung während der Saison so gering wie möglich zu halten. Nehmen Sie also Ihre persönlichen Stressfaktoren unter die Lupe, und versuchen Sie, diese zu reduzieren. Auch eine belastungsmindernde Aktivität wie Meditation kann den Regenerationsprozess positiv beeinflussen.

AKTIVE ERHOLUNG

Wir alle wissen, dass ein leichtes Training manchmal besser ist für die Regeneration als ein komplett trainingsfreier Tag. Die Intensität einer solchen Trainingseinheit muss gerade hoch genug sein, um den Kreislauf zu stimulieren und einige endokrine Reaktionen auszulösen, aber doch so leicht, dass sie keinen zusätzlichen Regenerationsbedarf verursacht.

Hier gilt es, eine Art Balanceakt zu vollbringen. Sogar disziplinierte Sportler gehen häufig zu weit. Ich glaube, für viele Athleten ist ein Regenerationslauf ein Widerspruch in sich. Ich lasse Athleten deshalb zur aktiven Erholung gern eine lockere Einheit auf einem Heimtrainer oder Laufband absolvieren und habe sogar einem Profisportler von nationalem Rang schon einmal zu einem flotten Spaziergang geraten. Das Training zur aktiven Erholung erfordert besondere Umsicht. Es ist im Grunde unmöglich, die Intensität zu leicht zu wählen. Ist die Belastung dagegen geringfügig zu hoch, geht dies unmittelbar zu Lasten des nächsten Trainings.

RUHE

Sogar ein vollständiger Ruhetag muss inhaltlich geplant werden, denn er ist mehr als nur ein Tag ohne Training. An Tagen, die eine Auszeit vom Training bieten sollen, müssen Athleten jede Art von Aktivität vermeiden, die auch nur mäßig belastend ist und alles Mögliche dafür tun, sich richtig zu erholen. Ich necke manchmal einen meiner Sportler, der an seinen Ruhetagen Golf spielt, er müsse sich einen Golfwagen mieten, weil das Ablaufen der 9-Loch-Anlage zu anstrengend sei – und er weiß, dass ich das nur halb im Scherz sage. Der ehemalige Radprofi Eddie B. (Edward Borysewicz) pflegte zu sagen: „Gehe niemals, wenn du stehen kannst, und stehe niemals, wenn du sitzen kannst.“ Jedes Quäntchen Energie, das Sie sparen können, zählt.

Das herkömmliche Trainingsprinzip, wonach sich je eine harte und eine leichte Trainingseinheit abwechseln, ist nicht unbedingt die beste Methode. Häufig ist es wirkungsvoller, Trainingsblöcke aus mehreren, aufeinander folgenden harten Tagen beziehungsweise mehreren leichten Tagen zu bilden. In diesem Bereich ist es jedoch schwierig, konkrete Empfehlungen zu geben, weil jeder Athlet auf eine andere Kombination aus Belastung und Erholung anspricht.

Generell können Mittagsschläfchen die Regeneration erstaunlich verbessern. Nach meinen Erfahrungen sind 45 Minuten optimal. Längere Schlafpausen scheinen keine weiteren Vorteile zu bringen und beeinträchtigen mitunter sogar den Schlaf in der Nacht. Aus demselben Grund rate ich Sportlern auch davon ab, sich am frühen Abend kurz hinzulegen. Regelmäßige Schlafpausen sind wohl für die wenigsten berufstätigen Sportler mit Wochenarbeitszeiten zwischen 40 und 60 Stunden zu bewerkstelligen, aber ich denke, dass zumindest Profis sich die Zeit nehmen können und sollten, um fast täglich einen Kurzschlaf einzulegen.

Es macht schon viel aus, ein paar Minuten früher zu Bett zu gehen. Mit Beginn der Aufbauperiode rate ich den von mir betreuten Sportlern meist, nachts 20 bis 30 Minuten länger zu schlafen. Die kurzfristige Wirkung ist vielleicht nicht sonderlich groß, aber langfristig sind die Vorteile deutlich spürbar.

MASSAGEN

Massagebehandlungen können die Regeneration ebenfalls erheblich beschleunigen. Eine professionelle Massage nach einer harten Trainingswoche – oder natürlich auch während einer weniger harten Woche – unterstützt den Regenerationsprozess. Selbstmassagen sind sicherlich nicht mit einer professionellen Behandlung gleichzusetzen, führen aber durchaus zu einer besseren muskulären Erholung, vor allem für den Quadrizeps.

Die Muskulatur am Gesäß, an der Oberschenkelrückseite sowie an der Lendenwirbelsäule lässt sich ebenfalls sehr effektiv selbst massieren. Am Rücken und an ähnlich ‚unerreichbaren' Körperstellen eignet sich zur Eigenmassage auch ein Tennisball, ein Massageroller oder ein beliebiger anderer Gegenstand, mit dem man gezielt Druck auf die betreffenden Stellen ausüben kann.

CHIROTHERAPIE

Ein besonders zuverlässiges Mittel zur Verkürzung der Regenerationszeit sind Chirotherapien. Nach meinen Erfahrungen ist es äußerst wichtig, dass der Chiropraktiker oder -therapeut selbst Ausdauersport betreibt und vornehmlich Ausdauersportler behandelt. Ich hatte bereits einige sehr schlechte Erfahrungen gemacht, bevor ich zu meiner jetzigen Chirotherapeutin kam, die selbst Triathletin ist und meine Leistungsfähigkeit im Training erheblich verbessern konnte.

DRUCKKAMMERTHERAPIE

Für sehr leistungsorientierte Athleten, die jede Chance auf eine optimale Regeneration nutzen wollen, ist eine Druckkammertherapie (hyperbare Sauerstofftherapie) eine großartige Lösung. In einer Druckkammer wird aufgrund des hohen Umgebungsdrucks die Sauerstoffkonzentration im Blut erhöht, was Regenerationsvorgänge drastisch beschleunigt. In Deutschland ist eine solche Therapie noch umstritten und nur in spezialisierten Zentren möglich, aber in den USA gibt es beispielsweise ein Modell für den Hausgebrauch, das aus einem zwei Meter langen Schlauch besteht, der mit einem Reißverschluss geschlossen und an einen Druckluftkompressor angeschlossen wird. Der Sportler liegt in der Hülle und hält ein Nickerchen, während sein Organismus überreichlich mit Sauerstoff versorgt wird. Eine Druckkammertherapie ist in jedem Fall nicht ganz billig, führt aber zu erstaunlichen Resultaten.

SCHLAF

Schlaf ist für ein erfolgreiches sportliches Training enorm wichtig. Eine schlechte Regeneration führt geradewegs zu einer schwachen Trainingsleistung – und Schlaf ist eines der besten und billigsten Regenerationsmittel. Laut einer Studie der National Sleep Foundation nimmt das Schlafdefizit der US-Bürger geradezu epidemische Ausmaße an. Schlafmangel ist die Ursache für Unfälle und nachlassende Produktivität, die jedes Jahr zu Verlusten im Wert von 30 Milliarden US-Dollar führen. Wenn also schon die größtenteils nicht sportlich aktive Allgemeinbevölkerung unter einem beträchtlichen Schlafdefizit leidet, dann müssen sich Leistungs- und Ausdauersportler erst recht mit diesem Aspekt auseinandersetzen. Athleten brauchen Schlaf, um sich zu erholen und zerstörte Gewebsstrukturen wieder aufzubauen – aber meistens schlafen sie eher weniger, weil ihr ohnehin voller Terminkalender durch das Training schier überquillt.

Als Sportler und Trainer versuchen wir herauszufinden, wie sich die Trainingshäufigkeit, -intensität und -form am besten kombinieren lassen, um spezifische leistungsbegrenzende Faktoren zu verbessern und am Wettkampftag eine persönliche Bestleistung zu erbringen. Leider verstehen die meisten Trainer wie auch Sportler unter Ruhe einen passiven Prozess. Ich versuche immer, meinen Athleten klar zu machen, dass Regeneration ein Vorgang ist, den sie aktiv in Gang setzen müssen. Ein wichtiger Gesichtspunkt ist jedenfalls genug Schlaf.

Einer meiner besten Athleten hat es sich zum Prinzip gemacht, in diesem Jahr pro Nacht eine halbe Stunde länger zu schlafen. Er setzte sich eine bestimmte Schlafenszeit und traf auch sonst alle möglichen Vorkehrungen, um seine Schlafqualität zu erhöhen. Ich glaube, dass dies einen ganz wichtigen Einfluss auf seine Wettkampfsaison hatte, die zu seinen bislang besten zählt. Teilt man seinen Leistungsgewinn durch 30 Minuten Extra-Schlaf pro Nacht, dann hat sich die Zeit, die er im Bett verbracht hat, für ihn auf jeden Fall gelohnt.

Wer die Qualität seines Schlafs verbessern möchte, sollte zuallererst dafür sorgen, dass er genug schläft. Schlafbedürfnisse sind individuell unterschiedlich, aber ich gehe jede Wette ein, dass so gut wie jeder Sportler von ein paar zusätzlichen Minuten Schlaf profitieren würde.

Viele Athleten wären bereit, eine Stunde zusätzlich pro Tag zu trainieren, aber sie schaffen es nicht, eine halbe Stunde pro Nacht länger zu schlafen. Die Logik soll mir mal einer erklären. Nachstehend ein paar Anregungen, wie Sie mehr oder besser schlafen können.

Kontrollieren Sie Ihren Koffeinkonsum. Koffein kann zu Schlafstörungen führen. Die Halbwertzeit von Koffein im Blut liegt zwischen drei und sieben Stunden (je nach Ihrem Alter und der Höhe des Koffeinkonsums – starke Kaffeetrinker bauen das Koffein schneller ab), möglicherweise viel länger, als die meisten Menschen schätzen würden. Ich selbst habe mir vorgenommen, meine letzte Tasse Kaffee nicht wie früher um 17.00 Uhr, sondern um 16.00 Uhr zu trinken. Seither schlafe ich spürbar besser. Nichtsdestotrotz reagiert jeder anders auf koffeinhaltige Getränke; wenn Ihnen also Freunde sagen, Kaffee würde ihren Schlaf nicht stören, dann haben sie womöglich Recht.

Achten Sie auf einen regelmäßigen Schlafrhythmus. Gewöhnen Sie sich an, jeden Tag ungefähr zur selben Uhrzeit ins Bett zu gehen. Schlafexperten empfehlen außerdem, jeden Tag ungefähr zur selben Uhrzeit aufzustehen. Dieser Aspekt ist so zentral, dass Sie sich eine Schlafenszeit festsetzen und nach ihr richten sollten, als wäre sie eine Trainingskomponente. Keiner von uns würde auf eine wichtige Trainingseinheit verzichten, aber indem wir in der Nacht vor einer wichtigen Einheit spät ins Bett gehen, verschenken wir einen Teil des möglichen Trainingseffekts.

Achten Sie auf die Schlafzimmertemperatur. Dass die Schlafzimmertemperatur für die Qualität der Bettruhe eine große Rolle spielt, ist wissenschaftlich erwiesen. Glücklicherweise zeigen die Forschungen nicht nur auf, dass die für einen optimalen Schlaf geeignete Temperatur individuell unterschiedlich ist, sondern auch, dass sie sehr auffällig mit dem persönlichen Wohlgefühl korreliert. Mit anderen Worten: Wir schlafen am besten bei einer Temperatur, die wir als besonders angenehm empfinden.

Schränken Sie Ihren Alkoholkonsum ein. Ein Glas Bier oder Wein vor der Schlafenszeit kann kurzfristig entspannend sein und sogar schläfrig machen. Generell führt Alkohol aber vielfach zu Schlafstörungen und beeinträchtigt die Schlafqualität.

Machen Sie Pläne für Ihre Abendmahlzeit. Die Planung des Abendessens ist eine gewisse Herausforderung für Sportler im Training, aber der Schlafrhythmus wird am wenigsten gestört, wenn das Abendessen spätestens drei Stunden vor dem Zubettgehen eingenommen wird. Falls das nicht machbar ist, könnte die Abendmahlzeit jeweils zur Hälfte vor und nach dem Training gegessen werden. Die kleineren Portionen sorgen eher für einen tiefen Schlaf.

Entwickeln Sie entspannende Routinehandlungen. Routinehandlungen zur Schlafenszeit sind eine gute Einschlafhilfe. Warme Bäder und Lektüre haben eine besonders entspannende Wirkung.

Machen Sie das Schlafzimmer zu einem Ort der Ruhe. Soweit dies praktikabel ist, sollten Sie darauf verzichten, im Bett zu arbeiten, fernzusehen oder zu lesen. Wenn das Schlafzimmer wirklich nur zum Schlafen dient, werden Sie eher einschlafen, wenn Sie ins Bett gehen.

Schalten Sie Lichtquellen aus. Trotz erheblicher individueller Unterschiede schlafen die meisten Menschen doch am besten in stark abgedunkelten Räumen. Sogar ein kurzer heller Lichtstrahl kann den Schlaf stark beeinträchtigen. Eventuell hilft Ihnen ein Nachtlicht im Badezimmer, so dass Sie, wenn Sie nachts rausmüssen, nicht das Hauptlicht einschalten brauchen.

KONTROLLIERTE REGENERATION

Sogar unter idealen Voraussetzungen kommt es von Zeit zu Zeit vor, dass sich jemand, der hart trainiert, müde und zerschlagen fühlt. Dennoch sollte die Regeneration immer so gut wie abgeschlossen sein, wenn das nächste harte Training ansteht. Deshalb ist es wichtig, die eigene Regeneration gezielt im Auge zu behalten. Die Leistung – und hier vor allem die Spritzigkeit – ist der beste Indikator. Wer zu müde ist, um in jeder Trainingseinheit das optimale Tempo zu laufen, hat sich ungenügend erholt und muss etwas an seiner Vorbereitung verändern. Ein guter Weg, um das Ausmaß der eigenen Regeneration zu ermitteln, wäre ein Testlauf, der im aeroben Bereich stets mit derselben festgesetzten Herzfrequenz gelaufen wird. Das subjektive Empfinden ist ebenfalls enorm wichtig und gerät angesichts diverser technischer Hilfsmittel – wie Pulsmesser und neuerdings sogar Geschwindigkeitsmesser auf Basis von Satellitentechnologie – gern einmal in Vergessenheit. Machen Sie es sich möglichst zur Gewohnheit, jeden Morgen einen kurzen Selbst-Check durchzuführen. Es sind nur wenige Sekunden nötig, um die Muskeln anzuspannen und wieder zu lösen und sich ein Bild von der eigenen Befindlichkeit zu machen.

Auch der Ruhepuls ist ein wichtiger Gradmesser für die Qualität der eigenen Regeneration, ebenso wie die Differenz zwischen dem Puls im Sitzen und im Stehen. Neben diesen objektiven Messdaten sollten Sie aber nie die Bedeutung Ihrer eigenen Gefühle vergessen.

Wenn Sie den Wert einer optimalen Regeneration schätzen lernen und mit kleinen Schritten dafür sorgen, dass Sie sich schneller erholen, wird sich die Qualität Ihres Trainings merklich verbessern und Sie zu einer schnelleren Wettkampfleistung führen.

Kapitel 13

Verletzungsprävention in der wettkampffreien Zeit

Die Anfälligkeit für Sportverletzungen lässt sich dadurch drastisch senken, dass die besonders gefährdeten Gewebsstrukturen in der wettkampffreien Zeit gezielt gekräftigt und beweglich gehalten werden. Beginnen Sie am besten gleich in der nächsten wettkampffreien Periode damit, Ihren Körper rundum auf das umfangreichere und intensivere Training im weiteren Saisonverlauf vorzubereiten.

Durch die ‚Geradlinigkeit' der Laufbewegungen werden bestimmte Muskeln, Sehnen und Bänder überproportional gestärkt, während die lateral (seitlich) agierenden schwächer werden. Rein auf die Leistungssteigerung ausgerichtete Trainingsprogramme übergehen oft die gezielte Stärkung der lateralen Gewebsstrukturen, wodurch das Verletzungsrisiko steigt. Von Laufverletzungen sind nämlich meist die Schwachstellen betroffen und nicht die Gewebsstrukturen, die für Vortrieb sorgen. Das liegt vermutlich daran, dass dieses Gewebe so gut trainiert wird. Die wettkampffreie Zeit eignet sich hervorragend zur Stärkung des ‚vernachlässigten' Gewebes, um den Körper bestmöglich auf die Belastungen des richtig harten Trainings vorzubereiten.

KRAFTTRAINING

Ein wesentlicher Teil der Vorbereitung in der wettkampffreien Zeit ist das Krafttraining, weil es das Bindegewebe und die Muskulatur gleichermaßen kräftigt. Die meisten Krafttrainingsprogramme zielen allerdings nur darauf ab, die Wettkampfleistung zu steigern und nicht, Verletzungen vorzubeugen. Um dieses Manko auszugleichen, ist es daher besonders wichtig, gezielt diejenigen Muskelgruppen zu stärken, die durch das übliche Training nicht groß beansprucht werden.

Die folgenden Muskelgruppen werden im allgemeinen Krafttraining für Ausdauersportler meist vernachlässigt. Führen Sie die empfohlenen Übungen langsam aus, und verwenden Sie eher schwere Gewichte. Jeder Satz sollte zwischen 40 und 60 Sekunden dauern.

Abduktoren: Das Gewebe an der Außenseite der Hüfte und Oberschenkel wird beim Laufen mit jedem Fußaufsatz belastet. Sind diese Partien zu schwach, drohen schwere Verletzungen. Für diese Übung legen Sie sich mit gestreckten Beinen auf die rechte Seite. Befestigen Sie ein Gewicht am linken Fußgelenk. Mit gestreckten Knien wird das linke Bein um etwa 30 Grad angehoben. Anschließend das Bein langsam senken und wiederholen. Diese Übung kann auch stehend an einer Seilzug-Maschine mit Fußschlaufe ausgeführt werden, wobei jeweils mit gestrecktem Bein nach außen gezogen wird.

Adduktoren: Die Adduktorengruppe ist für das Zusammenziehen der Oberschenkel verantwortlich. Setzen Sie sich auf einen Stuhl, und nehmen Sie einen Basketball zwischen die Knie. Drücken Sie den Ball so stark Sie können, und halten Sie diese Spannung 40 Sekunden lang. Diese Muskeln können auch gut an einer Seilzug-Maschine mit Fußschlaufe trainiert werden, wobei jeweils im Stehen mit gestrecktem Bein nach innen gezogen wird.

Außenseite der Schulterrotatoren: Die Innenseite der Schulterrotatoren werden zum Beispiel beim Kraulschwimmen durch das Wasserfassen und die Zugbewegung gekräftigt, aber die Außenseite wird häufig nicht trainiert. Dieses Kräfte-Ungleichgewicht belastet das Schultergelenk. Für diese Übung legen Sie sich auf die rechte Seite und halten in Ihrer linken Hand eine Kurzhantel. Der linke Oberarm liegt eng am Oberkörper an, der Ellenbogen befindet sich oberhalb der Hüfte, und der Unterarm ist um 90 Grad angewinkelt. Drehen Sie den Oberarm langsam nach außen, um die Hantel zu heben. Nur der Oberarm dreht sich; der Ellenbogen bleibt in seiner Stellung.

Waden: Stellen Sie sich mit den Fußballen auf den Rand einer Stufe. Mittelfuß und Ferse ragen über die Kante hinaus. Drücken Sie sich langsam hoch in den Zehenstand, und senken Sie dann den Körper nach unten, bis die Ferse weit unterhalb des Stufenrands liegt und die Wadenmuskeln komplett gedehnt sind. Mehrfach wiederholen.

Schienbeinmuskulatur: Die Kräftigung der Muskeln, die an der Fußstreckung beteiligt sind, schützt vor einer Reihe von Laufverletzungen an Schienbein und Füßen. Für diese Übung setzen Sie sich an den Rand eines Stuhls und befestigen ein kleines Gewicht auf den Fußspitzen. Ziehen Sie dies mit den Zehen hoch. Dann wieder senken und wiederholen.

BEWEGLICHKEIT

Effektive Dehnübungen sind zwar kein Allheilmittel zur Verletzungsprävention, können aber das Verletzungsrisiko deutlich reduzieren. Sofern man nicht gerade unter Überbeweglichkeit (Hypermobilität) leidet, gehören regelmäßige Dehnübungen daher auf jeden Trainingsplan.

Die folgenden Dehnübungen werden zur Verletzungsprävention empfohlen:

Hintere Oberschenkelmuskulatur: Setzen Sie sich im Grätschsitz auf den Boden. Halten Sie den Rücken möglichst gerade. Versuchen Sie nun den Oberkörper ganz langsam nach vorne zu beugen. Der Rücken bleibt während der ganzen Zeit gerade! Dehnen Sie, bis Sie eine Spannung auf der Innenseite der Oberschenkel verspüren, und halten Sie diese 45 Sekunden lang.

Gesäßmuskulatur: Legen Sie sich mit gestreckten Beinen auf den Rücken. Ziehen Sie ein Knie zur Brust, und fühlen Sie die Dehnung in den Gesäßmuskeln. Versuchen Sie 45 Sekunden lang, eine mäßige Dehnung zu halten, und wiederholen Sie die Übung mit dem anderen Bein.

Quadrizeps: Legen Sie sich auf die linke Seite. Fassen Sie Ihr rechtes Fußgelenk, und ziehen Sie den Fuß zum Gesäß. Beugen Sie dabei das Knie, und dehnen Sie die Muskelgruppe des Quadrizeps an der Oberschenkelvorderseite. Halten Sie 45 Sekunden lang eine mäßige Dehnung, und wiederholen Sie die Übung auf der anderen Seite beziehungsweise mit dem anderen Fuß.

Waden: Stellen Sie sich mit den Fußballen auf den Rand einer Stufe. Mittelfuß und Ferse ragen über die Kante hinaus. Senken Sie den Körper nach unten, bis die Ferse weit unterhalb des Stufenrands ist und die Wadenmuskeln komplett gedehnt sind. 45 Sekunden lang halten, dann mit dem anderen Fuß wiederholen.

Iliotibiales Band: Setzen Sie sich auf den Boden, und strecken Sie beide Beine vor sich aus. Beugen Sie das rechte Knie, und stellen Sie den rechten Fuß an die obere Außenseite des linken Knies. Legen Sie den linken Arm an die Außenseite des rechten Knies, und drehen Sie den Oberkörper nach rechts. Stützen Sie die rechte Hand hinter dem Körper ab, und drehen Sie Kopf und Oberkörper nach rechts. Mit dem linken Arm ziehen Sie das rechte Bein nach links. Fühlen Sie die Dehnung entlang des rechten iliotibialen Bands, welches an der Außenseite der Hüfte und seitlich an der Schenkelrückseite verläuft. Die Dehnung 45 Sekunden lang halten, Seitenwechsel und wiederholen.

Schulterblattmuskulatur: Halten Sie Ihren rechten Arm etwa in Schulterhöhe gestreckt vor der Brust. Fassen Sie mit der linken Hand den rechten Ellenbogen, und ziehen Sie den Arm in die Richtung der linken Schulter. Fühlen Sie, wie sich die Muskeln am rechten Schulterblatt dehnen. Die Dehnung 45 Sekunden lang halten, Arme wechseln und wiederholen.

Brustmuskulatur: Stellen Sie sich etwa eine Armlänge vor eine Wand. Legen Sie die rechte Hand an die Wand, und drehen Sie sich mit dem Oberkörper nach links, um die Muskeln an der Brustoberseite und im vorderen Schulterbereich zu dehnen. Eine mäßige Dehnung 45 Sekunden lang halten, dann Arme wechseln und wiederholen.

Hüftbeuger: Gehen Sie aus dem Stand in den Ausfallschritt: Ihr linker Fuß steht gut einen Meter vor dem anderen. Jetzt das linke Knie beugen und die rechte Hüfte – gerade und ohne seitlich auszuweichen – nach unten drücken. Das Knie des hinteren Beins bleibt gestreckt. Fühlen Sie die Dehnung an der Vorderseite der Hüfte und am Oberschenkelansatz. Halten Sie 45 Sekunden lang eine mäßige Dehnung, dann Beinwechsel und wiederholen.

Die oben genannten Dehnübungen sind grundlegend für ein Mindestmaß an Beweglichkeit. Selbstverständlich gibt es zahlreiche weitere Übungen, die ebenfalls sehr wirkungsvoll sind. Am besten suchen Sie einen Physio- oder Chirotherapeuten auf, der Sie auf etwaige muskuläre Dysbalancen und Mobilitätsungleichgewichte untersuchen und ein maßgeschneidertes Beweglichkeitsprogramm erstellen kann.

PLYOMETRISCHE ÜBUNGEN

Plyometrische Übungen sind eine Trainingskomponente, die vor allem in kraftintensiven Sportarten genutzt wird. Da sie jedoch die Elastizität des Bindegewebes und die Interaktion von Nerven und Muskeln verbessern, könnten sie durchaus auch die Verletzungsresistenz von Ausdauersportlern erhöhen. Fangen Sie langsam mit diesen Sprungübungen an, und steigern Sie die Schwierigkeiten ganz allmählich. Es kommt in jeder dieser Übungen darauf an, die Kontaktzeit zwischen Fuß und Untergrund so kurz wie möglich zu halten.

Seitsprünge: Springen Sie aus dem Stand direkt nach links, wobei Sie sich nur mit dem rechten Fuß abdrücken. Landen Sie nur auf dem linken Fuß, und springen Sie sofort seitlich zurück in die Ausgangsposition. Sobald Sie diesmal auf dem rechten Fuß landen, drücken Sie sich wieder ab. Wiederholen Sie die Sprünge ununterbrochen 30 Sekunden lang.

Seithüpfen: Stellen Sie sich mit geschlossenen Beinen hin, und hüpfen Sie beidbeinig etwa zehn Zentimeter zur linken Seite. Landen Sie auf beiden Füßen, und hüpfen Sie sofort zurück in die Ausgangsposition. Wiederholungen Sie diese Hopser 30 Sekunden lang ohne Unterbrechung.

Seitwärtslauf (mit Überkreuzen): Laufen Sie seitlich nach links, wobei Sie den rechten Fuß überkreuz vor den linken setzen. Nach zehn bis zwölf Seitschritten laufen Sie wieder zurück zum Ausgangspunkt und setzen diesmal den linken Fuß vor den rechten. Achten Sie darauf, die Hüfte nicht in Laufrichtung zu drehen, sondern wirklich seitwärts zu laufen.

PROPRIOZEPTIVES TRAINING

Beim Laufen wirken vielfältige Kräfte auf den Fuß, das Fußgelenk und die Unterschenkel ein. Sogar auf einem relativ ebenen Untergrund gibt es allerlei Unregelmäßigkeiten, durch die jeder Schritt etwas anders ausfällt als der vorige. Unser Körper muss also in der Lage sein, solche Unregelmäßigkeiten auf dem Boden wahrzunehmen und unmittelbar mit entsprechenden Muskelkontraktionen darauf zu reagieren. Diese Fähigkeit zur unbewussten Anpassung verdanken wir einem System der Eigenwahrnehmung, der so genannten Propriozeption. Ein Sportler mit gut entwickelten propriozeptiven Fähigkeiten erleidet im Training oder im Wettkampf seltener eine Verletzung. Ein Gleichgewichtstraining auf einem Kreisel oder Kippbrett trainiert die Gelenk- und Muskelrezeptoren, die unbeabsichtigte Bewegungen steuern und minimiert so das Risiko von Laufverletzungen.

LAUFEN MIT GEWICHTEN

Das Laufen mit einer Gewichtsweste kann, bei richtigem Gebrauch, die Verletzungshäufigkeit unter Läufern beträchtlich reduzieren. Wie bei jeder Art von Krafttraining wird das Bindegewebe stärker, dicker und elastischer. Allerdings besteht ein Unterschied zwischen sportartspezifischen und allgemeinen Bewegungen. Das klassische Krafttraining im Fitnesscenter ist zweifellos wichtig und nützlich, aber es stimuliert oft nicht das Gewebe, das beim Laufen belastet wird. Das Laufen mit einer Gewichtsweste kräftigt dagegen gezielt das Bindegewebe an den Füßen, Waden und Unterschenkeln. In der Vorbereitungs- und Grundlagenperiode – wenn die Umfänge und Intensitäten am geringsten sind – mit einer Gewichtsweste zu laufen, beugt späteren Verletzungen vor, wenn die Belastungen zunehmen.

Setzen Sie die Gewichtsweste nur gezielt und mit ausreichenden Erholungsphasen zwischen den Läufen ein, um optimal und ohne Risiko von diesem Training zu profitieren. Beginnen Sie mit nicht mehr als einem Kilo Gewicht in der Weste, und erhöhen Sie es alle paar Wochen um ein weiteres Kilo, bis Sie mit einem Zusatzgewicht von fünf bis acht Prozent Ihres Körpergewichts laufen können. Ziehen Sie die Weste nur bei ein bis zwei leichten Läufen pro Woche an, aber nie bei einem langen oder intensiven Lauf. Mit Gewichten zu laufen, kann sehr effektiv die Verletzungsresistenz des Körpers erhöhen – allerdings führt jede Übertreibung ins Gegenteil. Weniger ist oft mehr.

Fazit: Ein Mix aus Krafttraining, Dehn- und Sprungübungen sowie Läufen mit Gewichten in der wettkampffreien Zeit ist ein idealer Schutz vor Verletzungen in der kommenden Saison. Trainieren Sie vor allem die lateral agierenden Muskelgruppen, da diese weder beim Schwimmen noch beim Radfahren oder Laufen effektiv gestärkt werden. Und denken Sie nicht zuletzt daran, die in Kapitel 1 beschriebenen Lauftechniken in Ihr Training zu integrieren.

Kapitel 14

Spezielle Formen der Wettkampfvorbereitung

Dieses Kapitel zeigt Ihnen einige Tipps, wie Sie sich einen kleinen Vorteil gegenüber Ihrer Konkurrenz verschaffen können.

HÖHENTRAINING

Ein Training in höheren Lagen kann wirkungsvoll sein, um im Wettkampf eine persönliche Bestleistung zu erzielen. Die Adaptationsprozesse unseres Körpers an die Belastungen der Höhenlagen können unsere Ausdauerleistungen enorm verbessern. Der verminderte Luftdruck führt dazu, dass unser Organismus sich mehr anstrengen muss, um Sauerstoff aus der Luft in den Körper und in die Muskeln zu befördern. Unser Körper passt sich an diese Bedingungen an, indem er beispielsweise vermehrt rote Blutkörperchen bildet, um die Muskulatur mit Sauerstoff versorgen zu können.

Ein längerer Aufenthalt in der Höhe zahlt sich auf jeden Fall aus. Durch die Anpassungen unseres Körpers werden wir leistungsfähiger, obwohl unser Training weniger effektiv ist, weil der geringere Sauerstoffgehalt in der Luft uns langsamer und somit weniger effizient als im Flachland macht. Wer täglich zwei Stunden lang in einer Bergregion trainiert, profitiert davon während der restlichen 22 Stunden des Tages am meisten.

Beim Höhentraining ist das richtige Timing extrem wichtig, um aus der Akklimatisation den größten Nutzen zu ziehen, ohne jedoch andere Trainingseinheiten zu vernachlässigen.

Die optimale Dauer eines Höhentrainings sind etwa vier Wochen. Ein solch langer Zeitraum ist jedoch für viele Athleten kaum machbar, es sei denn, sie richten sich zuhause eine Höhenkammer ein (eine zwar teure, aber äußerst wirkungsvolle Alternative). Obwohl ein Trainingsaufenthalt von einer Woche schon wesentliche Vorteile bringt, ziehen wir normalerweise 10 bis 14 Tage für unsere Sportler vor. Dieses Zeitfenster lässt sich gut mit einem Familienurlaub vereinbaren und ist für viele Athleten praktikabler.

Ein rotes Blutkörperchen hat eine Lebensdauer von rund 80 Tagen, das heißt, die Vorteile eines Höhentrainings halten etwa so lange an. Im Allgemeinen erbringen Sportler drei Wochen nach ihrer Rückkehr in ihre normale Umgebung die besten Leistungen. In dieser Zeit kann sich der Organismus wieder an den höheren Sauerstoffgehalt der Luft und durch die gestiegenen Trainingsbelastungen gewöhnen.

Das wichtigste beim Höhentraining ist, eine gewisse Aktionsschnelligkeit beizubehalten. Allerdings ist es wichtig, wegen des niedrigen Luftdrucks seine Intervallzeiten zurückzuschrauben, um sich nicht für den Rest der Trainingswoche ‚plattzumachen'. Deshalb lautet meine Empfehlung für das aerobe Training: Reduzieren Sie Ihr Tempo in 1500 bis 2500 Höhenmetern um zwei bis drei Prozent und um drei bis fünf Prozent in über 2500 Metern Höhe.

Ökonomietraining bildet einen Schwerpunkt jedes Höhenaufenthalts. Selbst während eines nur einwöchigen Höhentrainings sollten Sie zwei kurze Ökonomieeinheiten absolvieren. Da alle Einheiten im Grundlagenausdauerbereich langsamer ausgeführt werden müssen als sonst, sorgt der temporeiche Lauf dafür, dass das neuromuskuläre Zusammenspiel für schnelle Läufe erhalten bleibt. Außerdem sind die Intervalle beim Ökonomietraining so kurz, dass sie die Regeneration üblicherweise nicht behindern. Versuchen Sie dabei Ihr gewohntes Tempo zu halten, denn das ideale Tempo beim Ökonomietraining wird nicht von stoffwechselbedingten Faktoren bestimmt, sondern von den persönlichen biomechanischen Voraussetzungen (die nicht vom Sauerstoffgehalt in der Luft abhängen).

Überlegen Sie beim Erstellen Ihres Jahrestrainingsplans, ob ein Höhentraining für Sie in Frage kommt. Idealerweise sollte dieses Training drei Wochen vor Ihrem wichtigsten Wettkampf abgeschlossen sein.

TRAINING UND WETTKÄMPFE BEI HITZE

Training und Wettkämpfe unter extremen Temperaturbedingungen stellen besondere Herausforderungen an den Organismus. Es ist deshalb sehr wichtig, seinen Körper im Training darauf vorzubereiten, dass er trotz dieser Zusatzbelastung eine optimale Leistung bringt. Bei sportlichen Belastungen in der Hitze wird mehr Blut an die Haut befördert, wo es abkühlen kann, um die Körperkerntemperatur stabil zu halten. Dadurch bleibt den arbeitenden Muskeln weniger Blut zur Verfügung. Außerdem ist bei höheren Temperaturen die Herzfrequenz erhöht – und zwar nicht nur beim Laufen, sondern auch in Ruhe.

Dementsprechend müssen Sie Ihr Lauftempo anpassen, um möglichst in Ihrem gewohnten Herzfrequenzbereich zu bleiben. In der Regel empfehle ich eine Herzfrequenz, die den unter Normaltemperaturen optimalen Bereich um nicht mehr als fünf Schläge pro Minute (SpM) über- bzw. unterschreitet.

Wer unter nicht optimalen Bedingungen das Tempo nicht reduziert, sondern so weiterläuft, wie er oder sie es gewöhnt ist, trainiert in einem höheren Intensitätsbereich und verzögert die eigene Regeneration.

Selbstverständlich ist es kaum möglich, an einem sehr heißen Tag die Herzfrequenz konstant im persönlich normalen Bereich zu halten, dennoch sollten Sie dies so gut es geht versuchen. Ich empfehle meinen Sportlern, beim Ausdauertraining darauf zu achten, dass ihr Puls nicht mehr als fünf SpM über ihrem üblichen HF-Bereich 2 liegt. Für ein Training im HF-Bereich 4 ist meiner Meinung nach keine Umstellung nötig. Die klimatischen Bedingungen an einem heißen Tag erfordern nunmal, dass das optimale Tempo geringer ist. Passen Sie sich also lieber daran an, als gegen die Bedingungen anzukämpfen, den eigenen Regenerationsprozess durcheinander zu bringen und sich damit um den Effekt der ganzen Trainingswoche zu bringen.

Wenn Sie nicht gerade für einen Wüsten-Marathon trainieren, stellen Sie während des Trainings auf dem Laufband oder dem Heimtrainer einen großen Ventilator auf, und richten Sie seinen kühlenden Luftstrom auf Ihren Körper und Kopf. So gelangt das Blut wieder zu den arbeitenden Muskeln und wird nicht dauernd an die Haut befördert, um den Körper zu kühlen.

Beim Radtraining macht sich die Hitze eigentlich nur bei Bergauffahrten wirklich bemerkbar. Ansonsten sorgt bei den relativ hohen Geschwindigkeiten der Fahrtwind auch auf flachen Strecken für ausreichend Kühlung.

In den heißesten Monaten des Jahres ist ein effektives Training nur möglich, wenn der Körper kühl bleibt. Am effektivsten ist es, wenn man früh morgens, spät abends oder an einem schattigen Ort trainiert – oder aber auf dem Laufband. Oft schicke ich meine Sportler zum Warmlaufen nach draußen, um sie dann den intensiveren Trainingsabschnitt auf einem Laufband im kühlenden Luftstrom eines Ventilators absolvieren zu lassen. Dies erhöht nicht nur die Qualität des intensiven Trainings, sondern ermöglicht den Athleten außerdem einen Lauf im Freien sowie eine verkürzte Zeit auf dem Laufband.

Für Läufe bei warmem Wetter ist es äußerst wichtig, Wasser dabei zu haben. Die meisten Triathleten denken gewissenhaft ans Trinken, solange sie auf dem Rad sitzen, aber beim Laufen vergessen sie nur allzu oft, auf eine ausreichende Flüssigkeitszufuhr zu achten. Bei jedem Lauf, der länger als 45 Minuten dauert, ist Trinken wichtig, und dies gilt erst recht, wenn es draußen heiß ist.

Wettkämpfe, die zu Beginn oder Ende der Trainingssaison in einer anderen Klimazone stattfinden, stellen Athleten – sogar bei nur mäßig warmer Witterung – vor besondere Herausforderungen, weil der Körper nicht auf eine sportliche Leistung in der Hitze vorbereitet ist. Ich habe einmal Mitte November an einem Wettkampf in Perth in Australien teilgenommen. Mitte November ist Sommer in Australien und Winter in Washington, D.C., wo ich herkomme. 33 Grad Celsius fühlten sich an wie 42 Grad Celsius. Ähnlich geht es vielen Triathleten von der Ostküste der Vereinigten Staaten, die nach Florida zum St. Anthony Triathlon fahren und dann überrascht sind, wie heiß sich doch 30 Grad im April anfühlen können.

Wenn Sie Ihren Jahrestrainingsplan erstellen, kalkulieren Sie gleich mit ein, wie die Wetterbedingungen am Wettkampftag voraussichtlich sein werden. Wer für den Ironman® Hawaii trainiert, sollte mit Hitze rechnen. In diesem Fall planen Sie für die Vorwettkampfphase mehrere Trainingseinheiten ein, die Sie speziell auf die Anforderungen vorbereiten, die der Wettkampf an die Wärmeregulation Ihres Körpers stellen wird. Wenn Ihr Wohnort in einer Region liegt, in der die Temperaturen selten über 21 Grad steigen, Sie aber wissen, dass es beim Wettkampf auch wetterbedingt heiß hergehen wird, dann können Sie diese Wärme annähernd simulieren, indem Sie sich einmal pro Woche bei einem harten Lauf richtig warm anziehen. Ich habe meinen Sportlern auch schon empfohlen, ihren Heimtrainer am Rand eines Schwimmbeckens in der Sonne aufzustellen, um einen Eindruck von der Hitze und Feuchtigkeit zu erhalten, mit der sie am Wettkampftag konfrontiert werden. Hier sind Ihrer Kreativität keine Grenzen gesetzt; es gibt viele effektive Methoden, um die Akklimatisation des Körpers an hohe Temperaturen zu fördern. Wenn am Wettkampftag die Wärmeregulierung Ihres Körpers ein leistungsbegrenzender Faktor ist, sollten Sie vier bis fünf Wochen vor diesem wichtigen Wettkampf während eines harten Trainings pro Woche dafür sorgen, dass Sie tüchtig ins Schwitzen kommen.

Die erforderliche Wärmeregulierung des Körpers wird nur während eines Trainings effektiv in Gang gesetzt. Ein Saunabesuch treibt wegen der extrem hohen Temperaturen zwar die Körperkerntemperatur in die Höhe, bereitet uns aber nicht darauf vor, in der Hitze eine effektive Leistung zu erbringen.

Bei Wettkämpfen in einem warmen Klima wird die Eigenversorgung mit Wasser und Natrium noch viel wichtiger als sonst, und ich lege großen Wert darauf, dass meine Triathleten Wasser bei sich tragen, wenn sie laufen oder Rad fahren. Das Wasser kann man entweder trinken oder sich über den Kopf schütten.

Laufen Sie möglichst im Schatten. Sie brauchen dafür nicht von der Laufroute abzuweichen oder die Regeln zu brechen. Wenn Sie jedoch ein paar Meter extra zur schattigeren Seite der Straße laufen, lohnt sich das sehr wohl. Cremen Sie sich außerdem mit Sonnenmilch ein, und tragen Sie eine Laufkappe mit eingenähtem Mikronetz, um den Kopf vor der Sonne zu schützen. Wenn man die Laufkappe immer feucht hält, sorgt sie zudem für angenehme Kühlung.

TRAINING BEI KÄLTE

Das Training bei niedrigen Temperaturen stellt wiederum ganz andere Herausforderungen an den Körper. Jetzt geht es in erster Linie um das eigene Wohlbefinden und nicht um die Leistungsfähigkeit. Vielmehr sind wir sogar zu richtig guten Leistungen imstande, wenn es draußen lausig kalt ist.

Wer bei Tiefsttemperaturen im Freien trainiert, hat meist keine Probleme, die Körperkerntemperatur hoch zu halten. Viel schwieriger ist es, die Haut warm zu halten, besonders an den Extremitäten. Dazu empfiehlt sich ein Schichtsystem mit einer winddichten Jacke als äußerster Schicht. Eine Laufkappe oder Mütze, Handschuhe und wärmeisolierende Socken machen die Kälte ebenfalls erträglicher.

Eine weitere Möglichkeit ist, sich erst im Haus aufzuwärmen, bevor man zum eigentlichen Training nach draußen geht. Dazu genügen bereits fünf bis zehn Minuten leichte Bewegung im aeroben Bereich, um die Körperkerntemperatur zu heben und den Kreislauf anzuregen, so dass die Kälte einem weniger anhaben kann.

NAHRUNGSERGÄNZUNGSMITTEL

Wohl alle Athleten träumen von einem Nahrungsergänzungsmittel, das ihnen ohne irgendwelche Nebenwirkungen zu einer schnelleren Wettkampfleistung verhilft. In der Tat gibt es drei sehr effektive Nahrungsergänzungsmittel: Wasser, Kohlenhydrate und Salz. Leider wissen das auch alle Ihre Mitstreiter, so dass Sie damit kaum einen großen Vorsprung erzielen können.

Der wichtigste Vorteil einer guten Nahrungsergänzung – und eigentlich jeder guten Ernährung an sich – ist, dass wir damit tagein, tagaus etwas effektiver trainieren und etwas schneller regenerieren können. Während die meisten Triathleten diesen allgemeinen und wichtigen Beitrag der Ernährung häufig vernachlässigen, gibt es einige Substanzen, die uns zu einer besseren Leistung am Wettkampftag selbst verhelfen. Nachfolgend werden zwei Hilfsstoffe vorgestellt, die Ihnen nützen könnten. Ansonsten sollten Sie allem, was Sie über neue Wundermittel hören oder lesen, erst einmal mit Skepsis begegnen. Jedem wirklich leistungssteigernden Mittel stehen nämlich Dutzende anderer Produkte gegenüber, von deren Verkauf nur die Anbieter profitieren – ihre Wirkung auf sportliche Leistungen ist gleich Null.

Natriumphosphat

Natriumphosphat ist so etwas wie ein Wundermittel für Ausdauersportler, denn durch seine Einnahme kann das Blut etwas mehr Sauerstoff transportieren. Das erhöht die Leistungsfähigkeit bei jeder Intensität um ein bis zwei Prozent! Dabei ist Natriumphosphat eine reine Nahrungsergänzung, also kein Sucht- oder Genussmittel wie viele andere so genannte Nahrungsergänzungsmittel. Wir nehmen mit jedem Stück Fleisch Natriumphosphat zu uns, nur ist die Menge nicht ausreichend, um unsere Wettkampfleistung maximal zu steigern. Allerdings wirkt die Einnahme von Natriumphosphat zum Zweck der Leistungssteigerung nur in wenigen ‚Sonderfällen'. Eine ‚Überschwemmung' des Körpers mit Phosphat für mehr als zwei Wettkampfveranstaltungen pro Saison (oder auch drei, wenn diese jeweils vier Monate auseinander liegen) reduziert den Leistungsgewinn wiederum auf fast null. Die allgemeine Empfehlung für eine Phosphatbeladung lautet, an den letzten vier Tagen vor dem Wettkampf vier Mal täglich je ein Gramm Natriumphosphat mit dem Essen einzunehmen, und noch einmal am Morgen des Wettkampftags. Natriumphosphat ist unter anderem in der Apotheke erhältlich.

Koffein

Koffein kann durchaus zur sportlichen Leistungsverbesserung beitragen. Es fördert den Abtransport der Fettsäuren aus den Fettzellen und in den Blutkreislauf, wo sie zur Energiegewinnung verwendet werden können. Damit greift der Körper in der Anfangsphase eines Trainings oder Wettkampfs weniger auf Kohlenhydrate zurück, was wiederum der Ausdauerfähigkeit zugute kommt. Nach dem Konsum koffeinhaltiger Getränke ist die subjektiv empfundene Belastung in jeder Intensitätsstufe geringer. Wenn Sie Koffein nicht oder nicht in größeren Mengen gewöhnt sind, sollten Sie vorher auf jeden Fall Ihren Arzt fragen, bevor Sie es als leistungssteigerndes Mittel einsetzen.

PLYOMETRISCHE ÜBUNGEN

Plyometrische Übungen fördern die Kraftentwicklung in der Beinmuskulatur für eine effiziente Laufleistung. Diese Sprungübungen verbessern die Elastizität der Muskeln und des Bindegewebes und bereiten das neuromuskuläre System auf schnelle und effiziente Kontraktionen vor.

Beginnen Sie mit dem ‚beidbeinigen Hüpfen' (Übungsbeschreibung auf Seite 47). Machen Sie mehrere Sätze von jeweils 30 Sekunden mit 30-sekündigen Pausen. Diese grundlegende plyometrische Übung eignet sich auch für erfahrene Läufer, die ihre Spritzigkeit erhöhen wollen. Steigern Sie schrittweise den Umfang und die Intensität, und denken Sie daran, dass Übungen auf einem Bein viel intensiver sind als solche, die beidbeinig ausgeführt werden. Variationen hierzu und weitere plyometrische Übungen werden in Anhang A vorgestellt.

Auch hier bringt, wie bei allem hochintensivem Training, umsichtiges und konsequentes Üben die besten Ergebnisse. Sprünge belasten den

Körper, obwohl sie kaum anstrengen, und die Intensität der Aufprallkräfte kann zu Verletzungen führen. Wenn Sie vor jeder Laufeinheit ein paar Minuten lang diese Übungen machen, werden Sie schneller und effizienter laufen – aber übertreiben Sie es nicht! Beginnen Sie vorsichtig, und erhöhen Sie Umfänge und Intensitäten äußerst langsam.

Teil 4

Wettkampf

Kapitel 15

Die Kunst des Taperings

Sie haben lang und hart trainiert, und Ihr wichtigster Wettkampf der Saison steht bald an. Jetzt ist Ruhezeit. Die meisten Athleten und Trainer wissen, wie wichtig das Tapering ist, aber nur wenige kennen wirklich alle Nuancen bei der Planung eines Taperings. Dabei ist ein gezieltes Tapering ein entscheidender Faktor für eine Bestleistung am Wettkampftag.

In erster Linie geht es beim Tapering darum, sich komplett zu erholen und für den Wettkampf frisch zu werden, doch herausragende sportliche Leistungen sind unmittelbar nach einer Erholungsphase eher selten. Tapern ist ein zweiteiliger Vorgang, der mit einer Erholungsphase beginnt und dann ausreichend intensive Belastungen enthält, mit denen die eigene Technik geschärft und die Leistungsfähigkeit auf die Wettkampfbedingungen abgestimmt wird, ohne zu ermüden.

Durch Ruhe werden viele Ermüdungserscheinungen beseitigt, und die Leistungsstärke nimmt zu. Andererseits kann Ruhe auch bestimmte Eigenschaften schwächen, die für eine optimale Leistung entscheidend sind. Schon nach wenigen Tagen mit geringer Trainingsintensität nehmen vor allem das Blutvolumen und die Bewegungsökonomie drastisch ab.

Die Kunst des Taperings besteht also darin, für ausreichend Erholung zu sorgen, um jegliche Rest-Müdigkeit abzubauen und gleichzeitig die Trainingsumfänge und -intensitäten genau so hoch zu wählen, dass die Leistungsfähigkeit nicht nachlässt sowie das neuromuskuläre Zusammenspiel spritzig und effizient bleibt. Das Timing der einzelnen Komponenten ist das A und O beim Tapering.

DIE DAUER DES TAPERINGS

Die ideale Dauer eines Taperings hängt von einer Reihe von Faktoren ab. Athleten auf einer höheren Leistungsstufe (leistungsorientierte Breitensportler und Profis) benötigen ein längeres Tapering, kein kürzeres. Diese Athleten besitzen zwar die physischen Ressourcen, um sich von harten Trainingseinheiten schneller zu erholen, aber sie zapfen auch regelmäßig bei sportlicher Belastung größere Reserven an und holen mehr aus sich heraus, wodurch sich wiederum ihr Regenerationsbedarf erhöht. Darüber hinaus büßen sie in Trainingspausen ihre Fitness nicht so rasch ein.

Je höher die Fitness eines Sportlers, desto länger sollte also das Tapering sein. Wer nicht regelmäßig trainieren konnte, um rechtzeitig in Form zu kommen, ist besser beraten, wenn er eine Woche dranhängt, Versäumtes nachholt und dafür sein Tapering kürzer hält.

Auch mit zunehmender Wettkampfdauer steigt der Taperingbedarf, denn lange Trainingseinheiten erfordern mehr Erholungszeit als intensive. Je wichtiger beispielsweise Laktatschwellen-Fitness, aerobe Kapazität, Laktattoleranz und Ökonomie bei hohen Geschwindigkeiten für einen Wettkampf sind, desto kürzer muss das Tapering gehalten werden. Diese Fertigkeiten gehen nämlich schneller verloren als die für lange Distanzen nötige Grundlagenausdauer. Insbesondere die Laktattoleranz bildet sich ohne Training schnell wieder zurück. Je nach Wettkampfdistanz empfehle ich in der Regel folgende Taperingzeiten:

- Für Langdistanz-Triathlons drei bis vier Wochen Tapering;
- Für Triathlons über die olympische und Mitteldistanz zwei bis drei Wochen Tapering;
- Für Kurzdistanz-Triathlons ein zehntägiges bis zweiwöchiges Tapering;
- Für Wettkämpfe der B- und C-Kategorie eine Woche Tapering.

DER TRAININGSUMFANG

Das Wichtigste im Tapering ist die Reduktion der Trainings*umfänge*. Wie dies im Einzelnen gestaltet wird, hängt von individuellen Voraussetzungen, dem normalen Trainingsprogramm und dem Wettkampf ab, auf den man sich vorbereitet. Bei einem Tapering von vier Wochen wird der Umfang wöchentlich auf etwa 80, dann 70, 60 und schließlich 40 Prozent des gewohnten Wochentrainings gesenkt. Bei einem zweiwöchigen Tapering wird das Pensum auf etwa 75 und 50 Prozent reduziert.

Die Trainings*häufigkeit* sollte hingegen annähernd gleich bleiben. Ziel ist, die Belastung zu senken und sich zu erholen, aber nicht, allzu viele Ruhetage einzulegen. Häufiges Training ist für die Aufrechterhaltung der Bewegungsökonomie wie für die Psyche gleichermaßen wichtig. Mit einem Minimum an sportlicher Aktivität – und sei es auch nur ein 20-minütiges Spinning im HF-Bereich 1 – bleibt die Leistungsbereitschaft am besten erhalten.

Jeden dritten bis vierten Tag innerhalb der Taperingphase sollten Sie ein paar kurze (!) Intervalle in Wettkampfintensität durchführen. Diese verbessern die Ökonomie im Wettkampftempo, wobei aufgrund der zeitlichen Abstände eine ausreichende Regeneration gewährleistet ist. Zu Beginn der Taperingperiode sollte der Umfang dieser Einheiten im Wettkampftempo mittel bis gering sein und später immer weiter abnehmen. Durch dieses Training wollen Sie nicht stärker werden, sondern Ihre Bewegungen im Wettkampftempo spritzig und schnell halten. Obwohl diese Einheiten eine gewisse Tempoarbeit enthalten, sollten sie dennoch insgesamt *sehr* locker bleiben.

Sehr effektiv ist auch ein leichtes Ökonomietraining. Kurzes Aufwärmen, sechs 200-Meter-Läufe mit 400 Meter Trabpausen, und danach Auslaufen – das reicht, damit der Laufrhythmus spritzig bleibt, ohne den Regenerationsbedarf zu erhöhen.

DAS PHÄNOMEN DES DRITTEN TRAININGSTAGES

Nach einem Block von Erholungstagen brauchen die meisten Sportler erst einmal einen oder zwei Trainingstage, um wieder in Schwung zu kommen. Das heißt, Ihr wichtigster Wettkampf sollte nicht gerade auf einen dieser ‚zähen' Tage fallen. Ihr letzter komplett trainingsfreier Regenerationstag sollte spätestens drei bis vier Tage vor dem Wettkampf sein! Nehmen Sie sich also auf gar keinen Fall in den letzten beiden Tagen vor dem Wettkampf frei. Dieses Phänomen, welches ich ‚das Phänomen des dritten Trainingstages' nenne, diskutieren Sandler und Lobstein in ihrem Buch *Consistent Winning* (Rodale, 1992). Die Autoren studierten die Trainingsdaten von Ausdauersportlern in den 1970er und 1980er Jahren und fanden heraus, dass viele Athleten sich in der Woche vor einem Wettkampf komplett ausruhten (also keine qualitativ hochwertigen Einheiten absolvierten) und anschließend am Montag oder Dienstag nach dem Wettkampf eine Höchstleistung erbrachten. Ihre Untersuchungen besagen, dass eine *angemessene* Trainingsbelastung an den zwei Tagen vor einem Wettkampf vor allem dann zu einem herausragenden Ergebnis führen kann, wenn der Sportler zu Wochenbeginn komplett erholt ist.

DIE LETZTEN TAGE

Mehrere Tage vor dem Wettkampf sollten Sie leicht, aber qualitativ hochwertig trainieren, um das Blutvolumen zu erhöhen und das Zusammenspiel von Nerven und Muskeln – und damit auch die Bewegungsökonomie – in Schwung zu halten. Außerdem sollten Sie darauf vertrauen, dass das Tapering funktioniert hat. Obwohl das Training ausreichend Reize setzen sollte, um die Muskulatur ‚zu wecken', sollte es *keinesfalls* schwer sein. Die Qualitätselemente sollten vielmehr eine sehr geringe Intensität besitzen und wettkampfbezogen sein. Konzentrieren Sie sich in diesen letzten Tagen darauf, wie erfolgreich Ihr Training und Tapering verlaufen sind. Sagen Sie sich immer wieder selbst vor, wie stark Sie sich fühlen – das macht Mut und stärkt das Selbstvertrauen.

Jegliches Koppeltraining während des Taperings muss extrem leicht sein, denn selbst dann ist es für den Körper noch eine relativ starke Belastung.

Zwei Tage vor dem Wettkampf machen Sie beim Laufen und Schwimmen sehr kurze Intervalle im Wettkampftempo, und am letzten Tag beim Radfahren und Schwimmen. Da sogar leichte Laufeinheiten im Wettkampftempo anspruchsvoller sind als Schwimmen oder Radfahren, ist es am besten, am Tag vor dem Wettkampf gar nicht zu laufen.

Angehende XTERRA-Teilnehmer sollten in den Tagen vor dem Wettkampf mit dem Rad am Berg trainieren. Ich lasse sie häufig drei 40-sekündige bis einminütige Bergintervalle mit Pausen für eine vollständige Erholung fahren. Außerdem lasse ich sie in diesen Tagen ein paar Übungen zur Fahrtechnik machen. Alle Triathleten profitieren außerdem von einem sehr leichten Training der Laufökonomie in den Tagen vor einem wichtigen Wettkampf. Halten Sie diese Intervalle jedoch kürzer als normal (etwa 30 Sekunden lang), und sorgen Sie dazwischen für eine vollständige Regeneration. Am Tag vor dem Wettkampf setzen Sie allerdings mit diesem Training aus.

ERNÄHRUNG

In den Wochen vor einem wichtigen Wettkampf sind Ernährungsexperimente fehl am Platz. Wer bei voller Trainingsbelastung gern ‚wie ein Scheunendrescher' isst, muss während des Taperings eventuell seine Portionsgröße reduzieren, aber ansonsten rate ich meinen Athleten, ihren Speiseplan nicht mehr umzustellen.

SCHLAF

Durch die Trainingsreduktion während des Taperings finden auch sehr beschäftigte Triathleten die nötige Zeit für mehr Schlaf, der eine wichtige Regenerationsquelle ist. Wer regelmäßig ein Nickerchen macht, sollte diese Gewohnheit auch jetzt beibehalten. Es ist aber nicht sinnvoll, ausgerechnet jetzt damit zu beginnen, da dies den Schlaf in der Nacht beeinträchtigen kann. Ich versuche allerdings, für meine Athleten das Training am frühen Morgen zu reduzieren, so dass sie etwas länger schlafen können, und abends die Einheiten kürzer und weniger intensiv zu gestalten, um ihnen eine frühere Schlafenszeit zu erleichtern.

RUHE

Ich schreibe immer ‚Ruhe und Erholung' anstatt ‚Frei' auf die Trainingspläne meiner Athleten. Meiner Ansicht nach verstärkt das die Vorstellung, dass es beim Tapering um mehr geht als einfach nur darum, nicht zu trainieren. Vor einigen Jahren betreute ich eine Athletin, die bis zuletzt vor den Weltmeisterschaften drei Mal pro Woche bis 2 Uhr morgens tanzen ging. Aus naheliegenden Gründen schnitt sie nicht besonders gut ab. Im Tapering sollten Sie Ihre Füße so viel wie möglich schonen. Es sind die kleinen Dinge, die zählen.

AUSGLEICHENDE AKTIVITÄTEN

Planen Sie etwas Entspannendes für die freie Zeit, die Sie durch das Tapering gewinnen. Gehen Sie ins Kino oder in ein Konzert, oder lesen Sie ein gutes Buch. Ich erinnere mich, dass ich einmal am Vortag seines wichtigsten Wettkampfs der Saison am Haus eines meiner Athleten vorbeifuhr und sah, wie er seinen Vorgarten umgrub! Leistungs- und Ausdauersportler, die es gewöhnt sind, täglich drei Stunden und mehr zu trainieren, sitzen nicht herum, wenn sie frei haben – es sei denn, sie planen bewusst eine entsprechende Beschäftigung, die sie anregt.

INDIVIDUELLE UNTERSCHIEDE

Wie intensiv das Training am Vortag eines wichtigen Wettkampfs sein sollte, ist individuell sehr unterschiedlich. Ein Athlet, den ich einmal betreute, brachte Bestleistungen, wenn er am letzten Tag vor einem Wettkampf relativ hart trainierte. Daher verordnete ich ihm zu Wochenbeginn äußerste Schonung, um ihn dann an den letzten beiden Tagen noch einmal stark zu fordern.

Um Ihre persönlichen Präferenzen festzustellen, gehen Sie Ihre Trainingstagebücher der letzten Jahre durch. Suchen Sie sich die fünf bis acht Trainings- oder Wettkampftage heraus, und analysieren Sie die Tage, die dieser Höchstleistung vorangingen. Vermutlich fällt Ihnen dabei ein bestimmter Trainingsrhythmus auf. Der eben erwähnte Athlet brachte die beste Leistung, wenn er am Vortag seines Wettkampfs lange und hart trainiert hatte. Das ist sicherlich nicht die Norm, und ich möchte damit auch nicht andeuten, dass so ein optimales Tapering auszusehen hat, sondern nur, dass jeder Sportler anders ist. Unterschätzen Sie auch nicht, welche Auswirkung das Tapering auf die mentale Leistungsstärke am Wettkampftag hat. Sportler unterscheiden sich nicht nur hinsichtlich ihrer körperlichen Reaktionen, sondern auch in ihren psychischen Eigenschaften. Wenn Sie das Training ‚brauchen', dann müssen Sie eine Lösung finden, mit der Sie ihre ‚Sucht' befriedigen können und dennoch frisch und ausgeruht beim Wettkampf sind.

ALLGEMEINE TIPPS

Triathleten sollten während des Taperings ihr Schwimmtraining beibehalten, denn die Schwimmökonomie geht am schnellsten verloren, wenn man nicht trainiert, und die Schwimmmuskulatur kommt mit weniger Schonung aus als die der Beine. Regelmäßige kurze Radeinheiten mit hoher Trittfrequenz sollten jetzt den Schwerpunkt bilden. Ist die Radstrecke

Ihres Wettkampfs eher hügelig, machen Sie zur Verbesserung der Fahrökonomie einige leichte Sätze mit niedriger Trittfrequenz an kurzen Steigungen. Meiner Meinung nach sollten Triathleten zu Beginn der Woche ihre Laufmuskulatur komplett schonen und in der zweiten Wochenhälfte die Trainingshäufigkeit wieder hochschrauben. Dabei bleibt die Laufintensität unter allen Umständen sehr leicht! Das von mir bevorzugte Tapering besteht aus leichtem Schwimmen und einer kurzen Radeinheit zwei Tage vor dem Wettkampf und am Tag vor dem Rennen aus einer ähnlichen Schwimmeinheit sowie einem kurzen Lauf, der nur kurze Intervalle in Wettkampfgeschwindigkeit enthält. Achten Sie beim Schwimmen auf lange, lockere Armzüge, treten Sie auf dem Rad eine hohe Frequenz in leichten Gängen, und machen Sie beim Laufen möglichst kurze, schnelle Schritte.

Das Tapering lässt uns mehr Zeit für andere Dinge, und da auch der Körper nicht so stark beansprucht wird, sollten wir uns jetzt verstärkt dem mentalen Training widmen und zum Beispiel Visualisierungsübungen machen. Ziehen Sie sich fünf bis zehn Minuten täglich an einen ruhigen Ort zurück, und stellen Sie sich selbst im Wettkampf vor. Versuchen Sie, mit möglichst allen Sinnen zu erleben, wie der Wettkampftag sein wird. Bleiben Sie dabei aber auf dem Boden der Tatsachen. Wenn Sie am Berg nicht besonders stark sind, hat es keinen Sinn, wenn Sie sich vorstellen, dass Sie dort mühelos an jedem vorbeiziehen. Stellen Sie sich vor, wie Sie kämpfen, dass Sie Schmerzen haben und am Berg richtig leiden – dabei aber stets flüssig und effizient treten und Ihre positive Einstellung nicht verlieren. Detaillierte Anregungen zu diesem Thema finden Sie in dem Buch *Mentales Training für Triathleten und alle Ausdauersportler* von Jim Taylor und Terri Schneider (Sportwelt Verlag, 2007)

Viele Athleten tun sich mit einem korrekten Tapering schwer, weil sie befürchten, wertvolle Trainingszeit zu verschenken. Sie glauben, wenn sie wenigstens eine einzige hammerharte Trainingseinheit in diese Woche einschieben, wären sie dadurch am Wettkampftag stärker. Diese Tendenz ist nicht nur bei Anfängern weit verbreitet. Eine Profi-Mountainbikerin, die zu den drei Besten in den Vereinigten Staaten zählte, hatte im dritten Jahr, in dem ich sie betreute, einen fantastischen Wettkampf. Anschließend verriet sie mir, dass sie endlich genug Vertrauen in mich aufgebaut habe, um das Taperingprogramm konsequent zu befolgen. Es war das erste Mal, dass sie sich an den Taperingplan gehalten und dadurch ihr bislang bestes Wettkampfergebnis erzielt hatte.

Sie haben so viele Dinge geopfert, um sich für eine optimale Leistung an Ihrem großen Tag vorzubereiten – opfern Sie unbedingt auch diese letzte Trainingseinheit, die Sie so liebend gern hineinquetschen würden. Ich sage meinen Sportlern immer: „Die Arbeit ist jetzt getan. Es ist zu spät, um Deine Fitness noch zu verbessern, aber es ist noch nicht zu spät, deine Fitness zu verschlechtern." Vor einem Wettkampf kann man sich bis zur letzten Minute noch richtig platt machen.

Obwohl Wettkämpfe der B- und C-Kategorie normalerweise nicht wichtig genug sind, um ein vollständiges Tapering zu rechtfertigen (schließlich wollen Sie dafür nicht so viele Trainingseinheiten verpassen), kann ein ‚Übungs-Tapering' vor einem solchen Wettkampf sinnvoll sein.

GEZIELTE PHOSPHATAUFNAHME

Wie in Kapitel 13 ausführlicher beschrieben, ist Natriumphosphat ein wirkungsvolles und effektives Mittel zur kurzfristigen Leistungssteigerung. Die allgemeine Empfehlung zum Auffüllen der Phosphatspeicher lautet, an den letzten vier Tagen vor dem Wettkampf vier Mal täglich ein Gramm Natriumphosphat mit dem Essen einzunehmen und noch einmal am Morgen des Wettkampftags. Es ist das effektivste Nahrungsergänzungsmittel, das ich jemals verwendet habe. Vor der Einnahme jeder Art von Hilfsstoffen sollten Sie allerdings Ihren Arzt befragen.

DIE LETZTEN VORBEREITUNGEN

Zwei Tage vor dem Wettkampf

Zwei Tage vor dem großen Wettkampf werden alle logistischen Punkte geregelt. Legen Sie beispielsweise fest, was Sie am Wettkampftag frühstücken werden, und machen Sie Ihr Rad startklar. Besorgen Sie sich Ihre gesamte Wettkampfverpflegung, und legen Sie Ihre Kleidung, die Anmeldeunterlagen, Karten und Wegbeschreibungen zum Wettkampfstart und alle weitere Ausrüstung zurecht.

Genießen Sie Ihren vorletzten Trainingstag, und essen Sie anschließend Ihre erprobte Nahrungskombination für eine optimale Regeneration.

Ein Tag vor dem Wettkampf

Am letzten Tag vor dem Wettkampf ist es ratsam, die Aufnahme von Kohlenhydraten auf etwa 9 bis 10 Gramm pro Kilogramm Körpergewicht zu erhöhen, damit die Kraftstoffreserven am Start gut gefüllt sind. Manche Sportler essen am Vortag eines Wettkampfs bewusst weniger Ballaststoffe und abends weniger Proteine, um Blähungen und Völlegefühlen am Wettkampftag vorzubeugen.

Je früher Sie alles für den nächsten Morgen vorbereitet haben, desto besser. Montieren Sie spätestens heute Ihre Wettkampfräder auf Ihr Rad. Bereiten Sie Ihr Frühstück vor, so weit es geht. Legen Sie Ihre Wettkampfkleidung heraus, und packen Sie die Tasche, die Sie mit zum Wettkampfort nehmen.

Am Morgen des Wettkampfs

Der Wecker sollte früh genug klingeln, damit Sie sich nicht beeilen müssen. Ersparen Sie sich diesen Stress – er wird Ihre Wettkampfleistung nicht verbessern, selbst wenn Sie alles noch rechtzeitig schaffen. Entwickeln Sie eine Routine, die Sie an jedem Morgen vor einem Wettkampf befolgen können. So haben Sie es an wichtigen Wettkampftagen leichter, wenn Sie einfach nach ‚Schema F' vorgehen.

Meiner Ansicht nach ist es unvernünftig, wenn man absichtlich früher aufsteht, um zur ernährungsphysiologisch optimalen Zeit zu frühstücken. Der Schlaf ist für die eigene Leistungsfähigkeit wichtiger.

Aufwärmen

Lassen Sie sich viel Zeit beim Aufwärmen für die einzelnen Disziplinen. Fahren bzw. laufen Sie sich locker ein, und beschleunigen Sie gelegentlich das Tempo auf die angestrebte Wettkampfgeschwindigkeit. Nachdem Sie sich für das Radfahren und Laufen aufgewärmt haben, essen und trinken Sie am besten etwas, bevor Sie sich auf das Schwimmen vorbereiten. Das Einschwimmen sollte möglichst kurz vor dem Wettkampfstart erfolgen. Auch in den letzten Minuten bis zum Startschuss halten Sie Ihre Arme in Bewegung, und sorgen Sie dafür, dass die Muskulatur nicht abkühlt. Wassertreten hält den Kreislauf ebenfalls in Schwung und ist besser, als reglos auf das Startsignal zu warten.

Der Start

Auch hier gilt wieder: Lassen Sie sich ausreichend Zeit. Am Wettkampfmorgen sollten Sie nichts übereilen. Wenn der Startschuss fällt, versuchen Sie, mit langen, ruhigen Schwimmbewegungen Ihren Rhythmus zu finden. Machen Sie keinen übertrieben starken Beinschlag, sondern schonen Sie Ihre Beine vielmehr für die Rad- und Laufstrecke.

Planen Sie jedes noch so kleine Detail der Wettkampfvorbereitung, um mit der Gewissheit an den Start gehen zu können, dass Sie bestmöglich vorbereitet sind. Und nutzen Sie jede Gelegenheit, die Ihnen an diesem wichtigen Tag zu einer persönlichen Bestleistung verhelfen könnte.

Kapitel 16

Laufen am Wettkampftag

Eine ideale Laufleistung beginnt schon, bevor Sie überhaupt Ihre Laufschuhe angezogen haben. So hat es einen enormen Einfluss auf Ihre Laufzeit, ob Sie auf der Radstrecke schnell und dennoch effizient gefahren sind oder ob Sie Energie verschwendet haben. Da es jedoch zu weit führen würde, in diesem Buch das Radtraining erschöpfend zu behandeln, beschränke ich mich an dieser Stelle auf die für die Laufleistung relevanten Punkte auf der Radstrecke.

Wer zu wenig getrunken oder seine Glykogenreserven erschöpft hat, kann natürlich nicht schnell laufen. Deshalb ist es wichtig, sich auf dem Rad kontinuierlich mit Nachschub zu versorgen. Dabei sollten Sie etwa vier Kalorien aus Kohlenhydraten und knapp 10 Milliliter Wasser pro Kilogramm Körpergewicht und Stunde zu sich nehmen. Mittel- und Langdistanz-Triathleten sollten zudem noch 8 Milligramm Natrium pro Kilogramm Körpergewicht und Stunde aufnehmen. Bleiben Sie konsequent: Sie sollten auf der gesamten Radstrecke alle 15 bis 20 Minuten etwas essen und trinken.

Erwiesenermaßen laufen Triathleten schneller, wenn sie zuvor mit hoher Trittfrequenz Rad gefahren sind. Durch eine hohe Frequenz ist der Widerstand und somit auch der Kraftaufwand bei einer beliebigen Geschwindigkeit geringer, was die Sprint-Muskelfasern schont. Sogar starke Radfahrer, die einen größeren Gang fahren und diese Belastung auf der gesamten Radstrecke halten können, verlieren auf diese Weise beim Laufen mehr Zeit. Für jede Minute, die man auf dem Rad durch einen größeren Gang gewinnt, verliert man zwei Minuten auf der Laufstrecke. Wenn Sie sich –

auch im sehr lockeren Tempo – eine Trittfrequenz von 92 bis 100 U/min antrainieren, wird sich das vorteilhaft auf Ihre Laufzeiten auswirken.

Nehmen Sie auf dem letzten Kilometer der Radstrecke die Intensität etwas zurück, indem Sie die Trittfrequenz noch weiter erhöhen und in einen noch leichteren Gang schalten. Der Wechsel vom Rad zum Laufen ist für die meisten Triathleten der schwierigste Wettkampfabschnitt. Für einen möglichst flüssigen Übergang helfen eine geringfügig reduzierte Laktatkonzentration in den Beinen und eine kontrollierte Atmung ungemein. Ein Zeitverlust von ein paar Sekunden auf der Radstrecke wird durch eine deutlich bessere Laufzeit mehr als wettgemacht.

IN DER WECHSELZONE

Beobachten Sie einmal einen Profi-Triathleten beim Wechsel: Nichts sieht hastig oder überstürzt aus, sondern flüssig und reibungslos – und dennoch ist er binnen weniger Sekunden raus aus der Wechselzone. Gute Wechsel sind flüssige Wechsel. Konzentrieren Sie sich darauf, die notwendigen Handgriffe ruhig, gelassen und nach Plan durchzuführen, ohne sich übermäßig zu beeilen. Ein hektischer Wechsel wird Sie dagegen beim Laufen tendenziell bremsen.

Überlegen Sie sich im Voraus, was genau Sie in den Wechselzonen tun werden. Merken Sie sich die Reihenfolge, mit der Sie Helm, Sonnenbrille, Startnummer und weitere Ausrüstung anlegen, und halten Sie diese Reihenfolge in jedem Wettkampf ein. Es hilft, wenn Sie Ihre Wechsel in der Woche vor dem Wettkampf mehrmals üben.

Für die meisten Triathleten ist es nicht gut, während des Wechsels zu essen oder zu trinken. Während dieser Übergangszeit, und noch ein paar Minuten danach, leitet der Körper Blut von den Radfahrmuskeln zur Laufmuskulatur. In dieser Zeit sollte man den Magen nicht mit Wasser oder Kalorien belasten, weil das viel Blut zur Verdauung beansprucht. Warten Sie also drei bis vier Minuten; der Nachschub wird dann deutlich besser resorbiert, und der Magen reagiert weniger empfindlich.

AUF DER LAUFSTRECKE

Das Verlassen der Wechselzone kann eine der schwierigsten Phasen der Laufstrecke sein. Aber keine Sorge – der Zustand Ihrer Beine wird sich nicht ausschließlich verschlimmern. Die Beine haben sich während der letzten Stunde(n) an das Radfahren gewöhnt, und es dauert normalerweise ein paar Minuten, bis sie sich nun auf die Laufbewegungen einstellen.

Laufen Sie von Anfang an mit einer hohen Schrittfrequenz, auch wenn Sie dafür zunächst sehr kurze Schritte machen müssen. Mit zunehmender Umstellung Ihrer Beine wird sich nach wenigen Minuten automatisch die gewohnte Schrittlänge einstellen. Erzwingen Sie nichts; halten Sie die Schrittfrequenz hoch, und Ihre Laufschritte werden von selbst länger, je mehr sich Ihre Radfahrbeine lockern und in Laufbeine verwandeln.

Haben Sie den ersten Kilometer der Laufstrecke hinter sich, können Sie an Nachschub denken. Bis zu diesem Zeitpunkt sollten Sie Ihren Lauf- und Atemrhythmus gefunden haben. Sobald sich der Organismus an das Laufen gewöhnt hat, beginnen Sie mit der Aufnahme von Wasser und Kohlenhydraten (Zucker).

Nehmen Sie Ihre angestrebte Wettkampfgeschwindigkeit auf, und überwachen Sie Ihre Intensität anhand Ihres Pulses, des Belastungsempfindens und Ihrer Zwischenzeiten. Der erste Teil des Laufabschnitts ist häufig der Schlimmste, und Schwerfälligkeit nach dem Wechsel kann durchaus wieder vergehen.

DAS RICHTIGE TEMPO

Nach dem ersten Kilometer der Laufstrecke lockert sich normalerweise die Beinmuskulatur. Auch wenn dies vielleicht Ihr langsamster Kilometer ist, verlieren Sie nicht die Geduld – die Umgewöhnung vom Radfahren zum Laufen braucht Zeit.

Ist die Beinmuskulatur wieder voll auf Laufen eingestellt, nehmen Sie Ihr angestrebtes Wettkampftempo auf. Nutzen Sie zur Geschwindigkeitskontrolle Ihr subjektives Belastungsempfinden, Ihre Herzfrequenz und Ihre Zwischenzeiten gleichermaßen. In den letzten Monaten müssten Sie schon viele Kilometer in genau diesem Tempo gelaufen sein, so dass es sich natürlich und vertraut anfühlen sollte – obwohl Sie jetzt müder und schmerzempfindlicher sind als im Training. Falls Sie merken, dass Sie Ihr Wettkampftempo noch nicht erreicht haben, ziehen Sie das Tempo allmählich an. Wer in einem Triathlon über die olympische Distanz die erste Kilometermarke 18 Sekunden später erreicht als geplant, muss nur zwei Sekunden pro Kilometer schneller als im Wettkampftempo laufen, um diesen Rückstand einzuholen. Vermeiden Sie eine übermäßige Tempoanpassung, denn zu starke Temposchwankungen sind sehr ermüdend.

Die Herzfrequenz wird voraussichtlich höher liegen als im Training. Neben der Ermüdung vom Radfahren kann auch die Wettkampfatmosphäre Ihren Puls weit über das im Wettkampftempo übliche Niveau hinaus anheben. Prüfen Sie daher Ihre Belastung nicht nur anhand Ihrer Herzfrequenz, sondern auch anhand Ihrer Atmung, dem Brennen und der Reaktionsfähigkeit der Beine sowie Ihrer Zwischenzeiten.

Mit zunehmender Ermüdung haben wir vielfach das Gefühl, dass sich unser Befinden im Laufe des Wettkampfs nur noch verschlechtern kann. Doch wie wir uns fühlen, schwankt in jedem Wettkampf, selbst an einem unserer besten Tage. Höhen und Tiefen gehören einfach dazu. Falls Sie merken, dass es Ihnen nicht gut geht, gibt es ein paar Tricks, um sich in ein paar Minuten wieder besser zu fühlen: für Nachschub sorgen, das Tempo leicht drosseln und auf die Bewegungsökonomie (hohe Schrittfrequenz!) achten. Ist alles wieder unter Kontrolle, können Sie überlegen, ob Sie das Tempo wieder etwas anziehen wollen. Wer das Äußerste aus sich herausholen will, muss wohl oder übel leiden. Aber wenn Sie merken, dass Sie Ihr Tempo nicht halten können, reduzieren Sie es geringfügig. Vielleicht geht es ja nach ein paar Minuten wieder besser.

Stellen Sie sich nie die Frage, ob Sie aufgeben werden – und mit aufgeben meine ich, dass Sie nicht mehr weiterkämpfen und nicht unbedingt, dass Sie den Wettkampf abbrechen. Wenn Sie sich diese Frage häufig genug stellen, werden Sie früher oder später die Segel streichen. Sogar wenn Sie sich zu 99 Prozent der Zeit zum Weitermachen ermutigen, sind Sie wegen des einen fehlenden Prozents zum Scheitern verurteilt. Nehmen Sie sich fest vor, dass Sie – ohne Ihre Gesundheit aufs Spiel zu setzen – wirklich alles geben werden, ganz gleich, wie Sie letztlich abschneiden. Aufgeben kommt im Wettkampf nicht in Frage. Die Schmerzen, die man beim Weitermachen hat, sind bald vergessen, aber der Schmerz, den das Aufgeben verursachen wird, hält noch lange an.

Ryan Bolton sagte mal zu mir: „Wenn du schlechte Laune kriegst, iss' was Süßes." Etwas zu essen bringt tatsächlich oft nicht nur den Körper wieder in Schwung, sondern hellt auch die Stimmung auf. Unser Blutzuckerspiegel wirkt sich nicht nur auf die Muskelarbeit, sondern auch auf das Gehirn aus – ein äußerst hilfreicher Ratschlag, wie ich festgestellt habe.

Halten Sie sich im Übrigen konsequent an Ihren Nachschubplan. Wenn wir uns gut fühlen, nehmen wir diese Dinge im Eifer des Gefechts gern auf die leichte Schulter. Aber ein paar Kilometer später fühlen wir uns womöglich gar nicht mehr gut, wenn wir Vernunft und Disziplin mit Füßen treten.

WENN DIE ERMÜDUNG EINSETZT

Sich hundertprozentig zu fordern, tut weh. Es plündert alle Kraftstoffreserven und zieht Wasser aus dem Körper, übersäuert die Muskeln und senkt den pH-Wert des Blutes. Auch wenn unsere Beine in jedem Wettkampf müde werden und leiden, lautet die Gretchenfrage, wie wir dennoch schnell und effizient weiterlaufen können.

Wer schneller laufen will, drückt sich oft kräftiger und schneller ab, um sowohl die Schrittfrequenz als auch die Schrittlänge zu erhöhen. Wenn unsere Beine frisch und ausgeruht sind, funktioniert das in der Tat gut. Allerdings erfordert dieser Laufstil kräftige Kontraktionen der Muskeln, die für Vortrieb sorgen. Gegen Ende eines Marathons oder Triathlons können die Muskeln so etwas aber nicht mehr leisten. Das wäre genau so, wie wenn ein ausgelaugter Radfahrer, der seine Trittfrequenz nicht mehr halten kann, in einen höheren Gang schalten und so von seinen müden Muskeln verlangen würde, noch mehr Kraft zu entwickeln und gleichzeitig schneller zu treten.

Wenn die Beine gegen Ende eines Wettkampfs müde werden, empfiehlt es sich, beim Vorziehen des hinteren Schwungbeins das Knie kraftvoller nach vorne zu schieben. Die Muskeln, die über einen langen Zeitraum und bei gleichbleibend hohem Tempo das Körpergewicht vorwärts bewegen mussten, sind erschöpft. Die Hüftbeuger hingegen ziehen nur das Schwungbein nach vorne und werden nicht durch das gesamte Körpergewicht belastet. Egal, wie müde wir gegen Ende eines schnellen und langen Laufs sind, sollten die Hüftbeuger noch in der Lage sein, das Knie schnell nach vorne zu bringen. So können wir die Schrittfrequenz erhöhen und schneller laufen, ohne dass die für den Vortrieb zuständigen Muskeln härter arbeiten müssten (diese kontrahieren dadurch zwar häufiger, aber nicht kräftiger).

Fazit: Planen Sie frühzeitig jeden Aspekt Ihres Laufs, und legen Sie sich Ihre Tempo-, Verpflegungs- und mentale Strategie detailliert zurecht. Üben Sie diese Strategien in C-Wettkämpfen, in jeder Koppeleinheit und beim Training in Wettkampftempo. Je besser Ihre Vorbereitung ist, desto höher stehen Ihre Chancen, am wichtigsten Tag der Saison stark zu finishen.

Nachwort

Dieses Buch war für mich eine größere Herausforderung, als ich erwartet hatte. Nach sechs Jahren Studium der Sportphysiologie, Ernährungswissenschaft, Biologie und Psychologie und neun Jahren Trainingsbetreuung war mir nicht bewusst, wie kompliziert es sein würde, Triathleten auf eine gute Laufleistung vorzubereiten, bis ich mich hinsetzte, um darüber zu schreiben. Zum Thema Sportphysiologie gibt es Unmengen an Literatur, dabei ist sie nur ein Faktor unter vielen, die für die Wettkampfvorbereitung wichtig sind. Neben Kenntnissen in Biomechanik, Ernährung, Psychologie und Lebensgestaltung fließt das Fachwissen aus etlichen weiteren Bereichen in die Entwicklung effektiver Trainingsmethoden ein und trägt dazu bei, dass sich alle Arten der Vorbereitung am Wettkampftag nützlich ergänzen.

Obwohl eine erschöpfende Behandlung dieser Aspekte den Rahmen dieses Buches gesprengt hätte, haben wir zumindest das Thema Laufökonomie andiskutiert. Ich kann nur jedem empfehlen, diesen Abschnitt genau durchzulesen und danach zu trainieren, weil durch eine verbesserte Technik die größten Vorteile zu erwarten sind. Das Gleiche gilt für Ihre Schwimm- und Radfahrtechnik.

Die Informationen in diesem Buch geben meines Wissens den aktuellsten Kenntnisstand in der wissenschaftlichen Forschung und neueste Erfahrungswerte wieder. Zweifellos werden Trainingsmethoden immer weiter entwickelt und fortlaufend verbessert. Ich bin mir sicher, dass wir in den nächsten Jahren von neuen und besseren Methoden hören und lesen werden. Im Vorwort habe ich geschrieben, dass dieses Buch Ihnen zu einer schnelleren Laufzeit in Ihrem nächstem Wettkampf verhelfen und dazu beitragen soll, dass Sie noch mehr Spaß am Laufen haben. Ich hoffe, dass dies der Fall ist und Sie nach der Lektüre dieses Buches noch mehr Erfolge im Triathlon und Marathonlauf feiern werden.

Anhang

Anhang A

Trainingseinheiten für Läufer

AUSDAUER-EINHEITEN

In der Vorbereitungs- und Grundlagenperiode wird fast ausschließlich die Ausdauer verbessert, doch auch während des gesamten Jahres sollten Sie regelmäßig Ausdauertraining betreiben. Dabei ist es wichtig, die Intensität richtig zu wählen und zu überwachen. Bei zu hoher Intensität werden Sie nicht nur nicht schneller, sondern leeren auch noch Kraftreserven, die Sie eigentlich für Tempoeinheiten bräuchten.

Regeneration. Laufen Sie diese Trainingseinheiten möglichst auf flachem und weichem Untergrund – zum Beispiel auf einer befestigten Schotterstraße oder auf einem Waldweg – und zwar im HF-Bereich 1. Halten Sie alle Bewegungen extrem flott und leicht. Stellen Sie mit Hilfe eines Schrittfrequenzmessers sicher, dass Sie eine Frequenz von etwa 180 Schritten pro Minute machen, und halten Sie Ihre Schrittlänge extrem kurz. Dieses Training kann auch auf einem Laufband durchgeführt werden.

Jeder Athlet reagiert sehr unterschiedlich auf solche Regenerationsläufe. Manche Sportler profitieren von einer solchen Extra-Einheit pro Woche, mit der die Ökonomie verbessert und die Regeneration beschleunigt wird. Bei anderen dagegen führen zusätzliche Läufe zu Ermüdungserscheinungen und sogar Verletzungen. Viele Athleten sind besser beraten, wenn sie zur aktiven Erholung schwimmen, Rad fahren oder Alternativtraining betreiben, statt zu laufen.

Grundlagenausdauer. Lockere Läufe im Grundlagenausdauerbereich sind das A und O jedes Triathlontrainings. Diese Intensität gilt für die langen Einheiten am Wochenende sowie für mittellange Läufe unter der Woche. Laufen Sie auf flachem bis leicht profiliertem Gelände. Laufen Sie sich ein paar Minuten in HF-Bereich 1 warm, und bleiben Sie anschließend durchgängig in HF-Bereich 2. Prüfen Sie mithilfe eines Schrittfrequenzmessers, dass Ihre Frequenz etwa 180 Schritte pro Minute beträgt. Denken Sie immer daran, genug zu essen und zu trinken.

KRAFT-EINHEITEN

Hierzu gehören auch alle Trainingseinheiten am Berg unter ‚Kraftausdauer' und ‚Schnelligkeitsausdauer'.

Laufen mit Gewichten. Machen Sie einen 20- bis 90-minütigen Lauf mit Gewichtsweste. Die Intensität bleibt durchgängig in HF-Bereich 2, und die Schrittfrequenz sollte etwa 180 Schritte pro Minute betragen. Achten Sie darauf, dass Ihr Fuß direkt unter der Hüfte aufsetzt; machen Sie sich den Unterschied zu einer Aufsetzposition vor dem Körper bewusst, wodurch die Stoßbelastung und der Bremseffekt verstärkt werden. Laufen Sie zu Beginn nicht länger als 20 Minuten mit etwa 1 bis 1,5 Kilogramm Zusatzgewicht; später erhöhen Sie die Dauer stufenweise auf 40 bis 90 Minuten sowie das Gewicht auf maximal fünf bis acht Prozent Ihres Körpergewichts. Diese Läufe gehören in der Grundlagenperiode auf jeden Trainingsplan, und wer Kraft als leistungsbegrenzenden Faktor hat, der sollte während des ganzen Jahres gelegentlich mit Gewichten laufen.

Laufen gegen einen horizontalen Widerstand. Bei dieser Übung wird die Vortriebskraft gezielt entwickelt. Da die Schwerkraft nur vertikal wirkt, ist für dieses Training ein künstlicher Widerstand erforderlich. Diese Übungen können mit einem Partner gemacht werden und das vorwiegend in der Grundlagenperiode. Binden Sie sich einen Yoga-Gürtel um die Hüfte, um beim Laufen Ihren Partner zu ziehen. Dieser sollte das Ende des Gürtels etwas oberhalb Ihrer Hüfthöhe halten, um zu vermeiden, dass Sie diesen Widerstand durch Strecken der Knie überwinden können. Laufen Sie zunächst im HF-Bereich 2, und lassen Sie den Partner den Widerstand geringfügig erhöhen, bis Sie im HF-Bereich 3 laufen. Sie sollten dabei das Gefühl haben, nach vorne zu fallen.

Dieses sportartspezifische Krafttraining bringt der Muskulatur effektiv bei, kräftig zu kontrahieren, und es vermittelt ein Gefühl dafür, wie man die Hüftmuskulatur anstelle der Oberschenkelmuskeln für den Vortrieb einsetzt.

Fahrtspiele am Berg. Suchen Sie sich ein leicht hügeliges Gelände aus. Auf flachen Strecken und bergab laufen Sie locker, wenn es bergauf geht, dagegen schnell. Die schnellen Abschnitte werden je nach Trainingsziel und Saisonperiode an der Laktatschwelle (LS) oder in TL6-Geschwindigkeit gelaufen. Halten Sie eine Frequenz von mindestens 180 Schritten pro Minute. Achten Sie darauf, dass Sie die Knie bergauf schnell nach vorne schieben und den Fuß kräftig zurück und auf den Boden ziehen, anstatt darauf zu warten, dass die Schwerkraft Ihren Fuß hinabzieht.

KRAFTAUSDAUER-EINHEITEN

Tempoläufe. Laufen Sie auf einem flachen bis leicht profilierten Gelände. Wärmen Sie sich in den HF-Bereichen 1 und 2 gründlich auf, und laufen Sie anschließend 20 bis 40 Minuten lang im HF-Bereich 3. Laufen Sie sich dann in HF-Bereich 2 aus. Diese Tempoläufe sollten auf die Grundlagenperiode beschränkt bleiben, weil sie in der Aufbau- und Vorwettkampfperiode den Beinen die nötige Kraft für hochintensive Einheiten nehmen.

Schwellenintervalle. Extensive Intervalle sind bestens geeignet, um sich an das Training an der Laktatschwelle zu gewöhnen, oder wenn ein LS-Training mit besonders kurzer Regeneration erforderlich ist, weil das nächste Schlüsseltraining ansteht. Auf einer flachen bis leicht profilierten Strecke, alternativ auch auf dem Laufband, absolvieren Sie vier bis sechs Intervalle von jeweils vier bis sechs Minuten Dauer in HF-Bereich 4. Zur Erholung laufen Sie dazwischen ein bis zwei Minuten im HF-Bereich 2. Achten Sie darauf, dass Ihre Schrittfrequenz etwa 180 Schritte pro Minute beträgt.

Schwellenintervalle am Berg. Dieses Training wird im Unterschied zu den eben beschriebenen extensiven Intervallen auf einer langen Hügelstrecke mit einer Steigung von etwa zwei bis vier Prozent durchgeführt. Laufen Sie vier bis sechs Minuten lang den Hügel hinauf, und traben Sie ihn wieder hinunter. Halten Sie eine Schrittfrequenz von mindestens 180

Schritten pro Minute. Achten Sie darauf, dass Sie die Knie bergauf schnell nach vorne schieben und den Fuß kräftig zurück und auf den Boden ziehen, anstatt darauf zu warten, dass die Schwerkraft Ihren Fuß hinabzieht.

Schwellenwechsel. Wärmen Sie sich gut auf. Laufen Sie dann insgesamt 15 bis 30 Minuten auf einer flachen oder leicht welligen Strecke. Beginnen Sie mit zwei bis drei Minuten in HF-Bereich 4. Erhöhen Sie während der nächsten zwei bis drei Minuten das Tempo bis in HF-Bereich 5a, und wechseln Sie weiterhin zwischen den beiden Intensitäten.

Schwellentraining. Wärmen Sie sich gut auf. Laufen Sie dann auf einer flachen bis leicht profilierten Strecke in einem gleichmäßigen Tempo in HF-Bereich 4, und zwar entweder 12 bis 20 Minuten im oberen HF-Bereich 4 oder 15 bis 40 Minuten im unteren HF-Bereich 4. Halten Sie eine Schrittfrequenz von etwa 180 Schritten pro Minute.

EINHEITEN ZUR VERBESSERUNG DER AEROBEN KAPAZITÄT

Kurze Intervalle am Berg. Suchen Sie sich eine relativ steile Hügelstrecke (Steigung etwa vier bis acht Prozent), die Sie eine bis drei Minuten lang hinauf laufen können. Machen Sie vier bis zwölf Wiederholungen, wobei Sie zur Erholung jeweils den Hügel langsam wieder hinab traben – nicht gehen. Am Ende des zweiten Intervalls sowie bei allen nachfolgenden Intervallen sollte die Herzfrequenz im Bereich 5b liegen. Halten Sie eine Schrittfrequenz von mindestens 180 Schritten pro Minute. Achten Sie darauf, dass Sie die Knie bergauf schnell nach vorne schieben und den Fuß kräftig zurück und auf den Boden ziehen, anstatt darauf zu warten, dass die Schwerkraft Ihren Fuß hinabzieht.

Lange Intervalle am Berg. Auf einer relativ steilen Hügelstrecke (Steigung etwa vier bis acht Prozent), die Sie zwei bis vier Minuten lang hinauf laufen können, machen Sie drei bis sechs Wiederholungen. Zur Erholung gehen Sie zunächst eine Minute lang bergab und traben den restlichen Weg zurück zum Ausgangspunkt. Am Ende jedes Intervalls sollte die Intensität im HF-Bereich 5b liegen. Halten Sie eine Schrittfrequenz von mindestens 180 Schritten pro Minute. Achten Sie darauf, dass Sie die

Knie bergauf schnell nach vorne schieben und den Fuß kräftig zurück und auf den Boden ziehen, anstatt darauf zu warten, dass die Schwerkraft Ihren Fuß hinabzieht. Beobachten Sie, wie sich dieses Training auf Ihre Gelenke und das Bindegewebe auswirkt; sollte sich eine Verletzung abzeichnen, beenden Sie die Einheit. Nehmen Sie sich ausreichend Zeit zur Regeneration zwischen diesen Trainingseinheiten.

Kurze Intervalle zur Erhöhung der aeroben Kapazität. Laufen Sie in TL6-Geschwindigkeit vier bis sechs Intervalle, die jeweils zwei bis vier Minuten dauern. Am Ende des zweiten Intervalls sowie bei allen nachfolgenden Intervallen sollte die Herzfrequenz im Bereich 5b sein. Zur Erholung traben Sie die Hälfte der Intervallstrecke. Wenn Sie zum Beispiel 5 x 800 Meter schnell laufen, machen Sie dazwischen 400-Meter-Trabpausen. Erfahrene Läufer können dieses Training auch auf der Straße oder auf dem Laufband durchführen und die Wiederholungen anhand der Zeit (anstelle der Distanz) messen. Dabei sollten die Trabpausen dann genau so lange dauern wie das Intervall selbst.

Ich empfehle sehr, dieses Training zu Beginn jeder Saison auf der Bahn durchzuführen, um sich wieder daran zu gewöhnen, wie sich diese Tempoläufe anfühlen und welche Herzfrequenz Sie dabei haben. Denken Sie daran, dass es für Ihre Zielsetzungen kontraproduktiv ist, schneller als mit TL6-Geschwindigkeit zu trainieren.

Lange Intervalle zur Erhöhung der aeroben Kapazität. Diese Trainingseinheiten eignen sich in der Aufbauperiode 2 sowie der Vorwettkampfperiode für fortgeschrittene Triathleten, die sich auf die Sprint- oder olympische Distanz vorbereiten und ihre aerobe Kapazität bereits entwickelt haben, denn diese Trainingsform ist sehr belastend und regenerationsbedürftig.

Die körperlichen und psychischen Vorteile dieses Trainings können sehr motivieren. Es muss allerdings sparsam eingesetzt werden und erfordert eine ausreichend lange Erholungszeit bis zum nächsten harten Training.

Laufen Sie drei bis fünf Intervalle von jeweils vier bis fünf Minuten Dauer in TL6-Geschwindigkeit. Am Ende jedes Intervalls sollte die Herzfrequenz im Bereich 5b liegen. Anschließend gehen Sie eine Minute lang und traben dann vier Minuten oder länger, bis sich Puls und Atmung wieder normalisieren.

LS-AK-Intervalle. Dieses Training ist – ähnlich wie die extensiven Intervalle im Rahmen des Laktatschwellen-Trainings – äußerst effektiv und bietet zudem eine schnellere Regeneration als ‚normale' Einheiten zur Erhöhung der aeroben Kapazität. Es eignet sich besonders gut in der Aufbauperiode 1 als Einführung in das Training der aeroben Kapazität sowie während der Vorwettkampfperiode. Bei diesen Einheiten wird sowohl die Laktatschwelle (Kraftausdauer) als auch die aerobe Kapazität (anaerobe Ausdauer) trainiert.

Laufen Sie zwei bis vier Mal jeweils vier bis zehn Minuten im oberen HF-Bereich 4 und direkt anschließend zwei bis vier Minuten in TL6-Geschwindigkeit. Zwischen den Wiederholungen gehen und traben Sie mindestens fünf Minuten, bis sich Puls und Atmung wieder normalisieren.

EINHEITEN ZUR VERBESSERUNG DER LAKTATTOLERANZ

Siehe auch ‚lange Intervalle am Berg', ‚lange Intervalle zur Erhöhung der aeroben Kapazität' sowie ‚Schwellenwechsel'.

Intervalltraining zur Verbesserung der Laktattoleranz. Jedes Training zur Erhöhung der aeroben Kapazität lässt sich so abwandeln, dass es die Laktattoleranz verbessert. Folgen Sie den Anweisungen für die jeweilige Trainingseinheit, mit dem Unterschied, dass Sie in den letzten 30 Sekunden jedes kurzen Intervalls beziehungsweise in der letzten Minute jedes langen Intervalls von der TL6-Geschwindigkeit das Tempo noch einmal beschleunigen. Die Dauer der Regenerationsphasen zwischen den Intervallen bleibt gleich, wobei Sie Ihre Herzfrequenz im HF-Bereich 2 halten sollten. Wenn Sie Einheiten zur Erhöhung der aeroben Kapazität zwecks Verbesserung der Laktattoleranz modifizieren, ist es wichtig, die Wiederholungen auf die Hälfte bis zwei Drittel der ursprünglich empfohlenen Anzahl zu reduzieren.

Wettkämpfe. Laufwettkämpfe über drei bis fünf Kilometer sind ein exzellentes Training zur Verbesserung der Laktattoleranz, allerdings auch sehr anstrengend. Sorgen Sie also in den folgenden Tagen für ausreichend Erholung.

EINHEITEN FÜR EINE BESSERE LAUFÖKONOMIE

Hohe Schrittfrequenz. Laufen Sie 20 bis 40 Sekunden lang in Ihrem Ökonomietempo, und machen Sie dazwischen mindestens eine dreiminütige Erholungspause. Halten Sie eine Schrittfrequenz von mindestens 180 Schritten pro Minute. Versuchen Sie, in diesen Sätzen eine so hohe Schrittfrequenz wie möglich zu erreichen. Dieses Training sollte von Zeit zu Zeit auf der Laufbahn durchgeführt werden, um sicherzustellen, dass man ein richtiges Gefühl für sein Ökonomietempo entwickelt. Vergessen Sie nicht, dass dies keine Sprints sind; ein zu schneller Lauf geht zu Lasten der Ökonomie. Ziel ist, die Schrittfrequenz zu erhöhen, nicht etwa das Lauftempo. Lernen Sie, im ökonomisch optimalen Tempo mit hoher Schrittfrequenz zu laufen und dabei entspannt zu bleiben.

Es kann hilfreich sein, diese Einheiten barfuß auf einem Rasen zu laufen, aber prüfen Sie vorher, dass die Fläche weich und eben sowie frei von Steinen, Glasscherben oder anderen scharfkantigen Gegenständen ist.

Beschleunigungen. Beschleunigen Sie während eines Ausdauerlaufs drei bis zwölf Mal 20 Sekunden lang auf Ihr Ökonomietempo mit einer extrem hohen Schrittfrequenz. Machen Sie zwischen den Wiederholungen ausreichend lange Trabpausen für eine vollständige Regeneration.

Sprints am Berg. Wenn Sie für einen Wettkampf mit einer hügeligen Laufstrecke trainieren, sind diese ‚Bergsprints' hervorragend geeignet, um die Laufökonomie zu verbessern. Sprinten Sie drei bis sechs Mal einen steilen Hügel mit sechs bis acht Prozent Steigung 20 Sekunden lang hinauf. Achten Sie darauf, die Knie bergauf schnell nach vorne zu schieben und die Füße kräftig zurück und auf den Boden zu ziehen, anstatt darauf zu warten, dass die Schwerkraft Ihre Füße hinabzieht. Halten Sie eine Schrittfrequenz von mindestens 180 Schritten pro Minute – je höher, desto besser!

PLYOMETRISCHE ÜBUNGEN

Die folgenden plyometrischen Übungen sind relativ schonend für Muskulatur und Bindegewebe. Es gibt zwar auch deutlich aggressivere Sprungübungen dieser Art, aber durch die höhere Intensität nimmt sowohl das Verletzungsrisiko als auch die Regenerationszeit zu, was für Triathleten und Marathonläufer den etwaigen Trainingseffekt nicht wert ist.

Beidbeiniges Hüpfen. Stellen Sie sich in der Laufgrundhaltung hin, lassen Sie die Arme seitlich am Körper angewinkelt. Beginnen Sie jetzt, ganz leicht auf beiden Füßen zu ‚hopsen'. Hüpfen Sie nur ein paar Zentimeter hoch. Achten Sie darauf, dass sich der Beugungswinkel der Knie nicht verändert und dass jede vertikale Bewegung durch die Rückstoßelastizität der Füße und Waden erfolgt. Achten Sie vor allem darauf, dass der Quadrizeps entlastet wird. Fangen Sie mit drei bis fünf Sätzen von jeweils 30 Sekunden Länge an, und machen Sie dazwischen 30-sekündige Pausen.

Mit dieser Technikübung soll die Fähigkeit entwickelt werden, aus der Rückstoßelastizität der Füße und Waden die nötige Schnellkraft zu entwickeln, statt aus den Kontraktionen der Oberschenkelmuskeln. Diese Übung verbessert die Fertigkeit, mithilfe der Rückstoßelastizität Energie zu speichern und schnell wieder abzugeben sowie für schnelle Kontraktionen des Quadrizeps zu sorgen, durch die bei der Fußlandung ein Beugen der Knie verhindert wird. Außerdem lernen Sie, die Oberschenkel zu entspannen, wenn keine Kontraktionen nötig sind. Außerdem werden Kraft, Ausdauer und Elastizität der Muskeln und des Bindegewebes an Füßen und Waden erhöht.

Einbeiniges Hüpfen. Anders als beim beidbeinigen Hüpfen winkeln Sie ein Knie um 90 Grad an, und hüpfen Sie auf dem anderen Bein. Da hierdurch die Belastung effektiv verdoppelt wird, sollten Sie das beidbeinige Hüpfen mindestens einen Monat lang regelmäßig geübt haben, bevor Sie mit der einbeinigen Version beginnen.

Laufen auf der Stelle. Beginnen Sie mit dem beidbeinigen Hüpfen, und versuchen Sie dann, das Körpergewicht vom rechten Bein auf das linke und wieder zurück zu verlagern. Heben Sie den einen Fuß gerade hoch zur Hüfte (zunächst nur wenige Zentimeter), während Sie auf den anderen Fuß wechseln. Entwickeln Sie einen schnellen Rhythmus, *aber achten*

Sie darauf, dass Sie Ihren Körper nicht aus den Knien mithilfe der Oberschenkelmuskeln aufrichten. Der Kniebeugewinkel des Stützbeins sollte gleich bleiben und der Quadrizeps immer entspannt sein. Alle Kraft für diese Bewegung sollte aus den Füßen und Waden kommen.

Jedes Mal, wenn Sie ein Bein heben, versuchen Sie, Knie und Ferse gleich weit nach vorne beziehungsweise hinten zu bewegen. Heben Sie das Bein so weit an, bis der Unterschenkel parallel zum Untergrund ist.

Achten Sie darauf, dass bei dieser Übung Ihre Füße immer direkt unter der Hüfte bleiben. Versuchen Sie einmal, mit den Füßen zehn Zentimeter vor der Hüfte zu landen. Wenn Ihnen das überhaupt gelingt, merken Sie gleich, wie viel Energie dabei für das Halten des Gleichgewichts und das Stützen des Körpers verschwendet wird – Energie, die für den Vortrieb verloren geht. Diese Übung hat den gleichen Zweck wie das ein- und beidbeinige Hüpfen und zwingt uns dazu, direkt unter dem Körperschwerpunkt aufzusetzen, auf dem Vorfuß zu landen und die Rückstoßelastizität zu nutzen.

Kniehebelauf auf der Stelle. Ausgehend vom Laufen auf der Stelle heben Sie die Knie vor dem Körper hoch, bis der Oberschenkel horizontal ist. Lehnen Sie sich nicht nach hinten. Bei dieser Übung liegt der Schwerpunkt auf einem kräftigen Kniehub, der für das Nachziehen des hinteren Schwungbeins von Bedeutung ist. Außerdem trainiert sie die Kraft und Ausdauer der Hüftbeugemuskulatur.

Anfersen auf der Stelle. Ausgehend vom Laufen auf der Stelle heben Sie bei jedem Schritt die Fersen, so, als wollten Sie sich ins Gesäß treten. Diese Übung trainiert ein schnelles und entspanntes Anfersen und verbessert die Kraft und Ausdauer der Muskeln an der Oberschenkelrückseite. Außerdem ist sie die beste Übung für jeden, der seine Laufhaltung perfektionieren möchte.

LEISTUNGSTESTS

Anhand eines Leistungstests können Sportler sich davon überzeugen, ob sie effektiv Fortschritte gemacht haben und so ihr Selbstvertrauen für wichtige Wettkämpfe stärken. Positive Rückmeldungen durch regelmäßige Leistungstests steigern außerdem die Trainingsmotivation. Diese Tests sorgen also für kleine Erfolgserlebnisse auf dem Weg zum Wettkampf, der erst in einigen Monaten stattfindet. Sie können in jeder Trainingsperiode einen Leistungstest machen, wenn Sie das Gefühl haben, dass es Ihnen nützt – es ist allerdings nicht unbedingt nötig. Dabei sollte der Test auf Ihre leistungsbegrenzenden Faktoren im Wettkampf sowie die Zielsetzungen der jeweiligen Trainingsperiode zugeschnitten sein.

Allgemeine Grundlagen. Tempoläufe werden über eine bestimmte Distanz oder Dauer bis zur Leistungsgrenze absolviert. Die körperliche und mentale Belastung bei diesen Läufen ist extrem hoch, deshalb ist es nicht empfehlenswert, sie öfter als ein Mal pro Trainingsperiode durchzuführen. Für diese Läufe eignet sich jede Strecke, auf der man den gleichen Testlauf jederzeit wiederholen kann. Die beiden häufigsten Tempoläufe sind:

- TL6: Dieser Testlauf dient dazu, das richtige Tempo für das Training der aeroben Kapazität zu bestimmen. Wiederholen Sie diesen Test zu Beginn jeder Trainingsperiode, in der die aerobe Kapazität trainiert wird.
- 30-minütiger Tempolauf: Dieser Tempolauf ist extrem effektiv: Er verbessert die Leistung an der Laktatschwelle ebenso wie die Laktattoleranz, die Laufökonomie, das Tempogefühl und nicht zuletzt das mentale Durchhaltevermögen. Aber: Führen Sie diesen Lauf nicht zu häufig durch!

Aerober Tempolauf. Aerobe Tempoläufe werden durchgängig mit einer bestimmten Intensität (statt mit maximaler Geschwindigkeit) gelaufen. Am besten macht man sie auf der Bahn oder einem flachen Rundkurs, der auch bei einer Wiederholung des Tests zur Verfügung steht, um so vergleichbare Daten zu erhalten. Wärmen Sie sich zunächst gründlich auf. Laufen Sie dann auf einer abgemessenen Strecke oder für eine bestimmte Dauer in einem bestimmten Herzfrequenzbereich. Notieren Sie die zurückgelegte Strecke beziehungsweise Zeit sowie Ihre mittlere Herzfrequenz.

Denken Sie daran, dass die äußeren Bedingungen wie die Witterung oder das Ausmaß Ihrer Erholung diese Tests stark beeinflusst. Planen Sie vor den Testläufen also immer eine ausreichende Erholungszeit ein, und berücksichtigen Sie bei der Auswertung der Testergebnisse immer auch die äußeren Umstände. Je nach Trainingsperiode und Ihren leistungsbegrenzenden Faktoren könnten die nachstehenden Tempoläufe nützlich sein:

- HF-Bereich 2: Laufen Sie 20 bis 60 Minuten lang im oberen HF-Bereich 2.
- LS: Laufen Sie 12 bis 30 Minuten lang im oberen HF-Bereich 4.

Tempolauf im Wettkampftempo. Wärmen Sie sich gut auf. Laufen Sie dann für eine bestimmte Dauer – die deutlich kürzer als im Wettkampf ist – in Ihrem angestrebten Wettkampftempo. Beobachten und notieren Sie Ihre durchschnittliche Herzfrequenz und wie hoch die Belastung für Sie war. Achten Sie ebenfalls auf den Verlauf der Herzfrequenz: Ein durchschnittlicher Wert von 160 SpM, der bei etwa 150 SpM beginnt und auf rund 165 SpM ansteigt, ist nicht das gleiche wie ein konstanter Wert von 160 SpM. Triathleten, die sich auf die Sprintdistanz vorbereiten, laufen vorzugsweise 1500 Meter im Wettkampftempo. Für die olympische Distanz laufen Sie 1,5 bis 3 Kilometer im Wettkampftempo, für die Mitteldistanz 3 bis 10 Kilometer, und wer für einen Langdistanz-Triathlon (Marathon) oder die Ultradistanz trainiert, sollte 10 bis 20 Kilometer im Wettkampftempo absolvieren.

Tempolauf an der Laktatschwelle. Wärmen Sie sich gut auf. Laufen Sie dann auf einer abgemessenen Strecke (Rundkurs), wobei Ihre Herzfrequenz so nahe wie möglich an der Laktatschwelle bleiben sollte. Notieren Sie die zurückgelegte Strecke und Zeit sowie Ihre durchschnittliche Herzfrequenz.

Anhang B

Beispiele für das Koppeltraining

AUSDAUER-EINHEITEN

Koppeltraining zur Erhöhung der Grundlagenausdauer. Machen Sie eine lange Radausfahrt auf einer flachen bis leicht profilierten Strecke, und bleiben Sie dabei im HF-Bereich 2. Wechseln Sie so schnell wie möglich, und absolvieren Sie dann einen langen Lauf auf einer weitgehend flachen Strecke, ebenfalls im HF-Bereich 2. Ein weicher Untergrund ist für dieses Training ideal. Die Gesamtzeit dieses Koppeltrainings sollte zwei bis sechs Stunden betragen. Normalerweise macht die Radstrecke etwa zwei Drittel der Dauer aus und der Lauf etwa ein Drittel, aber je nach den persönlichen Schwerpunkten können die Anteile verändert werden. Diese Kombination eignet sich für alle Triathleten in der Grundlagenperiode. Wer für die Langdistanz trainiert oder Schwächen im Bereich der Ausdauer hat, sollte auch in der Aufbauperiode von diesem Training Gebrauch machen.

Koppeltraining mit langem Radanteil. Nach einer sehr langen (zwei- bis sechsstündigen) Radausfahrt machen Sie einen schnellstmöglichen Wechsel und laufen dann 15 Minuten im HF-Bereich 2. Dieses Training entwickelt die Fähigkeit, gleich nach dem Radfahren effizient weiterzulaufen, ohne dass dadurch die Regenerationszeit nach der langen Fahrt merklich erhöht würde. Es hat sich bewährt, dieses Training an einem Sonntag durchzuführen, nach einem langen Lauf am Samstag. Allerdings sollte es nicht am Tag *vor* einem langen Lauf stattfinden.

Umgekehrtes Koppeltraining (Kombitraining). Nach einem langen Lauf machen Sie einen schnellstmöglichen Wechsel und fahren anschließend ein bis zwei Stunden im HF-Bereich 2 Rad. Damit lässt sich die Dauer des Trainings verlängern, ohne wie bei einer noch längeren Laufeinheit die Verletzungsanfälligkeit zu erhöhen. Vor allem in der frühen Grundlagenperiode und für Athleten, die an ihrer Ausdauer arbeiten müssen, ist dieses Kombitraining sehr effektiv.

KRAFT-EINHEITEN

Laufen mit Gewichten nach dem Radfahren. Machen Sie nach einer langen Fahrt einen kurzen Lauf mit Gewichtsweste. Dieses Training sollte nur von kraftlimitierten Triathleten oder Duathleten in der Aufbauperiode genutzt werden, die in der Grundlagenperiode bereits regelmäßig mit der Weste trainiert haben. Die Gewichtsweste kann in den ersten 15 Minuten nach einer langen Fahrt sehr effektiv sein, eignet sich jedoch nicht für ein ausdauerbetontes Koppeltraining mit längeren Läufen.

Koppeltraining in profiliertem Gelände. Fahren und laufen Sie auf einer hügeligen Strecke in einem Intensitätsbereich, der vom HF-Bereich 2 bis zum HF-Bereich 4 reicht. Bleiben Sie bergauf im Sattel, um Kraft aufzubauen. Wenn die Kraft Ihr leistungsbegrenzenden Faktor ist, machen Sie diese Einheit vor allem in der Grundlagenperiode. Wer sich auf einen Wettkampf in hügeligem Gelände vorbereitet, setzt dieses Koppeltraining auch noch in der Aufbauperiode ein.

KRAFTAUSDAUER-EINHEITEN

Koppeltraining an der Laktatschwelle. Fahren Sie ein bis zwei Stunden lang in den HF-Bereichen 1 und 2 Rad, und erhöhen Sie dabei für 20 bis 40 Minuten die Intensität bis zum HF-Bereich 4. Machen Sie einen schnellstmöglichen Wechsel, und laufen Sie 15 bis 30 Minuten in HF-Bereich 4. Laufen Sie sich locker aus.

Koppeltraining an der Laktatschwelle (Schwerpunkt Rad). Dieses Training eignet sich hervorragend für alle Triathleten, die an ihren Fertigkeiten auf dem Rad arbeiten müssen, besonders für gute Läufer, die

Schwierigkeiten haben, nach dem Radfahren ihr volles Potenzial auszuschöpfen. Nach gründlichem Aufwärmen machen Sie zwei bis sechs Sätze wie folgt: Fahren Sie sechs bis zwölf Minuten im oberen HF-Bereich 4, machen dann einen schnellstmöglichen Wechsel und laufen anschließend anderthalb bis drei Kilometer im HF-Bereich 2. Achten Sie sofort auf eine hohe Schrittfrequenz, aber erzwingen Sie keine besondere Schrittlänge. Warten Sie, bis Ihre Laufschritte von selbst länger werden, wenn aus den ‚Radfahrerbeinen' allmählich ‚Läuferbeine' werden. Wechseln Sie danach wieder aufs Rad, und wiederholen Sie das Ganze so oft wie vorgesehen.

Koppeltraining im Wettkampftempo. Nach gründlichem Aufwärmen machen Sie ein Koppeltraining, bei dem Sie durchgehend im Wettkampftempo maximal ein Drittel bis halb so lang wie im Wettkampf Rad fahren und laufen sollten. Testen Sie während dieses Koppeltrainings auch Ihre mentale Vorbereitung und Verpflegungsstrategie. Die Bedingungen sollten so wettkampfnah wie möglich sein, nur der zeitliche Umfang sollte die Hälfte der Wettkampfdauer keinesfalls überschreiten.

Koppeltraining-Intervalle an der Laktatschwelle. Nachdem Sie sich gut warmgefahren und warmgelaufen haben, machen Sie Koppeltraining-Intervalle von 20 bis 60 Minuten Dauer an der Laktatschwelle. Dazu fahren Sie vier bis sechs Minuten im oberen HF-Bereich 4, machen einen schnellstmöglichen Wechsel und laufen anschließend drei bis vier Minuten lang im oberen HF-Bereich 4. Steigen Sie danach wieder schnellstmöglich aufs Rad, und wiederholen Sie diesen Satz ohne Zwischenpausen ein bis sieben Mal. Beachten Sie die Ernährungstipps für die olympische Distanz (siehe Anhang E). Dieses Training kann prinzipiell überall ausgeführt werden; aber wenn Sie auf der Bahn laufen und ein Trainer dabei ist, erhalten Sie nützliche Rückmeldungen zu Ihrem Tempo.

ERHÖHUNG DER AEROBEN KAPAZITÄT

Lange Koppeltraining-Intervalle zur Erhöhung der aeroben Kapazität. Führen Sie dieses Koppeltraining auf der Bahn und unter Aufsicht eines Trainers durch. Nachdem Sie sich gut warmgefahren und warmgelaufen haben, machen Sie drei bis sechs Sätze wie folgt: Fahren Sie drei Minuten auf dem Rad in KL6-Intensität (entspricht der Belastung eines sechsminütigen Zeitfahrens), und laufen Sie anschließend sofort 400 bis

800 Meter in TL6-Geschwindigkeit weiter. Traben Sie weitere 400 Meter, steigen Sie dann wieder aufs Rad, fahren Sie drei bis fünf Minuten locker, und wiederholen Sie das Ganze so lange wie vorgesehen.

Lange Koppeltraining-Intervalle für die aerobe Kapazität (Schwerpunkt Laufen). Dieses Training ist eine besonders effektive Vorbereitung auf die Sprint- oder olympische Distanz zur Verbesserung des Stehvermögens auf der Laufstrecke. Dazu machen Sie, nachdem Sie sich gut warmgefahren und warmgelaufen haben, drei bis fünf Sätze wie folgt: Fahren Sie zunächst vier bis sechs Minuten im HF-Bereich 4 Rad, machen Sie einen schnellstmöglichen Wechsel, und laufen Sie dann drei bis vier Minuten lang in TL6-Geschwindigkeit. Traben Sie danach einige Minuten, steigen wieder aufs Rad und kurbeln bis fast zur vollständigen Erholung locker weiter. Anschließend wiederholen Sie das Ganze noch zwei bis vier Mal.

ERHÖHUNG DER LAKTATTOLERANZ

Koppeltrainingseinheit zur Erhöhung der Laktattoleranz. Machen Sie eine der beiden vorgenannten Koppeleinheiten zur Erhöhung der aeroben Kapazität, wobei Sie jeweils am Ende jedes Rad- und Laufabschnitts eine Minute bis zur Leistungsgrenze gehen. Erhöhen Sie die Regenerationszeit zwischen den einzelnen Sätzen, und machen Sie nur halb so viele Wiederholungen wie für das aerobe Kapazitätstraining empfohlen wird.

Anhang C

Beispiele für die Trainingsplanung

HINWEIS

Sämtliche Streckenlängen sind in Metern angegeben, alle Zeiten in Stunden beziehungsweise Minuten.

SPRINTDISTANZ: ANFÄNGER / FORTGESCHRITTENE ANFÄNGER

	WOCHE 1	WOCHE 2	WOCHE 3	WOCHE 4
GRUNDLAGENPERIODE				
Mo	Lockeres Schwimmen	Lockeres Schwimmen	Lockeres Schwimmen	Ruhe & Erholung
Di	Laufen 0:30 HFB 2	Laufen 0:35 HFB 2	Laufen 0:40 HFB 2	Laufen 0:30 HFB 2
	WOCHE 1-4: Halten Sie eine sehr hohe Schrittfrequenz mit sehr kurzen Schritten.			
	Krafttraining	Krafttraining	Krafttraining	Krafttraining
Mi	Lockeres Schwimmen	Lockeres Schwimmen	Lockeres Schwimmen	Lockeres Schwimmen
	Rad 0:45 HFB 1-2	Rad 1:00 HFB 1-2	Rad 1:15 HFB 1-2	Rad 0:45 HFB 1-2
	WOCHE 1-3: Halten Sie eine hohe Trittfrequenz (über 95 U/min).			
Do	Laufen 0:35 HFB 2, mit 4 x 20 Sek. hohe Schrittfrequenz	Laufen 0:40 HFB 2, mit 4 x 20 Sek. hohe Schrittfrequenz	Laufen 0:45 HFB 2, mit 4 x 20 Sek. hohe Schrittfrequenz	Laufen 0:30 HFB 2, mit 4 x 20 Sek. hohe Schrittfrequenz
	Krafttraining	Krafttraining	Krafttraining	Krafttraining
Fr	Lockeres Schwimmen	Lockeres Schwimmen	Lockeres Schwimmen	Lockeres Schwimmen
Sa	Laufen 0:45 HFB 2, mit 4 x 20 Sek. hohe Schrittfrequenz	Laufen 0:55 HFB 2, mit 4 x 20 Sek. hohe Schrittfrequenz	Laufen 1:05 HFB 2, mit 4 x 20 Sek. hohe Schrittfrequenz	Laufen 1:00 HFB 2, mit 4 x 20 Sek. hohe Schrittfrequenz
So	Rad 1:00 HFB 1-2	Rad 1:15 HFB 1-2	Rad 1:30 HFB 1-2	Rad 1:00 HFB 1-2
AUFBAUPERIODE				
Mo	Lockeres Schwimmen	Lockeres Schwimmen	Lockeres Schwimmen	Ruhe & Erholung
Di	Laufen (Bahn): TL6; 3 x 200 m im Ökonomietempo, 400 m traben	Laufen (Bahn): 4 x 400 m aerobe Kap., 200 m traben; 3 x 200 m im Ökonomietempo, 400 m traben	Laufen (Bahn): 6 x 400 m aerobe Kap., 200 m traben	Laufen 0:30 HFB 2
Mi	Schwimmen mit wettkampfspez. Tempotraining	Schwimmen mit wettkampfspez. Tempotraining	Schwimmen mit wettkampfspez. Tempotraining	Lockeres Schwimmen
	Rad 0:45, davon 0:10 unterer HFB 4	Rad 0:55, davon 0:15 unterer HFB 4	Rad 1:05, davon 0:20 unterer HFB 4	Rad 0:45 HFB 1-2
	WOCHE 1-3: Halten Sie eine hohe Trittfrequenz (über 95 U/min).			
Do	Laufen 0:40 HFB 2	Laufen 0:50 HFB 2	Laufen 1:00 HFB 2	Laufen 0:30 HFB 2
Fr	Lockeres Schwimmen	Lockeres Schwimmen	Lockeres Schwimmen	Lockeres Schwimmen
Sa	Laufen 1:00 HFB 2, mit 4 x 20 Sek. hohe Schrittfrequenz	Laufen 1:10 HFB 2, mit 4 x 20 Sek. hohe Schrittfrequenz	Laufen 1:20 HFB 2, mit 4 x 20 Sek. hohe Schrittfrequenz	Laufen 1:00 HFB 2, mit 4 x 20 Sek. hohe Schrittfrequenz
So	Rad 1:30, davon 2 x 0:10 unterer HFB 4	Rad 1:30, davon 2 x 0:12 unterer HFB 4	Rad 1:30, davon 2 x 0:14 unterer HFB 4	Rad 1:00 HFB 1-2

SPRINTDISTANZ: FORTGESCHRITTENE / PROFIS

	WOCHE 1	WOCHE 2	WOCHE 3	WOCHE 4
GRUNDLAGENPERIODE				
Mo	Lockeres Schwimmen	Lockeres Schwimmen	Lockeres Schwimmen	Lockeres Schwimmen
Di	Laufen 1:00, davon 3 Intervalle 0:06 unterer HFB 4 / 0:02 Pause	Laufen 1:00, davon 4 Intervalle 0:06 unterer HFB 4 / 0:02 Pause	Laufen 1:00, davon 5 Intervalle 0:06 unterer HFB 4 / 0:02 Pause	Laufen 1:00 HFB 2
	WOCHE 1-4: Halten Sie eine sehr hohe Schrittfrequenz mit sehr kurzen Schritten.			
	Krafttraining	Krafttraining	Krafttraining	Krafttraining
Mi	Leistungsschwimmen	Leistungsschwimmen	Leistungsschwimmen	Leistungsschwimmen
	Rad 1:30, davon 2 x 0:10 unterer HFB 4	Rad 1:45, davon 2 x 0:12 unterer HFB 4	Rad 2:00, davon 2 x 0:14 unterer HFB 4	Rad 1:30 HFB 1-2
	WOCHE 1-3: Halten Sie eine hohe Trittfrequenz (über 95 U/min).			
Do	Laufen 1:00 HFB 2, mit 4 x 30 Sek. hohe Schrittfrequenz	Laufen 1:10 HFB 2, mit 4 x 30 Sek. hohe Schrittfrequenz	Laufen 1:20 HFB 2, mit 4 x 30 Sek. hohe Schrittfrequenz	Laufen 0:30 HFB 2, mit 4 x 30 Sek. hohe Schrittfrequenz
	Krafttraining	Krafttraining	Krafttraining	Krafttraining
Fr	Leistungsschwimmen	Leistungsschwimmen	Leistungsschwimmen	Leistungsschwimmen
Sa	Laufen 1:20 HFB 2, mit 4 x 20 Sek. hohe Schrittfrequenz	Laufen 1:30 HFB 2, mit 4 x 20 Sek. hohe Schrittfrequenz	Laufen 1:40 HFB 2, mit 4 x 20 Sek. hohe Schrittfrequenz	Laufen 1:00 HFB 2, mit 4 x 20 Sek. hohe Schrittfrequenz
So	Rad 2:00 HFB 1-2	Rad 2:30 HFB 1-2	Rad 3:00 HFB 1-2	Rad 2:00 HFB 1-2
AUFBAUPERIODE				
Mo	Lockeres Schwimmen	Lockeres Schwimmen	Lockeres Schwimmen	Ruhe & Erholung
Di	Laufen (Bahn): TL6; 3 x 200 m im Ökonomietempo, 400 m traben	Laufen (Bahn): 4 x 800 m aerobe Kap., 200 m traben; 4 x 200 m im Ökonomietempo, 400 m traben	Laufen (Bahn): 5 x 800 m aerobe Kap., 200 m traben	Laufen 0:30 HFB 2
Mi	Schwimmen mit wettkampfspez. Tempotraining	Schwimmen mit wettkampfspez. Tempotraining	Schwimmen mit wettkampfspez. Tempotraining	Lockeres Schwimmen
	Rad 1:30, davon 0:15 oberer HFB 4	Rad 1:30, davon 0:20 oberer HFB 4	Rad 1:30, davon 0:20 oberer HFB 4	Rad 1:30
	WOCHE 1-3: Halten Sie eine hohe Trittfrequenz (über 95 U/min).			
Do	Laufen 0:40 HFB 2	Laufen 0:50 HFB 2	Laufen 1:00 HFB 2	Laufen 0:30 HFB 2
Fr	Lockeres Schwimmen	Lockeres Schwimmen	Lockeres Schwimmen	Lockeres Schwimmen
Sa	Laufen 1:00, davon 0:20 unterer HFB 4, mit 4 x 30 Sek. hohe Schrittfrequenz	Laufen 1:10, davon 0:25 unterer HFB 4, mit 4 x 30 Sek. hohe Schrittfrequenz	Laufen 1:20, davon 0:30 unterer HFB 4, mit 4 x 30 Sek. hohe Schrittfrequenz	Laufen 1:00 HFB 2, mit 4 x 30 Sek. hohe Schrittfrequenz
So	Rad 1:30, davon 2 x 0:10 unterer HFB 4	Rad 1:30, davon 2 x 0:12 unterer HFB 4	Rad 1:30, davon 2 x 0:14 unterer HFB 4	Rad 1:00 HFB 1-2

OLYMPISCHE DISTANZ: ANFÄNGER / FORTGESCHRITTENE ANFÄNGER

	WOCHE 1	WOCHE 2	WOCHE 3	WOCHE 4
GRUNDLAGENPERIODE				
Mo	Lockeres Schwimmen	Lockeres Schwimmen	Lockeres Schwimmen	Ruhe & Erholung
Di	Laufen 0:40 HFB 2	Laufen 0:50 HFB 2	Laufen 1:00 HFB 2	Laufen 0:30 HFB 2
	WOCHE 1-4: Halten Sie eine sehr hohe Schrittfrequenz mit sehr kurzen Schritten.			
	Krafttraining	Krafttraining	Krafttraining	Krafttraining
Mi	Lockeres Schwimmen	Lockeres Schwimmen	Lockeres Schwimmen	Lockeres Schwimmen
	Rad 0:45 HFB 1-2	Rad 1:00 HFB 1-2	Rad 1:15 HFB 1-2	Rad 0:45 HFB 1-2
	WOCHE 1-3: Halten Sie eine hohe Trittfrequenz (über 95 U/min).			
Do	Laufen 0:40 HFB 2	Laufen 0:50 HFB 2	Laufen 1:00 HFB 2	Laufen 0:30 HFB 2
	Krafttraining	Krafttraining	Krafttraining	Krafttraining
Fr	Lockeres Schwimmen	Lockeres Schwimmen	Lockeres Schwimmen	Lockeres Schwimmen
Sa	Laufen 1:00 HFB 2	Laufen 1:10 HFB 2	Laufen 1:20 HFB 2	Laufen 1:00 HFB 2
So	Rad 1:00 HFB 1-2	Rad 1:15 HFB 1-2	Rad 1:30 HFB 1-2	Rad 1:00 HFB 1-2
AUFBAUPERIODE				
Mo	Lockeres Schwimmen	Lockeres Schwimmen	Lockeres Schwimmen	Ruhe & Erholung
Di	Laufen (Bahn): TL6; 3 x 200 m im Ökonomietempo, 400 m traben	Laufen (Bahn): 4 x 400 m aerobe Kap., 200 m traben; 3 x 200 m im Ökonomietempo, 400 m traben	Laufen (Bahn): 5 x 400 m aerobe Kap., 200 m traben; 3 x 200 m im Ökonomietempo 400 m traben	Laufen 0:30 HFB 2
Mi	Schwimmen mit wettkampfspez. Tempotraining	Schwimmen mit wettkampfspez. Tempotraining	Schwimmen mit wettkampfspez. Tempotraining	Lockeres Schwimmen
	Rad 0:45, davon 0:10 unterer HFB 4	Rad 0:55, davon 0:15 unterer HFB 4	Rad 1:05, davon 0:20 unterer HFB 4	Rad 0:45 HFB 1-2
	WOCHE 1-3: Halten Sie eine hohe Trittfrequenz (über 95 U/min).			
Do	Laufen 0:40 HFB 2	Laufen 0:50 HFB 2	Laufen 1:00 HFB 2	Laufen 0:30 HFB 2
Fr	Lockeres Schwimmen	Lockeres Schwimmen	Lockeres Schwimmen	Lockeres Schwimmen
Sa	Laufen 1:20 HFB 2	Laufen 1:30 HFB 2	Laufen 1:40 HFB 2	Laufen 1:00 HFB 2
So	Rad 1:30, davon 2 x 0:10 unterer HFB 4	Rad 1:30, davon 2 x 0:12 unterer HFB 4	Rad 1:30, davon 2 x 0:14 unterer HFB 4	Rad 1:00 HFB 1-2

OLYMPISCHE DISTANZ: FORTGESCHRITTENE / PROFIS

	WOCHE 1	WOCHE 2	WOCHE 3	WOCHE 4
GRUNDLAGENPERIODE				
Mo	Lockeres Schwimmen	Lockeres Schwimmen	Lockeres Schwimmen	Lockeres Schwimmen
Di	Laufen 1:00, davon 3 Intervalle 0:06 unterer HFB 4 / 0:02 Pause	Laufen 1:00, davon 4 Intervalle 0:06 unterer HFB 4 / 0:02 Pause	Laufen 1:00, davon 5 Intervalle 0:06 unterer HFB4 / 0:02 Pause	Laufen 1:00 HFB 2
	WOCHE 1-4: Halten Sie eine sehr hohe Schrittfrequenz mit sehr kurzen Schritten.			
	Krafttraining	Krafttraining	Krafttraining	Krafttraining
Mi	Leistungsschwimmen	Leistungsschwimmen	Leistungsschwimmen	Leistungsschwimmen
	Rad 1:30, davon 2 x 0:10 unterer HFB 4	Rad 1:45, davon 2 x 0:12 unterer HFB 4	Rad 2:00, davon 2 x 0:14 unterer HFB 4	Rad 1:30 HFB 1-2
	WOCHE 1-3: Achten Sie auf eine hohe Trittfrequenz (über 95 U/min).			
Do	Laufen 1:00 HFB 2	Laufen 1:10 HFB 2	Laufen 1:20 HFB 2	Laufen 0:30 HFB 2
	Krafttraining	Krafttraining	Krafttraining	Krafttraining
Fr	Leistungsschwimmen	Leistungsschwimmen	Leistungsschwimmen	Leistungsschwimmen
Sa	Laufen 1:20 HFB 2	Laufen 1:30 HFB 2	Laufen 1:40 HFB 2	Laufen 1:00 HFB 2
So	Rad 2:00 HFB 1-2	Rad 2:30 HFB 1-2	Rad 3:00 HFB 1-2	Rad 2:00 HFB 1-2
AUFBAUPERIODE				
Mo	Lockeres Schwimmen	Lockeres Schwimmen	Lockeres Schwimmen	Ruhe & Erholung
Di	Laufen (Bahn): TL6 3 x 200 m im Ökonomietempo, 400 m traben	Laufen (Bahn): 4 x 800 m aerobe Kap., 200 m traben; 3 x 200 m im Ökonomietempo, 400 m traben	Laufen (Bahn): 5 x 800 m aerobe Kap., 200 m traben; 3 x 200 m im Ökonomietempo, 400 m traben	Laufen 0:30 HFB 2, mit 4 x 30 Sek. hohe Schrittfrequenz
Mi	Schwimmen mit wettkampfspez. Tempotraining	Schwimmen mit wettkampfspez. Tempotraining	Schwimmen mit wettkampfspez. Tempotraining	Lockeres Schwimmen
	Rad 1:30, davon 0:30 unterer HFB 4	Rad 1:30, davon 0:30 unterer HFB 4	Rad 1:30, davon 0:30 unterer HFB 4	Rad 0:45 HFB 1-2
	WOCHE 1-3: Halten Sie eine hohe Trittfrequenz (über 95 U/min).			
Do	Laufen 0:40 HFB 2	Laufen 0:50 HFB 2	Laufen 1:00 HFB 2	Laufen 0:30 HFB 2
Fr	Lockeres Schwimmen	Lockeres Schwimmen	Lockeres Schwimmen	Lockeres Schwimmen
Sa	Koppeltraining: 3 Intervalle: Rad 0:06 im Wettkampftempo, Laufen 1.200 m im Wettkampftempo, 400 m traben, Rad 0:05 zur Erholung	Koppeltraining: 4 Intervalle: Rad 0:06 im Wettkampftempo, Laufen 1200 m im Wettkampftempo, 400 m traben, Rad 0:05 zur Erholung	Koppeltraining: 5 Intervalle: Rad 0:06 im Wettkampftempo, Laufen 1200 m im Wettkampftempo, 400 m traben, Rad 0:05 zur Erholung	Rad 2:00 HFB 2 Laufen 1:00 HFB 2
So	Rad 2:30 HFB 1-2	Rad 3:00 HFB 1-2	Rad 3:30 HFB 1-2	Ruhe & Erholung

MITTELDISTANZ: ANFÄNGER / FORTGESCHRITTENE ANFÄNGER

	WOCHE 1	WOCHE 2	WOCHE 3	WOCHE 4
GRUNDLAGENPERIODE				
Mo	Lockeres Schwimmen	Lockeres Schwimmen	Lockeres Schwimmen	Ruhe & Erholung
Di	Laufen 1:00 HFB 2	Laufen 1:10 HFB 2	Laufen 1:20 HFB 2	Laufen 0:30 HFB 2
	WOCHE 1-4: Halten Sie eine sehr hohe Schrittfrequenz mit sehr kurzen Schritten.			
	Krafttraining	Krafttraining	Krafttraining	Krafttraining
Mi	Morgens lockeres Schwimmen	Morgens lockeres Schwimmen	Morgens lockeres Schwimmen	Morgens lockeres Schwimmen
	Rad 1:00 HFB 1-2	Rad 1:20 HFB 1-2	Rad 1:40 HFB 1-2	Rad 1:00 HFB 1-2
	WOCHE 1-3: Halten Sie eine hohe Trittfrequenz (über 95 U/min).			
Do	Laufen 1:00 HFB 2	Laufen 1:10 HFB 2	Laufen 1:20 HFB 2	Laufen 1:00 HFB 2
	Krafttraining	Krafttraining	Krafttraining	Krafttraining
Fr	Lockeres Schwimmen	Lockeres Schwimmen	Lockeres Schwimmen	Lockeres Schwimmen
Sa	Laufen 1:10 HFB 2	Laufen 1:20 HFB 2	Laufen 1:30 HFB 2	Laufen 1:00 HFB 2
So	Rad 1:30 HFB 1-2	Rad 2:00 HFB 1-2	Rad 2:30 HFB 1-2	Rad 2:00 HFB 1-2
AUFBAUPERIODE				
Mo	Lockeres Schwimmen	Lockeres Schwimmen	Lockeres Schwimmen	Ruhe & Erholung
Di	Laufen 1:00 HFB 2	Laufen 1:10 HFB 2	Laufen 1:20 HFB 2	Laufen 0:30 HFB 2
Mi	Schwimmen mit wettkampfspez. Tempotraining	Schwimmen mit wettkampfspez. Tempotraining	Schwimmen mit wettkampfspez. Tempotraining	Lockeres Schwimmen
	Rad 0:45, davon 0:10 unterer HFB 4	Rad 0:55, davon 0:15 unterer HFB 4	Rad 1:05, davon 0:20 unterer HFB 4	Rad 0:45 HFB 1-2
	WOCHE 1-3: Halten Sie eine hohe Trittfrequenz (über 95 U/min).			
Do	Laufen 0:40 HFB 2	Laufen 0:50 HFB 2	Laufen 1:00 HFB 2	Laufen 0:30 HFB 2
Fr	Lockeres Schwimmen	Lockeres Schwimmen	Lockeres Schwimmen	Lockeres Schwimmen
Sa	Laufen 1:30 HFB 2	Laufen 1:40 HFB 2	Laufen 1:50 HFB 2	Laufen 1:00 HFB 2
So	Rad 3:00, davon erste 2:30 HFB 1-2, 0:30 im Wettkampftempo	Rad 3:30, davon erste 2:45 HFB 1-2, 0:45 im Wettkampftempo	Rad 4:00, davon erste 3:00 HFB 1-2, 1:00 im Wettkampftempo	Rad 2:00 HFB 1-2
	Laufen 0:15 locker	Laufen 0:15 locker	Laufen 0:15 locker	

MITTELDISTANZ: FORTGESCHRITTENE / PROFIS

	WOCHE 1	WOCHE 2	WOCHE 3	WOCHE 4
GRUNDLAGENPERIODE				
Mo	Lockeres Schwimmen	Lockeres Schwimmen	Lockeres Schwimmen	Lockeres Schwimmen
Di	Laufen 1:15, davon 3 Intervalle 0:06 unterer HFB 4 / 0:02 Pause	Laufen 1:20, davon 4 Intervalle 0:06 unterer HFB 4 / 0:02 Pause	Laufen 1:25, davon 5 Intervalle 0:06 unterer HFB 4 / 0:02 Pause	Laufen 0:45 HFB 2
	Krafttraining	Krafttraining	Krafttraining	Krafttraining
Mi	Leistungsschwimmen	Leistungsschwimmen	Leistungsschwimmen	Leistungsschwimmen
	Rad 1:30, davon 2 x 0:10 unterer HFB 4	Rad 1:45, davon 2 x 0:12 unterer HFB 4	Rad 2:00, davon 2 x 0:14 unterer HFB 4	Rad 2:00 HFB 1-2
	WOCHE 1-3: Halten Sie eine hohe Trittfrequenz (über 95 U/min).			
Do	Laufen 1:00 HFB 2	Laufen 1:10 HFB 2	Laufen 1:20 HFB 2	Laufen 0:30 HFB 2
	Krafttraining	Krafttraining	Krafttraining	Krafttraining
Fr	Leistungsschwimmen	Leistungsschwimmen	Leistungsschwimmen	Leistungsschwimmen
Sa	Laufen 1:40 HFB 2	Laufen 1:50 HFB 2	Laufen 2:00 HFB 2	Laufen 1:00 HFB 2
So	Rad 2:00 HFB 1-2	Rad 2:30 HFB 1-2	Rad 3:00 HFB 1-2	Rad 2:00 HFB 1-2
AUFBAUPERIODE				
Mo	Lockeres Schwimmen	Lockeres Schwimmen	Lockeres Schwimmen	Ruhe & Erholung
Di	Laufen 1:00, davon 0:20 unterer HFB 4	Laufen 1:10, davon 0:25 unterer HFB 4	Laufen 1:20, davon 0:30 unterer HFB 4	Laufen 1:00 HFB 1-2
Mi	Leistungsschwimmen	Leistungsschwimmen	Leistungsschwimmen	Leistungsschwimmen
	Rad 1:30, davon 0:20 unterer HFB 4	Rad 1:30, davon 0:25 unterer HFB 4	Rad 1:05, davon 0:30 unterer HFB 4	Rad 0:45 HFB 1-2
	WOCHE 1-3: Halten Sie eine hohe Trittfrequenz (über 95 U/min).			
Do	Laufen 1:00 HFB 2	Laufen 1:20 HFB 2	Laufen 1:30 HFB 2	Laufen 0:30 HFB 2
Fr	Lockeres Schwimmen	Lockeres Schwimmen	Lockeres Schwimmen	Lockeres Schwimmen
Sa	Rad 2:00 HFB 2, davon 0:30 im Wettkampftempo	Rad 2:30 HFB 2, davon 0:45 im Wettkampftempo	Rad 3:00 HFB 2, davon 1:00 im Wettkampftempo	Rad 2:00 HFB 1-2
	Laufen 0:15 im Wettkampftempo, 0:45 locker	Laufen 0:25 im Wettkampftempo, 0:45 locker	Laufen 0:35 im Wettkampftempo, 0:45 locker	Laufen 1:00 HFB 2
So	Rad 2:00 HFB 1-2	Rad 2:00 HFB 1-2	Rad 2:00 HFB 1-2	Ruhe & Erholung

LANGDISTANZ: FORTGESCHRITTENE ANFÄNGER

	WOCHE 1	WOCHE 2	WOCHE 3	WOCHE 4
GRUNDLAGENPERIODE				
Mo	Lockeres Schwimmen	Lockeres Schwimmen	Lockeres Schwimmen	Ruhe & Erholung
Di	Laufen 1:00 HFB 2	Laufen 1:10 HFB 2	Laufen 1:20 HFB 2	Laufen 0:30 HFB 2
	WOCHE 1-4: Halten Sie eine sehr hohe Schrittfrequenz mit sehr kurzen Schritten.			
	Krafttraining	Krafttraining	Krafttraining	Krafttraining
Mi	Lockeres Schwimmen	Lockeres Schwimmen	Lockeres Schwimmen	Lockeres Schwimmen
	Rad 1:30 HFB 1-2	Rad 1:30 HFB 1-2	Rad 1:30 HFB 1-2	Rad 1:30 HFB 1-2
	WOCHE 1-3: Halten Sie eine hohe Trittfrequenz (über 95 U/min).			
Do	Laufen 1:00 HFB 2	Laufen 1:10 HFB 2	Laufen 1:20 HFB 2	Laufen 0:30 HFB 2
	Krafttraining	Krafttraining	Krafttraining	Krafttraining
Fr	Lockeres Schwimmen	Lockeres Schwimmen	Lockeres Schwimmen	Lockeres Schwimmen
Sa	Laufen 1:20 HFB 2	Laufen 1:30 HFB 2	Laufen 1:40 HFB 2	Laufen 1:20 HFB 2
	Rad 1:00 HFB 1	Rad 1:00 HFB 1	Rad 1:00 HFB 1	
So	Rad 2:00 HFB 1-2	Rad 2:30 HFB1-2	Rad 3:00 HFB 1-2	Rad 1:00 HFB 1-2
AUFBAUPERIODE				
Mo	Lockeres Schwimmen	Lockeres Schwimmen	Lockeres Schwimmen	Ruhe & Erholung
Di	Laufen (Bahn): 3 x 400 m aerobe Kap., 200 m traben; 3 x 200 m im Ökonomietempo, 400 m traben	Laufen (Bahn): 4 x 400 aerobe Kap., 200 traben; 3 x 200 m im Ökonomietempo, 400 m traben	Laufen (Bahn): 5 x 400 m aerobe Kap., 200 m traben; 3 x 200 m im Ökonomietempo, 400 m traben	Laufen 0:30 HFB 2
Mi	Langes und lockeres Schwimmen	Langes und lockeres Schwimmen	Langes und lockeres Schwimmen	Langes und lockeres Schwimmen
	Rad 1:20, davon 0:20 unterer HFB 4	Rad 1:30, davon 0:25 unterer HFB 4	Rad 1:40, davon 0:20 unterer HFB 4	Rad 0:45 HFB 1-2
	WOCHE 1-3: Halten Sie eine hohe Trittfrequenz (über 95 U/min).			
Do	Laufen 1:30 HFB 2	Laufen 1:30 HFB 2	Laufen 1:30 HFB 2	Laufen 1:30 HFB 2
Fr	Sehr langes und lockeres Schwimmen	Sehr langes und lockeres Schwimmen	Sehr langes und lockeres Schwimmen	Langes und lockeres Schwimmen
Sa	Laufen 1:50 HFB 2	Laufen 2:00 HFB2	Laufen 2:10 HFB 2	Laufen 1:00 HFB 2
	Rad 1:00 HFB 2	Rad 1:00 HFB 2	Rad 1:00 HFB 2	
So	Rad 3:00 HFB 1-2	Rad 3:30 HFB 1-2	Rad 4:00 HFB 1-2	Rad 3:00 HFB 1-2
	Laufen 0:15 im Wettkampftempo der Langdistanz	Laufen 0:15 im Wettkampftempo der Langdistanz	Laufen 0:15 im Wettkampftempo der Langdistanz	

LANGDISTANZ: FORTGESCHRITTENE / PROFIS

	WOCHE 1	WOCHE 2	WOCHE 3	WOCHE 4
GRUNDLAGENPERIODE				
Mo	Lockeres Schwimmen	Lockeres Schwimmen	Lockeres Schwimmen	Lockeres Schwimmen
Di	Laufen 1:30 HFB 2	Laufen 1:30 HFB 2	Laufen 1:30 HFB 2	Laufen 1:00 HFB 2
	Krafttraining	Krafttraining	Krafttraining	Krafttraining
Mi	Langes und lockeres Schwimmen	Langes und lockeres Schwimmen	Langes und lockeres Schwimmen	Langes und lockeres Schwimmen
	Rad 2:00 HFB 1-2	Rad 2:00 HFB 1-2	Rad 2:00 HFB 1-2	Rad 1:30 HFB 1-2
Do	Laufen 1:00, davon 0:20 unterer HFB 4	Laufen 1:00, davon 0:25 unterer HFB 4	Laufen 1:00, davon 0:30 unterer HFB 4	Laufen 1:00 HFB 2
	Krafttraining	Krafttraining	Krafttraining	Krafttraining
Fr	Langes und lockeres Schwimmen	Langes und lockeres Schwimmen	Langes und lockeres Schwimmen	Langes und lockeres Schwimmen
Sa	Laufen 1:40 HFB 2	Laufen 1:50 HFB 2	Laufen 2:00 HFB 2	Laufen 1:30 HFB 2
	Rad 2:00 HFB 2	Rad 2:30 HFB 2	Rad 2:00 HFB 2	
So	Rad 3:00 HFB 1-2	Rad 3:30 HFB 1-2	Rad 4:00 HFB 1-2	Rad 3:00 HFB 1-2
	Laufen 0:15 im Wettkampftempo der Langdistanz	Laufen 0:15 im Wettkampftempo der Langdistanz	Laufen 0:15 im Wettkampftempo der Langdistanz	
AUFBAUPERIODE				
Mo	Lockeres Schwimmen	Lockeres Schwimmen	Lockeres Schwimmen	Ruhe & Erholung
Di	Rad 1:30 HFB 2	Rad 1:30 HFB 2	Rad 1:30 HFB 2	Laufen 1:30 HFB 2
	Laufen 1:30 HFB 2	Laufen 1:30 HFB 2	Laufen 1:30 HFB 2	
Mi	Langes und lockeres Schwimmen	Langes und lockeres Schwimmen	Langes und lockeres Schwimmen	Langes und lockeres Schwimmen
	Rad 2:00, davon 0:30 unterer HFB 4	Rad 2:20, davon 0:35 unterer HFB 4	Rad 2:45, davon 0:40 unterer HFB 4	Rad 0:45 HFB 1-2
Do	Laufen 1:30 HFB 2	Laufen 1:30 HFB 2	Laufen 1:30 HFB 2	Laufen 1:00 HFB 2
Fr	Sehr langes und lockeres Schwimmen	Sehr langes und lockeres Schwimmen	Sehr langes und lockeres Schwimmen	Langes und lockeres Schwimmen
Sa	Laufen 3:30 HFB 2	Laufen 4:00 HFB 2	Laufen 4:30 HFB 2	Laufen 1:00 HFB 2
	Rad 1:00 HFB 2	Rad 1:15 HFB 2	Rad 1:30 HFB 2	Rad 2:00 HFB 2
So	1:00 Lockeres Schwimmen im Freiwasser	1:00 Lockeres Schwimmen im Freiwasser	1:00 Lockeres Schwimmen im Freiwasser	Ruhe & Erholung
	Rad 2:00 HFB 1	Rad 2:00 HFB 1	Rad 2:00 HFB 1	

Anhang D

Glykämischer Index ausgewählter Lebensmittel

HINWEIS

Der Glykämische Index (GI) ist eine Messgröße dafür, wie schnell der in Kohlenhydraten enthaltene Zucker aus der Nahrung in den Blutkreislauf gelangt und dort eine Insulinreaktion auslöst. Reiner Traubenzucker hat einen glykämischen Index von 100.

GEMÜSE

Auberginen <15
Karotten (gekocht) 85
Karotten (roh) 30
Riesenkürbis 75
Rote Bohnen 40
Rüben 65
Süßkartoffeln 50
Tomaten <15
Zucchini <15
Zwiebeln <15

HÜLSENFRÜCHTE

Braune Bohnen 38
Erbsen (frisch) 40
Grüne Bohnen 30
Kichererbsen 33
Kidneybohnen 27
Limabohnen 31
Linsen 30
Mungobohnen 38
Pintobohnen 42
Rote Linsen 27
Schälerbsen 32
Schwarze Bohnen 30
Sojabohnen 18
Weiße Bohnen (Dose) 43

OBST

Ananas 66
Äpfel 38
Aprikosen (Dose) 64
Aprikosen (frisch) <15
Aprikosen (getrocknet) 30
Bananen 62
Bananen (ungereift) 30
Birnen 36
Cantaloupe-Melone 65
Datteln (getrocknet) 103
Erdbeeren 32
Feigen 35
Früchtecocktail 55
Grapefruit 25
Kirschen 22
Kiwi 52
Mango 55
Orangen 43
Papaya 58
Pfirsiche 42
Pflaumen 40
Rosinen 64
Trauben 43
Wassermelone 72

FRUCHTSÄFTE / GETRÄNKE

Agaven-Nektar 11
Ananassaft 46
Apfelsaft 41
Bier 110
Cola / Limonade 80
Grapefruitsaft 48
Orangensaft 45

MILCH UND MILCHPRODUKTE

Buttermilch, Magerjoghurt 15
Joghurt 38
Kakaohaltige Getränke 34
Milch (fettarm) 34
Pudding 43
Sojamilch 31
Speiseeis 50
Vollmilch 35

TEIGWAREN

Gnocchi 68
Linguini (Hartweizen) 50
Makkaroni 46
Ravioli 70
Spaghetti (al dente) 45
Spaghetti (weichgekocht) 55
Vermicelli 35
(Reis-)Vermicelli 58
Vollkornnudeln 50

BROT- UND BACKWAREN

Bagel 72
Baguette 70
Brezel 85
Croissant 67
Pitabrot 57
Pumpernickel 40
Roggenbrot 76
Roggenmischbrot 64
Roggenvollkornbrot 50
Weißbrot 72
Weizenvollkornbrot 72

GETREIDE UND REIS

Basmatireis, Naturreis 50
Brauner Reis 59
Buchweizen 54
Bulgur 47
Couscous 65
Gerste 22
Grießbrei 64
Haferflocken 40
Hirse 71
Jasmin-/Duftreis 59
Kellogg's Cheerios 74
Kellogg's Cornflakes 83
Kellogg's Frosties 55
Kellogg's Smacks 74
Mais 55
Müsli (gezuckert) 65
Polenta 68
Puffreis 85
(Schnellkoch-)Reis 91
(Parboiled-)Reis 45
Roggen 34
Vollkornmüsli ohne Zucker 40
Weißer Reis 70
Weizen (ungeschält) 41
Weizenschrot 68

KARTOFFELN

Bratkartoffeln 95
Kartoffelpüree 90
Pellkartoffeln 65
Pommes Frites 90
Salzkartoffeln 70

FASTFOOD

Hamburger mit Brötchen 61
Pizza mit Käse 60
Pop Tarts® 70
Popcorn 72

SÜSSWAREN UND GEBÄCK

Bitterschokolade 22
Chips 90
Früchtebrot 47
Geleebohnen 80
Hafermehlkekse 55
Honig 80
M&Ms Erdnuss 33
Muffins 62
Pfannkuchen 67
Rührkuchen 46
Salzkräcker 72
Sandgebäck 55
Snickers 41
Vollkornkräcker 63
Vollmilchschokolade 70
Waffeln 60
Waffeln mit Cremefüllung 77
Zucker 70

FLEISCH UND FLEISCHPRODUKTE

Rindfleisch 0
Chicken Nuggets 46
Lammfleisch 0
Schweinefleisch 0

SPORTLERNAHRUNG

AllSport™ (Orange) 53
Clif Bar® (Cookies ‚N' Cream) 101
Cytomax™ (Orange) 62
Ensure™ Vanille 48
Gatorade™ (Orange) 89
Poweraid® (Orange) 65
Powerbar® (Schokolade) 83

Anhang E

Ernährung am Wettkampftag

ERNÄHRUNGSTIPPS FÜR DIE SPRINT- UND OLYMPISCHE DISTANZ

Frühstück

- Zwei bis drei Stunden vor dem Start nehmen Sie ein Frühstück mit 10 bis 16 Kalorien pro Kilogramm Ihres Körpergewichts zu sich.
- Das Frühstück sollte kohlenhydratreich sein und einen niedrigen glykämischen Index haben.
- Außerdem sollte es pro fünf Kilogramm Ihres Körpergewichts etwa ein Gramm Proteine enthalten.
- Es sollte leicht verdaulich sein und den Verdauungstrakt nicht belasten.
- Halten Sie dazu den Ballaststoffanteil möglichst gering.

Vor dem Start

- Essen und trinken Sie in regelmäßigen Abständen eine Kleinigkeit: etwa 100 Kalorien stündlich zwischen Frühstück und Wettkampfbeginn. Die Nahrungsmittel sollten möglichst einen niedrigen GI und einen sehr geringen Proteinanteil haben. Am besten ist flüssige oder leicht verdauliche Nahrung.
- Trinken Sie in der letzten halben Stunde vor dem Start eine kleine Flasche (0,25-0,33 Liter) eines Sportdrinks.

- Zwischen Frühstück und Start trinken Sie natriumhaltige Getränkemischungen. Wenn Sie reines Mineralwasser trinken, wählen Sie eine Sorte, die reich an Natrium ist.

Beim Radfahren

- Auf der Radstrecke nehmen Sie zwei bis vier Kalorien pro Kilogramm Körpergewicht zu sich.
- Diese Kalorien sollten ausschließlich aus Kohlenhydraten stammen.
- Nehmen Sie genug Nachschub mit, um prinzipiell unabhängig vom Angebot der Versorgungsstationen zu sein. Nutzen Sie diese möglichst nur zur Wasseraufnahme.
- Nehmen Sie während des Wettkampfs möglichst keine feste Nahrung zu sich.
- Trinken Sie etwa zehn Milliliter Wasser oder Mischgetränke pro Kilogramm Körpergewicht und Stunde.

Beim Laufen

- Auf der Laufstrecke eines olympischen Triathlons sollten Sie mehrmals etwa 100 Kalorien zu sich nehmen; beim Lauf in einem Sprintwettkampf ein Mal. Die zugeführten Kalorien sollten allesamt aus Kohlenhydraten stammen.
- Wenn Sie Gels einnehmen, trinken Sie dazu nur Wasser, kein Sportgetränk.
- Trinken Sie so viel Wasser wie möglich, bis zu zehn Milliliter pro Kilogramm Körpergewicht und Stunde.

ERNÄHRUNGSTIPPS FÜR DIE MITTELDISTANZ

Frühstück

- Drei bis vier Stunden vor dem Start nehmen Sie ein Frühstück mit 16 bis 20 Kalorien pro Kilogramm Ihres Körpergewichts zu sich.
- Das Frühstück sollte kohlenhydratreich sein und einen niedrigen glykämischen Index haben.
- Außerdem sollte es pro fünf Kilogramm Ihres Körpergewichts etwa ein Gramm Proteine enthalten.

- Es sollte leicht verdaulich sein und den Verdauungstrakt nicht belasten.
- Halten Sie dazu den Ballaststoffanteil möglichst gering.

Vor dem Start

- Essen und trinken Sie in regelmäßigen Abständen eine Kleinigkeit: etwa 100 bis 200 Kalorien stündlich zwischen Frühstück und Wettkampfbeginn. Die Nahrungsmittel sollten möglichst einen niedrigen GI und einen sehr geringen Proteinanteil haben. Am besten ist flüssige oder leicht verdauliche Nahrung.
- Trinken Sie in der letzten halben Stunde vor dem Start eine kleine Flasche (0,25-0,33 Liter) eines Sportdrinks.
- Zwischen Frühstück und Start trinken Sie natriumhaltige Getränkemischungen. Wenn Sie reines Mineralwasser trinken, wählen Sie eine Sorte, die reich an Natrium ist.

Beim Radfahren

- Auf der Radstrecke nehmen Sie vier Kalorien pro Kilogramm Körpergewicht und Stunde zu sich.
- Nehmen Sie während der ersten zwei Drittel der Radstrecke 0,1 Gramm Proteine pro Kilogramm Körpergewicht und Stunde zu sich. In der letzten Stunde auf dem Rad stellen Sie dagegen Ihre Proteinaufnahme ein.
- Nehmen Sie genug Nachschub mit, um prinzipiell unabhängig vom Angebot der Versorgungsstationen zu sein. Nutzen Sie diese möglichst nur zur Wasseraufnahme.
- Nehmen Sie für die Dauer des Wettkampfs möglichst keine feste Nahrung zu sich.
- Trinken Sie etwa zehn Milliliter Wasser oder Mischgetränke pro Kilogramm Körpergewicht und Stunde.
- Ihre Natriumzufuhr auf der Rad- und Laufstrecke sollte etwa 600 Milligramm (entspricht einem Gramm Salz) pro 70 Kilo Körpergewicht und Stunde betragen. Eine Überversorgung mit Salz ist nur bei wirklich exzessivem Konsum problematisch. In die Berechnung fließt das Natrium aus allen Nahrungsquellen am Wettkampftag ein.
- Manche Triathleten berichten, dass sie häufig zu abgelenkt sind, um regelmäßig an den nötigen Nachschub zu denken. Wenn Sie sich Ihre Uhr so einstellen, dass sie jede Viertelstunde einen Alarmton von sich gibt, ist das eine gute Erinnerungshilfe.

Beim Laufen

- Nehmen Sie mindestens zwei Kalorien pro Kilogramm Körpergewicht und Stunde zu sich. Die zugeführten Kalorien sollten allesamt aus Kohlenhydraten stammen.
- Wenn Sie Gels einnehmen, trinken Sie dazu nur Wasser, kein Sportgetränk.
- Trinken Sie möglichst viel Wasser, bis zu zehn Milliliter pro Kilogramm Körpergewicht und Stunde.

ERNÄHRUNGSTIPPS FÜR DIE LANGDISTANZ

Frühstück

- Vier bis fünf Stunden vor dem Start nehmen Sie ein Frühstück mit 20 bis 24 Kalorien pro Kilogramm Ihres Körpergewichts zu sich.
- Das Frühstück sollte kohlenhydratreich sein und einen niedrigen glykämischen Index haben.
- Außerdem sollte es pro fünf Kilogramm Ihres Körpergewichts etwa ein Gramm Proteine enthalten.
- Es sollte leicht verdaulich sein und den Verdauungstrakt nicht belasten.
- Halten Sie dazu den Ballaststoffanteil möglichst gering.

Vor dem Start

- Essen und trinken Sie in regelmäßigen Abständen eine Kleinigkeit: 100 bis 200 Kalorien stündlich zwischen Frühstück und Wettkampfbeginn. Die Nahrungsmittel sollten möglichst einen niedrigen GI und einen sehr geringen Proteinanteil haben. Am besten ist flüssige oder leicht verdauliche Nahrung.
- Trinken Sie in der letzten halben Stunde vor dem Start eine kleine Flasche (0,25-0,33 Liter) eines Sportdrinks.
- Zwischen Frühstück und Start trinken Sie natriumhaltige Getränkemischungen. Wenn Sie reines Mineralwasser trinken, wählen Sie eine Sorte, die reich an Natrium ist.

Beim Radfahren

- Auf der Radstrecke nehmen Sie vier Kalorien pro Kilogramm Körpergewicht und Stunde zu sich.
- Nehmen Sie genug Nachschub mit, um prinzipiell unabhängig vom Angebot der Versorgungsstationen zu sein. Nutzen Sie diese möglichst nur zur Wasseraufnahme.
- Auf feste Nahrung sollten Sie während der gesamten Wettkampfdauer weitgehend verzichten, auf jeden Fall aber in der letzten Stunde auf der Radstrecke und beim Lauf.
- Trinken Sie etwa zehn Milliliter Wasser oder Mischgetränke pro Kilogramm Körpergewicht und Stunde.
- Ihre Natriumzufuhr auf der Rad- und Laufstrecke sollte etwa 600 Milligramm (entspricht einem Gramm Salz) pro 70 Kilo Körpergewicht pro Stunde betragen. Eine Überversorgung mit Salz ist nur bei wirklich exzessivem Konsum problematisch. In die Berechnung fließt das Natrium aus allen Nahrungsquellen am Wettkampftag ein.
- Manche Triathleten berichten, dass sie häufig zu abgelenkt sind, um regelmäßig an den nötigen Nachschub zu denken. Wenn Sie sich Ihre Uhr so einstellen, dass sie jede Viertelstunde einen Alarmton von sich gibt, ist das eine gute Erinnerungshilfe.

Beim Laufen

- Nehmen Sie mindestens drei Kalorien pro Kilogramm Körpergewicht und Stunde zu sich. Diese Kalorien sollten fast ausschließlich aus Kohlenhydraten stammen.
- Wenn Sie Gels einnehmen, trinken Sie dazu nur Wasser, kein Sportgetränk.
- Trinken Sie möglichst viel Wasser, bis zu 10 Milliliter pro Kilogramm Körpergewicht und Stunde.

Glossar

Abwärmen: Trainingsabschnitt mit geringer Intensität zum Abschluss eines Trainings, der den Übergang von der Belastung zur Erholung erleichtern soll.

Adaptation: Die Fähigkeit des Körpers, sich im Laufe der Zeit an Trainingsreize anzupassen, um die davon ausgehende Belastung zu verringern. Kurz: Durch wiederholte Stimulierung reagiert unser Körper besser auf diese konkrete Anforderung.

Aerob: Stoffwechselvorgang mit ausreichender Sauerstoffversorgung.

Aerobe Kapazität (VO_2max; AK): Die maximale Sauerstoffmenge, die die Muskeln eines Sportlers während einer Minute höchster körperlicher Anstrengung verbrauchen können. Die aerobe Kapazität wird auch als maximale Sauerstoffaufnahmefähigkeit oder VO_2max bezeichnet.

Alternativtraining: Eine Trainingseinheit in einer anderen Sportart als der/den Wettkampfdisziplin/en.

Anaerob: Wörtlich: ohne Sauerstoff; Stoffwechselvorgang des Körpers bei einer sportlichen Leistung, für die mehr Energie aufgewendet werden muss, als Herz, Lunge und Blut hierfür an Sauerstoff liefern können. Der anaerobe Stoffwechsel stellt kurzfristig enorme Energiemengen bereit, allerdings kann auf diese Weise keine länger andauernde Leistung aufrechterhalten werden.

Anaerobe Schwelle (ANS): Das höchste Intensitätsniveau, auf dem der Körper Milchsäure so schnell abbauen kann, wie sie gebildet wird. Im Bereich der anaeroben Schwelle kommt es zu keiner leistungsmindernden Milchsäureanhäufung in den Muskeln. Eine geringfügig höhere Intensität kann jedoch bereits zur Übersäuerung führen. Eine alternative Bezeichnung ist Laktatschwelle.

Aufbauperiode: Trainingsperiode im Anschluss an die Grundlagenperiode. Der Schwerpunkt liegt auf der Verbesserung der spezifischen Fertigkeiten Kraftausdauer, Schnelligkeitsausdauer und Schnellkraft. Ausdauer, Kraft und Schnelligkeit werden aufrechterhalten.

Aufwärmen: Abschnitt mit niedriger Intensität zum Auftakt einer Trainingseinheit, um den Körper aus dem Ruhezustand in Leistungsbereitschaft zu versetzen.

Ausdauer: Das Vermögen, über einen längeren Zeitraum zu trainieren und der Ermüdung zu widerstehen.

Belastung: Bezeichnet den Beanspruchungsgrad des Trainings, der sich aus der Kombination von Trainingshäufigkeit, -intensität und -dauer ergibt.

Belastungsintervall: Hochintensiver Trainingsabschnitt, der beim Intervalltraining von Regenerationsphasen unterbrochen wird.

Dauer: Der zeitliche Umfang eines Trainings oder eines bestimmten Trainingsabschnitts.

Einbrechen: Ein Erschöpfungszustand, verursacht durch aufgebrauchte Glykogenreserven (Kohlenhydrate), die die Muskeln mit Energie versorgen.

Fett: Ein Nahrungsbestandteil, den der Körper auch aus anderen Energiequellen aufbauen kann. Fett besitzt die höchste Energiedichte und spielt als Energielieferant bei langen und lockeren sportlichen Belastungen eine wichtige Rolle.

Frequenz: Die Anzahl der Bewegungsfolgen pro Minute, das heißt der Armzüge beziehungsweise Beinschläge beim Schwimmen, der Pedalumdrehungen auf dem Rad oder der Laufschritte.

Gesäßmuskel *(Gluteus maximus)*: Größte und stärkste Muskelgruppe des Körpers (Pobacken), die sich an der Rückseite des Beckens befindet und an der Hüftstreckung beteiligt ist.

Glukose: Die Zuckerart, die im menschlichen Körper aus allen zugeführten Kohlenhydraten letztlich gebildet und bei Muskelarbeit verbrannt wird.

Glykämischer Index (GI): Die Einstufung von Nahrungsmitteln in Abhängigkeit davon, wie schnell die darin enthaltenen Kohlenhydrate verdaut werden und in den Blutkreislauf gelangen.

Glykogen: Die Speicherform für Kohlenhydrate im menschlichen Körper; wird aus Glukose gebildet und vornehmlich in den Muskeln und in der Leber gespeichert.

Glykolyse: Energiegewinnung durch Veratmung von Glukose.

Grundlagenperiode: Trainingsperiode, in der die Verbesserung der Grundfertigkeiten Ausdauer, Kraft und Schnelligkeit im Vordergrund steht.

Häufigkeit: Die Anzahl der Trainingseinheiten pro Woche.

Hintere Oberschenkelmuskeln: Die Muskelgruppe an der Rückseite der Oberschenkel, die für das Beugen der Knie zuständig ist und an der Hüftstreckung mitwirkt.

Intensität: Bezeichnet die sportliche Belastung eines Athleten.

Intermediäre Muskelfasern (Typ II A): Eine Muskelfaserart, die sich durch Kraft- und Schnelligkeitsentfaltung sowie aerobe und anaerobe Energiebereitstellung im mittleren Bereich auszeichnet.

Intervalltraining: Eine Trainingsmethode, bei der sich relativ kurze Phasen hoher Intensität mit Phasen geringerer Intensität abwechseln. Dabei werden die Regenerationsphasen so kurz gehalten, dass keine vollständige Erholung zwischen den Belastungen stattfindet.

Kohlenhydrate: Nahrungsbaustein, der in den Muskelzellen und in der Leber als Glykogen gespeichert und von den Muskeln zur Energiegewinnung in Glukose umgewandelt wird. Stärke, Zucker, Obst und Gemüse liefern besonders viele Kohlenhydrate.

Koppeltraining: Trainingseinheit, in der Triathleten oder Duathleten – so wie am Wettkampftag – nach dem Radfahren mit minimaler Erholungszeit zum Lauf übergehen.

Kraft: Die Fähigkeit, große Widerstände zu überwinden oder zu halten.

Kraftausdauer: Die Kontraktionsfähigkeit eines Muskels oder einer Muskelgruppe als Reaktion auf einen Widerstand, über einen längeren Zeitraum hinweg und ohne zu ermüden.

Laktat: Ein Salz der Milchsäure, das bei der anaeroben Glykolyse (Milchsäuregärung) entsteht. Umgangssprachlich als Synonym für Milchsäure verwendet.

Laktatschwelle (LS): Das höchste Intensitätsniveau, auf dem der Körper Milchsäure so schnell abbauen kann, wie sie gebildet wird. Im Bereich der Laktatschwelle kommt es zu keiner leistungsmindernden Milchsäureanhäufung in den Muskeln, eine geringfügig höhere Intensität kann jedoch bereits zur Übersäuerung führen. Eine alternative Bezeichnung ist ‚anaerobe Schwelle'.

Langsam zuckende Muskelfaser (Typ I): Eine Muskelfaserart, die sich durch schwächere und langsamere Kontraktionen auszeichnet, aber eine hohe Resistenz gegenüber Ermüdung aufweist. Langsam kontrahierende Muskelfasern haben sehr hohe aerobe und sehr geringe anaerobe Fähigkeiten.

Milchsäure: Ein Abbauprodukt bei der anaeroben Aufspaltung von Glukose, wenn der Muskulatur eine Leistung abverlangt wird, für die das Blut nicht mehr genügend Sauerstoff zur Verfügung stellen kann.

Periodisierung: Die Unterteilung eines Trainingsjahres in mehrere Perioden mit jeweils unterschiedlichen spezifischen Zielsetzungen und Prioritäten.

Progression: Theorie, nach der Umfang und Intensität des Trainings im Laufe der Zeit allmählich zunehmen sollten, wobei jeder Trainingsabschnitt auf vorhergehenden Abschnitten aufbaut.

Proteine (Eiweiß): Ein Nährstoff, der unter anderem als Baustein für die Muskulatur dient. Nur wenige Sportler nehmen genug Proteine zu sich. Magere Fleischsorten decken den Proteinbedarf am besten ab, ebenso Milchprodukte, Hühnereiweiß und Nahrungsergänzungsmittel wie Eiweißpulver oder Proteindrinks.

Quadrizeps: Muskelgruppe am vorderen Oberschenkel, die für die Streckung des Knies zuständig ist.

Regeneration: Eine Trainingsperiode mit dem Ziel der Erholung.

Rückstoßelastizität: Ein Mechanismus, demzufolge beim Dehnen in der Muskulatur und im Bindegewebe eines Sportlers Energie gespeichert und anschließend wieder freigesetzt wird, wenn diese als Reflex auf die Dehnung wieder ihre ursprüngliche Länge annehmen (sog. Dehnungs-Verkürzungs-Zyklus). Synonym für Muskelelastizität.

Satz / Serie: Eine Reihe von Wiederholungen.

Schlüsseltraining: Eine wichtige Trainingseinheit, die auf wesentliche Veränderungen abzielt, um bestimmte Aspekte der sportlichen Leistungsfähigkeit zu verbessern.

Schnell zuckende Muskelfaser (Typ II B): Eine Muskelfaserart, die sich besonders stark und schnell zusammenziehen kann. Schnell kontrahierende Muskelfasern besitzen sehr hohe anaerobe und sehr niedrige aerobe Fähigkeiten, weshalb sie für Sprints besonders wichtig sind.

Schnelligkeit: Aktions-/Bewegungsschnelligkeit. Nicht gleichbedeutend mit Tempo oder Geschwindigkeit.

Schnelligkeitsausdauer (anaerobe Ausdauer): Die Fähigkeit eines Sportlers, über einen längeren Zeitraum eine Belastung weit oberhalb der Laktatschwelle aufrechtzuerhalten.

Schnellkraft: Kombination aus Kraft und Schnelligkeit. Fähigkeit des neuromuskulären Systems, Widerstände mit hoher Kontraktionsgeschwindigkeit zu überwinden.

Schrittfrequenz: Anzahl der Einzelschritte eines Läufers pro Minute.

Tapering: Das Reduzieren von Trainingsumfang und -intensität kurz vor einem wichtigen Wettkampf.

Tempo: Ein Maßstab dafür, wie schnell sich ein Sportler fortbewegt.

Training: Ein Sammelausdruck für die Art und Weise, wie sich Athleten auf Wettkämpfe vorbereiten.

Trainingsbereich: Eine Bandbreite von Intensitäten, die spezifische Adaptationen bei Athleten stimulieren sollen. Die bekanntesten Trainingsbereiche orientieren sich an bestimmten Pulswerten, aber auch Tempo und Wattleistung sind ein effektiver Maßstab.

Übergangsperiode: Periode, in der Umfang, Intensität und Struktur des Trainings stark herabgesetzt sind, um eine maximale physische und psychische Erholung von den Belastungen des Trainings und der Wettkämpfe der vorangegangenen Saison zu ermöglichen.

Übertraining: Extreme und chronische Müdigkeit, hervorgerufen durch körperliche Überbeanspruchung, weil der Regeneration von und der Adaptation an hohe Trainingsbelastungen nicht genügend Zeit eingeräumt wurde.

Umfang: Summe aus Häufigkeit, Dauer und Intensität des Trainings.

Ventilatorische Schwelle: Eine der anaeroben oder der Laktatschwelle gleichwertige Intensität, die anhand der Atmung und Sauerstoffaufnahme des Sportlers gemessen wird. Gleichbedeutend mit anaerober Schwelle oder Laktatschwelle.

VO_2max: Die maximale Sauerstoffmenge, die die Muskeln eines Sportlers während einer Minute höchster körperlicher Anstrengung verbrauchen können. VO_2max ist gleichbedeutend mit aerober Kapazität oder maximaler Sauerstoffaufnahmefähigkeit.

Vorbereitungsperiode: Niveauerhaltende Trainingsperiode, in der Athleten ihren Körper auf die höheren Anforderungen künftiger Trainingsphasen vorbereiten.

Vorwettkampfperiode: In dieser Periode werden der Trainingsumfang stark reduziert und die Intensität maximiert, um für einen Wettkampf in Bestform zu kommen.

Wachstumshormon Somatotropin (STH): Ein Hormon mit weit reichenden Funktionen, das von der Hirnanhangdrüse ausgeschüttet wird; es regt das Gewebewachstum sowie die Fettverbrennung an.

Wettkampfperiode: Die Periode, in der das erwünschte Leistungsvermögen erreicht ist und das Training der Aufrechterhaltung dieser Leistungsfähigkeit dient, während man sich in Vorbereitung auf wichtige Wettkämpfe ausruht.

Wiederholung: Ein Element oder eine Übung während eines Intervalltrainings.

Zieltempo: Die Geschwindigkeit, von der ein Athlet hofft, sie in den wichtigsten Wettkämpfen einer Saison halten zu können.

Über den Autor

Ken Mierke (Jahrgang 1968) ist als professioneller Mehrkampf- und Radsport-Trainer tätig und leitet das 1995 gegründete Institut Fitness Concepts. Aktuell werden dort mehr als hundert Athleten fachkundig betreut. Ken selbst kümmerte sich unter anderem um elf bei nationalen Meisterschaften erfolgreiche Profi- und Amateursportler. Daneben brachte er 28 Duathleten beziehungsweise Triathleten, die landesweit zu den zwölf besten in ihrer Altersklasse gehören, im Team USA unter.

Ken schloss sein Studium der Sportphysiologie an der Virginia Polytechnic Institute and State University mit dem Bachelor-Grad ab. Dabei gehörten Biologie, Psychologie und Ernährungslehre zu seinen Schwerpunkten. Anschließend begann er in einem Masterstudiengang eine Fortbildung zum Sportpsychologen.

Als Trainingsleiter des Coachingunternehmens Ultrafit ist er persönlich für die Beratung der neu eingestellten Trainer während ihres ersten Berufsjahres zuständig und verfasst Fachartikel über Trainingslehre. Mit seinem eigenen Stoffwechselmessgerät hat er bereits über 6000 Belastungstests zur VO_2max-Sättigung sowie der Leistungsfähigkeit von Sportlern an der aeroben und anaeroben Schwelle durchgeführt. Dadurch hat er sich ein enormes Wissen über Hämodynamik aneignen können und ist zudem in der Lage, die Effizienz ausgewählter Techniken im Lauftraining mit objektiven Daten zu belegen. Doch der an Muskeldystrophie erkrankte Mierke ist auch selbst aktiver Sportler: Er nimmt seit fast zwanzig Jahren an Triathlonwettkämpfen teil und gewann bei den ITU-Weltmeisterschaften, bei denen er vier Mal antrat, je zwei Mal Gold und Silber in der Gruppe der Körperbehinderten.

1996 wurde Ken Mierke von seinen Athleten auserkoren, die olympische Fackel zu tragen – ein Höhepunkt in seinem bisherigen Leben. Mierkes Aufsätze werden regelmäßig in internationalen Magazinen wie *Inside Triathlon* und *VeloNews* veröffentlicht sowie in lokalen Sportzeitschriften wie *Metro Sports Washington DC*, *Metro Sports New York*, *Spokes*, *Rocky Mountain Sports*. Außerdem liefert er Beiträge für Internetseiten wie Joe Friels E-Tips Newsletter (www.Ultrafit.com) und den Active.com-Newsletter. Für weitere Informationen zu Seminaren, Kursen sowie Anfragen zu einer persönlichen Trainingsbetreuung können Sie Ken Mierke unter der Email-Adresse Info@EvolutionRunning.com oder per Fax unter 001-703-935-8378 erreichen.

Danksagung

Sehr viele Personen haben zu meiner Arbeit an diesem Buch beigetragen. Zunächst möchte ich meinen Eltern Ed und Jolien Mierke danken, weil sie mich und meine beruflichen Pläne stets unterstützt haben. Ich danke meiner Frau Melissa, die immer an mich geglaubt und mir den Rücken gestärkt hat, für ihren Arbeitseifer und ihr Engagement, damit ich meine Träume verfolgen konnte.

Danke an Kathy für Deine Freundschaft, für all die ‚Sitzungen' bei Starbucks und dafür, dass Du mir geholfen hast, meine Gesundheit zu erhalten, so dass ich nach wie vor laufen kann. Melissa, Alan und Eric danke ich dafür, dass sie sich in der Anfangsphase als Probanden zur Verfügung gestellt haben. Steven Duplinski und Justin Thomas bin ich ebenfalls dankbar: Mit Eurem Fleiß, Einsatz und Talent habt Ihr der Welt bewiesen, dass meine Methoden funktionieren. Danke an David Alleva, meinen Zimmernachbarn im College, der mich als Erster davon überzeugte, dass ich tatsächlich an einem Triathlon teilnehmen könnte. Ich bedanke mich bei meinen beiden Lieblingsdozenten Dr. Thea und Dr. Walberg-Rankin, die mich zum fleißigen Studieren bewegt und Lehrinhalte wie Trainingsphysiologie und Ernährung interessant aufbereitet haben. Danke auch an Skip Foley, den ersten Spitzenathleten, der schon an mich geglaubt hat, bevor ich irgendetwas vorzuweisen hatte, und der mir eine Chance gab.

Ich bin meinem gesamten Kundenkreis bei Fitness Concepts verpflichtet, die mich fortwährend mit ihrem Engagement, ihrer Begeisterung und ihren Leistungen inspirieren. Die meisten Dinge, die ich über das Triathlontraining weiß, habe ich von ihnen gelernt. Vielen Dank auch an mein

Coaching-Team, bestehend aus Melissa, Margie, Jason, Adam, Brian, Nancy, Geoff, Paul und Mary, die in der Arbeit die Stellung gehalten haben, während ich an diesem Buch arbeitete. Bo Duplinsky und Laura Bruch danke ich dafür, dass sie mir bei der Durchsicht und Korrektur der Texte geholfen haben.

Vor allem aber möchte ich Joe Friel für seine Unterstützung, sein Vertrauen und die Erfahrungen danken, die er mir durch sein Coachingunternehmen Ultrafit ermöglicht hat. Von einem berühmten Trainer wie Joe Friel beraten zu werden, hat für mich und meine beruflichen Ziele extrem viel bedeutet, aber ihm als Vorbild nachstreben zu können, bedeutet noch mehr. Hoffentlich erreiche ich dieses Ziel.

LITERATURVERZEICHNIS

Kapitel 3:

Friel, Joe. *Die Trainingsbibel für Triathleten*. Covadonga Verlag, 2007.

Kapitel 7:

Ailhaud, G. et al. (1991). Growth and differentiation of regional adipose tissue: Molecular and hormonal mechanisms. *Int J Obesity* 2, 87.

Alford, B. et al. (1991). The effects of variation in carbohydrates, protein and fat content of the diet upon weight loss, blood vessels, and nutrient intake of adult obese women. *J Am Diet Assoc* 90, 534.

Bailor, D. et al. (1991). A meta-analysis of the factors affecting exercise-induced changes in body mass, fat mass, and fat-free mass in males and females. *Int J Obesity* 15, 717.

Bjorntorp, P. (1991). Adipose tissue distribution and function. *Int J Obesity* 2, 67.

Brand-Miller, Jennie, Kaye Foster-Powell, Thomas Wolever, Stephen Colagiuri. *The New Glucose Revolution*. New York: Marlowe & Company, 1996.

Brown, J. et al. (1992). Parity-related weight changes in women. *Int J Obesity* 16, 627.

Burgess, N. et al. (1991). Effects of very low calorie diets on body composition and resting metabolic rates in obese men and women. *J Am Diet Assoc* 91, 430.

Campaigne, B. (1990). Body fat distribution in females: Metabolic consequences and implications for weight loss. *Med Sci Sport Exer* 22, 291.

Coppack, S. et al. (1992). Adipose tissue metabolism in obesity; lipase action in vivo before and after a mixed meal. *Journal of Metabolism, Clinical & Experimental* 41, 264.

Cramps, F. et al. (1989). Lipolytic response of adicipocytes to epinephrine in sedentary and exercise-trained subjects: Sex related differences. *Eur Appl Physio* 59, 249.

DenBensten, C. et al. (1988). Resting metabolic rate and diet induced thermogenesis in abdominal and gluteo-femoral obese women before and after weight reduction. *Am J Clin Nutr* 47, 840.

Despres, J. et al. (1991). Loss of abdominal fat and metabolic response to exercise training in obese women. *Am J Clin Physio* 261, 159.

Doolittle, M. et al. (1990). The response of lipoprotein lipase to feeding and fasting. *J Biol Chem* 15, 4570.

Drewnowski, A. et al. (1992). Taste responses and food preferences in women: Effects of weight cycling. *Int J Obesity* 16, 639.

Eckel, R. et al. (1987). Weight reduction increases adipose tissue lipoprotein lipase responsiveness in older women. *J Clin Invest* 80, 992.

Freedman, D. et al. (1990). Body fat distribution and male/female differences in lipids and lipoproteins. *Circulation* 81, 1498.

Fried, S. et al. (1990). Nutrition-induced variations in responsiveness to insulin effects on lipoprotein lipase activity in isolated fat cells. *J Clin Nutr* 120, 1087.

Garrow, J. (1988). Is body fat distribution changed by dieting? *Acta Med Scand* 723, 199.

Geissler, C. et al. (1987). The daily metabolic rate of the post obese and the lean. *Am J Clin Nutr* 45, 914.

Hattori, K. et al. (1991). Sex differences in the distribution of subcutaneous and internal fat. *Hum Biol* 63, 53.

Hirsch, J. et al. (1989). The fat cell. *Med Clin North Am* 73, 83.

Hodgetts, V. et al. (1991). Factors controlling fat mobilization from human subcutaneous adipose during exercise. *J Appl Physiol* 71, 445.

Jensen, M. et al. (1989). Influence of body fat distribution of free fatty acid metabolism in obesity. *J Clin Invest* 83, 1168.

Kay, S. et al. (1991). Associations of body mass and fat distribution with sex hormone concentrations in post-menopausal women. *Int J Epidemiol* 20, 151.

Kern, P. et al. (1990). The effects of weight loss on the activity and expression of adipose tissue lipoprotein lipase in very obese subjects. *N Engl J Med* 12, 1053.

Lanska, D. (1985). A prospective study on body fat distribution and weight loss. *Int J Obesity* 9, 241.

Leibel, R. (1989). Physiological basis for the control of body fat distribution in humans. *Ann Rev Nutr* 9, 241.

Markham, B. (1989). Anatomy and physiology of adipose tissue. *Clin Plast Surg* 16, 235.

Miller,W. et al. (1990). Diet composition, energy intake, and exercise in relation to body fat mass in men and women. *Am J Clin Nutr* 52, 426.

Rebuffe-Scrive, M. et al. (1991). Effect of testosterone on abdominal adipose tissue in men. *Int J Obesity* 15, 791.

Rodin, J. et al. (1990). Weight cycling and fat distribution. *Int J Obesity* 14, 303.

Rosbell, M. R. et al. (1984). Effect of hormones on glucose metabolism and lipolysis. *J Biol Chem* 239, 375.

Ryan, T. et al. (1989). Genesis of adipocytes. *Clin Dermatol* 7, 9.

Strokosch, G. et al. (1990). Lipoprotein lipase. *N Engl J Med* 15, 477.

Tremblay, A. et al. (1989). Impact of dietary fat content and fat oxidation on energy intake in humans. *Am Clin J Nutr* 49, 799.

Vague, J. (1989). Sexual differentiation of the adipose tissue-muscle ratio: Its metabolic consequences. *Bull Acad Natl Med 173*, 309.

Weststrate, J. et al. (1990). Resting energy expenditure in women: The impact of obesity and body fat distribution. *Metabolism 39*, 11.

Yost, T. et al. (1992). Regional similarities in the metabolic regulation of adipose tissue lipoprotein lipase. *Journal of Metabolism, Clinical & Experimental 41*, 33.

Kapitel 10:

Apter, M. J. Reversal theory and personality: A review. *J Res Pers* 18 (1984): 265-288.

Csikszentmihalyi, Mihaly. *Flow: The Psychology of Optimal Experience.* New York: Harper and Row, 1990 / dt. Titel: *Die außergewöhnliche Erfahrung im Alltag. Die Psychologie des Flow-Erlebnisses.* Stuttgart: Klett-Cotta, 1991.

Frankl, Viktor. *Man's Search for Meaning.* New York: Washington Square Press 1959 / dt. Titel: *Der Mensch auf der Suche nach Sinn.* Stuttgart: Ernst Klett Verlag, 1972.

Helmstetter, Shad. *What to Say When You Talk to Yourself.* New York: Simon & Schuster, 1982.

Hill, Napoleon. *Think and Grow Rich.* New York: Fawcett Columbine, 1937. / dt. Titel: *Denke nach und werde reich.*

Jackson, Susan A. und Mihaly Csikszentmihalyi. *Flow in Sports.* Champaign, IL: Human Kinetics, 1999.

Orlick, Terry. *In Pursuit of Excellence.* Champaign, IL: Human Kinetics, 2000.

Kapitel 12:

Blomstrand E. und E. A. Newsholme. (1992). Effect of branched-chain amino acid supplementation on the exercise-induced change in aromatic amino acid concentration in human muscle. *Acta Physiol Scand* 146: 293-298.

Dement, William C. *The Promise of Sleep*. New York: Dell Publishing, 1999.

Ivy, J. L., P. T. Res, R. C. Sprague et al. (2003). Effect of a carbohydrate-protein supplement on endurance performance during exercise of varying intensity. *Int J Sports Nutr Exerc Metab* 13: 388-401.

Miller S. L., C. M. Maresh, L. E. Armstrong, C. B. Ebbeling, S. Lennon und N. R. Rodriguez. (2002). Metabolic response to provision of mixed proteincarbohydrate supplementation during endurance exercise. *Int J Sport Nutr Exerc Metab* 12: 384-397.

Tarnopolsky, M. A., J. D. MacDougall und S. A. Atkinson. (1988). Influence of protein intake and training status on nitrogen balance and lean body mass. *J Appl Physiol* 64: 187-193.

Wolfe, R. R. (2001). Effects of amino acid intake on anabolic processes. *Can J Appl Physiol* 26 Suppl: S220-227.

Kapitel 15:

Sandler, Ronald und Dennis Lobstein. *Consistent Winning*. New York: Rodale Press, 1992.

Kapitel 16:

Gottschall, J. S. und Bradley Palmer. (2002). The acute effects of prior cycling cadence on running performance and kinematics. *Med Sci Sport Exer* 54: 1516-1521.

INDEX

A

Abdruck 32-33, 35, 37-39, 48, 65, 67-69
Abduktoren 274
Abrollen 43
Adaptationen 94, 96, 100, 104, 111, 184, 227, 279
Adduktoren 274
Aerobe Kapazität 95, 97, 103, 120-124, 147, 151, 220, 221, 312-314, 323-324
Siehe auch Sauerstoffaufnahmefähigkeit
Aerobe Schwelle 112, 146
Afrikanische Läufer 25, 31
Alkohol 270
Alternativtraining 98, 99, 309
Anaerobe Schwelle *Siehe* Laktatschwelle
Angst 74-75, 243
Appetit 176, 185, 194-200. *Siehe auch* Hunger
Apter, M. J. 238, 240
Armhaltung 41-43
Armschwung 30, 41, 49, 74
Atemnot 135, 214
Atemrhythmus 69, 301
Atmung 66, 69, 73, 300
Aufbauperiode 101-103, 118, 139, 140-141, 221
Koppeltraining in der ~ 155, 157-158, 223
Aufgeben 67, 302
Auflagermitte 31, 75, 76
Aufsetzposition 32-38
Aufsetztechnik 38-39
Aufwärmen 145, 152, 297
Ausdauer 16, 93, 140, 157, 220, 250
Ausdauertraining 112, 145, 156, 182, 201, 219, 264, 309-310, 321-322
Außenrotation 256, 274

B

Bankdrücken 254
Bein-Curls 252, 253
Beinarbeit 30, 74
Beinpresse 252
Beinstrecker 253
Belastung 13, 54, 64-66, 82, 94, 99, 101-103, 114, 117, 119, 121-123, 238, 249, 257-258, 266, 302
subjektiv empfundene ~ *Siehe* subjektives Belastungsempfinden
Beschleunigung 30, 31, 43, 315
Beschleunigungsenergie 45, 48
Beweglichkeit 209, 275-276
Bewegungsökonomie 23, 105, 144, 152, 289, 291, 302
Bindegewebe 24, 45, 46, 62-65, 82, 108, 125, 274, 278
Blut, pH-Wert des ~ 12, 114, 116, 119, 127, 185, 303
Blutkörperchen 126, 279, 280
Blutvolumen 289, 292
Blutzucker 169-175, 185, 229, 302
Bolton, Ryan 302
Bremseffekt 33, 37, 59, 74
Brustmuskulatur 254, 276

C

Callan, Sam 232
Chirotherapie 268, 276
Crunch 255

D

Dehnen 32, 275-276
Dehydrierung 12, 135-136, 229. *Siehe auch* Flüssigkeitsaufnahme
Diät 166, 176, 187, 189-193. *Siehe auch* Ernährung
Druckkammer 268

E

Edison, Thomas 246
Effizienz 23-24, 60, 66, 94. *Siehe auch* Laufökonomie
~ verbessern 94, 104, 124, 216
neuromuskuläre ~ 158, 217
Einbrechen 135, 229
Einlagen, orthopädische 71
Eiweiß *Siehe* Proteine

Energie 29, 33, 39, 41, 48, 53, 69, 73, 74, 78, 113, 184, 196
Energieaufwand 23-24, 31, 34, 37, 60, 149, 181, 249
Energiebereitstellung 109, 112, 219, 220
Energiebilanz 29-30, 168
Energiedichte 113
Energiegewinnung 113, 120, 150, 181, 191, 226
Energienachschub 18, 92, 135, 220, 228
Energiequellen 108, 175, 183, 192, 231, 260
Energiereserven 12, 108, 113, 114, 135, 227, 232
Energiesparendes Laufen *Siehe* Laufökonomie
Energiespeicherung 180, 316
Energieumwandlung 182
Energieverbrauch 12, 31, 125, 179, 186, 226
Erholung 66, 97, 103, 107, 111-112, 138, 147, 262, 266, 267, 289, 293, 309. *Siehe auch* Regeneration; Tapering
  Verhältnis ~ zu Belastung 121-123, 126, 153, 263
Ermüdung 12, 134-136, 212, 220, 261, 303
  ~ der Muskulatur 34, 37, 39, 48, 53, 57, 67, 136
  ~ minimieren 80
Ernährung 175-179, 188-189, 193, 265, 293. *Siehe auch* Energienachschub; Nahrungsaufnahme
Erregung, optimale 237-241
Evolution Running 27-29, 31, 45, 54, 66-71

F

Fahrtspiele 150, 152, 311
Fersenlauf 43. *Siehe auch* Rückfußlauf
Fett 165, 170, 180. *Siehe auch* Körperfett
  ~ als Energiequelle 109, 113, 175, 190
  ~ in der Ernährungsplanung 176-179
  ~ in Langdistanzwettkämpfen 158, 226-227
Fettabbau 192-193, 201
Fettspeicherung 167, 171, 172, 191, 194-197
Fettstoffwechsel 169, 181, 186, 201, 202
Fettverbrennung 160, 183-184, 199
Flüssigkeitsaufnahme 228, 229-232
  ~ während des Trainings 282
  Regeneration und ~ 265
  Strategien für die ~ 161, 222
Foley, Skip 9
Frankl, Viktor 235
Friel, Joe 27, 88, 93, 118, 233, 259, 260
Fußaufsatz 13, 35, 37-39, 43-45, 59, 63-64, 81. *Siehe auch* Aufsetzposition

G

Gemütszustände 237-241
Genetik 15, 24, 26, 183
Gesäßmuskeln 54, 56, 57, 59, 81, 208, 252, 275
Gewicht *Siehe* Körpergewicht
Gewichtskontrolle 180, 186, 188, 202-206
  Psyche und ~ 195
Gewichtsreduktion 165, 179, 185, 192
Gewohnheiten 10, 108, 168, 193, 271
  ~ ablegen 28, 169, 195
  ~ in der Denkweise 234
Gleichgewicht 30, 31, 34, 35, 39-42, 79
Glykämischer Index (GI) 173-174, 335-337
Glykogen 108, 158, 183, 191
  ~reserven 108, 113, 135, 230, 265, 299
  ~speicherung 94, 146, 170
Gottleib, Bruce 233
Grundlagenausdauer 16, 97, 101, 112, 140, 145, 157, 201, 264, 310, 321
Grundlagenperiode 94, 100-101, 117, 138, 140, 146, 152, 201, 309

H

Hedonistische Stimmung 239-241
Heißhunger 171, 195, 198, 263
Herz-Kreislauf-System 214-216, 249
Herzfrequenz 70, 130-131, 134, 214, 240
  ~ bei Hitze 281
  ~ im Wettkampf 301-302
Herzfrequenzbereiche 111-119, 131, 132-133
Herzfrequenzmessgerät 130, 131. *Siehe auch* Pulsmesser
Hill, Napoleon 235, 247
Hintere Oberschenkelmuskulatur 37, 52, 54, 56, 60, 67, 209-214
  Beweglichkeit der ~ 209, 275
Hitze 199, 281-283
Höhentraining 279-280
Hüftbeuger 57, 62, 82, 213, 256, 276, 303
Hüftstreckung 56, 57, 211
Hunger 168, 171, 172, 185, 197, 202. *Siehe auch* Appetit; Ernährung; Gewicht
  ~ als Signal 194-195
  ~ vorbeugen 195-196, 198

I

Iliotibialband 276
Innenrotation 255-256
Insulinreaktion 169-175, 192, 229, 335
Intensität 13, 56, 97, 101, 104, 126, 143-144, 158, 180, 250, 261, 266, 309. *Siehe auch* Trainingsintensität
~ messen 128-131
~ und Stoffwechsel 184-187, 201, 226-227
Intervalltraining 121-123, 125, 314
Intuition 10

J

Johnson, Michael 42
Jordan, Michael 240

K

Kälteempfinden 186, 199-200, 283-284
Kniewinkel 55, 67, 208, 252
Kohlenhydratdefizit 226
Kohlenhydrate 108, 109, 113, 176, 190-191, 196, 231. *Siehe auch* Energienachschub; Nahrungsaufnahme
Abbau von ~ 169-171, 174-175
Glykämischer Index und ~ 173-174, 205, 335
Proteine und ~ 171, 174, 197, 265
Speicherung von ~ 114, 183, 186
Kohlenhydratstoffwechsel 192, 227-228
Kontaktzeit 32, 35, 38, 46, 277
Kopfhaltung 41, 47
Körperschwerpunkt 29, 33, 52, 62
~ am Berg 78, 80
Körperfett 165-168, 174, 181, 183, 187, 191-192, 194, 200-202
Körpergewicht 30, 34, 263
Körperhaltung 30, 39-43, 81, 208
Koffein 131, 202, 270, 285
Koppeltraining 141, 155-161, 222-223, 292, 321-324
Kraft 29-30, 57, 66, 68, 94, 110, 211, 310-311, 322
Kraftausdauer 83, 94, 311-312, 322-323
Krafttraining 64, 82, 216, 248-258, 274-275. *Siehe auch* Gewichtstraining; Laufen mit Gewichten
sportartspezifisches ~ 257
Kreuzheben 254
Kurzdistanz 13, 95, 135, 219-220, 264

L

Laktatschwelle 94, 97, 319, 322, 323
Herzfrequenz an der ~ 134
Laktatschwellentraining 83, 114-118, 140, 145-147, 159
Laktattoleranz 97, 119, 124, 314, 324
Laktattoleranztraining 127-128, 148-152
Langdistanz 89, 103, 139, 140, 146, 157-158, 224-228, 230-231, 258, 299
Latzug 254
Laufen mit Gewichten 64-66, 138, 257-258, 310, 322
Laufökonomie 23-71, 95, 140, 249, 292, 315. *Siehe auch* Ökonomietraining; Effizienz
Laufrhythmus 49-51, 69, 75, 157, 291, 301
Laufstil 24, 31, 43-44, 59, 66-71
leistungsbegrenzende Faktoren 91-93, 96, 102, 137, 139-141, 156-158, 219, 231, 235
Leistungsstimmung 238-239, 241
Leistungstest 242, 317-319
Low-Carb-Diät 191

M

Massagen 260, 267-268
Masseschwerpunkt 60, 75-76
Mentale Fertigkeiten 233-247
Mikroverletzung 63, 117, 249, 264
Milchsäure 108, 114-116, 127, 135, 185
Mitochondrien 182
Mitteldistanz 112, 147, 156, 222-224, 230
Molina, Scott 244
Moss, Julie 241
Motivation 118, 244-246, 317
Muskelermüdung 39, 53, 136
Muskelfasern 25, 251
intermediäre ~ 109, 118, 145, 146
langsam zuckende ~ 48, 93, 109, 112
schnell zuckende ~ 48, 109
Muskelfaserrekrutierung 109-119
Muskelkontraktion 30, 48, 110, 277
Muskelmasse 12, 54, 56, 181, 188, 191, 200
Muskulatur 77, 113, 114, 116, 118, 215, 274
Kalorienverbrauch durch die ~ 181-182
laterale ~ 273, 278

N

Nachschubmangel 135
Nahrungsaufnahme 160, 171, 199, 229. *Siehe auch* Ernährung; Energienachschub
Nahrungsergänzungsmittel 284-285
Natrium 231, 283, 299, 340-343
Natriumphosphat 284-285, 296
Neuromuskuläres Zusammenspiel 66, 280, 289, 292

O

Oberschenkelmuskulatur *Siehe* Hintere ~; Quadrizeps
Ökonomietraining 124-127, 152-153, 280
olympische Distanz 101, 103, 112, 141, 147, 148, 157, 159, 221-222, 229

P

Pendelbewegung 55-57, 59, 61, 66-68, 80, 81
Periodisierung 93, 96-97, 149, 239
Phänomen des dritten Trainingstages 291-292
Plyometrische Übungen 277, 285-286, 316-317
Prioritäten *Siehe* Trainingsschwerpunkte
propriozeptives Training 277-278
Proteine 167, 175, 190, 191, 193, 202, 265, 297
 ~ im Wettkampf 226, 228, 229, 231, 339, 341, 342
 ~ und Kohlenhydrate 171, 174, 197, 265

Q

Quadrizeps 34, 37, 47, 53, 65, 82, 208-212, 252, 258, 275

R

Radfahren 13, 16, 79, 131, 143, 155-156, 208-217, 222, 226, 257, 292, 321, 340, 341, 343
Rad-Modell 31, 75, 76
Regeneration 103, 104, 108, 111, 116, 123, 126, 141, 259-272, 309. *Siehe auch* Ruhe; Erholung; Tapering
Rekrutierung 95, 109-112, 114, 119
Rückenstrecker 254
Rückfußlauf 43-45, 52, 65, 71, 79. *Siehe auch* Fersenlauf
Rückstoßelastizität 32, 35, 38, 45-48, 69, 316
 ~ am Berg 80-82
Rudern 253
Ruhe *Siehe* Erholung
Ruheumsatz 168, 170, 179, 186-188, 202

S

Saisonplanung 18, 219
Sattelposition und -höhe 208-209
Sauerstoffaufnahmefähigkeit 95, 120-124
Sauerstoffverbrauch 121-123, 214
Schienbeinmuskulatur 275
Schlaf 145, 262, 269-271, 293
Schlafpausen 260, 267
Schlüsseltraining 102, 137-138, 160
Schmerz 59, 145, 215, 237, 263, 302
Schnelligkeit 68, 93-94, 117
Schnelligkeitsausdauer 95
Schnellkraft 36, 68-69, 95-96
Schrittfrequenz 17, 35, 53
 ~ am Berg 79-82, 127
 ~ erhöhen 46-50, 66, 68-70, 315
 ~ zu Beginn der Laufstrecke 228, 301
Schrittfrequenzmesser 27, 50, 70, 139, 140
Schrittlänge 32, 70, 303
 ~ beim Wechsel 301, 323
 ~ verkürzen 70, 139
Schrittfrequenz und ~ 46-50, 80
Schulterblattmuskulatur 276
Schulterdrücken 254
Schwächen 15, 91, 101, 235
Schwellenintervalle 117, 146, 311-312
Schwellenwechsel 151, 312
Schwerkraft 29-30, 40, 74-78
Schwimmen 15-16, 112, 222, 292
 ~ zur Gewichtsreduktion 185
 Intensität beim ~ 228
Schwungbein 38, 42, 60, 303, 317
Schwungkraft 33, 37, 251
Scott, Steve 27
Seitheben
Selbstgespräche 234-236, 246
Selbstvertrauen 234, 242-243, 292, 317
Somatotropin 176, 186, 201, 202
Sprintdistanz 157, 219-220, 319
Sprungübungen 277-278, 285, 316
Stoßbelastung 12, 31, 34, 44, 62, 63, 77, 310. *Siehe auch* Belastung

Stoffwechselumsatz 182, 190
Stoßdämpfung 44, 62, 63, 65
Stress 7, 98, 200, 260, 266. *Siehe auch* Kälteempfinden; Hitzeempfinden; Stoßbelastung
Stützphase 29-30, 33, 34
Subjektives Belastungsempfinden 13, 128-131, 224, 240, 271, 285

T

Tapering 90, 97, 102-103, 289-298
 Mini-~ 104, 138
Technikübungen 27, 45, 51, 57, 152, 239
 Anfersen 52, 60-61, 317
 beidbeiniges Hüpfen 47-48, 316
 Beinschwünge 58
 Bergauf-Laufen 80-82
 einbeiniges Hüpfen 316
 Hopserlauf auf der Stelle 51
 Kniehebelauf 317
 Laufen auf der Stelle 51, 316-317
 Seithüpfen 277
 Seitsprünge 277
 Seitwärtslauf 277
Temperatur 281-283
 Schlafzimmer~ 270
 Körperkern~ 185, 199-200, 284
Tempo 28, 30, 33, 221-222, 224, 227-228
 ~bestimmung 120-121, 125-127, 301-303
 ~gefälle 13, 207
 ~ als Gradmesser 129-130. *Siehe auch* TL6; Wettkampftempo
Tempolauf 117-118, 311, 318, 319. *Siehe auch* TL6
Tempotraining 113-114
TL6 121-123, 318
Trainingsintensität 107-136
 ~ bestimmen 134
 ~ überwachen 240
 Fettverbrennung und ~ 203
 Herzfrequenzbereiche und ~ 111-119, 124. *Siehe auch* Intensität
Trainingsschwerpunkte 18, 87, 96
Trainingstagebuch 243, 294
Trainingsumfang 15, 64, 107, 110, 113, 138, 261, 290-291
Trainingswettkampf 91
‚treppab laufen‘ 77-78
Trittfrequenz 79, 79, 214-217, 294, 299-300

U

Übergangsperiode 98, 138
Übersäuerung 12, 48, 114-119, 127, 135
Übertraining 16, 259, 261-264. *Siehe auch* Verletzungen
Unruhe, innere 237

V

Ventilatorische Schwelle *Siehe* Laktatschwelle
Verdauung 141, 170, 174-175, 190, 199, 229-231, 300
Verletzungen 16, 208, 263, 309
 ~ durch falschen Fußaufsatz 41, 43
 Lauftechnik und ~ 24, 49
Verletzungsresistenz 44, 92, 140
Verletzungsrisiko 25, 32, 34, 77, 102, 103, 108, 156, 159, 316
 ~ minimieren 62-66, 273-278
Vier-Wochen-Zyklus 141, 143-145, 147
Visualisierung 295
Vorbereitungsperiode 99, 138, 139
Vorfuß 44, 45, 47, 317
Vortrieb 29, 30, 53, 55-57, 59-60, 76, 80, 303
Vorwettkampfperiode 104, 139, 141, 148
VO_2max *Siehe* aerobe Kapazität

W

Wachstumshormon *Siehe* Somatotropin
Waden 45, 63, 64, 67-69, 253, 275
Wadenheben 253
Wärmeeffekt von Nahrung 175, 182
Wärmeempfinden 186, 199-200
Wärmeregulierung 92, 141, 165, 282, 283
Wasser 135-136, 198, 201, 228-231, 282-283, 284, 303. *Siehe auch* Flüssigkeitsaufnahme
Wettkampfdauer 160, 220, 221, 224, 290
Wettkampferfahrung 89, 91, 102
Wettkampfgewicht 100, 124, 165-206
Wettkampfleistung 23, 26-29, 82, 88, 131, 167, 234-241, 272, 284
Wettkampfperiode 105, 139, 141
Wettkampftempo 97, 104, 139, 141, 157, 159-160, 223, 227, 291, 292, 301
Wettkampfvorbereitung 17, 83, 104, 137, 156, 234, 279-286

X

XTERRA 7, 292

Z

Zielsetzungen 7, 10, 88, 158
~ in der Aufbauperiode 102
~ in der Grundlagenperiode 100
~ in der Übergangsperiode 99
~ in der Vorbereitungsperiode 99
~ in der Vorwettkampfperiode 104
~ von Evolution Running 74
Zugbewegung 54-55

Leseprobe

Jim Taylor
Terri Schneider
MENTALES
TRAINING FÜR
TRIATHLETEN
und alle Ausdauersportler
2471
Sportwelt Verlag

Kapitel 1

Die Grundlagen

Zunächst möchten wir Sie mit einer Reihe von Schlüsselbegriffen vertraut machen, auf die *Mentales Training für Triathleten und alle Ausdauersportler* aufbaut. Ein Ausdruck, der im Sport mit Vorliebe gebraucht wird, ist ‚Spitzenleistung'. Inzwischen ist er Teil unseres alltäglichen Wortschatzes geworden und wird von Athleten, Trainern und Sportpsychologen ebenso genutzt wie von Geschäftsleuten und all jenen, die Leistungen auf hohem Niveau erbringen. Bezeichnenderweise wird ‚Spitzenleistung' als die höchste Leistungsstufe definiert, die eine Person erreichen kann. Sie gilt als erstrebenswertes Ziel für alle Sportler. Nach seiner Promotion wollte daher auch Jim, dass die Athleten, mit denen er arbeitete, Spitzenleistungen erreichten.

Doch mit zunehmender Erfahrung als Psychologe und Autor stieg Jims Wertschätzung für die Macht des Wortes, und er erkannte, wie überaus wichtig es ist, dass unsere Wortwahl exakt auf das Thema zugeschnitten ist, das wir vermitteln möchten. Er sah mehrere Ungereimtheiten im Grundgedanken der Spitzenleistung. Triathleten können nur für sehr kurze Zeit eine Höchstleistung beibehalten. Wären Sie etwa zufrieden, wenn Sie nach einer hervorragenden Wettkampfleistung in den darauf folgenden Rennen schlecht abschnitten? Denn nach einer Leistungsspitze gibt es nur noch einen Weg – und der geht bergab.

Also suchte Jim viele Jahre lang nach einem Ausdruck, der präzise beschrieb, wonach Athleten seiner Meinung nach streben sollten. Eines Tages lief er durch die Fleischabteilung eines Supermarktes und sah Wurst mit dem Etikett: Erstklassiger Aufschnitt. Er wusste, dass er auf der richtigen Fährte war. Er schlug ‚erstklassig' im Lexikon nach und fand die Erklärung: ‚von höchster Qualität oder besonders wertvoll'. So war der Ausdruck ‚erstklassige Leistung' geboren – ein Begriff, der gut beschrieb, was er von Athleten als Zielsetzung erwartete.

Wenn du richtig gut drauf bist, dann solltest du wirklich alle damit verbundenen Gefühle genau kennen. Nimm dein Befinden auf emotionaler, psychischer und physischer Ebene bewusst wahr. Dann grenzt du dein Empfinden ein: Wie fühlen sich deine Oberschenkelmuskeln in diesem Augenblick an? Ich laufe einen Schnitt von 5:30 Minuten und bin jetzt richtig im Fluss, wie fühlen sich meine Waden an, meine Oberschenkel ... Im Wettkampf denke ich wieder daran zurück. Vor dem inneren Auge laufen dann die eigenen flüssigen Bewegungen ab. Ich sehe mich dann selbst auf dem Fahrrad dahin gleiten, so als ob mein Fuß schwerelose Bewegungen machen würde. „Jetzt fühlt es sich mühelos an." Daran solltest du immer denken.

Dave Scott,
sechsfacher Weltmeister
über die Ironman-Distanz

Erstklassige Leistung oder, in unserem Fall, erstklassiger Triathlon, steht für „das Erbringen eines beständig hohen Leistungsniveaus unter Bedingungen, die die höchsten Herausforderungen stellen". Es gibt in dieser Definition zwei essentielle Wörter. Das erste Schlagwort lautet *beständig*. Wir möchten, dass Sie tagtäglich, Woche für Woche und Monat für Monat ein hohes Niveau an sportlicher Leistung an den Tag legen. Der Begriff der erstklassigen Leistung beinhaltet nicht, zu jeder Zeit ‚voll da' zu sein – das ist unmöglich. Vielmehr geht es um sportliche Ergebnisse auf hohem Niveau mit einem Minimum an Höhen und Tiefen, anstelle der großen Leistungsschwankungen, die unter Triathleten so häufig zu beobachten sind. Das zweite Schlagwort ist *Herausforderungen*. Es kann einfach sein, unter idealen Bedingungen gegen ein leichtes Teilnehmerfeld anzutreten und in einem unbedeutenden Wettkampf ein gutes Rennen zu machen. Was die großen Triathleten erfolgreich macht, ist ihre Fähigkeit, unter den schlimmsten Bedingungen, die man sich vorstellen kann, gegen ein überragendes Feld anzutreten und in dem wichtigsten Rennen ihres Lebens ihr Bestes zu geben. Wer auf dieser Leistungsstufe steht, nämlich auf der des erstklassigen Triathlons, wird nicht nur Erfolg haben; er schöpft auch unendlich viel Freude und Befriedigung aus seinen sportlichen Anstrengungen. Na, wenn das kein erstrebenswertes Ziel ist!

Wie entsteht ein erstklassiger Triathlon? Obwohl wir uns hier auf die mentalen Faktoren konzentrieren werden, ist die Psyche nur eines von vielen Puzzlestücken. Man muss auch ein hohes Maß an körperlicher Gesundheit mitbringen: eine gute Kondition, gut ausgeruht, nicht verletzt und nicht krank sein und sich ausgewogen ernähren. Die Techniken müssen gut einstudiert sein, und die Taktik muss sitzen. Wer erst einmal physisch, technisch, taktisch und mental vorbereitet ist, besitzt auch die Fähigkeit, erstklassigen Triathlon zu betreiben.

Haben Sie jemals selbst erlebt, wie sich erstklassiger Triathlon anfühlt? Wissen Sie, wie es ist, auf einer solchen Stufe Sport zu treiben? Hier ein Versuch, die häufigsten Erfahrungen damit zu beschreiben: Alles läuft mühelos ab – angenehm, einfach, natürlich und automatisch. Das Denken ist reduziert, der Körper macht, was er tun soll, und es gibt keine Störungen auf mentaler Ebene. Die Wahrnehmung ist geschärft: Man sieht, hört und fühlt alles deutlicher als sonst. Berufssportler haben uns erzählt, wenn sie erstklassigen Triathlon erlebten, erschienen ihnen die Distanzen kürzer und die Anstiege weniger steil. Sie gingen komplett in der Erfahrung auf und waren voll und ganz auf den Vorgang selbst konzentriert. Es gab nichts mehr, was sie ablenkte, keine unnötigen Gedanken, die sie daran hinderten, ihre Leistung zu erbringen. Sie hatten grenzenlose Energie, ihre Ausdauer schien unerschöpflich, und Müdigkeit spielte einfach keine Rolle mehr. Schließlich erlebten sie, was wir erstklassige Zusammenarbeit nennen: Alles arbeitet im Einklang miteinander. Die physischen, technischen, taktischen und mentalen Aspekte des Sports laufen in einer gezielten Anstrengung zusammen, die Sie zum Ziel führen und das Triathlonerlebnis unvergleichlich werden lassen.

DIE GRUNDEINSTELLUNG

Wer seine Fähigkeiten für erstklassigen Triathlon entwickeln möchte, sollte sich Denkmuster aneignen, auf denen er seine mentalen Fertigkeiten aufbauen kann. Diese sind:

(1) Verhältnis zum Wettkampf: Wie denke ich darüber, was empfinde ich dabei, und wie bereite ich mich darauf vor?

(2) Auffassung von sich selbst als Wettkämpfer/in: Welche Leistungen erbringe ich im Training und in Wettkämpfen?

(3) Einstellung zu Erfolg und Misserfolg: Was bedeuten für mich Erfolg und Misserfolg, und welche grundlegende Rolle spielt Erfolg ebenso wie Misserfolg, um mich zum besten Athleten zu machen, der ich sein kann?

Wer sich über diese Standpunkte im Klaren ist, wird es einfacher haben, den mentalen Wettkampf zu gewinnen und erstklassigen Triathlon zu betreiben.

DAS PERSÖNLICHE VERHÄLTNIS ZUM TRIATHLON

Triathlon ist Ihnen wichtig. Sie investieren eine Menge Zeit und Mühe in Ihr Triathlontraining und die Wettkämpfe. Sie geben in jeder Schwimm-, Rad- und Lauftrainingseinheit Ihr Bestes. Ein schwerfälliger Trainingstag oder ein schwacher Wettkampf hinterlässt bei Ihnen ein Gefühl der Enttäuschung. Dieses Gefühl ist normal, weil Ihnen der Triathlon etwas bedeutet, und es motiviert Sie dazu, es in Zukunft besser zu machen.

An einem bestimmten Punkt kann es jedoch passieren, dass sich dieses Verhältnis ändert und dass die Gefühle für den Triathlon die persönlichen Trainings- und Wettkampfleistungen beeinträchtigen. Eines der gefährlichsten Wörter im Triathlon hat nur zwei Buchstaben: Z und U, ZU. Die Teilnahme an einem Triathlonwettkampf sollte Ihnen am Herzen liegen, aber nicht ZU sehr. Der Triathlon sollte wichtig sein, aber nicht ZU sehr. Sie sollten versuchen, Ihr Bestes zu geben, es damit aber nicht übertreiben.

In der ‚Zu-Zone' leistet der Triathlon keinen positiven Beitrag mehr zum Leben – er ist das Leben selbst geworden! Er steht nicht mehr für Spaß und Ziele, sondern für das gesamte Ego – d.h. was jemand über sich als Person denkt. Wer sich nach einem schlechten Training oder Wettkampf schlecht fühlt und über diese Fehlschläge lange grübelt oder gar bedrückt und mutlos wird, sollte unbedingt innehalten und seine Einstellung zum Triathlon wieder ins rechte Verhältnis rücken. Er muss das, was ihm der Triathlon bedeutet, neu bewerten: die Rolle, die dieser Sport in seinem Leben spielt und wie er sein Wohlbefinden und Glücksempfinden beeinflusst. Er wird möglicherweise zu dem Schluss kommen, dass der Triathlon eine zu große Rolle in seinem Leben spielt. Wenn der Triathlon

Ich bin nicht verrückt danach zu siegen oder so; ich versuche nur, mein Bestes zu geben und den Tag zu genießen. Deshalb mache ich jedes Jahr mit, einfach nur, um Spaß zu haben. Ich bin zu alt, um mich da richtig reinzuknien, aber ich mag Wettkämpfe und gebe gern mein Bestes – unabhängig davon, wie alt ich bin.

Missy LeStrange, zehnfache Altersklassensiegerin über die Ironman-Distanz

so wichtig geworden ist, dass er bestimmt, wie jemand über sich selbst denkt, dann kann diese Einstellung seinen Triathlonzielen im Weg stehen und die Freude an diesem Sport bedeutend schmälern.

Wenn Sie beste Leistungen erbringen und dabei Spaß haben möchten, dann müssen Sie Triathlon als Teil eines Ganzen sehen. Rufen Sie sich ins Gedächtnis, warum Sie an Wettkämpfen teilnehmen: weil es Spaß macht, weil Sie das Training genießen, weil es ist eine tolle Möglichkeit ist, unter Menschen zu kommen, weil es Sie mit Stolz und Genugtuung erfüllt, diese Sportart zu beherrschen, und weil Sie Freude am Wettkampf und an Erfolgen haben. Triathlon ist ein gesunder Beitrag zu einem ausgewogenen Leben, eine körperliche, geistige und soziale Bereicherung. Kurzum: Wer Spaß am Triathlon hat, strengt sich bestmöglich an, genießt den Entwicklungsprozess – und wird seine Ziele erreichen.

HÖHEN UND TIEFEN

Zur richtigen Einstellung in Wettkämpfen gehört im erstklassigen Triathlon ein weiterer Aspekt: die Leistungsschwankungen in dieser Sportart erkennen und akzeptieren lernen. In der Geschichte des Triathlons haben nur wenige Athleten völlig oder nahezu perfekte Saisons gehabt. Sogar die besten Triathleten erleben Höhen und Tiefen innerhalb einer Saison. Sie sollten sich jedoch nicht darauf konzentrieren, ob Sie Höhen und Tiefen haben, sondern viel eher darauf, wie hoch Ihre Leistungskurve steigt und wie tief sie fällt – und wie Sie darauf reagieren. *Mentales Training für Triathleten und alle Ausdauersportler* möchte Ihnen dabei helfen, die Ausschläge Ihrer Leistungskurve innerhalb einer Saison zu glätten.

Wer so eine Periode mit Leistungstiefs durchmacht, geht leicht einmal hart mit sich selbst ins Gericht. Möglicherweise fühlen Sie sich enttäuscht und wissen nicht, wie Sie diesen Abwärtstrend um-

Durch langjährige Erfahrung habe ich gelernt, mit den Höhen und Tiefen umzugehen. Schließlich nehme ich Jahr für Jahr an Wettkämpfen teil – gegen Jung und Alt, über kurze und lange Distanzen, auf flachen und hügeligen Strecken. Ich habe alle erdenklichen Wettkampfbedingungen erlebt: Hitze, Feuchtigkeit, Kälte, Nässe, Schnee ... ich musste da überall durch und habe gelernt, damit umzugehen.

Pete Kain, dreifacher Altersklassensieger bei den ITU-Weltmeisterschaften

kehren können. Womöglich möchten Sie ganz aufgeben. Diese Talfahrt anzuhalten und zu einem hohen Leistungsniveau zurückzufinden, ist eine essentielle Fertigkeit, die Triathleten haben müssen. Erfolgreiche Triathleten wissen, wie sie ihren Leistungsabfall stoppen und eine positive Einstellung wiedergewinnen können, mit positiven Gefühlen und guten Ergebnissen.

Der erste Schritt, um diese Phasen des Leistungsrückgangs (und eventuell daraus resultierender Niedergeschlagenheit) umzukehren, besteht darin, die Höhen und Tiefen im rechten Licht zu betrachten und sich klar zu machen, dass sie natürliche und periodisch wiederkehrende Bestandteile dieser sportlichen Disziplin sind. Diese Einstellung vermindert den Leistungsdruck in solchen Momenten der Niedergeschlagenheit und minimiert Frust und Enttäuschung. Das hilft, positiv und motiviert zu bleiben. Am wichtigsten ist es, nie aufzugeben, sich weiter auf seine Triathlonziele zu konzentrieren und nach den Ursachen für diese ‚Durchhänger' zu suchen. Mit einer positiven Einstellung zu Ihren Leistungshöhen und -tiefen werden Sie die Tiefen kurz halten und schnell zu den Höhen zurückkehren können.

EINE FRAGE DER LIEBE

Man verliert schnell einmal aus den Augen, warum man eigentlich Triathlon betreibt. Da sind all die Wettkämpfe, die Konkurrenz und die kleinen Vorbereitungen. Da sind die coolen Räder und die ganze unverzichtbare Ausrüstung, die man als Triathlet haben muss. Da sind die fitten und braungebrannten Körper. Wer sich auf diese äußerlichen Aspekte des Triathlons konzentriert, kann die tiefer liegenden und bedeutsameren Beweggründe für seine Teilnahme aus den Augen verlieren. Wenn die äußerlichen Seiten des Sports in Ihrer Wahrnehmung die Oberhand gewinnen, rufen Sie sich in Erinnerung, was Ihnen der Triathlon eigentlich bedeutet.

Im Grunde ist Triathlon ein Kinderspiel. Man tut das, was man schon als Kind gerne getan hat: Schwimmen, Radfahren und Laufen. Wer läuft, schwimmt oder Rad fährt, kann die Einfachheit und Unverfälschtheit der Kinderzeit wieder spüren, sich daran erinnern, wie viel Lust und Freude er dabei empfand. Es ging damals nicht darum, der beste Schwimmer oder die schnellste Läuferin zu sein, es ging nicht darum, sich selbst im Training zu Höchstleistungen anzutreiben oder gute Wettkampfergebnisse einzufahren. Es ging viel eher um die Lust, im Wasser herumzuplanschen, das Vergnügen, mit dem Fahrrad die Straße hinabzusausen oder ums Haus zu flitzen. Auch als erwachsener Triathlet können Sie immer noch diese unbändige Lust an der Bewegung verspüren. Und die Freundschaften, die beim Triathlon entstehen, können genauso bereichernd sein und Spaß bringen. Der Triathlon kann Sie bewegen, inspirieren, als Person wachsen lassen und förderlich für alle Aspekte Ihres Lebens sein.

Ich musste einfach meine Wettkampfeinstellung ändern. Und das tat ich auch; es war zwar ein langer Prozess, aber schließlich schaffte ich es. Dabei wurde mir bewusst, warum genau ich diesen Sport mache. Eine Weile lang war er zu einer Art Geschäft geworden, und ich hatte einfach keinen Spaß mehr daran. Jetzt auf einmal betreibe ich den Sport nur, weil ich ihn liebe. Während der diversen Leistungstiefs ist mir all das bewusst geworden.

Peter Reid, dreifacher Weltmeister über die Ironman-Distanz

ERSTKLASSIGER TRIATHLON BEI ERFOLG UND MISSERFOLG

Die persönliche Auffassung von Erfolg und Misserfolg bestimmt die Fähigkeit, beständig sein Bestes zu geben und den Sport zu genießen. Zu häufig werden Erfolg und Misserfolg in unserem Kulturkreis zu eng definiert: Wer siegt, ist erfolgreich, wer nicht siegt, hat versagt. Ein wunderbarer Aspekt des Triathlons ist, dass in jedem Wettkampf jeder Einzelne erfolgreich sein kann. Für manche Triathleten ist die Tatsache, dass sie sich an ihr Trainingsprogramm gehalten haben und an den Start gegangen sind, schon ein Erfolg. Für andere ist das Absolvieren einer Strecke, die ihnen früher unvorstellbar erschien, ein Erfolg. Für wiederum andere kann Erfolg gleichbedeutend sein mit einer persönlichen Bestmarke über eine bestimmte Distanz. Und für ein paar wenige ist ein Sieg in der Altersklasse, eine Quali für Hawaii oder ein Wettkampfsieg ein Erfolg. Mit dieser Erkenntnis im Hinterkopf lautet unsere Definition von Erfolg: sich bestmöglich anstrengen, die beste Leistung liefern, zu der man fähig ist, und die Wettkampferfahrung genießen. Jeder kann Erfolg anders definieren. Deshalb hat auch jeder die Macht, Erfolgserlebnisse nach seinen eigenen Vorstellungen zu suchen und zu finden.

Es gibt unter Triathleten viele Mythen und Missverständnisse zum Thema Erfolg und Misserfolg. Viele glauben, die einzige Art, Erfolg zu haben, sei, schon immer erfolgreich gewesen zu sein und dass Erfolgsmenschen selten scheitern können. Doch Tatsache ist: Die meisten erfolgreichen Triathleten hatten auf dem Weg zum Erfolg regelmäßige und öfter sogar riesige Misserfolge. Denken wir an Peter Reids Einbruch bei der Ironman®-Weltmeisterschaft 2001, nach dem er beinahe seine sportliche Karriere beendet hätte, bevor er 2002 auf Hawaii Zweiter wurde und 2003 seinen dritten Titel gewann. In Wirklichkeit sind sowohl gute als auch schlechte Leistungen für einen konstanten Erfolg wichtig.

Schlechte Trainings- und Wettkampfleistungen sind ein Zeichen dafür, wie wir vorankommen. Sie machen uns darauf aufmerksam, was wir gut machen und, wichtiger noch, was wir verbessern müssen. Rückschläge zeigen uns ebenso, was nicht funktioniert. Außerdem sind schlechte Leistungen gute Lehrmeister: Sie lehren, wie wir positiv auf Widrigkeiten reagieren können, die ja nun einmal zum Triathlon gehören. Und schließlich bringen uns Rückschläge bei, Demut zu empfinden und die Fähigkeiten zu schätzen, die nötig sind, um erfolgreich zu sein. Wegen der häufigen und unterschiedlichen Herausforderungen, mit denen wir im Triathlon konfrontiert werden, und aufgrund der regelmäßigen und oft schmerzvollen Lehren, die er uns erteilt, entwickeln wir einen gesunden Respekt vor diesem Sport. Statt uns durch eine schwache Leistung entmutigen zu lassen, sollten wir uns also darauf konzentrieren, wie wir dadurch zu einem besseren Triathleten werden.

Ich weiß, es klingt wie ein Klischee, wenn man sagt: „Gib Dein Bestes." Aber mehr als das kann man nicht tun. Wer ‚im Oberstübchen' stark ist, macht auch ein gutes Rennen. Konzentriere dich auf dich selbst, mach' einfach mit und probier' es aus.

Spencer Smith,
dreifacher ITU-Weltmeister

Natürlich sind allzu häufige Misserfolge niederschmetternd. Jeder braucht Erfolgserlebnisse, um sich als Triathlet/in zu verbessern. Erfolg erzeugt Selbstvertrauen und stärkt den Glauben an sich selbst. Andererseits kann allzu häufiger Erfolg problematisch sein: Er kann zur Selbstgenügsamkeit führen. Wer ständig erfolgreich ist, ist nicht sehr motiviert, sich zu verbessern. Früher oder später aber wird er anderen Sportlern begegnen, die genau so gut oder besser als er sind. Und weil er keine Zeit und Mühe in die Verbesserung seiner Leistung gesteckt hat, wird er gegen diese Athleten keinen Erfolg haben. Kontinuierlicher Erfolg kann außerdem für Bereiche blind machen, die verbesserungswürdig sind. Wenn Sie die wertvollen Lektionen aus Erfolg und Misserfolg lernen, werden Sie die richtige Einstellung für einen erstklassigen Triathlon erlangen.

ERSTKLASSIGE TRIATHLETEN

Wenn wir uns die großen Triathleten der letzten Jahre ansehen, von Dave Scott und Karen Smyers, von Mike Pigg und Paula Newby-Fraser zu Chris McCormack und Michellie Jones, werden wir Gemeinsamkeiten finden, die sie alle zu Meistern ihrer Disziplin gemacht haben. Jede/r von ihnen hat einzigartige Fähigkeiten, Stile und Persönlichkeiten, aber sie alle teilen sich eine Reihe grundlegender ‚Siegerqualitäten'.

Während des Wettkampfs sind sie alle körperlich in Top-Form und technisch kompetent gewesen. Aber auch da gibt es viele Athleten, die genau die gleichen Qualitäten besitzen, aber keine großen Erfolge verbuchen. Wer Bestleistungen erbringen möchte, muss alle Eigenschaften besitzen, die wir von einem großartigen Triathleten erwarten würden: körperliche Fitness, eine exzellente Technik und fundierte Taktik. Diese Eigenschaften machen einen aber nur zu einem *guten* Triathleten. Um ein *erstklassiger* Triathlet zu werden, bedarf es noch etwas mehr.

Es besteht ein erheblicher Unterschied zwischen einer guten Leistung im Training, in Wettkämpfen oder im wichtigsten Rennen des Jahres. Diese Leistungsdifferenz unterscheidet die Masse der Triathleten von den erstklassigen. Dazu müssen Sie erst einmal eine ausgezeichnete körperliche Kondition erreichen, fundierte technische Fertigkeiten entwickeln und die taktischen Aspekte der Sportart verstehen. Die entscheidende Herausforderung aber ist, zu lernen, was für den Erfolg im mentalen Leistungskampf nötig ist und wie Sie sich von einem Triathleten zu einem erstklassigen Triathleten entwickeln können.

Erstklassige Triathleten zeigen im Allgemeinen ein gutes Leistungsverhalten im Training, aber sie gehen, beispielsweise bei langen Radausfahrten oder bei Gruppenläufen auf der Bahn, nicht unbedingt in Führung. Es kann vorkommen, dass sie in unwichtigeren Wettkämpfen schwache Leistungen zeigen. Doch was erstklassige Triathleten vom Rest abhebt, ist die Art und Weise, wie sie auf Widrigkeiten und Druck reagieren. In wichtigen Wettkämpfen gegen herausragende Mitstreiter und unter schwierigen Bedingungen steigen ihre Leistungen auf ein neues Niveau. Alles, was für die meisten Triathleten negativ verläuft, wendet sich für erstklassige Triathleten zum Positiven, und diese Fähigkeit, bei bestimmten Situationen über sich selbst hinauszuwachsen, lässt sie zu Spitzenathleten werden.

Im Herzen aller erstklassigen Triathleten ist eine unerschütterliche Entschlossenheit, der oder die Beste zu sein. Sie haben den Drive, sich konstant zu verbessern. Sie arbeiten leidenschaftlich gern und hart. Sie trainieren täglich stundenlang, um ihre Leistung zu verbessern. Sie akzeptieren die Wiederholung, die Teil des Trainings ist, und sie sind bereit, für den Erfolg zu leiden. Ihre Liebe zum Sport übertrifft ihre Lust, sich mit anderen zu messen und siegen zu wollen.

Erstklassige Triathleten verfügen über einen tief verwurzelten und dauerhaften Glauben an sich selbst. Sie haben das Selbstvertrauen, dass sie ihre Grenzen verschieben und Unannehmlichkeiten im Training wie im Wettkampf durchstehen können und nie aufgeben. Dieser Glaube versetzt sie in die Lage, durch Niederlagen inspiriert zu werden; er erlaubt ihnen, an ihren Fähigkeiten auch angesichts aller Widerstände festzuhalten. Schwierige Bedingungen und eine Konkurrenz, an der man sich die Zähne ausbeißt, sind für sie aufregende Herausforderungen, bei denen sie ihre Fertigkeiten zeigen können.

Um Erfolg zu haben, sind erstklassige Triathleten in der Lage, ihre Leistung zu steigern. Unter dem Druck wichtiger Ereignisse blühen sie förmlich auf: seien es die Olympischen Spiele, die ITU-Weltmeisterschaften oder der Hawaii-Ironman®. Sie haben die Fähigkeit entwickelt, angesichts einer Meisterschaft ruhig und konzentriert zu bleiben. Prinzipiell bringen erstklassige Triathleten ihre beste Leistung, wenn sie an den für sie wichtigsten Wettkämpfen ihres Lebens teilnehmen.

> *Eine der Lektionen, die uns der Triathlonsport lehrt, ist, dass wir uns selbst und unser Umfeld sowohl mental als auch physisch und emotional formen können ... Triathleten sind in der Tat ein ‚neuer Jedi-Orden' bestens trainierter mentaler und physischer Giganten.*
>
> Mitch Thrower,
> Publizist im Bereich Triathlon

Erstklassige Triathleten lernen, jeden Aspekt ihrer sportlichen Fähigkeit zu maximieren. Das beginnt auf der körperlichen Ebene. Ein optimales Niveau körperlicher Fitness ist das Ergebnis eines wirklich guten Trainingsprogramms, dem man gewissenhaft folgt, um persönliche Triathlonziele zu erreichen. Obwohl Laien oft nicht glauben wollen, dass Triathlon eine Sportart mit technischen Finessen ist, wissen Insider sehr wohl, dass jede der drei Disziplinen ihre technischen Anforderungen hat, die für eine herausragende Leistung beherrscht werden müssen. Sie müssen eine Technik entwickeln, die Ihnen in Fleisch und Blut übergegangen ist, – also auch bei Müdigkeit und Schmerzen automatisch auf hohem Niveau abläuft. Sie müssen ebenfalls die taktischen Fertigkeiten und Strategien parat haben, um die Streckenarten, Wetterbedingungen und Entfernungen bewältigen zu können, die Ihren Wettkampf ausmachen werden. Diese Anstrengungen bringen Sie jedoch nur teilweise weiter auf dem Weg zu Ihrem Ziel, ein erstklassiger Triathlet zu werden.

Motivation ist der Schlüssel zur Bereitschaft, die nötige Zeit und Mühe zu investieren um sich körperlich, technisch, taktisch und mental vorzubereiten. Sie müssen das Selbstvertrauen entwickeln, dass Sie in der Lage sind, im wichtigsten Wettkampf Ihres Lebens unter den schwierigsten Bedingungen eine gute Leistung zu erbringen. Sie müssen an sich selbst arbeiten, um widrige Umstände bewusst zu suchen und an ihnen wachsen zu wollen, damit Sie ruhig und konzentriert bleiben können, wenn ein Wettkampf ansteht. Sie müssen lernen, Ihre Gefühle zu Ihrem Vorteil zu nutzen, sie zu Helfern des Erfolgs werden zu lassen. Schließlich müssen Sie lernen, die Schmerzen, die Sie im Training und Wettkampf unweigerlich erleiden werden, zu meistern, um die körperlichen Herausforderungen zu bewältigen.

Andererseits muss man kein Profi sein oder zu den Topathleten seiner Altersklasse gehören, um ein erstklassiger Triathlet zu werden. Jeder Triathlet und jede Triathletin kann erstklassig sein. Denn keine der Eigenschaften, die wir gerade vorgestellt haben, hat irgendetwas mit natürlicher Begabung oder etwa mit Siegen zu tun. Jede dieser Qualitäten kann von jedem Triathleten erlernt werden, um eine persönliche Bestleistung zu erzielen.

DER KOPF STEUERT DEN KÖRPER

Erfahrene Triathleten werden es gern bestätigen, dass die mentalen Herausforderungen des Triathlons höher sind als die körperlichen – vorausgesetzt, man ist ausreichend trainiert. In der Spätphase des Wettkampfes, wenn der Körper abzubauen beginnt, kann es schwer fallen, positiv und motiviert zu bleiben. Der Körper rebelliert vielleicht: „Ich hasse das! Ich höre jetzt auf!" Ist der Kopf derselben Meinung wie der Körper, antwortet er: „Du hast recht. Es tut einfach zu weh. Ich kann nicht weitermachen." Wer daraufhin sein Tempo verlangsamt oder ganz aufhört, wird seine Ziele nicht erreichen.

Am Anfang ist es schwer zu begreifen, dass es im Wettkampf nicht gegen die anderen geht, sondern gegen jene kleine Stimme in deinem Kopf, die dir sagt, wann du aussteigen sollst.

Charles Brenke,
Triathlon-Breitensportler

Eine weitaus größere Chance, das restliche Bisschen Energie anzuzapfen, das Sie ins Ziel bringt, haben Sie, wenn Ihr Kopf Ihren Körper aufmuntert, ihm schmeichelt und ihn überzeugen kann, trotz Müdigkeit und Schmerzen weiterzumachen. Wenn Sie sich sagen: „Halt durch. Für das hier habe ich so hart trainiert. Nicht aufgeben!“, dann wird Ihr Körper – wenn auch zögerlich – gehorchen, und Sie werden die Ziellinie erreichen. Mehr noch: Sie werden die Strecke, die Uhr und vor allem sich selbst bezwungen haben.

ERSTKLASSIGE TECHNIKEN KANN MAN LERNEN

Manche Triathleten haben falsche Vorstellungen von der mentale Seite des Sports. Sie glauben etwa, mentale Fähigkeiten seien angeboren: man hätte sie oder man hätte sie nicht. Aber mentale Fähigkeiten sind Techniken, die man genau wie alle anderen Fertigkeiten trainieren kann. Man kann an mentale Techniken genauso herangehen wie an die physischen und technischen Aspekte des Triathlons: Wenn Sie kontinuierlich an ihnen arbeiten, verbessern sich Ihre mentalen Fertigkeiten, und Ihre Leistungsfähigkeit wird zunehmen.

DIE PYRAMIDE DES ERSTKLASSIGEN TRIATHLONS

Um das für einen erstklassigen Triathlon notwendige Gefühl und Leistungsverhalten zu vermitteln, bedienen wir uns der Pyramide des erstklassigen Triathlons. Sie besteht aus sechs Faktoren, die die Leistung im Triathlon am meisten beeinflussen: Motivation, Selbstvertrauen, Erregung, Konzentration, Emotionen und Schmerz. Diese sechs Faktoren, auf die wir in den folgenden Kapiteln gezielt eingehen werden, sind so angeordnet, dass jeder Bereich auf dem vorherigen aufbaut, und schließlich im erstklassigen Triathlon gipfelt (siehe Abbildung 1.1).

Das Fundament der Pyramide des erstklassigen Triathlons bildet die *Motivation*, die für den dauerhaften Willen und die Bestimmtheit zu trainieren unentbehrlich ist. Erstklassige Motivation ist die Grundvoraussetzung, um die nötige Zeit und Anstrengung für Bestleistungen zu investieren. Aus der Motivation für das Training erwächst das *Selbstvertrauen* in das eigene körperliche, technische, taktische und mentale Vermögen, die gesteckten Ziele zu erreichen. Das erstklassige Selbstvertrauen bestärkt wiederum den Wunsch, an Wettkämpfen teilzunehmen und verleiht die in-

Abbildung 1.1: *Die Pyramide des erstklassigen Triathlons*

nere Zuversicht, gut abzuschneiden. Selbstvertrauen erzeugt zudem die Fähigkeit, das eigene *Erregungsniveau* zu kontrollieren sowie auf die Anforderungen und den Leistungsdruck im Wettkampf positiv zu reagieren. Erstklassige Erregung steht für die Fähigkeit, das individuell optimale Erregungsniveau während des gesamten Trainings und Wettkampfs aufrechtzuerhalten. Dadurch werden Sie in der Lage sein, sich beim Triathlon auf das Wesentliche zu konzentrieren. Die erstklassige *Konzentration* lässt Sie fokussiert bleiben und Ablenkungen meiden. Auf Motivation, Selbstvertrauen, Erregung und Konzentration baut die Fähigkeit auf, die eigenen *Emotionen* zu beherrschen. Erstklassige Emotionen sind Gefühle, die zu nützlichen Instrumenten im Training und während des Wettkampfs werden. Diese fünf mentalen Faktoren ermöglichen es schließlich, den *Schmerz*, einen unvermeidlichen Bestandteil des Triathlontrainings und -wettkampfs, zu meistern.

> *Viele Triathleten betreiben noch immer kein mentales Training, und die Mehrzahl derer, die es praktizieren, beschränkt sich damit auf die letzten Stunden oder Tage vor einem wichtigen Wettkampf. Aber mentales Training muss das ganze Jahr über praktiziert werden.*
>
> Dave Scott

FALLBEISPIEL: DEBBIE

Mit 29 Jahren war Debbie neu im Triathlonsport, aber ihre Leistungen waren bereits sehr viel versprechend. Als ehemalige Läuferin machte sie im Schwimmen und Radfahren schnelle Fortschritte und wurde in ihren ersten drei Triathlon-Jahren eine der Besten in ihrer Altersklasse. Mit einem Vollzeitjob und einer entspannten Haltung zum Triathlon (ihr Training war weder gezielt noch intensiv) hatte sie Spaß am Sport und tolle Erfolge. Nach zwei Langdistanz-Rennen, in denen sie ziemlich gut in ihrer Altersklasse abschnitt, hatte sie bei einem weiteren Ironman, in dem sie insgesamt als Sechste finishte, einen echten Durchbruch. Daraufhin beschloss sie, ihren Job zu kündigen und ins Profilager zu wechseln.

Sie nahm sich einen Trainer und ließ sich ein straff organisiertes Trainingsprogramm erstellen. Ihre Triathlonaktivitäten beherrschten nun ihr ganzes Leben, und jeder Tag drehte sich um Training, Essen und Erholung. Sie verlor den Kontakt zu Freunden, die keine Triathleten waren und gab eine Reihe früherer Hobbys auf. Trotz ihrer Zielstrebigkeit und all der Mühe, die sich Debbie gab, hatte sie eine schreckliche Saison. Das Training erschien ihr als lästige Pflicht, eintönig und langweilig. Vor den Wettkämpfen war sie so nervös, dass sie befürchtete, krank zu werden. Sie quälte sich im Rennen ab, und darunter litten ihre Ergebnisse. Sie schien Rückschritte zu machen. Nach einer Serie schwacher Wettkämpfe war sie untröstlich: frustriert, wütend und deprimiert. Es kostete ihren Trainer und ihre Familie große Überredungskunst, bis sie bereit war, das Training nach einer Woche wieder aufzunehmen. Dieses Muster setzte sich das ganze Jahr über fort, bis sie schließlich einfach nur froh war, die Saison hinter sich zu haben.

Debbie hatte keine finanziellen Reserven mehr, und ihr wurde klar, dass eine Karriere als Profisportlerin für sie nicht das Richtige war. Sie beschloss, eine Ausbildung zu machen und Triathlon nur noch zum Spaß zu betreiben. Sie reduzierte ihr Training, richtete sich dabei nach ihrem Gefühl, traf ihre Freunde wieder und nahm ihre Hobbys wieder auf. Bei ihrem ersten Wettkampf merkte sie, dass sie kein bisschen nervös war. Sie hatte wieder Spaß am Rennen und – was sie selbst überraschte – gewann ihre Altersklasse (und schlug sogar so manchen Profi). Ihre Erfolge und ihre Freude am Sport hielten während der ganzen Saison an und sind seitdem ungebrochen.

Radtraining für Triathleten und Radtouristikfahrer

254 Seiten, Preis: 22,95 EUR
ISBN 978-3-9811428-3-9
www.sportwelt-verlag.de

„Es geht nicht darum, das Rad neu zu erfinden – sondern es zu benutzen."

Das Radfahren macht den Löwenanteil jedes Triathlons aus. Ohne eine konsequente Vorbereitung auf diese Disziplin wird daher auch der beste Schwimmer oder Läufer nur ein mittelmäßiges Ergebnis erzielen. Radexpertin Lynda Wallenfels gibt wertvolle Tipps zur richtigen Auswahl und Einstellung des Materials, wie Sie mit den wichtigsten Dehn- und Kräftigungsübungen leistungsmindernde Haltungsschwächen vermeiden und mit ausgewählten Übungen Ihre Tritttechnik verbessern. So lassen sich bei jedem Wettkampf ein paar „kostenlose Stundenkilometer" herausholen.

Trainingspläne für Triathleten und andere Ausdauersportler

Geplanter Erscheinungstermin:
Februar 2008
ca. 370 Seiten, Preis 26,95 EUR
ISBN 978-3-9811428-4-6
www.sportwelt-verlag.de

„Ein guter Plan ist der erste Schritt zum Erfolg."

Sie haben ein Ziel, aber nur wenig Zeit? Oder Sie haben viel Zeit und wüssten gern, wie Sie Ihr Ziel am besten erreichen können? In beiden Fällen ist das Trainingsbuch von Gale Bernhardt die perfekte Lösung.

Egal, ob Sie ein Läufer oder Radfahrer sind und einmal einen Duathlon bestreiten, als Triathlet erstmals das Abenteuer der Langdistanz angehen oder sich in nur wenigen Wochen für einen kürzeren Wettkampf fit machen möchten – Sie finden in jedem Fall den geeigneten Trainingsplan.

Lieferung innerhalb Deutschlands portofrei. Bestellungen bitte an:
Herold Auslieferung & Service GmbH, Raiffeisenallee 10, 82041 Oberhaching,
Tel.: 0049-(0)89-613871-16, Fax: 0049-(0)89-613871-5516, herold@herold-va.de,
www.herold-va.de